隨筆의 香氣

隨筆의 香氣

박상영

도서출판 지성인

박상영 (朴相映)

· 대구가톨릭대학교 사범대학 국어교육과 교수(2011~현재)
· 경북대학교 국어국문학과 학사(2002), 석사(2004), 박사(2009) 졸업
· 독일 보훔 루르 대학(Ruhr-Universität Bochum, RUB) 방문 교수(2020~2021)
· 경북대학교 퇴계연구소 객원연구원·기초교육원 초빙교수,
  한국방송통신대 외래교수 등 역임
· 대구광역시 문화재위원회 전문위원(2022~현재)
* life111@cu.ac.kr

*주요 저서 및 논문

『사설시조의 웃음 미학과 담론』(문화체육관광부 우수 학술도서, 2013), 『고전, 담론, 그리고 미학(2015), 『한문의 이해』(공저, 2020), 『사설시조의 맛과 멋』(세종도서 우수 학술도서, 2019), 「'부재'를 중심으로 살펴 본 고산 시조의 미학적 특질」(한국연구재단 우수논문 선정), 「고전시가 속 권력의 한 양상과 그 문화론적 함의」, 「사설시조에 나타난 '장애'의 一面」 외 다수. 현재 고전 문학의 시학, 미학, 담론, 권력, 젠더 등에 큰 관심을 갖고 지속적인 연구를 수행 중임.

隨筆의 香氣

2022년 9월 2일 초판 1쇄 발행

저 자 박상영
펴낸이 엄승진
책임편집. 디자인 고독한 나그네
펴낸곳 도서출판 지성인
주 소 서울 영등포구 여의도동 11-11 한서빌딩 1209호
메 일 Jsin0227@naver.com
연락주실 곳 T) 02-761-5915 F) 02-6747-1612
ISBN 979-11-89766-06-1 93810

정가 18,000원

잘못 만들어진 책은 본사나 구입하신 곳에서 교환하여 드립니다.
이 책은 저작권법에 의해 보호를 받는 도서이오니 일부 또는 전부의 무단 복제를 금합니다.

◀◎ 들어가기

　공부하던 시절부터, 시간 날 때마다, 늘 마음 한구석에 생각해 오던 것이 있다. 그것은 바로, 다른 이들은 도대체 어떻게 연구하고 수업 준비를 하길래, 한 학기 강좌가 끝나면, 학생들과 치열하게 고민하고 토론했던 흔적들을 엮어서 그 성과물들을 불쑥 세상에 내놓고 크고 작은 학문적 반향들을 불러 일으키곤 하는 것일까 하는 것이었다. 공부하던 시절에는, 나도 언젠가 꼭 그렇게 하리라 마음먹었지만, 실제 대학에 오고 나서부터는, 바쁜 업무에 치이면서, 아하, 그것도 생각만큼 쉽지 않구나 하는 것을 매번 느끼곤 했다.

　그러다 보니, 어느덧 하양 금락골에 자리 잡은 지도 어언 10년이 넘어가고 있었다. 문득, 그동안 마음으로만 생각해 오던 일을, 더 늦기 전, 한번 실천에 옮겨야겠다는 때아닌 바람(?)이 불었다. 게으른 나에게 큰 채찍질이 된 것은, 다름 아닌, 대구가톨릭대학교 국어교육과 학생들이다. 첫 강의를 시작할 때부터 지금까지, 사실 수필 교육과 관련하여 마땅한 교재가 없어, 때로는 교재 없이 강의를 진행해 나갈 때도 있었고, 때로는 그나마 괜찮다고 판단되던 책 몇 권 중 그때그때 선정하여 필요한 부분은 보충해가면서 강의를 해 왔었다. 이 와중에도, 많은 학생들이 수업 중간중간에 깜짝 놀랄 만한 의견을 제시하면서 한층 더 성숙해 가는 모습을 보여줄 때는, 또 교육자로서 어찌나 무한한 감동을 느꼈던지.

　이제는, 그러한 학생들의 열정과 노력에 조금이나마 보답도 할 겸, 부족한 것은 차츰 보완해 나가기로 마음도 먹은 겸, 내친김에, 그냥 한번 저질러 보기로 하였다. 그래서 오랫동안 〈수필교육론〉 강의를 진행해 오면서, 묵혀 두었던 글들, 생각들, 여기저기서 정말 많이 도움을 받았던 여러 선학들의 글들을 차례대로 나름의 시각으로 정리해 보면서, 쉬엄쉬엄 작업하던 원고를 얼기설기 엮은 결과물이 바로 본서이다.

수필은 다른 어느 문학 갈래보다도 작가의 삶과 인생철학이 핍진하게 녹아 있는 문학 갈래인 만큼, 비록 길지는 않지만, 하나씩 읽어갈 때마다 마주하게 되는, 한 사람의 철학은 이루 말할 수 없는 감동으로 다가오기 마련이다. 그래서 이러한 감동이 한가득 담긴 보물창고 같은 글을, 어떻게 독자의 관심과 연결시켜 제대로 교육할 것인가는 수필교육의 최대 난제 중 하나이다. 현대 수필은 그나마 낫지만, 특히, 고수필은 언어 자체도 한자로 되어 있는 것이 많고 고어적인 표현 등으로 독자들이 애초부터 거부감을 느끼기가 쉽다. 따라서 이를 어떻게 교육할 것인가 하는 방법론적 모색이 매우 절실한 상황이다. 본서가 이러한 문제의식을 갖고 집필하긴 했지만, 결과적으로는, 그러한 방향으로 가기 위한 전 단계에 머문 감이 크다. 즉 구체적인 교육 방법론 제시보다는, 개략적인 수필문학의 사(史)와 론(論)을 통, 공시적으로 한번 살펴보는 데 보다 논의의 초점이 놓이게 된 것이다. 실상, 이 작업 또한 그렇게 만만한 것은 아니어서, 수필 문학의 모습을 오롯이 드러냈다고 보기는 힘들지만, 그래도 최대한 시기별 중요한 작품을 중심으로, 어느 정도의 흐름과 개략적인 특징은 공감하고 이해할 수 있도록 구성하려고 했다.

이런 취지 하에, 본서는 크게 5장으로 구성되었다. 1장은 고수필의 향기를 느끼기 위해 알아두면 좋을 기초 지식에 관한 것으로, 동, 서양 수필의 개념, 종류 및 유형별 특징, 사적 전개 등을 깊고도 넓게 두루 살펴보았고, 이를 토대로 2장부터 4장까지는 삼국시대부터 조선조에 이르는 유구한 역사 속 수필문학사에서 결코 간과해서는 안 될 여러 주요 작품들을 작가론과 더불어 제시하였다. 작가 이해를 토대로 작품을 살필 때, 작품의 깊이가 한층 더해질 수 있으므로, 작가의 생평을 간략히 장별로 제시하였다. 또, 본격적인 작품 감상에 앞서, 해당 작품 혹은 관련해서 알아두면 좋을 내용들은 길잡이 형태로 제시해 두었다.

관련하여 여러 저서들의 도움을 참으로 많이 받았다. 하지만 그렇잖아도 번다한 서술이 더욱 장황해질까 싶은 염려와 함께, 오히려 학습 및 독해에 방해가 될까 싶어, 기존의 연구를 해당 부분에 일일이 거론하지 못한 지점도 있다. 그러나 관련해서는 모두 참고문헌에 제시를 해 두었으니, 이 점에 대해서는 미리 독자의 양해를 구하고 싶다. 또, 작품 길잡이 부분은 필자 개인의 주관적인 생각도 많이 들어가 있는데, 작품은 언제나 열려 있는 것이다. 그런 만큼, 길잡이 내용을 참고로 하되, 너무 '정답'이라 생각 말고, 열린 사고로 비판적 안목을 갖고서 재차 살펴보길 바란다. 그래야 수필이 또 다른 매력으로 다가올 수 있을 테니 말이다.

그런 의미에서, 개별 작품들에 관해서는, 일일이 날카롭게 분석하고 비평적 안목을 제시하는 대신, 작품 내용을 그대로 제시하였다. 이는, 작가론과 작품 길잡이에 대한 이해를 토대로, 독자들이 작품 자체의 감상과 그 속에 찾아오는 감동, 비평적 안목 등을 스스로 찾아보고 토론하면서 내적 성찰을 이루길 바라는 마음에서, 독자의 몫으로 오롯이 남겨두고 싶었기 때문이다. 한문 수필이든, 한글 수필이든 모두 독자들이 읽고 이해하기 쉽도록 현대어역을 실었으나, 마지막 한글 편지, 곧 내간만큼은 옛 문체를 그대로 살려 실었다. 얼핏 다소 다른 장들과 비교해 일관성이 결여된 느낌이 살짝 들 수는 있겠지만, 내간 자체가 한글 편지로서 짧기도 하거니와 옛 문장 있는 그대로 읽어보고 감상하는 과정에서 한문 번역 수필과는 또 다른 매력을 느낄 수 있을 듯싶어, 이 장만큼은 그런 서술 방향을 택하였다.

작품론 마지막인 5장은 현대 수필에 관한 것으로, 고수필과의 연계성을 다소 느꼈으면 하는 바람에서 사실 부록 격으로 실어둔 것이다. 오늘날 많은 현대 수필이 있고, 또 관련해서 이전 시기 수필과의 연계성을 고려한다면, 현대 수필문학사도 사실 길게 서술할 필요가 있겠지만, 분량상, 또 현대 수필 그대로의 느낌을 살려 감상할 수 있도록 작가론, 작품 길잡이 모두 생략하였다. 많은 수필 중에서도 본서에서는, 비록 제목은 잘 알려져 있으나 원문 전체를 읽어보지는 못한 작품들을 한 15편정도 선별하여 제시하였다. 작품 선별 기준은 특별한 게 없어서, 독자들의 입맛대로 골라 읽어도 무방하다. 마지막 6장은 결론 부분으로, 지금까지 서술된 수필 문학사의 전체적인 양상 및 흐름을 간략히 정리하고, 아울러, 향후 수필 문학이 나아가야 할 방향성을 거칠게나마 한번 짚어 본 것이다.

이렇게 갈무리하고 보니, 그래도 여전히 해결해야 할 문제, 고민해야 할 지점들이 더 선명해진 것 같아 마음이 무겁다. 그러나 해결되지 못한 지점들은 여전히 '현재진행형'이며, 집필에 참고한 서적은 책 뒤에 목록을 제시했으니, 좀 더 자세하고 깊이 있는 공부를 원하는 이들은 학습에 참고하면서 미해결된 문제들은 차츰 풀어 가면 될 것이다. 마지막으로 이 책이, 수필문학에 대한 관심을 지닌 이들에게 다소간 도움이 되기를 바라면서, 책이 나오기까지 많은 신경을 써 준 지성인, 그리고 대구가톨릭대학교 국어교육과 학생들, 그리고 언제나 아낌없는 격려와 희망을 주는 사랑하는 가족들 모두에게 깊은 감사의 뜻을 전하고 싶다.

2022. 07.
한여름 무더위 속에서, 저자 씀.

◎ 목 차 ◎

◎ 들어가기 / 5

제 1장 서론: 고수필 개관 ·· 11
   1. 고수필의 개념과 유래 ·· 12
   2. 고수필의 발생과 사적 전개 ·· 16
   3. 고수필의 종류와 유형별 특징 ·· 19

제 2장 삼국시대 수필의 향기 ·· 33
   1. 혜초의 인도 여행: 〈왕오천축국전〉 ··· 34
   2. 최치원의 수필: 〈격황소서〉, 〈초조장서〉, 〈여객장서〉 ·············· 45

제 3장 고려시대 수필의 향기 ·· 55
   1. 김부식의 표문들: 〈진삼국사표〉, 〈하팔관표〉 ··························· 56
   2. 이규보와 설(說) 문학 ·· 60
   3. 이인로와『파한집』·· 67
   4. 최자와『보한집』·· 73
   5. 이제현과『역옹패설』·· 82

제 4장 조선시대 수필의 향기 ·· 87
   1. 서거정의 수필 몇 편 ·· 88
   2. 웃음 문학: 성현의『용재총화』·· 98
   3. 바다 표류 이야기: 표해록 ·· 107
   4. 김일손의 유산(遊山) 기록: 〈속두류록〉 ································· 122
   5. 성찰과 반성의 기록:『난중일기』·· 142
   6. 참여와 고발의 문학: 상소문 ·· 150

7. 추모와 눈물의 기록: 행장과 제문 ·················· 166
8. 김인겸의 일본 여행: 〈일동장유가〉 ················ 181
9. 박지원의 중국 여행: 『열하일기』 ···················· 187
10. 여류 수필 몇 편 ·· 203
11. 한글 편지 몇 편 ·· 226

제 5장 현대 수필의 향기 ·································· 237

1. 나도향, 〈그믐달〉 ·· 238
2. 민태원, 〈청춘 예찬〉 ···································· 239
3. 김진섭, 〈생활인의 철학〉 ······························ 241
4. 김소운, 〈가난한 날의 행복〉 ·························· 244
5. 계용묵, 〈구두〉 ·· 247
6. 이효석, 〈낙엽을 태우면서〉 ··························· 249
7. 노천명, 〈한여름 밤에〉 ································· 252
8. 안병욱, 〈행복의 메타포〉 ······························ 253
9. 피천득, 〈은전 한 닢〉 ··································· 259
10. 법정, 〈무소유〉 ·· 261
11. 박경리, 〈거리의 악사〉 ······························· 264
12. 박완서, 〈꼴지에게 보내는 갈채〉 ·················· 267
13. 윤오영, 〈달밤〉 ··· 272
14. 이양하, 〈나무〉 ··· 278
15. 김태길, 〈멋없는 세상 멋있는 사람〉 ·············· 280

제 6장 결론: 진정한 수필문학을 위하여 ·············· 283

■ 참고문헌 ·· 289

제 1장 서론 : 고수필 개관

- 고수필의 개념과 유래
- 고수필의 발생과 사적 전개
- 고수필의 종류와 유형별 특징

1. 고수필의 개념과 유래

오늘날 '수필'이라고 하면, 보통 중수필(重隨筆) 혹은 경수필(輕隨筆) 중 하나로 보는 경향이 짙다. 이는 사실 서양의 에세이(essay)와 미셀러니(miscellany)를 번역하는 과정에서 생겨난 것으로, 동양적인 본래의 개념과는 다소 거리가 있다. 우리의 수필은 서양의 에세이나 미셀러니 개념으로부터 직접적인 영향을 받은 것이 아니다. 보통 서양에서는, 몽테뉴(Michel de Montaigne:1533~1592)의 『수상록(隨想錄: Les Essais)』[1] 서문 일부에서 그 의미를 찾곤 하는데, 그 내용을 일부 제시해 보면 아래와 같다.

> 이것이 세상 사람들의 호평을 사기 위한 기도였다면, 나는 내 자신을 좀 더 장식하고 조심스레 연구해서 내보였을 것이다. ㉠모두들 여기 내 생긴 그대로, 자연스럽고 평범하고 꾸밈없는 별것 아닌 나를 보아주기 바란다. 왜냐하면, 내가 묘사하는 것은 내 자신이기 때문이다. 내 결점들이 여기 있는 그대로 나온다. 터놓고 보여줄 수 있는 한도에서 천품(天稟) 그대로의 내 형태를 내놓는다. 만일 내가 아직도 대자연의 태초의 법칙 아래 감미로운 자유를 누리며 살고 있다는 국민 속에 태어났다면, 나는 기꺼이 내 자신을 통째로 적나라하게 그렸으리라는 것을 장담한다. 그러니, 독자여, ㉡여기서는 내 자신이 바로 내 책자의 재료이다. ㉢이렇게도 경박하고 헛된 일이니, 그대가 한가한 시간을 허비할 거리도 못될 것이다.[2]

여기서는 우선 ㉠을 통해, 세상 사람들의 환심을 사기 위한 어떠한 장식도 가식도 없는 무기교의 진실을 추구하는 집필 태도, 곧 소설처럼 허구성 없이 '있는 그대로' 쓴다는 의미를 간취할 수 있다. ㉡을 통해서는, '내 자신'과 '내 결점'들을 있는 그대로 보여준다는 점에서 수필의 일인칭적 특징을 잘 볼 수 있다. 이는 곧 수필이 어떤 문학 장르보다도 개인적이고 사적인 성격을 지녔음을 알 수 있다. 마지막 ㉢을 통해서는 이처럼 무기교로 있는 그대로를 드러내려 한 행위를 경박하고 헛된 일이라 한 데서 글쓴이의 겸양적

---

[1] 당시 문학형식의 범주에 포함될 수 없었던 개인적 사정과 자기 집안의 일화들을 선택적으로 서술한 작품집이다.
[2] 몽테뉴(손우성 역), 『수상록』, 을유문화사, 1968, 75쪽.

인 태도를 엿볼 수 있다.

이러한 서양의 에세이적 특징은 일본이 수입, 번역하는 과정에서 개념의 혼동을 낳았고3), 이것이 이후 우리나라에도 영향을 미치게 되면서 1920년을 전후해서 수상(隨想)·감상(感想)·상화(想華) 등의 용어로 불리다가 마침내 1925년 박종화의 〈수감만필(隨感漫筆)〉 이후부터는 수필이라는 용어가 단일하게 사용4)되었다. 결국 우리 문학사에서 수필이라는 문학 용어가 정착된 것은 20세기 이후의 일이며, 이에 대한 역사적인 검증도 없이 용어가 정착된 것이라 할 수 있다. 또한 현대적 의미의 수필을 근거로 고수필을 보는 경향도 없지 않아 있어서, 그 역사성과 원래의 개념을 구체적으로 살펴볼 필요가 있다.

사실 동양의 경우, 특히 중국에서 '수필'이란 용어가 맨 처음으로 사용된 것은 당(唐)나라 백거이(白居易:772~846)의 〈송령호상공부태원(送令狐相公赴太原)〉 시이다. 여기에는 "詩作馬蹄隨筆走 獵酣鷹翅伴觥飛"라는 시구가 있는데, 여기서 바로 '붓 가는 대로'라는 '수필'이 나왔다. 이는 단지 시작(詩作)의 표현 방법을 말한 것으로, 문체나 문학 장르 혹은 작품으로서의 의미는 아니다.

그렇다고 해서, 몽테뉴의 『수상록』처럼 저술물의 명칭으로서 수필 용례가 동양에 없었던 것은 아니다. 12세기 남송의 홍매(洪邁: 1123~1202)가 쓴 『용재수필(容齋隨筆)』5)이나 17세기 우리나라의 학자 윤흔(尹昕:1564~1638)의 『도재수필(陶齋隨筆)』, 이민구(李敏求:1589~1638)의 『독사수필(讀史隨筆)』6), 이형상(李衡祥:1653~1733)의 『병와수필(瓶窩隨筆)』, 18세기 박지원

---

3) "이 개념은 적용 범위에 따라 多種多彩하여 一義로 표현할 수 없으나 대개 자신의 感想을 생각에 따라 쓴 散文으로 우리나라와 日本의 '隨筆'에 해당될 수도 있다"(윤오영,「韓國隨筆文學의 定礎作業을 위하여」,『수필문학입문』, 태학사, 2001, 237~251쪽)고 하여, '불특정의 事象을 마음 내키는 대로 혹은 느낌이 있는 대로 기록한다.'는 막연한 뜻을 내포하게 된 것으로 보인다.
4) 오창직,『한국수필문학연구』, 교음사, 1986, 317쪽.
5) 이 서문을 보면, ㉠予老去習懶, 讀書不多, ㉡意之所之, 隨卽紀錄, ㉢因其後先, 無復詮次, 故目之曰隨筆("내가 늙어감에 따라 습성이 게을러지고 또 책을 많이 읽지 못했기 때문에, 생각이 닿는 대로 기록하여 앞뒤 차례를 갖추지 않고 기록한 순서대로 엮었으므로 책이름을 붙이기를 隨筆이라 하였다.")이라고 되어 있는데, 여기서 ㉠은 글쓴이의 겸양을, ㉡은 서술의 내용과 방법을 의미한다. 문자 그대로 해석하여, 흔히 '무질서의 무형식적인 글'이라는 수필 개념을 추출하는 것은 곤란하며, 저자가 보통 글자 한 자도 함부로 쓰지 않았고, 참고할 수 있는 모든 자료들을 상고했던 인물임을 볼 때, 생각 닿는 대로 기록했다고 표현한 것일 가능성이 크기 때문이다. ㉢ 또한 서술 체계, 책의 편제를 일컫는데, 문면 대로라면 어떤 일정한 체제를 갖추지 않은 것으로 이해될 법하지만, 이 또한 저자의 겸사일 뿐 그 심층적 의미는 달리 해석해야 할 것이다.

(朴趾源:1737~1805)의 『열하일기(熱河日記)』 중 〈일신수필(馹迅隨筆)〉 등에서도 그러한 흔적을 볼 수 있다. 이 중 『열하일기』는 박지원이 1780년(정조 4) 청나라 건륭제 생일을 축하하기 위한 외교사절단 일원으로서 중국에 갔다가 그곳의 견문을 기록한 여행기로, 여기에 실린 〈일신수필〉은 7월 15일부터 23일까지 9일간 신광녕(新廣寧)으로부터 산해관내(山海關內)에 이르기까지 약 562리에 달하는 생생한 여행경험 기록으로, 붓 가는 대로 무형식으로 함부로 쓴 것이 결코 아니다.

수필에서의 '필(筆)'은 글을 쓰는 도구로서의 붓(毛筆)이 아니라 산문(散文)이라는 문체의 뜻이다. '필'은 사(寫), 술(述)과 같은 말로서 어떤 일을 서술하여 기록한다는 뜻을 가지고 있다. 왜냐하면 위진남북조 시대 이후로 '문(文)'과 '필(筆)'을 구분하여 운(韻)이 있는 것을 '문(文)'이라 하고, 운이 없는 것을 '필(筆)'이라 하였기 때문이다. 곧, '문(文)'은 시가(詩歌)와 사부(辭賦)를 포괄하는 개념이었고, '필(筆)'은 논변(論辨), 조령(詔令), 주의(奏議), 서신(書信), 비지(碑誌) 등을 포괄하는 개념이었다.7)

수필 혹은 문필의 분류 및 개념을 어떻게 보아왔든지 간에, 우리는 보통 수필을 이렇게 정의하곤 한다.

> 일반적으로 ㉠사전에 어떤 계획이 없이 어떠한 형식의 구애를 받지 않고 자기의 느낌, 기분 정서 등을 표현하는 산문 양식의 한 장르 혹은 ㉡무형식(無形式)의 형식을 가진 시도로서 비교적 짧으며, 개인적이며, 서정적인 특성을 지닌 산문.8)

위의 글은 어떤 의미에서는 수필의 전반적인 특성을 잘 설명한 듯하지만, ㉠㉡에서 보듯, 자칫 수필을 잡문(雜文)의 차원으로 끌어내리고 말 가능성도 있다. 그만큼 수필이라는 장르의 독창적인 영역을 훼손할 가능성도 있는 것이다. 사실, 수필을 잡문의 차원으로 인식하게 된 데는 고수필의 유산

---

6) 『도재수필』은 士禍의 원인, 名臣의 출처, 俚語, 奇談 등을 싣고 있으며, 『독사수필』은 중국 三代 때부터 宋代에 이르기까지의 역사를 읽고 君臣倫序, 權謀功利, 敎政治理, 風俗事蹟 등 본받을 일들과 경계해야 할 일들을 뽑아 적은 것이다.
7) 이상익 외 편저, 「고전수필의 개념」, 『고전수필 어떻게 읽을 것인가』, 집문당, 1999, 11쪽.
8) 문덕수 외 편저, 『세계문예대사전』상, 성문각, 1975, 1144쪽.

을 염두에 두지 않았기 때문이기도 하고, 또 1980년대에 들어 수필의 발표 지면이 확대되면서 상대적으로 질 낮은, 꽁트 위주나 감각적인 수필작품들이 많이 양산되었기 때문이기도 하다.

하지만, 수필은 꾸밈없이 있는 그대로 쓴다고 해서 과학적인 사실이나 역사적 사실과 동일시 될 수는 없다. 수필에는 작가 나름의 개성과 표현이 담겨 있는 만큼, 하나의 예술적 영역으로서 의미를 갖는다. 일인칭인 '나'가, '나'를 둘러싼 주변의 일들에 대해, 보고 느끼고 경험한 것들을 솔직담백하게 그려내는 것이다. 그런 만큼 수필 장르는 다른 어떤 문학 장르보다도 개인의 인격적 색채가 두드러지게 나타나는 양식이라 할 수 있다.

또한, '붓 가는 대로' 쓴다고 하여, 일정한 형식이 없는 갈래라고 보기도 힘들다. 비록 수필이 소설과 같은 허구의 세계보다 현실과 경험, 체험의 영역을 더 많이 다루기는 하지만, 그렇다고 해서 그것이 있는 사실 그대로를 객관적으로 전달하는 설명문이나, 어떤 사건에 대해 논리적 논증을 필요로 하는 설득문, 논설문도 아니요, 육하원칙에 따라 경험하거나 본 사건을 있는 그대로 기록하는 보고문이나 기사문도 아니다. 수필은, 소설과는 달리 허구성의 측면에서 많이 멀어져 있고, 시와도 달리 비유와 상징, 압축의 측면에서 거리가 멀며, 인간사의 희노애락을 역동적인 몸짓으로 표현하는 연극과도 확실히 거리가 있지만, 그렇더라도 지은이와 작품 속의 서술자가 일치하면서 무엇보다도 자유로운 정신과 예술적 진실성을 반영한 글이어서 주목된다. 그렇기에 다양한 제재를 활용하여 글쓴이의 개성과 재치, 삶의 철학 등이 그 어떤 갈래보다도 핍진하게 녹아 있는, 길이가 비교적 짧은 산문 갈래라 할 수 있다.

☆ 참고: 산문의 개념과 변모 과정

> 『설문해자』에 따르면, '산(散)'은 '집(集)'의 뜻을 가진 글자이며 '문(文)'은 글로 쓰인 모든 전적(典籍)을 포괄하는 글자로서, '산문'이란 여러 가지 색채를 지닌 글들을 섞어 모은 것이라는 뜻을 가진 낱말로 풀이되고 있다. 이때 '문'의 개념은 운(韻)의 유무를 구분하지 않은 미분화 상태의 모든 글을 범칭하는 용어였다.

> 이후 위진남북조시대에 이르러 운(韻)의 유무에 따라 '문'과 '필'로 변별하다가, 청대 이르러서는 '산문'이라는 명칭이 유행하기 시작했다. 청대의 산문은 운문이나 변문과 상대되는 개념이다. 이때 운문은 시(詩), 사(詞), 곡(曲), 부(賦) 등을 포괄하며, 변문은 변구(騈句)·우구(偶句)를 위주로 하면서 대우(對偶)와 성률(聲律)을 추구한다. 반면에, 산문은 논(論), 기(記), 서(書), 설(說), 비지(碑誌), 주계(奏啓), 서발(序跋) 등을 일컫는다. 요컨대, 운문적 요소가 없는 글이 전통적인 의미의 산문개념이라 하겠다. 따라서 수필 역시 운(韻)이 없는 산문체 문장을 의미하므로, 그것은 산문문학의 하위유형이라 할 수 있다.
>
> 그러나 부(賦)를 보면 운문과 산문의 구분이 항상 뚜렷한 것만 아니다. 운문의 일종인 부(賦)가 점차 산문화 됨에 따라 운이 있는 고문(古文)처럼 여겨지기도 하고, 산문 문장도 대우(對偶)를 취한 경우가 없지 않으며, 때에 따라서는 부분적으로 압운(押韻)을 취하는 경우도 있기 때문이다. 그렇다면 다소 운문적 요소를 지닌 산문이라도 수필로 보지 않을 이유는 없을 것이다.

2. 고수필의 발생과 사적 전개

우리나라에서 수필은 한문학의 도입과 더불어 시작된 만큼, 한자 사용이 본격화된 삼국시대에서 그 연원을 찾을 수 있다. 최초의 수필은『삼국사기(三國史記)』열전(列傳)에 수록된 김후직(金后稷)이 진평왕에게 올린 상소문[9]이다. 내용은 왕이 사냥에 빠져 정사(政事)를 소홀히 하자 이를 경계해야 한다는 것으로, 교훈적인 내용을 담고 있다. 또한 이 시기에는 설총(薛聰)이 신문왕의 정사(政事)를 경계하고자 지은 간언(諫言)의 성격을 띤〈화왕계(花王戒)〉도 보인다. 이후 우리나라 최초의 외국 기행록으로 알려져 있는 혜초의〈왕오천축국전(往五天竺國傳)〉에 이르러서는 본격적인 수필의 맛과 멋을 느낄 수 있다.[10] 이 시기 수필집의 성격을 지닌 문집으로는 최치

---

[9]『三國史記』卷45, 列傳 第5 金后稷, 金后稷 智證王之曾孫 事眞平大王爲伊 輦兵部令 大王頗好田獵 后稷諫,『東文選』卷52,「奏議」에는〈上眞平王書〉로 수록되어 있다.

[10] 이보다 앞서 나온 국내 기행으로는『三國史記』卷46, 列傳 第6,「薛聰」의 '金大問本新羅 貴門子弟 聖德王三年 爲漢山州都督 作傳記若干卷 其高僧傳 花郞世紀 樂本 漢山記 猶存'에 의거해, 김대문이 지은〈漢山記〉를 기행수필로 추측하기도 하지만 아쉽게도 현전하지 않아〈왕오천축국전〉을 보통 첫 기행 수필 작품으로 본다.

원의 『계원필경집(桂苑筆耕集)』을 들 수 있는데 여기에는 서간문, 제문, 전기(傳記)류 등 다양한 산문이 수록되어 있다.

한편, 고려 조로 접어들면서부터는 한문학의 융성기였던 만큼, 다양한 글들이 발견된다. 특히 광종 대에 시행된 과거제와 사학(私學)이 흥기하면서 새롭게 발탁된 문인, 관료층들에 의해 많은 글들이 창작되었는데, 현전하지는 않지만 당시에 존재했을 것으로 추정되는 박인량의 『고금록(古今錄)』과 정서의 『잡서(雜書)』11)등의 수필집을 비롯해, 각훈의 『해동고승전(海東高僧傳)』, 김부식의 『삼국사기』 속 열전, 임춘의 『서하집(西河集)』, 이규보의 『동국이상국집(東國李相國集)』 등 개인 문집 속에서 다양한 수필들이 발견된다.

고려 후기에는 특히, 〈국순전(麴醇傳)〉, 〈청강사자현부전(淸江使者玄夫傳)〉, 〈죽부인전(竹夫人傳)〉 등 사물을 의인화한 가전체 글들도 다양하게 등장하면서 수필 문학을 풍성하게 했다. 게다가 이 시기에는 무신란 이후 혼란해진 시대적 분위기 속에서 당대의 문학이 나아가야 할 방향성에 대한 심각한 고민이 문사(文士)들 사이에서 강하게 일기 시작하면서 다양한 비평 문학이 양산되기도 했다. 이인로로 대표되는 용사론(用事論)과 이를 잘 반영한 『파한집(破閑集)』, 이규보로 대표되는 신의론(新意論)과 이를 잘 반영한 『백운소설(白雲小說)』, 『동국이상국집(東國李相國集)』, 그리고 『파한집(破閑集)』의 자매편적 성격을 지니는 최자의 『보한집(補閑集)』을 비롯해 이제현의 『역옹패설(櫟翁稗說)』 등이 이 시기 대표적인 비평론적 성격을 지닌 시화(詩話)·잡록집(雜錄集)들이다. 이들 글은 문헌에 따라 대동소이한 성격을 보여주긴 하지만, 역대 시문에 대한 평가 및 일화, 개인적인 견문, 고금의 인물, 풍속에 관한 이야기를 잡다하게 한데 모은 것으로 시화집적 성격뿐만 아니라 신변잡기류적인 성격도 섞여 있다.

그러다가 조선 시대로 오게 되면, 이제 수필 문학은 사대부들에 의해 새로운 방향성을 보여준다. 전대의 문벌 귀족들과는 달리, 이 시기 새로운 문학 담당층으로 대두된 사대부들은 실질적인 경험과 이념을 중시한 만큼, 일상적인 삶에 대한 깊은 성찰과 사실적인 묘사를 뚜렷이 보여주게 된다. 뿐

---

11) 이 두 수필집은 전하지 않지만 그 흔적은 '嘗撰古今錄十卷 藏秘府'(高麗史 列傳 第8, 諸臣, 朴寅亮)와 '又得李中書藏用家藏 鄭中丞敍所撰雜書三卷 幷附于後編'(崔滋: 續破閑集字」, 『東文選』 卷48)에서 찾을 수 있다.

만 아니라 한글의 대두로, 국문문학이 크게 발달하게 되면서 문학 담당층 또한 확대가 되었고, 여성을 중심으로 한 국문 수필 창작이 널리 행해지면서 전대보다 더 다양한 수필 작품이 등장하기도 했다. 이 시기의 수필 문학으로는 서거정의 『동인시화(東人詩話)』와 『필원잡기(筆苑雜記)』를 비롯해, 『청파극담(靑坡劇談)』, 『촌담해이(村談解頤)』, 『명엽지해(蓂葉志諧)』와 같은 소화(笑話), 310편의 잡다한 글들이 수록된 수필집인 성현의 『용재총화(慵齋叢話)』, 편자 미상이긴 하지만 수필집으로서 전혀 손색이 없을 만큼 온갖 글들이 총망라되어 있는 『대동야승(大東野乘)』, 『패림(稗林)』12) 등도 이 시기 수필문학사에서 주목해 볼 문헌들이다.

조선 조, 특히 16, 17세기에는 이순신의 『난중일기(亂中日記)』, 이이의 『석담일기(石潭日記)』, 나만갑의 『병자록(丙子錄)』 등 자신이 직접 체험한 사건을 바탕으로 생동감 있게 서술한 일기류, 실기류 등이 많이 등장했는가 하면, 김일손의 『속두류록(續頭流錄)』, 김창협의 『동유기(東遊記)』 등 산행 기록에 관한 수필도 등장했다. 전자는 16일간의 지리산 등반 노정을 기록한 것이고 후자는 31일간의 금강산 노정을 기록한 것으로 이 시기에는 사대부들이 심성 수양의 한 방법으로 산행을 통한 기록들을 다양하게 남기기도 했다.

조선 후기는 또 임병 양란을 겪으면서, 실존 인물이 역사적 현장에서 직접 체험한 실상을 생생한 기록으로 남긴 실기(實記)가 등장해 수필문학사를 풍성하게 하였다. 강항의 『간양록(看羊錄)』, 정희득의 『월봉해상록(月峯海上錄)』과 같은 포로 실기가 대표적인 예이다. 이 외에도 예기치 않게 표류하게 된 상황을 생생하게 기록한 김비의, 장한철 등이 남긴 『표해록(漂海錄)』, 이지항의 『표주록(漂舟錄)』과 같은 표류 실기, 이웃 나라(일본, 중국)로의 사행 체험을 담은 신한유의 『해유록(海游錄)』, 박지원의 『열하일기(熱河日記)』등도 이 시기 수필 문학을 논할 때 빼놓을 수 없다.

한편 조선후기 수필은 또한 한글의 확대와 보급으로, 수필 문학이 전대에 비해 한층 더 발전하고 확대되던 시기이기도 했다. 한문 수필과는 달리,

---

12) 『大東野乘』은 조선초부터 仁祖朝까지의 250년 동안에 나온 魚叔權의 〈稗官雜記〉를 비롯한 59종의 저술을, 『稗林』은 『대동야승』의 20종을 재수록하고 李濟臣의 〈鰣鯖鎖語〉를 비롯한 후기 작품 75종을 수록하고 있다.

우리말글의 맛과 멋을 한층 살린 섬세하고도 구체적인 표현들을 가능케 한 데는 여류 작가들이 큰 역할을 했다. 유씨 부인의 〈조침문(弔針文)〉, 의령 남씨의 〈의유당관북유람일기(意幽堂關北遊覽日記)〉를 비롯해, 〈규중칠우쟁론기(閨中七友爭論記)〉, 김삼의당과 강정일당이 남긴 몇 편의 수필, 혜경궁 홍씨가 남긴 수필 몇 편 등은 우리 수필문학사에서 매우 주목된다. 이는 그동안 남성 중심의 문학사의 늘 주변부에 위치해 있던 여성들이, 이제 더 이상 주변부에 만족하지 않고, 섬세한 필치와 날카로운 표현으로 문학사 전면에 나서면서 사대부 남성 못지않은 주옥같은 글들로, 그들의 문학 영역이 어떻게 확대되어왔던가를 살필 단서를 제공해 주었기 때문이다.

이 외에도, 김만중이 모친을 생각하면서 남긴 진정성이 곡진하게 담겨 있는 〈정경부인 히평윤씨힝장〉을 비롯해, 임금에게 글을 올려 시정(施政)의 득실을 바로잡을 것을 간언한 상소문들, 궁중 및 사대부들 사이에 주고받은 내간 등도 수필 문학사에서 주목해 볼 부분이다. 특히 내간은 다른 말로 언간(諺簡)이라고도 했는데, 왕으로부터 천민에 이르기까지 광범위하게 수용되어 간결한 문체에 곡진한 마음을 담아 오늘날까지 전하는 수필로서, 당시 한글 수필의 실상을 어느 정도 엿볼 수 있다는 점에서 매우 의미가 깊다.

이러한 고수필은 이후 19세기 후반에 이르면 유럽에 대한 견문을 근대 사상에 입각해 국한문 혼용체로 기술한 유길준의 『서유견문(西遊見聞)』(1895)을 통해 새로운 가치관의 설정, 합리적인 세계관의 구현, 실증적인 탐구정신을 표방하는 근, 현대수필로 그 맥을 이어주게 된다.

3. 고수필의 종류와 유형별 특징

고수필은 사실 다른 문학 갈래에 비해 그 영역이 매우 광범위하여 체계적인 분류가 쉽지 않다. 그러므로 어떻게 분류하든 그 기준에 부합하는 배타적 귀속성을 완전하게 담보할 수는 없는 게 현실이다. 그런 만큼 학자들마다도 고수필의 분류에 대해서는 다양한 견해가 존재한다. 『동문선(東文選)』의 분류를 거론하면서, 한문수필은 잡저(雜著)·잠(箴)·명(銘)·서(序)·발(跋)·서(書)·제문(祭文)·비문(碑文) 등 9종으로, 국문수필은 일기·기행·내간(內簡)·잡필(雜筆) 등 4종으로 분류하기도 하고[13], 크게 한

문수필・한글수필・현대수필로 삼분하고, 한문수필은 다시 설화에 관한 것, 기사(記事)・전기류(傳記類)에 관한 것, 한담소일(閑談消日)에 관한 것, 잡기류에 관한 것, 문담(文談)에 관한 것 등 5종으로, 한글수필은 서발류(序跋類)・일기류(日記類)・서간류(書簡類)・기사류(記事類)・술회류(述懷類)・전기류(傳記類)・설화류(說話類)・교훈류(敎訓類)・기타류(其他類) 등 9종으로 분류하기도 한다.14) 또 어떤 이는 한문수필은 서발(序跋)・교훈(敎訓)・제문(祭文)・전기(傳記)・우언(寓話)・야화(野話)・기행(紀行)・서간(書簡)・신변(身邊)・시화(詩話)・비평(批評) 등 11종으로, 한글 고전 수필은 서발적(序跋的)인 수필・야화적(野話的)인 수필・교훈적(敎訓的)인 수필・제문적(祭文的)인 수필・전기적(傳記的)인 수필・우화적(寓話的)인 수필・야화적(野話的)인 수필・일기적(日記的)인 수필・기행적(紀行的)인 수필・서간적(書簡的)인 수필・신변잡기적(身邊雜記的)인 수필・가사체(歌辭體)의 수필 등 11종으로 분류하기도 한다.15)

중국 요내(姚鼐)가 『고문사류찬』에서 분류한 13종을 참고해, 한문수필은 비평(批評)・서발(序跋)・주의(奏議)・서간(書簡)・기행(紀行)・일기(日記)・전장(傳狀)・비지(碑誌)・잡기(雜記)・잠명(箴銘)・송찬(頌贊)・애제(哀祭)・사부(辭賦) 13종으로, 국문수필은 서발(序跋)・서간(書簡)・기행(紀行)・비망(備忘)・전장(傳狀)・애제(哀祭)・잠계(箴戒)・가사(歌辭) 8종으로 분류16)하기도 하는 등 실로 학자들마다 다양한 분류를 하고 있는데, 여기서는 편의상 귀속 문제에 논란이 있는 사부류(辭賦類)17)를 제외하고 나머지를 통합하여 서발류(序跋類), 논변류(論辨類), 기행류(紀行類), 일기류

---

13) 장덕순, 『한국수필문학사』, 새문사, 1984, 8~10쪽.
14) 이종출 외, 『국문학개론』, 교학연구사, 1986, 321쪽 및 325쪽 참조.
15) 최승범, 『한국수필문학연구』(정음사, 1980), 48쪽, 105~131쪽. 저자는 중국 요내(姚鼐)가 『古文辭類纂』에서 분류한 13종(1. 論辨, 2. 序跋, 3. 奏議, 4. 書說, 5. 贈序, 6. 詔令, 7. 傳狀, 8. 碑誌, 9. 雜記, 10. 箴銘, 11. 頌贊, 12. 辭賦, 13. 哀祭)과 공덕룡(孔德龍)이 『雜記文學』에서 나눈 4종 및 앞서 장덕순 교수의 분류 등을 참고하면서 이와 같이 나누었다.
16) 최강현, 『한국수필문학신강』, 박이정, 1994, 18~24쪽.
17) 사부류(辭賦類)는 辭, 賦, 騷, 操 등의 형식을 취한 문장이 포함되는데, 보통 사부(辭賦)가 시와 산문의 중간체의 성격을 지닌 글이었던 만큼, 논자에 따라서는 수필에 넣기도 하고 그렇지 않기도 한다. 사부(辭賦)는 한문 문체의 辭와 賦를 합하여 이르는 것으로, 사(辭)는 시가적 성격의 사뿐만 아니고 산문화된 사까지를 포함하므로, 보는 이에 따라서는, 수필에 넣기도 하지만, 시가와의 접점이 분명 있어서 산문체인 '수필'의 영역에서 제외하기도 한다.

(日記類), 서간류(書簡類), 전장류(傳狀類), 비지류(碑誌類), 애제류(哀祭類), 관용문류(官用文類), 송찬류(頌贊類), 잠명류(箴銘類) 등 11가지로 분류하여 각각 한번 살펴보고자 한다.

1) 서발류(序跋類)

서발류는 어떤 단편적인 글이나 저작물에 대하여 서(序)와 발(跋)의 형식을 취한 산문을 일컫는다. 보통 작품집의 처음과 끝에 글을 쓰게 된 동기나 경위를 말하거나 저서의 내용 및 체제를 밝히고 평가한 글이며, 서(序)·후서(後序)·서록(序錄)·서략(序略)·표서(表序)·발(跋)·인(引)·후서(序後)·제후(題後)·제사(題辭)·독(讀)·평(評)·술(述)·열언(例言)·소(疏)·보(譜)·부록(附錄) 등이 포함된다. 이러한 서발류는 작가 자신이 짓기도 하는가 하면 다른 사람이 지어주기도 하는데, 전자의 경우는 문집 간행의 경위와 저자의 문학론을 함께 드러내는 경우가 많아 문학비평론적 성격을 지니기도 한다.18) 사마천의 『사기』에 실려 있는 〈태사공자서(太史公自序)〉, 좌사(左思)가 〈삼도부(三都賦)〉를 짓고 그 서(序)를 당시 저명한 학자였던 황보밀(黃甫謐)에게 부탁한 것 등이 이에 해당한다. 전자는 자서이고 후자는 타인의 서(序)로서, 모두 한대(漢代)의 일이다. 우리나라에는 이규보의 〈동명왕편서(東明王篇序)〉, 홍세태의 〈해동유주서(海東遺珠序)〉, 이황의 〈도산십이곡발(陶山十二曲跋)〉 등을 그 예로 들 수 있다.

2) 논변류(論辨類)

논변류는 사물의 이치를 깊게 논하여 올바른 것을 변별해 내어 도리를 세우는 글로, 논(論)·변(辨)·설(說)·석(釋)·고(考)·의(議)·해(解)·원(原)·유(喩)·대책문(對策問) 등이 이에 속한다.19) 논변류는 고도의 논리성을 내세우는 글이면서, 객관적 사물과 현상에 대한 세심한 통찰을 통해 그 이면에 숨어 있는 이치를 추구하는 글이기도 하다. 주로, 정치, 경전, 역사, 문장 등 다양한 방면에서 논리적으로 풀어나간 것을 볼 수 있으며, 고대 문

---
18) 심경호, 『한문산문의 미학』, 고려대학교출판부, 1998, 307쪽.
19) 이종건·이복규, 『한국한문학개론』, 보진재, 1991, 200쪽.

헌 중에는 『묵자(黙子)』가 설리(說理)와 입론(立論)이 매우 일관된 형식으로 논리를 펼치고 조리가 근엄하고 논증의 방법과 기교를 상당히 추구한 것을 볼 수 있다. 우리나라의 글 중에서는 허균의 유명한 두 논설, 〈호민론(豪民論)〉과 〈유재론(遺才論)〉을 비롯해, 이규보의 〈경설(鏡說)〉, 〈주뢰설(舟賂說)〉, 김시습의 〈애민의(愛民義)〉 등을 들 수 있다.

☆ 참고: 설(說)의 성격

> 논변류 중 논(論)과 설(說)이 있다. 논(論)은 작자 자신의 입장에만 충실하여 객관적인 증거력을 바탕으로 논리와 주장을 전개시키고 있어 그 정서가 건조한 편이라면 설(說)은 논리를 펴거나 세밀한 설명을 통해 작자 자신의 의도를 표출하고 상대방을 설득하고자 한다는 측면에서는 논(論)과 별반 다를 바가 없지만, 구두적인 의사 전달을 통해 상대방을 깨우치고 작자 자신의 의견을 설복시키는 데에 주안점을 두고 있어서 유연한 형식과 비유적인 표현을 활용하고 있다는 점에서는 다소 차이가 있다. 즉 세태와 풍속을 풍자하는 함축적인 표현과 구성 형식 등 문학적 향기를 맛볼 수 있는 여지가 많다.
> 이러한 설(說)은 다음과 같은 성격을 지닌다.
>
> *논(論)은 정밀하면서도 환하게 빛이 나고, … 설(說)은 눈에 띄게 빛나면서도 교묘하게 남을 속여야 한다.* -『문선』중 〈문부〉-20)
>
> 이 인용문에서 보듯이, 논(論)은 자신에게 충실한 논리 전개를 주로 하기에 매우 정밀하면서도 환하게 빛나는 반면, 설(說)은 상대방을 고려하여 최대한 감동시켜 설득하는데 주력해야 하므로 교묘하고도 화려한 면이 요구됨을 알 수 있다. 여기서 '교묘하게 남을 속인다'는 것은 그만큼 설(說)이 함축성이 강하면서도 특수한 구조를 통해 독자들에게 진한 감동을 주는 글임을 지적한 것이다.
>
> *무릇 설(說)은 형세를 잘 배합하는 것을 귀하게 여기니, 그 정황의 변화에 따라 어떤 때는 다그쳐야 하고 어떤 때는 느슨하게 해야 한다. 오*

> 로지 비유만을 사용하여 느릿느릿 주장을 펼치는 것이 아니니, 역시 칼날 같은 필력이 있어야 한다. -『문심조룡』중 일부-21)

> 또 위의 인용문을 보면, 설(說)은 형세의 변화에 맞추어 표현하는 것이므로 상황의 변화에 대처하다 보면 상대방을 교묘한 이치로써 설득해야 되는 경우도 생긴다는 것이다. 그렇지만 설 자체가 교묘하게 남을 속이는 것만을 능사로 삼는 것은 아니다. 오히려 설은 자신의 주장을 독자들에게 설득력 있게 전달하기 위해서 일정한 형식에 얽매이지 않고 때로는 칼날같이 때로는 여유 있게 때로는 함축적인 표현으로 때로는 직설적인 표현을 구사해야 함을 말하고 있다.
> 　이로써 설(說)은 표현수법의 양상에 따라 '직서(直敍)의 설'과 '우언(寓言)의 설'로 나눌 수 있다. 특히, 후자는 문장의 전반부에서 허구적인 상황을 설정하고 후반부에서 그 설정된 상황으로부터 유추된 결론을 바탕으로 새로운 자신의 뜻을 말하는 유형이다.22) 이 유형은 세태와 풍속을 우회적으로 풍자하여 문학성이 높은 것이 많으며, 우리나라에서는 직서체 못지않게 우언의 설이 많이 제작되었다. 이처럼 설(說)은 논(論)과 달리 그 구성방식이 특이하고, 허구적 인물 간의 문답을 통해 줄거리 진행에 따른 서사성을 확보하고 있기도 한 양식이다.23)
> 　다시 말해, 설(說)은 입언류(立言類)의 문장으로서 어떤 사실에 대한 기록만을 중시하는 것이 아니라 그 위에 자신의 주장을 효과적으로 전달하기 위해 구어체 표현을 통한 우의적인 구성을 사용하는 양식이다.

3) 기행류(紀行類)

　기행류는 보통 기(記), 록(錄), 잡저(雜著) 등의 형식을 취한 문장으로, 저자가 일상의 공간에서 벗어나 산천이나 국, 내외 여행을 하면서 직접 보고 경험한 일을 생생하게 묘사한 글이 이에 해당한다. 필자 자신이 직접 경험한 것을 생생한 현장감을 살려 사실적으로 묘사하는 것이 주된 특성이므

---

20) 『文選』17, 〈文賦〉. "論精微而朗暢……說煒燁而譎誑."
21) 劉勰, 『文心雕龍』, 〈論說章〉. "夫說貴撫會, 弛張相隨, 不專緩頰, 亦在刀筆."
22) 민병수, 『한국한문학개론』, 태학사, 1996, 350~351쪽.
23) 양승민, 「高麗朝 의론체 산문의 우언적 성격과 의미」, 『어문논집』36집, 암안어문학회, 1997, 81~90쪽.

로, 보통은 필자의 주관적 감성이 잘 드러나지만, 글에 따라서는 여행지의 경물에 대한 사항을 객관적으로 전달하는 데 치중한 것도 있다. 여기에는 국내 여행기뿐만 아니라 인근 나라로 여행한 기록들도 포함되며, 원치 않게 우연히 바다에 표류하다가 우여곡절 끝에 다시 고국으로 돌아와 그 내용을 기록한 것도 있는 등 다양한 면모를 보여준다.

이 유형의 수필을 기술하는 방법은 시간 혹은 공간적 순서에 따르는데 보통은 저자의 노정(路程)을 따라 기술되는 경우가 거의 대부분이다. 글에 따라서는 일기체적 구성, 노정기적 구성, 풍토기적 구성, 문답체적 구성, 설화적 구성 등 다양한데[24], 이 중 설화적 구성을 띤 기행류는 1인칭보다는 3인칭 형식으로 서술되는 만큼, 소설적인 형상화가 이루어지기도 한다.

기행류는 또한 넓은 의미에서 신변잡기류 글과 맞물려 있기도 하다. 잡기류 자체가 산천 경관이나 누대(樓臺), 인간 대소사의 여러 측면들을 기탄없이 기록한 글인 만큼 여행의 경험 또한 이에 속하는 것은 당연한 일이다. 그러나 잡기류가 보통 어떤 사물이 지니고 있는 본질이나 특정한 현상에 대한 관찰을 객관적으로 기록한 글로 서술대상의 시말에 대한 객관적인 정보를 상세히 제시하는 경향이 강하다면, 기행류는 그 중 일부로서 상세한 기록 외에 필자의 주관적인 경험과 느낌 또한 많이 반영되어 있다는 차이를 볼 수 있다. 잡기류의 글 중에는 서화(書畵)나 기물(器物)에 관해 쓴 짧은 글도 있고(物記), 산천풍경·풍토인정·명승고적·관련 전설 등에 대한 느낌과 인상을 포괄하는 여행기도 있으며(遊記), 인간의 소소하고도 잡다한 일들을 기록한 인사잡기(人事雜記) 등도 있다. 여기에는 의령 남씨의 〈의유당관북유람일기(意幽堂關北遊覽日記)〉, 김일손의 〈속두류록(續頭流錄)〉, 혜초의 〈왕오천축국전(往五天竺國傳)〉, 홍대용의 〈을병연행록(乙丙燕行錄)〉 등이 있다.

4) 일기류(日記類)

일기류는 보통 사생활의 비밀을 적은 것인 만큼 어떤 다른 형태의 수필보다도 저자의 사적인 영역과 개성적인 면이 그대로 드러난다. 보통 매일

---

[24] 윤치부, 「표해류 작품의 종합적 고찰」, 『고전산문연구』 I, 태학사, 1998, 155~159쪽.

일어나는 소소한 일상적 삶의 단면이나 그에 대한 느낌 등을 진술하게 기록한 것인 만큼 독백적 문장이 많은 것도 특징이다. 글에 따라 다르지만, 그날 그날의 체험한 사건 및 자기 성찰과 비판이 함께 기록되어 있고, 그런 만큼, 당시의 사회상과 필자의 사상을 엿보기에 매우 좋은 자료가 된다.

일기의 구성적 특징은 하루를 시간적 단위로 설정하여 그것을 연속적으로 서술하는 것이 보통이며, 또 이러한 시간의 연속성을 잘 구현하기 위한 방편으로 일자(日字)를 구체적으로 명시하기도 한다. 이와 함께 기상의 변화를 자세히 표기하기도 한다. 이처럼 일력 순으로 기록되어 있고 천재이변(天災異變)의 기상변화까지 기록되어 있기는 하지만, 일기는 어디까지나 사적인 일의 기록인 만큼, 공적인 사실을 객관적으로 서술한 『삼국사기(三國史記)』나 『고려사(高麗史)』의 본기(本紀), 『조선왕조실록(朝鮮王朝實錄)』, 『승정원일기(承政院日記)』, 『경연일기(經筵日記)』 등은 엄밀한 의미에서 일기류 수필에 포함시키기가 어렵다. 그러나 공적인 성격의 일기 중에서도 율곡 이이가 남긴 『석담일기(石潭日記)』는 경연일기(經筵日記)로서 율곡 자신의 의견, 비판을 섞어서 성리학상의 제반 문제에 대해 명확한 이론을 전개하여 개인적인 서술의 면모를 보여주는 경우도 있다.

5) 서간류(書簡類)

서간류는 한 마디로 친한 사람들 사이에 주고 받는 편지글 형식의 수필을 일컫는다. 상대방에게 전하고 싶은 말을 글로 쓰는 자기 표현의 또 다른 한 형식으로서 사적인 성격이 매우 강하다. 여기에는 서(書)를 비롯해 격서(檄書), 독(牘), 첩(牒), 치어(致語), 척독(尺牘) 등의 형식을 취한 문장이 대체로 포함된다. 앞서 살핀 일기류가 보통 독자가 없는 독백체 문장으로 서술되는 것이라면, 서간류는 받는 대상(수신인)을 염두에 두고 서술된다는 차이가 있다. 편지글의 분량은 대체로 제한이 없으며, 내용은 안부를 묻거나 소식을 전하는 가벼운 내용에서부터 학문이나 정치적인 견해를 피력하는 내용, 훈계하는 내용 등 매우 다양하다. 그런 만큼, 어떤 종류의 수필보다도 자료가 풍부할 뿐만 아니라 글쓴이의 진정성을 느낄 수 있다.

대체로 서간류는 특별한 경우를 제외하고, 서로가 잘 아는 사람 사이에 오가는 편지이므로, 내용이 신뢰할 만한 것을 담고 있고, 감정 또한 진솔한 편이다. 일기류와 마찬가지로 매우 개인적인 성격을 보여준다. 물론 고대에는 신하가 임금에게 올리는 공문서(公文書)와 동료 간에 왕래한 사적인 글을 모두 서(書)라 통칭하기도 했지만, 후대에 이르러서는 전자를 관용문류 중에서도 주의류(奏議類)라고 따로 구분하고 후자의 것만을 진정한 의미의 편지글, 곧 서(書)라고 하게 되었다. 물론 서(書) 중에는, 최치원의 〈격황소서(檄黃巢書)〉, 〈초조장서(招趙璋書)〉처럼 상대방을 회유하고 또 겁박하면서 소기의 목적을 달성하기 위해 지은 서(書)도 있는가 하면, 누군가가 준 도움에 진정으로 감사의 글을 남긴 글(최치원의 〈여객장서(與客將書)〉)이나 누군가의 부탁을 정중히 거절하고자 쓴 답글(이규보의 〈우기안처사수서(又寄安處士手書)〉) 등도 있고, 관(棺) 속에서 심심찮게 발견되는 간찰(簡札) 등도 있다.25)

6) 전장류(傳狀類)

전장류는 후세에 영원히 기릴 만한 인물의 평생 사적을 취하여 사실적으로 기록한 것으로, 보통 전기(傳記)와 행장(行狀), 일사장(逸事狀) 등의 형식을 취한 문장이 여기에 포함된다. 전기(傳記)는 역사를 서술하는 문체로 많이 활용된 만큼, 그 형식은 서두(도입부)와 본문(행적부)의 2단으로 구성되며, 세부적으로는 사전(史傳), 가전(家傳), 탁전(托傳), 열전(列傳), 가전(假傳) 등 다양한 종류가 있다.26) 이 중 앞의 넷이 보통 산 사람이나 죽은 사람의 행적을 기록한 인물전(人物傳)의 성격을 띤다면, 마지막 가전(假傳)

---

25) 간찰과 관련해서는 조항범, 『註解 순천김씨 묘출토간찰』, 태학사, 1998를 참고해볼 만하다.
26) 사전(史傳)은 사서(史書)에 들어 있는 인물전이며, 사전(私傳)은 일반 문인이 사사로이 적은 글이고, 가전(假傳)은 무정물체를 사람에 허구적으로 가탁한 의인전이며, 열전(列傳)은 한 인물의 일대기를 기록한 것이고, 가전(家傳)은 한 집안의 이야기를 기록한 것이며, 탁전(托傳)은 자신의 이야기를 마치 남의 이야기인양 가탁하여 쓴 것을 일컫는다. 이 중 사전(史傳)은 사마천의 『사기』〈열전〉에서 비롯하였고, 후대 일반 문인의 사전(私傳)에까지 심대한 영향을 미쳤다. 일반 문인의 사전(私傳)은 당대(唐代)에 생겨난 것으로, 사전(史傳)이 선악 겸하는데 반해, 사전(私傳)은 그 선행만을 취하는 것이 일반적이다. 가전(假傳)은 한유의 〈모영전〉에 비롯되었는데, 사물의 근원과 성질을 번다은 전고(典故)를 활용하여 지은 것이다. 이처럼 전기는 실제 행적을 바탕으로 하나 허구성을 띤 것도 있어 행장과는 구별된다.

은 사람이 아닌 동식물 및 무정물체 따위를 사람에 가탁하여 쓴 글로서, 논자에 따라서는 가전, 가전체, 의인(체) 소설 등 다양한 명칭으로 불리며, 소설과의 관계 양상을 따져 볼 실마리를 제공하기도 한다.27)

한편, 같은 전장류에 속하지만 행장(行狀)은 전(傳)과는 달리, 후세인들이 이미 죽은 사람의 가치 있는 생전의 행적을 추념하여 기록한 글을 일컫는다. 이러한 행장은 묘비를 청하거나 추시(追諡)를 청할 때 많이 이용되며, 전보다는 실용성이 강하고 기술 또한 매우 상세하다는 특징이 있다. 전기(傳記)의 서술체계가 보통 서두에 글쓴이의 인생론이나 청탁자와의 관계 등의 내용이 들어가고, 끝부분에 그 인생에 대한 총평으로 마무리된다면, 행장의 서술체계는 대체로 가계 기술-〉생전 사적 기술-〉죽은 연월이나 장지(葬地)·자손 관계 서술로 이루어진다는 차이가 있다. 행장은 전기에 비해 인물의 평생 사적이 상세하고 장대하며, 전기(傳記)에서 즐겨 쓰는 인물의 포폄(褒貶)이 없고 단지 인물에 대한 칭송만 있어 어떤 의미에서는 한 인물의 행적을 객관적으로 평가하기에는 다소 아쉬운 점이 있기도 하다. 이는 원래 행장의 목적이 죽은 이의 가계, 이름, 벼슬, 경력, 나이 등을 상세히 서술하여 사관(史官)에게 올려 열전에 넣거나, 시호(諡號)를 제정하는 데 참고하거나, 묘지명의 자료를 제공하기 위한 것이므로, 당연히 좋은 내용만 적음으로써 공(功)이 주가 되고 과(過)는 약하거나 생략될 수밖에 없기 때문이다.

7) 비지류(碑誌類)

비지류는 대개 이미 지어진 행장(行狀)이나 유사(遺事) 등의 기본 자료를 바탕으로, 죽은 이의 공덕을 기록하여 오래도록 전하기 위해 묘주(墓主)의 생평과 공적 관련 내용을 나무나 쇠나 돌에 새겨, 무덤 근처에 세우거나 무덤 속에 묻는 문장들을 말한다. 주로 비문(碑文), 묘지(墓誌), 비명(碑銘), 묘비(墓碑), 묘갈(墓碣), 묘표(墓表), 비지(碑誌) 등의 형식을 취한

---

27) 傳의 장르적 성격과 소설의 관련 양상에 대해서는, 성기옥(「傳의 장르적 검토」, 『울산어문론집』 1, 울산대국문과, 1984), 이헌홍(「실사의 소설화-유연전을 중심으로」, 『한국고소설의 조명』, 한국고소설연구회, 아세아문화사, 1990), 박희병(「조선후기 전의 소설적 성향 연구」, 성균관대 대동문화연구원, 1993)등의 연구를 참고할 만하다.

문장이 포함되는데, 대체로 하나의 고정된 형식을 갖추고 있는 것이 일반적인 특징이다. 즉 앞부분에는 죽은 사람의 휘(諱), 자호(字號), 세계(世系), 출생, 관력(官歷), 사람됨, 공업(功業), 죽은 년도, 장일(葬日), 장지(葬地), 그리고 배우자와 자녀들에 관해 쓰며, 끝에 가서는 서술자의 주관적인 평가가 이루어지는 송찬(頌讚)의 명문(銘文)을 붙이는 것으로 보통 마감이 된다. 이 명문은 필자의 죽은 이에 대한 감상을 솔직담백하게 표현한 글인 만큼, 일면 무미건조하기 쉬운 글을 생동감있게 바꾸는 역할을 하기도 한다. 지(誌)는 산문으로 쓰고, 명(銘)은 운문으로 쓰는 것이 일반적이지만, 이 중 어느 하나만 있는 것도 있고, 명문이 산문으로 된 것도 있는 등 다양하다. 비지류의 수필로는 이건창의 〈유수묘지명(兪叟墓誌銘)〉, 박지원의 〈홍덕보묘지명(洪德保墓誌銘)〉 등을 한 예로 들 수 있다.

8) 애제류(哀祭類)

애제류는 죽은 사람의 영전에서 죽음을 애도하는 문장으로, 비지류의 글을 제외한 고천문(告天文), 고묘문(告廟文), 애서문(哀逝文), 애사(哀詞), 뢰사(誄辭), 관중서(棺中書), 유서(遺書), 옥첩문(玉牒文), 제문(祭文), 조문(弔文) 등의 형식을 취한 문장들이 포함된다. 애제문은 크게 두 종류가 있는데, 하나는 죽음 자체를 애도하는 문장으로 이 경우는 죽은 이를 매우 슬퍼하며 살아생전의 미덕을 기리기 위해 서술된 것이 많다. 다른 하나는, 천지, 산천, 종묘, 사직, 조상 등에 제사 지낼 때 사용하는 문장으로 주로 귀신에게 고하는 문장인 만큼 신을 향한 기도 및 축원이 담겨 있는 글이 바로 그것이다. 애제류는 대부분은 한문 작품으로 전해져 오지만, 한글로 된 작품들도 볼 수 있으며, 어느 경우든 일종의 신과의 대화이기에 정성과 진실이 가득 담겨 있기도 하다. 그렇다고 하더라도 제문은 특별한 의식을 행할 때 사용되는 일종의 의식문인 만큼, 격식은 전형화되어 있는 경우가 많다. 가령, 글의 모두(冒頭)에 "모년모월모일(某年某月某日)에 모(某)는 술과 안주를 갖추고 죽은 모(某)의 영전에 제사를 올린다"는 투로 시작하여, "오호애재(嗚呼哀哉)"나, "오호통재(嗚呼痛哉)"를 외치고 "상향(尙饗)"으로 결말을 짓는 것이 바로 그 대표적인 예이다. 제문은 또 산문으로 된 것도 있지만 사언(四言)의 운문으로 된 것이 일반적이며, 비지류가 남의 청탁으로 대필하는 예가 많은 것과는 달리, 죽은 사람을 추도하는 성격의 글인 만큼 대작(代作)은 거의 발견되지 않는다. 여기에는 〈조침문〉을 비롯해, 김종직의 〈제망처숙인문(祭亡妻淑人文)〉, 숙종이 남긴 제문이나 김도희가 남긴 몇 편의 제문 등에서 그 실상을 살펴볼 수 있다.

9) 관용문류(官用文類)

관용문류는 표(表), 책(策), 계(啓), 주(奏), 의(議), 소(疏), 전(箋) 등의 형식을 취한 문장이 포함되는데, 주로 조정에 관계되는 공문(公文)을 통칭해서 일컫는다. 여러 가지 공문서 중에서도 신하가 임금에게 올리는 주의류(奏議類)와 반대로 임금이 신하에게 비답을 내리는 조령류(詔令類)가 주목할 만하다.

먼저, 주의류(또는 주소류)는 신하가 왕에게 일반적으로 나라를 다스리는 이치나 방법, 즉 시정 득실 등에 대한 주요 현안에 대해 자신의 견해를 밝혀 올리는 글이다.28) 주로 정치, 행정, 군왕의 교양, 군사, 농업, 제사, 법률 등에 관련된 내용이 많고, 임금을 대상으로 한 만큼 알찬 내용과 잘 갖추어진 격식과 어휘를 구사한다는 특징을 볼 수 있다. 주(奏), 소(疏), 표(表), 상(狀), 차자(箚子), 봉사(封事), 책(策), 탄사(彈事) 등이 여기에 속하며, 제갈량의 〈출사표(出師表)〉와 이밀의 〈진정표(陳情表)〉, 김부식의 〈진삼국사표(進三國史表)〉 등의 글에서 그 일단을 볼 수 있다.

한편, 조령류는 존귀하거나 나이가 많은 사람이 비천하거나 나이가 어린 사람에게 어떤 사항에 대해 알리거나 경계하여 내리는 성격의 글이다. 보통 군주가 신하를 깨우치거나 당부하기 위한 글이 많으며, 그런 만큼 장중함과 근엄함이 배여 있다. 여기에는 교서(教書), 제고(制誥), 책(册), 비답(批答), 조(詔), 유(諭), 계(戒) 등의 글이 속하며, 공문서의 성격 상 형식 및 격식에 얽매인 것이 많다. 주로 관직 임명에 관한 것, 태자나 비빈이나 제후를 책봉

---

28) 그런 점에서 주소류는 일면 논변류와 동궤의 성격을 지니고 있지만, 넓은 의미에서는 관용문류에 속한다고 볼 수 있다. 많은 문학 갈래가 그러하듯, 고수필의 종류가 완벽하게 어느 하나에 분명히 귀속될 수 없음을 감안한다면, 주소류 역시 그와 같이 이해할 수 있을 것이다. 그러나 논변류와 동궤의 성격을 지니더라도 넓은 의미에서 보면 관용문류에 속한다고 볼 수 있다.

하는 것, 과거시험 급제자를 공표하는 것 등 다양한 내용을 다루고 있는 조령류는 중국 진 시황제 때 황제가 신하에게 내리는 글을 일컬었지만 이후 조정에서 내리는 공문의 총칭으로 쓰이게 되었다. 술 중독의 해를 들어 음주를 삼갈 것을 권고한 숙종의 〈계주윤음(戒酒綸音)〉29) 등을 대표적으로 들 수 있다.

10) 송찬류(頌贊類)

송찬류의 글은 송(頌), 부명(符命), 찬(贊), 아(雅) 등의 형식을 취한 문장이 포함되는데, 보통 제왕의 훌륭한 공덕을 기리거나, 고관대작 혹은 상대방의 남다른 덕성과 행위를 칭찬하는 글이 주류를 이룬다. 송(頌)은 성덕(聖德)을 미화하여 신명(神明)에게 고하는 것이기 때문에 글이 전아하고 맑으며, 찬(贊)은 주(主)와 객(客)이 서로를 칭찬하는 말을 주고받은 데서 비롯되었기에 말이 화려하기도 하고 간략하기도 하지만 어느 경우든 서로 간의 돈독한 정이 담겨 있다는 특징이 있다. 이러한 송찬류의 글은 대상에 대해 지나치게 칭송하거나 찬양하는 경향도 없잖아 있어, 비지류의 글들처럼 사람들의 마음을 움직이는 감동이 다소 약할 수도 있고, 서간류나 일기류 등에 비해 문학성이 다소 떨어지는 면이 있기도 하다.

11) 잠명류(箴銘類)

잠명류(혹은 잠계류)는 잠(箴), 계(戒), 규(規) 등의 형식을 취한 문장이 포함되는데, 타인에게 교훈을 주거나 스스로를 경계하기 위해 간결하게 지은 문장을 일컫는다. 훈계성이 강한 잠명류는 보통 잘못을 미연에 방지하려고 쓰는 '잠(箴)'과 이미 이룩한 공적에 대한 칭찬으로 후대에는 뒷날에 대한 경계로 사용된 '명(銘)'을 비롯해 한글 여성교육서 등이 있다.

이 중 우선 잠(箴)은 다시 두 가지로 분류가 되는데, 하나는 신하가 임금

---

29) 활자본으로 1책으로 구성되어 있는데, 〈어제계주윤음(御製戒酒綸音)〉이라고도 한다. 본문은 18매로서 일반 백성에게도 널리 공포하기 위하여 앞부분은 한글로 토를 붙여 놓았고, 뒷부분은 한글로만 뜻을 해석한 언해부로, 술 중독의 해를 들어 음주를 삼갈 것을 권하고 치료법을 기술하면서 은근히 당쟁의 폐를 들어 경계시킨 글이다. 이밖에도 음주를 경계한 글로는 계주교서와 주계문 등이 『중종실록』에 수록되어 있다.

에게 올리는 간언적 성격을 띤 관잠(官箴)이고 다른 하나는 글쓴이가 스스로를 경계하기 위해 지은 사잠(私箴)이 바로 그것이다. 고대에는 관잠(官箴)이 성행했으나 후대로 올수록 사잠(私箴)이 유행했는데, 사잠(私箴)이 스스로를 경계하기 위해 지은 글이었던 만큼, 주로 자신의 결점과 잘잘못을 분석하고 비판한 내용이 주를 이룸을 볼 수 있다.

한편, 명(銘)은 일면 비지류의 명(銘)과 동일한 한자를 쓰기에 같다고 인식될 수 있지만 엄연히 말하면 다른 형태의 글이다. 비지류의 명(銘)은 송덕(頌德)이 목적인 데 반해, 잠명류의 명(銘)은 '경계' 및 '교훈'이 목적인 만큼 신변의 기물(器物)이나 가옥 등에 새겨 스스로의 성찰 기회로 삼았기 때문이다. 잠명류는 다른 수필류에 비해 비교적 짧은 편이며, 오래도록 가슴에 새기고 기억할 수 있도록 하기 위해 보통 4언을 위주로 하여 운문체로 지어진 것이 많지만, 반드시 시(詩) 형태일 필요는 없었기에 산문화되기도 하였다. 여기에는 이제현의 〈구잠(拘箴)〉, 이색의 〈자경잠(自儆箴)〉, 작자미상의 〈녀ᄌᆞᄉᆞ힝록〉 등이 있다.

지금까지 수필의 개념, 종류, 사적 전개 등을 두루 살펴보았다. 오늘날 수필은 문학의 한 영역으로서 자리매김했지만, 사실 한국문학 연구에서 오랫동안 소외된 갈래이기도 했다. 물론 그 바탕에는 서정, 서사, 극이라는 서구의 3분법에 시, 소설, 희곡을 재단하여 넣는 과정에서 '수필'이 어디에도 들어가지 못한 상황때문이기도 하고, 수필이라는 자의(字意)에 지나치게 집착함으로써 '붓 가는 대로', '마음 내키는 대로' 서술한다는 인식이 수필이라는 갈래를 여타 갈래에 비해 가치 폄하된 것으로 이해하도록 한 탓도 있다.

그렇지만 앞서 살펴보았듯이, 수필은 그렇게 간단하고도 도식적으로 치부해 버리고 말 문학 갈래는 절대 아니다. 또한 오늘날 학교 현장에서 고수필보다는 현대수필에 보다 관심을 기울이고 지도하는 것도 한 번쯤 반성해 볼 필요가 있다. 고수필이든 현대수필이든 모두 수필의 한 하위 갈래로서, 옛날에 나온 수필은 고수필이라 부르고 오늘날 나온 것은 현대수필이라 하는 것이지, 오늘날 수필이 더 세련되고 뛰어난 그 무엇으로 생각하는 것은 그 자체로 문제가 있다. 즉 '수필'이라는 보편성이 우선되어야 '옛 것', '오늘날의 것'이라는 특수성도 존립하기 마련이다. 따라서 향후 수필 문학에 대한 이해는 고수필/현대 수필을 너무 단절적으로 인식하는 것을 넘어서, 서구의 장르적 개념에 동양의 수필을 재단하는 것을 넘어서 모든 것을 총체적으로 바라볼 때 진정한 수필 문학의 향기를 느낄 수 있고 또 그 갈래적 위상도 정립될 수 있을 것이다.

제 2장 삼국시대 수필의 향기

- 혜초의 인도 여행: 〈왕오천축국전〉
- 최치원의 수필: 〈격황소서〉, 〈초조장서〉, 〈여객장서〉

1. 혜초의 인도 여행: 〈왕오천축국전〉

1) 작가 이해

혜초(慧超: 704~787)는 719년(성덕왕 18년, 당시 16세) 무렵 구법을 위해 당 유학을 갔다가[1] 중국 광주(廣州)에서 천축 밀교승인 금강지와 그의 제자인 불공을 만나 금강지를 사사한 신라의 승려이다. 금강지는 남천축국 출신으로 제자 불공과 함께 실론(현 스리랑카)과 슈트라를 거쳐 719년에 중국 광주에 도착해 얼마간 머물다가, 낙양(洛陽)과 장안(長安)에 가서 밀교를 전도한 인물이다. 혜초는 스승 금강지의 권유로 개원(開元) 11년(723)에 광주를 떠나 스승이 건너온 바닷길을 거꾸로 해서 약 4년 동안 인도와 서역의 여러 지방을 순유하고 개원 15년(727) 11월 상순에 당시 안서도호부(安西都護府) 소재지인 구자(龜玆, 현 신강 위구르 자치구의 쿠차Kucha)를 거쳐 장안으로 돌아왔다.

귀당 후의 행적에 관해서는, 그가 건중(建中) 원년(780) 5월 5일에 직접 쓴 『대승유가금강성해만수실리천비천발대교왕경(大乘瑜伽金剛性海曼殊室利千臂千鉢大敎王經)』(이하 『대교왕경』으로 약칭)의 서문에 개략적인 내용이 기록되어 있다. 이에 따르면 혜초는 개원 21년(733) 정월 1월부터 약 8년 동안 장안 천복사(薦福寺)의 도량에서 스승 금강지의 가르침 속에 이 경전의 필수(筆受)와 한역 작업을 시작했고, 741년에 금강지가 입적하자 이 작업을 일시 중단하였다. 이후, 스승의 유언에 따라 이 경전의 범어(산스크리트) 원문은 그가 사망한 다음 해에 인도로 보내졌다.

혜초는 스승인 금강지가 타계하자 대력 8년(773) 10월부터 장안 대흥선사(大興善寺)에서 금강지의 제자인 불공으로부터 『대교왕경』의 강의를 받다가, 불공 사후(774년 5월 7일) 동료들과 함께 황제에게 표문을 올려서 스승

---

[1] 당시 신라에는 입당 구법이나 유학의 물결이 유행처럼 번지고 있던 때였고, 신라는 삼국 통일 후 당과의 관계를 더욱 밀접히 하고자 불승이나 유학생들의 입당을 적극 권장하기도 했다. 신라승으로서 입당 구법의 효시는 각덕(覺德)으로 알려져 있다. 그는 중국의 남조 양(梁)으로 건너갔다가 진흥왕 10년(549)에 양의 사신과 함께 불사리를 가지고 돌아왔고, 그 후 명관(明觀)은 진흥왕 26년(565)에 남조 최후의 왕조인 진(陳)의 사신 유사(劉思)와 함께 경론(經論) 1700여 권을 가지고 돌아왔다는 기록이 보인다. 이처럼 신라가 멸망하기 전까지 약 400년 동안에 구법을 위해 수나라와 당나라에 들어간 신라 승려의 수는 수백 명에 달하였다(高柄翊,「慧超의 往五天竺國傳」,『韓國의 名著』, 1969, 48~49쪽. 이 글 말미의 '신라승구법입당표'에 90여명 입당승들의 승명과 입당년, 귀국년, 문헌출처 등이 적혀있다).

의 장례에 대해 황제가 베풀어준 하사와 부조에 감사하고, 또 스승이 세웠던 사원을 존속시켜줄 것을 청원하였다. 이 표문을 혜초가 썼고, 이로 인해 그가 불공의 6대 제자 중 둘째 제자임이 확인되었다. 이러한 점은 사실〈왕오천축국전〉의 발견과 더불어, 1915년 일본 학자 다카쿠스 준지로(高楠順次郎)에 의해 밝혀진 것인데, 그는 당대 밀교 최성기의 중요 문헌인 원조(圓照)의『대종조증사공대판정광지삼장화상표제집(代宗朝贈司空大辦正廣智三藏和尙表制集)』(약칭『표제집』)2) 속에 수록된 사료를 인용하여, 최초의 신라인으로서 유년기에 당나라에 들어가 중국 밀종(密宗)의 시조인 금강지(金剛智,Vajrabodhi,671~741) 삼장을 사사(師事)하고 불경의 한역에 지대한 공헌을 하였다고 고증한 바 있다.3)

이『표제집』에는 대력(大曆) 9년(774) 5월 7일 삼장화상 불공(不空, Amofhavajra, 705~774)이 입적할 때 남긴 유서가 수록되어 있는데, 여기서 혜초가 불공의 6대 제자 중의 한 사람일 뿐만 아니라, 신라인이라는 것이 분명히 드러난다.

내가 지금까지 30여 년 동안 밀교의 비법을 전해 제자가 제법 많다고 할 수 있다. 오부(五部)4)의 율법을 닦아서 일가를 이룬 제자만도 여덟 명이 되었으나, 차례로 입적해서 이제는 여섯 명만이 남아 있을 따름이다. 그들이 누구냐 하면 금각사(金閣寺)의 함광(含光), 신라의 혜초, 청룡사(靑龍寺)의 혜과(慧果), 숭복사(崇福寺)의 혜랑(慧郞), 보수사(保壽寺)의 원교(元晈)와 각초(覺超)이다. 후학들 가운데서 의문에 부딪치는 자가 생기면 너희들이 계시(啓示)해서 법등(法燈)이 끊이지 않도록 할 것이요, 그로써 나의 법은(法恩)을 갚을지어다.5)

---

2) 이 책 여섯 권은 원조가 정원(貞元) 16년(800) 이전에 혜초와 불공 등 10여 명의 고승들이 쓴 총 180여 수의 표제(表制), 사표(謝表), 답비제문(答批祭文), 비문, 유서 등을 집록한 것이다.
3) 高楠順次郎,「慧超往五天竺國傳に就いて」,『宗敎界』11권 7호, 1915, 18~19쪽.
4) 오부란 밀교에서 금강계(金剛界)의 불부(佛部), 금강부(金剛部), 보부(寶部), 연화부(蓮華部), 갈마부(羯磨部)를 말한다.
5) "吾當代 灌頂三十餘年 入壇授法 弟子頗多 五部琢磨 成立八箇 淪亡相次 唯有六人 其誰得之 則有金閣含光 新羅慧超 青龍慧果 崇福慧郎 保壽元晈覺超 後學有疑 汝等開示法燈不絶 以報吾恩."(『表制集』3卷).

이처럼 주목을 받았던 혜초는 또한 대흥선사 등 밀교 사원에서 관정도량(灌頂道場)을 개최하는 데도 혜랑(慧郎)과 함께 앞장섰으며,6) 대종(代宗) 때는 가뭄이 심하자「하옥녀담기우표(賀玉女潭祈雨表)」를 지어 올리기도 하였다.7) 건중(建中) 원년(780) 4월 15일에 오대산(五臺山) 건원보리사(乾元菩提寺)에 들어가 5월 5일까지 20일간 이 경전의 구한역본(舊漢譯本)을 얻어 다시 필수(筆受)하였고8) 그 해 이곳에서 입적하였다.

혜초와 관련해서는 또 실명 문제와 더불어9) 〈왕오천축국전〉의 발견 경위가 매우 극적이었던 만큼, 작가에 대한 관심과 작품에 대한 관심이 동시에 일기도 했다. 사실 혜초는 어려서 고국인 신라를 떠나 30세 무렵에 인도와 서역으로의 구법 순유를 마쳤고, 귀당 후 80여 세의 고령으로 세상을 떠날 때까지 약 50년 동안 당에서 밀교 연구와 전승에 전념했던 인물이었다. 이처럼 혜초는 금강지에서 불공으로, 또 자신으로 이어지는 밀교의 전통을 확립한 대덕 고승이었지만 끝내 가슴 속 깊이 한평생 고국을 향한 그리움도 지니고 있었을 것으로 추정되기도 하는 인물이다.

2) 작품 감상: 〈왕오천축국전(往五天竺國傳)〉

> 〈왕오천축국전〉은 천축의 다섯 나라를 순례하면서 보고 들은 것을 기록한 견문록이자 여행기로서, 곧 구법의 길을 떠나 곳곳을 순례한 수행자의 구도기라고 할 수 있다. 이 작품은 1908년 프랑스의 동양학자 펠리오에 의해 중국 돈황, 막고굴(莫高窟)(=천불동 석굴10))에서 발견되었는데, 발견 경위가 극적이어서 많은 이들의 관심을 끌기도 했다.

---

6) 「請於興善當院兩道場各置持誦僧制一首」, 『代宗朝贈司空大辦正廣智三藏和尚表制集』24卷, 『大正新修大藏經』52~845쪽.
7) 혜초, 「賀玉女潭祈雨表」, 『代宗朝贈司空大辦正廣智三藏和尚表制』5卷, 『大正新修大藏經』52~855쪽. 대종의 명에 의해 혜초는 주질현(盩屋縣, 현 周至縣)에 있는 한 대의 명찰 선유사(仙游寺)를 에워싸고 흐르는 흑하(黑河)의 옥녀담(玉女潭)에서 기우제를 주관하였다.
8) '필수'란 경전을 번역할 때 그 역어를 전수하여 피기하는 일이다.
9) 혜초의 실명과 관련해서는 '혜초(慧超)'인가 아니면 '혜초(惠超)'인가 하는 논란이 있다. 혜림(慧琳:737~820)이 『일체경음의(一切經音義)』에서, 내용 상 '혜초왕오천축국전상권(惠超往五天竺國傳上卷)'이라고 쓰고 마지막 제100권의 목록에서는 '혜초전(慧超傳)'이라고 서로 다른 글자를 썼기 때문이다. 신라승인 혜업(慧業)이나 혜륜(慧輪)을 '혜업(惠業)'이나 '혜륜(惠輪)'으로 쓰기도 한다는 점을 감안할 때 혜초(慧超)를 '혜초(惠超)'로 표기했을 수도 있어 둘은 동일인이라고 할 수 있다.

막고굴은 전진(前秦) 건원 2년(366)에 준공을 시작하여 원대에 완성된, 약 1600여 년의 역사를 지닌 문화유산의 보고이다. 총 735개(남쪽 487개, 북쪽 248개)로 이루어져 있으며, 벽화 면적이 45000㎢인데다 50000여 점의 유물이 발견된 곳이기도 하다. 원래 돈황의 유물은 서하(西夏)의 침입 때문에 굴속에 감춰진 것으로, 유, 불, 도교의 경전 등 각종 필사본과 서역이나 인도, 페르시아, 아랍 등 여러 나라 문자로 적힌 문서, 그리고 불화 판화, 탁본, 자수포, 염직포 등 다양한 유물이 비장되어 있었다.

이렇게 중요한 의미를 지닌 이곳은, 1890년대 도사 왕원록11)에 의해 처음 알려지게 되었으나 한동안 세간의 주목을 끌지 못하다가 이후 1899년 헝가리 지질학자 로치(Loczy)가 탐방한 후에야 많은 이들이 차츰 주목하기 시작했다. 1905년 10월 러시아 지질학자 오브루체프(Obruchev)는 중국어, 몽골어, 티베트어, 범어, 터키어 등으로 쓰인 고서 두 보따리를 가져갔고, 1907년에는 영국의 탐험가 스타인(Stein)이 왕 도사를 꾀어 스무 상자에 해당하는 사경류 서적과 그림을 가져갔으며, 1908년 2월 당시 신강성 우루무치에 와 있던 프랑스 정부의 명을 받은 펠리오가, 중앙아시아 탐험길에 올라 돈황에 도착해 3개월간 머물면서 왕 도사를 매수해 사경류 1500여권 24상자와 그림류 5상자를 프랑스로 반출한 바 있다. 이때, 그는 굴에다 번호를 매기기도 했고, 이후 돈황을 떠나 서안, 정주, 북경을 거쳐 하노이로 돌아갔다가 1909년 5월, 다시 북경에 와서 돈황에서 가져간 일부 고서를 처음으로 중국학자들에게 공개하면서 많은 이들을 놀라게 하였다.

이 과정에서, 우리의 〈왕오천축국전〉은 바로 1908년 막고굴 중 '장경동(藏經洞)'에서 펠리오에 의해 처음 발견된 것인데, 비록 발견 당시에는 작자 논란이 있었지만 1915년 일본학자인 다카쿠스 준지로에 의해 마침내 혜초가 신라 사람임이 밝혀지기도 했다. 혜초는 스승의 권유로 723년 광주를 떠나 인도로 갔는데, 약 4년간 40여 개국을 방문하였다. 광주에서는 해로를 이용해 동, 중, 남, 서, 북천축-〉카슈미르 지방-〉파키스탄-〉아프가니스탄 북부-〉러시아 영인 중앙아시아-〉파미르 고원-〉중국의 신강성-〉727년 11월 구자를 거쳐 장안에 도착하는 일련의 여정을 보여주었고, 담긴 내용은 여행 중 그때그때 보고 들은 것을 간명하게 요약, 기술한 것임을 알 수 있다.

> 이는 혜초가 충분한 시간을 갖고 전후 사정을 자세히 기록한 것이 아니고 그곳의 느낌과 경험을 순간순간 직접 그대로 기술한 것임을 짐작케 한다. 두루마리에 한줄 30자 정도 되는 230줄 총 6000여 자에 불과한 짧은 글이지만 당시 인도와 그 주변 지역의 사정을 잘 알려주는 소중한 자료이자 또 돈황학을 일으키게 된 계기가 되기도 했다는 점에서 주목된다. 현재 실물은 프랑스 파리의 국립도서관에 있다.

▌구시나국(쿠시나가라)

한 달 만에 구시나국(拘尸那國, 쿠시나가라Kusinagara)에 이르렀다. 부처님이 열반(涅槃)에 드신 곳이나 성은 이미 황폐화되어 아무도 살지 않는다. 부처님이 열반하신 곳에 탑을 세웠는데 한 선사(禪師)가 그곳을 깨끗이 청소하고 있다. 해마다 초파일이 되면 남승과 여승, 도인가 속인들이 그곳에 모여 크게 공양행사를 치르곤 한다. 탑 상공에는 깃발이 휘날리는데, 하도 많아 그 수를 이루 다 헤아릴 수가 없다. 뭇사람들이 함께 그것을 우러러보니, 이 날을 맞아 보리심(菩提心)을 일으키는 자가 한 둘이 아니다.

이 탑의 서쪽에 강 하나가 있는데, 이라발저(伊羅鉢底, 아이라바티Airavati, 아지라바티Ajiravati)강이라고 한다. 이 강은 남쪽으로 2천 리를 흘러 항하(恒河, 갠지스 강)로 들어간다. 이 탑의 사방 먼 곳까지도 사람이 살지 않으며 숲은 여지없이 거칠어졌다. 그래서 거기로 예배하러 가는 자는 무소나 호랑이에게 해를 입기도 한다.

이 탑 동남쪽 삼십 리에 절이 하나 있는데, 사반단사(娑般檀寺)라고 부른다. 거기에 삼십여 명이 사는 마을이 3~5개 있는데, 늘 절에 공양한다. 그 선사의 의복과 같은 음식은 탑에 있는 것으로 공양하도록 되어 있다.

---

10) 전진 건원 2년(366)에 낙준이라는 스님이 명사선에 왔다가 동쪽 끝에 금빛 광명을 발하는 부처 형상처럼 생긴 서상이 뻗치고 있는 장면을 보고 이 산에 석굴 하나를 팠고, 그 후에 법량선사가 와서 그 옆에 또 하나의 석굴을 판 것이 천불동 석굴의 효시가 되었다고 한다(이회양의 『重修莫高窟碑』 中).

11) 호북성 마성현 출신으로 숙주의 순방군에 근무하다가 제대하고 도사가 되어 유랑하다 천불동에 이르른 인물로서, 도사이면서 불교 승려처럼 행사하던 인물로 그가 장경동을 처음 발견하였다(1900.5.26.).

▌마게타국 (마가다)

이 절 안에는 한 구의 금동상이 있다. 오백······이 마게타국(摩揭陁國, 마가다Magadha)에는 옛적에 왕이 한 명 있었는데, 시라표저(尸羅票底,실라디탸 Siladitya)라고 하였다. 그가 이 상과 함께 금동 법륜(法輪)도 만들었는데······테두리가 반듯하고 30보나 된다.

이 성은 갠지스 강을 굽어 볼 수 있는 북안(北岸)에 위치해 있다. 바로 이 녹야원(鹿野苑)12)과 구시나(拘尸那), 사성(舍城), 마하보리(摩訶菩提) 등 4대 영탑(靈塔)이 마게타국 왕의 영역 안에 있다. 이 나라에는 대승과 소승이 함께 행해지고 있다. 급기야 마하보리사(摩訶菩提寺)에 도착하고 나니 내 본래의 소원에 맞는지라 무척 기뻤다. 이러한 뜻 대충 오언시로 엮어본다.

보리수가 멀다고 걱정 않는데
어찌 녹야원이 그리 멀다 하리오.
가파른 길 험하다고만 근심할 뿐
업연(業緣)의 바람 몰아쳐도 개의찮네.
여덟 탑을 친견(親見)하기란 실로 어려운데,
오랜 세월을 겪어 어지러이 타버렸으니
어찌 뵈려는 소원 이루어지겠는가,
하지만 바로 이 아침 내 눈으로 보았노라.

---

12) 옛날 이 근처에 우거진 숲이 있었는데, 각각 500마리 정도의 사슴 두 떼가 살고 있었다. 하루는 국왕이 사냥을 나가자 한 사슴 떼의 왕이 국왕에게 한꺼번에 사냥할 것이 아니라 하루에 한 마리씩 사냥하면, 국왕은 신선한 것을 먹을 수 있고 또 사슴들은 생명을 연장할 수 있으니 서로가 좋지 않겠느냐고 제언하였다. 국왕은 그대로 하기로 하였다. 어느 날 새끼를 밴 암사슴이 자기 차례가 되어 죽게 되자 자기가 속한 무리의 왕에게 뱃속의 새끼는 아직 죽을 차례가 아니니 미루어 달라고 간청했으나 거절당하였다. 그래서 이웃 사슴 떼의 왕에게 가서 같은 간청을 하니 그 왕은 '아, 이것이 어미의 자비심이라는 것이구나. 어미의 은혜는 태어나지 아니한 새끼에게도 미치고 있구나. 좋다. 내가 너 대신 희생하겠다.'라고 하면서 곧바로 수도로 가서는 궁전 문 앞에 서서 대신 죽여 달라고 하였다. 이 말을 들은 국왕은 크게 감탄하면서 "아, 훌륭한 마음씨로구나. 너는 사슴의 모양을 한 인간이고, 반대로 나는 인간의 허울을 쓴 사슴이다." 라고 말하였다. 그 후로는 어명으로 이 숲에서의 사슴 사냥이 금지되고 모든 사슴들이 해방되었다. 그래서 이곳을 녹야원(사슴들이 노니는 동산)이라고 부르게 되었다. 그리고 그 어진 사슴의 왕은 전생에 보살로 수행을 닦을 때의 석가이고, 또 그 비정한 사슴의 왕은 석가를 죽이려던 악한 데바닷타라고 한다.

■ 중천축국

다시 이 피라날사국에서 서쪽으로 두 달 걸려 중천축국(中天竺國) 왕의 거성(居城)에 이르렀는데, 그 성 이름은 갈나급자(葛那及自)이다. 이 중 천축국의 강역은 무척 넓으며 백성도 번성하다. 왕은 구백 마리의 코끼리를 소유하고 있으며 다른 대 수령들도 각각이 삼백 마리씩 가지고 있다. 그 왕은 매번 친히 병마를 거느리고 싸움을 한다. 항상 다른 네 천축국과 싸움을 하는데, 늘 중천 축국 왕이 이기곤 한다. 그 나라들의 관행에 따르면, 코끼리가 적고 병력도 적은 줄을 스스로 알면 곧 화친을 청하고 해마다 세금을 바치며, 서로 싸우거나 죽이지는 않는다.

■ 오천축국 풍속

의복, 언어, 풍속, 법률은 오천축국이 서로 비슷하다. 다만 남천축국 시골 사람들의 말은 좀 다르다. 벼슬아치들의 말은 중천축국 말과 다르지 않다. 오천축국 법에는 목에 칼을 씌우거나 매질을 하거나 투옥하는 일이 없다. 죄를 지은 자에게는 죄의 경중에 따라 벌금이나 물리지, 형벌이나 사형을 내리는 일은 없다. 위로는 국왕에서부터 아래로는 서민에 이르기까지 수렵에 나가서 매를 날리고 사냥개를 내모는 것 같은 일을 하는 것은 보지 못하였다. 길은 많은 도적들로 득실거리지만 그들은 물건만 빼앗고는 곧 놓아 주며 해치거나 죽이지는 않는다. 그러나 물건을 아끼다가는 곧 바로 다치기 일쑤다. 토지(기후)가 대단히 따뜻하여 온갖 풀이 늘 푸르청청하며 서리나 눈은 내리지 않는다. 먹는 것은 멥쌀과 미숫가루, 빵, 찐 곡물 가루, 유지방(乳脂肪) 식품, 젖, 치즈 같은 것뿐이고 장(醬)은 없으나 소금은 있다. 모두 흙으로 만든 솥으로 밥을 지어 먹으며 무쇠 가마 따위는 없다. 백성들에게 별다른 부역이나 세금은 없다. 다만 땅에서 나는 곡식의 다섯 섬은 거두어들이고 한 섬은 왕에게 바치는데, 왕이 사람을 보내 운반해가지 땅 주인이 일부러 보내지는 않는다. 이곳 백성들 중에는 가난한 사람이 많고 부자는 적다. 왕과 관리 집안이나 부유한 사람들은 무명 옷 한 벌을 입고, 다른 사람들은 한 가지를 입으며, 가난한 사람들은 반 조각만 걸친다. 여자들도 마찬가지이다.

이 나라 왕이 등청(登廳)하여 앉기만 하면 수령들과 백성들이 모두 몰려와 왕을 에워싸고 사방에 둘러앉는다. 그러고는 각자가 도리를 놓고 논쟁을 하는데, 소송이 분분하여 매우 소란스럽지만 왕은 듣기만 하고 화를 내지는 않는다. 그러다가 느직하게 '그대는 옳고, 그대는 옳지 않다'고 알린다. 그러면 백성들은 왕의 이 한마디 말을 결정적인 것으로 받아들여 다시는 더 이상 언급하지 않는다. 이 나라 왕과 백성들은 삼보를 매우 경신(敬信, 공경하고 믿음)한다. 만약 스님 앞에 마주하게 되면 왕이건 수령들이건 땅바닥에 앉지 감히 좌탑(坐榻)에 앉으려 하지 않는다. 왕이건 수령이건 어디에 다녀올 때면 스스로 좌탑을 지니고 다니면서 목적지에 이르면 곧 자기 좌탑에 앉고 남의 좌탑에는 앉지 않는다. 절이건 궁궐이건 모두 삼층으로 지었는데, 아래층은 창고로 쓰고 위 두 층에는 사람이 산다. 여러 대 수령들의 집도 그러한 바, 지붕은 평평하고 벽돌과 목재로 지었다. 그 밖의 집은 모두 초가집인데, 중국의 맞배집과 비슷하게 지었으며 또한 단층이다. 토산물로는 모직물, 천, 코끼리, 말 따위 뿐이다. 이곳에는 금과 은이 나지 않아 외국에서 들여온다. 낙타나 노새, 당나귀, 돼지 같은 가축도 기르지 않는다. 그곳 소는 모두 흰데, 만 마리 중 어쩌다가 한 마리씩 붉거나 검은 놈이 있다. 양과 말은 아주 적어 왕만이 이삼백 마리의 양과 육칠십 필의 말을 가지고 있을 뿐이다. 그 밖의 수령과 백성은 아무도 가축을 기르지 않는다. 그저 소만 즐겨 길러 젖과 치즈, 유지방 식품을 얻는다. 토착인들은 착하여 살생을 그리 좋아하지 않는다. 그래서 시장 점포 안에는 짐승을 도살해서 고기를 파는 곳을 볼 수가 없다.

■ 중천축국 4대 탑

이 중천축국에서는 대승과 소승이 함께 행해진다. 바로 이 중천축국 경내에 네 개의 큰 탑이 있는데, 세 개는 항하(恒河) 강 북안에 있다. 첫째는 사위국(舍衛國) 급고원(給孤園)에 있는데, 절도 있고 승려도 있는 것을 보았다. 둘째는 비야리성(毘耶離成) 암라원(菴羅薗)에 있는데, 거기서 탑은 봤으나 절은 황폐해지고 승려는 없다. 셋째는 가비야라국(迦毗耶羅國)에 있는데, 그곳이 바로 불타가 태어난 성이다. 거기서 무우수(無憂樹)는 봤으나 성은 이미 폐허가 되었다. 탑은 있으나 승려는 없고 백성도 없다. 이 성은 중천축국의 가장 북쪽에 자리하고 있는데, 숲이 많이 황막(荒漠)해지고 길가에는 도적이 득실거려 그곳으로 가는 예배자들은 대단히 어렵게 (목적지에) 당도한다. 넷째는 삼도보계탑(三道寶階塔)으로 중천 축국 왕의 거성(居城)에서 서쪽으로 7일 거리의 두 항하 사이에 있다. 여기는 부처님이 도리천(刀利天)으로부터 삼도보계가 만들어 지자 염부제(閻浮提)로 내려온 곳이다. 삼도 보계는 왼쪽 길을 금으로, 오른쪽 길을 은으로, 가운데 길을 폐유리(吠瑠璃)로 장식 하였다. 부처님은 가운데 길로, 범왕(梵王)은 왼쪽 길로, 제석(帝釋)은 오른쪽 길로 부처님을 모시고 내려와 바로 이곳에 탑을 세웠다. 절도 있고 승려도 있는 것을 보았다.

▎남천축국

중천축국에서 곧바로 남쪽으로 석 달 남짓 가면 남천축국 왕이 사는 곳에 이른다. 왕은 코끼리 팔백 마리를 소유하고 있다. 영토가 매우 넓어서 남쪽으로는 남해에, 동쪽으로는 동해에, 서쪽으로는 서해에 이르며, 북쪽으로는 중천축국과 서천축국, 동천축국 등의 나라들과 경계가 맞닿아 있다. 의복과 음식, 풍속은 중천 축국과 비슷하다. 다만 언어는 좀 다르고 기후는 중천축국보다 덥다. 그곳 산물로는 무명, 천, 코끼리, 물소, 황소가 있다. 양도 조금 있으나 낙타나 노새, 당나귀 따위는 없다. 논은 있으나 기장이나 조 등은 없다. 풀솜이나 비단 같은 것은 오천축국 어디에도 없다. 왕과 수령, 백성들은 삼보를 지극히 공경하여 절도 많고 승려도 많으며, 대승과 소승이 더불어 행해진다. 그곳 산 중에 큰 절이 하나 있는데, 그것은 용수 보살(龍樹菩薩)이 야차신(夜叉神)을 시켜 지은 것이지, 사람이 지은 것이 아니다. 산을 뚫어 기둥을 세우고 삼층짜리 누각으로 지었는데, 사방의 둘레가 삼백여 보나 된 다. 용수 생전에는 절에 삼천 명의 승려가 있었고 공양미만도 열 다섯 섬이 나되어, 매일 삼천 명의 승려들을 공양 하였다. 그래도 쌀이 바닥나는 일이 없었고 써도 다시 생기곤 하여 원래의 양이 줄어들지를 않았다. 그러나 지금은 이 절이 황폐해져 승려가 없다. 용수는 나이 칠백이 되어서야 비로 소 입적 하였다. 때마침 남천 축국의 여행길에서 하고픈 말을 오언(五言)으로 이렇게 읊었다.

달 밝은 밤에 고향길을 바라보니
뜬구름은 너울너울 돌아가네.
그 편에 감히 편지 한 장 부쳐 보지만
바람이 거세어 화답(和答)이 안 들리는구나.
내 나라는 하늘가 북쪽에 있고
남의 나라는 땅끝 서쪽에 있네.
일남(日南)에는 기러기마저 없으니
누가 소식 전하러 계림(鷄林)으로 날아가리.

■ 서천축국

다시 남천축국에서 북쪽으로 두 달을 가면 서천축국 왕의 거성에 이른다. 이 서천축국 왕도 오륙 백 마리의 코끼리를 가지고 있다. 이 땅에서 나는 산물로는 모직물과 천, 은, 코끼리, 말, 양, 소가 있고, 보리와 밀, 콩 따위도 많이 난다. 하지만 벼는 아주 적다. 빵과 보릿가루, 젖, 치즈, 버터기름을 많이 먹으며, 매매는 은전이나 모직물, 천 따위로 한다. 왕과 수령 백성들은 삼보를 지극히 존경하여 믿는다. 절도 많고 승려도 많으며 대승과 소승이 함께 행해지고 있다. 땅이 매우 넓어서 서쪽으로는 서해에 이른다. 이 나라 사람들은 노래를 대단히 잘 부르는데, 여타 사천축국은 이 나라만큼 못한다. 또한 목에 칼을 씌우거나 곤장을 안기며 감옥에 가두고 사형에 처하는 일은 없다. 지금은 대식(大寔, 아랍)의 내침으로 나라의 절반이 파괴되었다. 또한 오천축국 사람들은 출타할 때 양식을 갖고 다니지 않아도 가는 곳마다 구걸만 하면 먹을 것이 생긴다. 단, 왕과 수령 등은 출타할 때 스스로 양식을 가지고 다니며, 백성들이 마련한 것은 먹지 아니한다.

■ 호밀국 (와칸)

다시 토화라국에서 동쪽으로 7일을 가면 호밀(胡蜜, Wakhan) 왕의 거성(居城)에 이른다. 마침 토화라에서 (호밀국으로) 올 때 이역(異域)에 들어가는 중국 사신을 만났다. 이에 간략하게 사운체(四韻體) 오언시(五言詩)를 지었다.

그대는 서쪽 이역이 멀다고 원망하고

나는 동쪽 길이 멀다고 탄식 하노라.
길은 험하고 눈 쌓인 산마루 아스라한데
험한 골짜기 엔 도적 떼가 길을 트누나.
새도 날다가 가파른 산에 짐짓 놀라고
사람은 기우뚱 한 다리 건너기 어렵네.
평생 눈물을 훔쳐 본 적 없는 나건만
오늘만은 하염없는 눈물 뿌리는구나.

겨울 어느 날 토화라에서 눈을 만난 소회를 오언시로 읊었다.

차디 찬 눈이 얼음까지 끌어 모으고
찬바람 땅이 갈라져 라 매섭게 부는구나.
망망대해는 얼어붙어 단(壇)을 깔아 놓은 듯
강물은 제멋대로 벼랑을 갉아 먹는구나
용문(龍門)엔 폭포수마저 얼어 끊기고
우물 테두리는 도사린 뱀처럼 얼었구나.
불을 벗 삼아 층층 오르며 노래한다마는
과연 저 파밀(播密) 고원을 넘을 수 있을는지.

이 호밀 왕은 군사가 적고 약해 스스로를 지켜 낼 수가 없어서 대식의 관할 하에 있게 되었으며, 해마다 비단 삼천 필을 세금으로 보낸다. 주거가 산골짜기이다 보니 사는 곳이 협소하고 가난한 백성이 많다. 의상은 가죽 외투와 모직상의이며, 왕은 비단과 모직 옷을 입는다. 빵과 보릿가루만을 먹는다. 이곳의 추위는 다른 나라들보다 더 극심하다. 언어도 다른 나라들과 같지 않다. 양과 소가 나는데, 아주 작고 크지 않다. 말과 노새도 있다. 승려도 있고 절도 있으며, 소승법이 행해진다. 왕과 수령, 백성들 모두가 불교를 섬기며 외도에 귀의하지 않는다. 그리하여 이 나라에는 외도가 없다. 남자는 모두 수염과 머리를 깎으나, 여자는 머리를 기른다. 주거가 산 속이기는 하나, 그곳 산에는 나무와 물, 심지어 이러저러한 풀조차 없다.

2. 최치원의 수필: 〈격황소서〉, 〈초조장서〉, 〈여객장서〉

1) 작가 이해

최치원(崔致遠: 857~?)은 신라 시대 최고의 지성이자 유학자로서 『계원필경(桂苑筆耕)』과 『동문선(東文選)』등에 주옥같은 시문(詩文)들을 남김으로써 문명(文名)을 크게 떨친 인물이다. 자(字)는 고운(孤雲)이며 호(號)는 해운(海雲) 또는 해부(海夫)로, 신라 47대 헌안왕(憲安王, 재위 857~861) 원년인 857년에 태어났다. 부친은 38대 원성왕(元聖王, 재위 785~798) 때에 숭복사(崇福寺) 창건에 참여했다고 전해지는 견일(肩逸)이다. 48대 경문왕(景文王, 재위 861~875) 때인 868년에 부친의 강권으로 12세의 어린 나이로 중국 당(唐) 나라로 유학을 떠나, 874년 예부시랑(禮部侍郎) 배찬(裵瓚)이 주관한 빈공과(賓貢科)에 급제하였다. 그러나 2년 동안 관직에 오르지 못하고 낙양(洛陽) 등지를 떠돌면서 시작(詩作)에 몰두하다가[13] 그 뒤 876년 선주(宣州) 율수현(溧水縣: 지금의 강소성 남경시(南京市) 현위(縣尉)로 관직에 올랐다. 이 무렵 1부(部) 5권으로 된 『중산복궤집(中山覆簣集)』을 저술하였다.

877년 겨울에는 관직에서 물러난 최치원이 양양(襄陽)에서 이위(李蔚)의 문객(門客)이 되었다가, 회남절도사(淮南節度使) 고변(高騈)의 추천으로 관역순관(館驛巡官)이 되었으며 고변이 황소(黃巢)의 반란군을 토벌하기 위한 제도행영병마도통(諸道行營兵馬都統)이 되자, 그의 종사관으로 참전하여 4년 동안 표(表)·서계(書啓)·격문(檄文) 등의 문서를 작성하는 일을 맡았다. 이 무렵 최치원이 쓴 글은 1만여 편에 이르렀는데, 그 가운데 특히 〈토격황소문(討黃巢檄文)〉은 명문으로 이름이 높았다.

최치원은 당 나라에서 17년 동안 머물다가 885년(헌강왕 11) 신라로 귀국했으며, 당시 당 나라에서 썼던 글들을 28권의 문집으로 정리하여 왕에게 바쳤다. 이 가운데 『중산복궤집』등 8권은 전하지 않으며, 『계원필경(桂苑筆耕)』20권만 전한다. 또 헌강왕 사후(886년) 즉위한 진성여왕(재위 887~897)에게는 민생 안정을 위해 10여 조의 시무책을 제시하였고(894년), 6두품으로서

---

[13] 이 무렵 최치원은 5수 1권으로 된 〈사시금체부(私試今體賦)〉, 100수 1권으로 된 〈오언칠언금체시(五言七言今體詩)〉, 30수 1권으로 된 〈잡시부(雜詩賦)〉 등의 시문집을 지었는데, 오늘날에는 모두 전해지지 않는다.

오를 수 있는 최고의 관직인 아찬(阿飡)에 임명되기도 했지만, 그의 개혁은 중앙 귀족의 반발로 실현되지 못했다. 진성여왕 이후 효공왕(재위 897~912)이 즉위한 뒤, 최치원은 관직에서 물러나 각지를 유랑하였고, 만년에는 가야산의 해인사에 머물렀다. 이후 그의 행적은 알려지지 않고 다만, 방랑하다가 죽었다거나 신선이 되었다는 여러 전설만 남기고 있다. 이후 고려 현종 14년(1023년)에는 내사령(內史令)으로 추증되었으며, 문묘에 배향되며 '문창후(文昌侯)'라는 시호를 받기도 했다. 신라 6부의 하나인 '사량부(지금의 경주)'에서 6두품의 신분으로 태어났으나14) 오늘날 경주 최씨의 시조로 그 이후까지도 여러 측면에서 영향력을 행사하고 있는 인물이기도 하다.

최치원은 유학의 비조(鼻祖)로 알려져 있지만, 사실 유(儒)·불(佛)·선(仙) 통합 사상을 보여준 인물이다. 그는 〈난랑비서(鸞郎碑序)〉라는 글에서 유교와 도교, 불교를 포용하고 조화시키는 '풍류도'를 한국 사상의 고유한 전통으로 제시한 바 있다.

> "나라에 현묘한 도가 있으니 '풍류(風流)'라 한다. 그 가르침을 베푼 근원은 '선사(仙史)'에 상세히 실려 있는데, 실로 삼교(三敎)를 포함하여 중생을 교화한다. 들어와 집에서 효도하고 나가서 나라에 충성하는 것은 공자의 가르침이다. 무위로 일을 처리하고 말없이 가르침을 행하는 것은 노자의 뜻이다. 악한 일은 하지 않고 선을 받들어 행하는 것은 부처의 가르침이다(-『삼국사기』, '진흥왕 조(條)'-)15)

여기서 풍류도는 신라의 화랑도(=風月道)로서, 최치원은 유·불·도를 융합하고 있는 풍류도를 '현묘한 도(玄妙之道)'라고 칭하며, 이들을 한국 고유한 사상적 전통임을 강조하였다. 또 이러한 가르침은 서로 다른 것이 아니라 지극한 도(道)에서는 하나로 통하므로 이들을 구별하는 것이 무의미하다고 보았는데, 이러한 생각은 〈진감선사 비문(眞鑑禪師碑文)〉16)에서 보다 잘 나타난다.

---

14) 하지만 『삼국유사』에는 본피부(本彼部) 출신으로 기록되어 있기도 하다.
15) '國有玄妙之道曰風流 設敎之源備詳仙史 實乃包含三敎 接化群生 且如入則孝於家 出則忠於國 魯司寇之旨也 處無爲之事 行不言之敎 周柱史之宗也 諸惡莫作 諸善奉行 竺乾太子之化也.'(『三國史記』, 〈眞興王 條〉).
16) "학자들이 간혹 이르기를 석가와 공자의 가르침이 흐름이 갈리고 체제가 달라 둥근 구멍에 모

이 탑비(塔碑)는 대한민국 국보 47호로 지정되어 있으며, 최치원이 해서체(楷書體)로 쓴 38행 2,414자로 된 비문에서는 그의 품격 있는 글씨를 잘 볼 수 있다.

2) 작품 감상

> 여기서는 최치원이 남긴 많은 글들 중에서 〈격황소서(檄黃巢書)〉, 〈초조장서(招趙璋書)〉, 〈여객장서(與客將書)〉 등 세 편의 글을 한번 감상해 보고자 한다.
> 이 중 〈격황소서〉와 〈초조장서〉는 격문(檄文)의 성격을 띤 공문서이다. 〈격황소서〉가 황소를 향해 직접적인 항복의 의지를 위협과 회유의 방식으로 표현한 것이라면, 〈초조장서〉는 황소의 막하에 있는 조장의 입장을 헤아리면서 동시에 절묘한 비유를 사용하여, 반란군의 위치에 있는 것이 잘못된 것임을 깨우치고 위협하는 것도 잊지 않는 명문이다.
> 한편, 〈여객장서〉는 어느 장군의 도움으로 22살 때(878년) 마침내 출사하게 된 감사의 뜻을 전하는 편지글로 사문서(私文書)이다. 여기서 객장은 빈객의 응접을 담당하는 절도사 휘하의 관직으로, 여기에 있는 인물의 주선 덕에 고변에게 최치원 자신의 뜻을 전달할 수 있게 된 것에 대한 감사의 뜻이 곡진하게 펼쳐져 있다.

(1) 〈격황소서(檄黃巢書): 황소에게 보내는 격서〉17)

광명(廣明) 2년(881) 7월 8일에 제도도통 검교태위(諸道都統檢校太尉) 모(某)는 황소(黃巢)에게 고하노라.

대저 바름을 지키면서 떳떳함을 닦는 것을 도(道)라고 하고, 위기를 당

난 자루를 박는 것처럼 서로 모순되어 한 귀퉁이에만 집착한다고 한다. 하지만 시(詩)를 해설하는 사람이 문(文)으로 사(辭)를 해치지 않고, 사(辭)로 뜻(志)을 해치지 않는 것처럼, 『예기』에 이르기를 '말이 어찌 한 갈래뿐이겠는가. 무릇 제각기 마땅한 바가 있다'고 하였다. 그러므로 여산(廬山)의 혜원(慧遠)이 논(論)을 지어서 '여래(如來)가 주공, 공자와 드러낸 이치는 비록 다르지만 돌아가는 바는 한 길이며 지극한 이치에 통달하였다. 겸하지 못하는 자는 물(物)이 겸하기를 용납하지 못하기 때문이다.'고 하였다. 심약(沈約)도 말하기를 '공자는 그 실마리를 일으켰고 석가는 그 이치를 밝혔다.'고 하였으니, 참으로 그 큰 뜻을 아는 사람이어야 비로소 더불어 지극한 도(道)를 말할 수 있다 하겠다."

17) 이 글은 唐 말기에 일어난 대 농민 반란(875~884)인 황소의 난을 평정하기 위해 지은 글이다. 황소는 소금 암상인으로서 반체제적 활동을 한 인물로, 장안에 스스로 정권을 세웠으나 오래가지 못하고 3년 후 태산(泰山) 부근에서 자결한 인물이나, 이 난은 당나라 붕괴의 근본적인 계기가 된 사건이기도 했을 만큼 중요한 의미를 지닌다.

하여 변통하는 것을 권(權)이라고 한다. 지혜로운 자는 시기에 순응해서 공을 이루고, 어리석은 자는 이치를 거슬러서 패망하고 만다. 그렇다면 백 년의 인생 동안 생사(生死)를 기약하기는 어렵다 하더라도, 만사(萬事)를 마음으로 판단하여 시비(是非)를 분별할 줄은 알아야 할 것이다.

　지금 우리 왕사(王師)는 정벌하면 싸우지 않고도 이기며, 군정(軍政)은 은혜를 앞세우고 처벌은 뒤로 미룬다. 장차 상경(上京)을 수복하려는 이때에 우선 큰 신의(信義)를 보여 주려고 하니, 타이르는 말을 공경히 듣고서 간악한 꾀를 거두도록 하라. 너는 본시 변방의 백성으로 갑자기 사나운 도적이 되어 우연히 시세(時勢)를 타고는 감히 강상(綱常)을 어지럽혔다. 그리고 마침내 화심(禍心)을 품고서 신기(神器)를 농락하는가 하면, 도성을 침범하고 궁궐을 더럽혔다.

　너의 죄가 이미 하늘에까지 닿았으니, 반드시 패망하여 간과 뇌가 땅바닥에 으깨어질 것이다. 아, 당우(唐虞 요순(堯舜)) 이래로 묘호(苗扈)18)가 복종하지 않은 것을 시작으로 하여 불량(不良)한 무뢰배(無賴輩)와 불의(不義) 불충(不忠)한 무리가 계속 나왔다. 너희들이 지금 보이는 작태가 어느 시대인들 없었겠는가. 멀리로는 유요(劉曜)19)와 왕돈(王敦)이 진(晉)나라 왕실을 엿보았고, 가까이로는 녹산(祿山)과 주자(朱泚)가 개처럼 황가(皇家)에 짖어대었다. 그들은 모두 손에 강병(强兵)을 쥐기도 했고, 몸이 중임(重任)에 처하기도 하였다. 그리하여 한 번 성내어 부르짖으면 우레와 번개가 치달리듯 하였고, 시끄럽게 떠들어 대면 안개와 연기가 자욱이 끼듯 하였다. 하지만 잠깐 동안 간악한 짓을 자행하다가 끝내는 남김없이 멸망을 당하였다. 태양이 밝게 빛나는데 어찌 요망한 기운을 그냥 놔두겠는가. 하늘의 그물이 높이 걸렸으니 흉악한 족속이 제거되는 것은 필연적인 일이다. 그런데 더군다나 너는 평민 출신으로 농촌에서 일어나 분탕질하는 것을 능사로 알고, 살상하는 것을 급무로 삼고 있다. 너에게는 셀 수 없이 많은 큰 죄만 있을 뿐,

---

18) 묘호(苗扈): 고대의 부족인 유묘씨(有苗氏)와 유호씨(有扈氏)를 말한다. 유묘는 삼묘(三苗)라고도 하는데, 순(舜)에게 복종하지 않자 순이 우(禹)에게 명하여 토벌하게 하였으며, 유호 역시 하우(夏禹)에게 반항하다가 우의 아들 계(啓)에게 토벌을 당하였으므로, 후대에 반역자의 대명사로 쓰이게 되었다.
19) 유요(劉曜): 십육국(十六國) 시대의 흉노족 출신으로 한제(漢帝) 유연(劉淵)의 족자(族子)이다. 한제(漢帝) 유찬(劉粲)이 피살된 뒤에 제위(帝位)에 올라 국호를 후조(後趙)로 바꿨는데, 재위 9년 만에 석륵(石勒)에게 포로로 잡혀 이듬해에 죽임을 당하였다.

용서받을 만한 선행은 조금도 없다. 그래서 천하 사람들이 모두 너를 죽여서 시체를 전시하려고 생각할 뿐만이 아니요, 땅속의 귀신들도 남몰래 죽일 의논을 이미 마쳤을 것이다. 그러니 지금 잠시 목숨이 붙어 있다 하더라도 조만간 혼이 달아나고 넋을 뺏기게 될 것은 뻔한 일이다.

무릇 어떤 일이고 간에 스스로 깨닫는 것이 중요한 법이다. 내가 아무렇게나 말하는 것이 아니니, 너는 잘 알아듣도록 하라. 그동안 우리 국가는 더러움도 포용하는 깊은 덕을 발휘하고, 결점도 눈감아 주는 중한 은혜를 베풀어, 너에게 절모(節旄)를 수여하고 방진(方鎭)을 위임하였다. 그런데 너는 가슴속에 짐새의 독을 품고 올빼미 소리를 거두지 않은 채, 걸핏하면 사람을 물어뜯고 오직 주인에게 대들며 짖어 대는 일만 계속하였다. 그러고는 끝내 임금을 배반하는 몸이 되어 군대로 궁궐을 휘감은 나머지, 공후(公侯)는 위급하여 달아나 숨기에 바쁘고, 임금의 행차는 먼 지방으로 순유(巡遊)하기에 이르렀다.

너는 일찍이 덕의(德義)에 귀순할 줄은 알지 못하고, 단지 완악하고 흉측한 짓만 자행하였다. 이것은 곧 성상께서 너에게 죄를 용서해 주는 은혜를 베풀었는데, 너는 국가에 대해서 은혜를 저버린 죄만 지은 것이다. 그러니 네가 죽을 날이 눈앞에 닥쳐왔다고 할 것인데, 어찌하여 너는 하늘을 두려워하지 않는단 말인가. 더구나 주(周)나라 솥[20]은 물어볼 성격의 것이 아니다. 한(漢)나라 궁궐이 어찌 구차하게 안일을 탐하는 장소가 될 수 있겠는가. 너의 생각을 알 수가 없다. 끝내 무엇을 하려고 하는 것인가.

너는 듣지 못했느냐.『도덕경』에 이르기를 "폭풍은 아침을 넘기지 못하고, 소나기도 하루를 넘기지 못한다. 하늘과 땅의 현상도 오래갈 수가 없는데, 하물며 사람의 경우이겠는가(飄風不終朝 驟雨不終日 天地尙不能久 而況於人乎)."라고 하였다. 또 듣지 못했느냐.『춘추전』에 이르기를 "하늘이 선하지 못한 자를 그냥 놔두면서 조장하는 것은 복을 주려 함이 아니고, 그의 흉악함을 더하게 하여 벌을 내리려 해서이다(天之假助不善 非祚之也 厚其凶惡 而降之罰)."라고 하였다. 지금 너는 간사함과 포악함을 숨기고 죄악과 앙화(殃禍)를 계속 쌓아가면서, 위태로움을 편안히 여긴 채 미혹되어 돌아

---

20) 하우씨(夏禹氏)가 구주(九州)의 쇠붙이를 모아 주조했다는 구정(九鼎)을 말한다. 하(夏), 은(殷), 주(周) 시대를 전해 내려오면서 천하를 차지한 제왕 혹은 왕조의 정통성을 상징하는 보배로 여겨 왔다.

올 줄을 알지 못하고 있다. 이는 이른바 제비가 바람에 날리는 장막 위에다 둥지를 틀고서 제멋대로 날아다니는 것과 같고, 물고기가 끓는 솥 속에서 노닐다가 바로 삶겨 죽는 것과 같다고 할 것이다.

　나는 웅대한 전략을 구사하며 제군을 규합하고 있다. 맹장(猛將)은 구름처럼 날아들고 용사는 빗발처럼 모여든다. 높고 큰 깃발들은 초나라 요새의 바람이 잦아들게 하고, 전함(戰艦)과 누선(樓船)은 오나라 장강(長江)의 물결이 끊어지게 한다. 손쉽게 적을 격파했던 도 태위(陶太尉)의 군략(軍略)이라 할 것이요, 귀신이라고 일컬어졌던 양 사공(楊司空)의 위의라고 할 것이다. 사방팔방을 조망하며 만리 지역을 횡행하니, 이를 비유하면 맹렬한 불길 속에 기러기 털을 태우는 것과 같고, 태산을 높이 들어 새알을 짓누르는 것과 다름이 없다.

　지금 금신(金神)이 계절을 맡고 수백(水伯)이 군대를 환영하는 이때에, 가을바람은 숙살(肅殺)의 위엄을 북돋우고, 아침 이슬은 답답한 기분을 씻어 준다. 파도도 잠잠해지고 도로도 통하였으니, 석두성(石頭城)에서 닻줄을 올리면 손권(孫權)이 후미(後尾)를 담당할 것이요, 현수산(峴首山)에서 돛을 내리면 두예(杜預)가 선봉(先鋒)이 될 것이다. 그러니 경도(京都)를 수복(收復)하는 것은 열흘이나 한 달이면 충분할 것이다. 다만 살리기를 좋아하고 죽이기를 싫어하는 것은 상제(上帝)의 깊은 인덕이요, 법을 굽혀서라도 은혜를 펼치려 하는 것은 대조(大朝)의 훌륭한 전장(典章)이다. 공적(公賊)을 성토(聲討)할 때에는 사적인 분노를 개입시켜서는 안 되고, 길을 잃고 헤매는 자에게는 바른말로 일깨워 주어야 하는 법이다. 그래서 내가 한 장의 글월을 날려, 거꾸로 매달린 듯한 너의 급한 사정을 구해 주려 하니, 너는 고지식하게 굴지 말고 빨리 기미를 알아차려서, 자신을 위해 잘 도모하여 잘못된 길에서 돌아서도록 하라.

　네가 만약 제후(諸侯)에 봉해져서 땅을 떼어 받고 국가를 세워서 계승하기를 원하기만 한다면, 몸과 머리가 두 동강 나는 화를 면할 수 있음은 물론이요, 공명(功名)을 우뚝하게 세울 수도 있을 것이다. 겉으로 친한 척하는 무리의 말을 믿지 말고 먼 후손에게까지 영화(榮華)를 전하도록 할 지어다. 이는 아녀자가 상관할 바가 아니요, 실로 대장부가 알아서 할 일이니, 속히 회보(回報)하고 결코 의심하지 말라. 내가 황천(皇天)의 명을 떠받들고 백수(白水)에 맹세를 한 이상, 한번 말을 하면 반드시 메아리처럼 응할 것이니,

은혜를 원망으로 갚으려 해서는 안 될 것이다.

　네가 만약 미쳐 날뛰는 무리에게 끌려다니며, 잠에 취해서 깨어나지 못한 채, 버마재비가 수레바퀴에 항거하듯 하고, 그루터기를 지키며 토끼를 기다리려고만 한다면, 곰과 범을 때려잡는 군사들을 한번 지휘하여 박멸(撲滅)할 것이니, 까마귀처럼 모여들어 솔개처럼 날뛰던 무리는 사방으로 흩어져 도망가기에 바쁠 것이다. 너의 몸뚱이는 도끼의 날을 기름칠하고, 너의 뼈다귀는 전차(戰車) 밑에서 가루가 될 것이요, 처자(妻子)는 잡혀 죽고 종족(宗族)은 처형될 것이니, 배꼽에 불이 켜질 때를 당하여서는21) 아무리 배꼽을 물어뜯어도 이미 때는 늦을 것이다.22) 너는 모름지기 진퇴를 참작하고 선악을 분별해야 할 것이다. 배반하여 멸망을 당하기보다는 귀순(歸順)하여 영화를 누리는 것이 훨씬 좋지 않겠는가.

　네가 그렇게 바라기만 하면 반드시 이룰 수 있을 것이니, 부디 장사(壯士)의 나아갈 길을 찾아 곧바로 표범처럼 변할 것이요23), 우부(愚夫)의 소견을 고집하여 여우처럼 의심만 하지 말지어다. 모(某)는 고하노라.

(2) 〈초조장서(招趙璋書): 조장의 귀순을 권한 글〉

　도통 태위(都統太尉)는 조장24)(趙璋)에게 글을 보내노라.

　옛사람이 이르기를 "집을 크게 지으면 제비와 참새가 서로 축하하고, 목욕할 준비를 하면 벼룩과 이가 서로 애도한다(大廈成而燕雀相賀 湯沐具而蟣蝨相弔)."라고 하였다. 축하하고 애도하는 그 이유를 살펴보면, 그들의 의지할 곳이 생기거나 없어지기 때문이다. 그런데 너는 악인과 어울려 딴마음을 품고 반역을 하고서도 감히 구차하게 안일을 탐하고 있다. 지금 내가 수

---

21) 처형을 당하여 남의 비웃음거리가 되는 것을 말한다. 후한(後漢) 헌제(獻帝) 초평(初平) 3년(192)에 동탁(董卓)이 사도(司徒) 왕윤(王允)과 여포(呂布) 등의 계책에 의해 주살(誅殺)된 뒤에 그 시체가 저잣거리에 진열되었는데, 마침 날씨가 무더워 비대한 동탁의 몸에서 기름이 흘러내리자, 시체를 지키는 관리가 동탁의 배꼽에 심지를 박고 불을 붙여 밤을 밝히면서 며칠을 보냈다는 기록이 전한다(『三國志』 卷6, 〈魏書 董卓傳〉).
22) 후회해도 소용이 없음을 비유하는 말이다. 사향노루가 배꼽에 있는 향 주머니 때문에 사람에게 잡혔다면서 아무리 배꼽을 물어뜯으려 해도 소용이 없다는 말이다.
23) 『주역』 〈혁괘(革卦)〉 상육(上六)에 "군자는 표범처럼 변한다[君子豹變]."라는 말이 나온다. 어린 표범이 자라면서 털 무늬가 점점 빛나고 윤택해지는 것처럼, 사람이 개과천선하여 일신(一新)되는 것을 의미한다.
24) 조장(趙璋): 황소(黃巢)의 部將/長安 점령 후 황소가 侍中으로 임명한 인물이다.

륙(水陸)의 군대를 동원하니 천인(天人)이 함께 도와주고 있다. 오랫동안 풍운(風雲)의 기회를 살피다가, 이제 뇌전(雷電)의 위엄을 멀리 떨치려 하는 바이다. 당장에 군략(軍略)을 펼쳐 괴수를 사로잡고, 도성을 수복하여 난리를 평정할 것인데, 너희들도 모두 나의 뜻을 알고 있으리라고 생각한다. 다만 봄을 먼저 하고 가을을 뒤로 하는 것은 하늘의 도요, 상을 중하게 여기고 벌을 가볍게 하는 것은 임금의 은혜이다.

그래서 내가 한 장의 글을 보내어 너의 마음 속의 생각을 물어보는 것이다. 너희들은 역적의 괴수에게 빌붙어 조정을 어지럽히는 등 그 죄가 가득 차서 넘치고 있으니, 이치상으로는 죽여 없애야 마땅하다고 할 것이다. 그러나 만약 황소(黃巢)가 못된 성질을 고치고 씩씩하게 마음을 새롭게 하여, 나라의 봉함을 받고 집안의 제사를 이어가기를 바란다면, 그 훈업(勳業)은 고금(古今)을 뛰어넘을 것이요, 그 은영(恩榮)은 자손에게 전해질 것이다. 꼭 그렇게 되기를 원한다면 속히 회답하도록 하라. 만일 당랑(螳螂)처럼 무모하게 덤벼들거나 알유(猰貐)[25]처럼 어금니를 갈아 대면서 끝까지 버틴다면 반드시 박멸하고 말 것이다.

너희들은 모름지기 지극한 이 이치를 자세히 살펴 원흉에게 권유하도록 하라. 천하에 이름을 알리고 싶거든 빨리 충절을 바치도록 하라. 어찌 잡초 사이에서 목숨을 구걸하며 끝내 반역의 무리가 되려고 하는 것인가. 더군다나 너희들은 나의 완전한 계책 안에 들어 있어서 둥지가 금방 엎어질 것인데야 더 말해 무엇 하겠는가. 죽고 사는 것은 명(命)이 있고, 화(禍)와 복(福)은 들어오는 문이 따로 없다. 오직 시비를 자세히 살펴야만 성패를 알 수가 있는 것이다. 이른바 제비와 참새가 서로 축하하고 벼룩과 이가 서로 애도하게 되는 것도, 실로 알고 알지 못하는 것과 따르고 따르지 않는 데에 그 이유가 있다고 할 것이다. 좋은 시기는 잃기 쉽고 멋진 기회는 만나기 어려운 법이다. 살아서는 해를 끼치는 사람이 되고, 죽어서는 알아주지 않는 귀신이 된다면 얼마나 수치스러운 일이며 통탄할 일인가.

부디 거취를 잘 생각하여 지시하는 대로 빨리 따르기 바란다. 잘 알아들었으리라고 믿는다.

---

25) 알유(猰貐): 사람을 잡아먹는다는 고대 전설 속의 맹수로, 악인의 비유로 쓰인다.

(3) 〈여객장서(與客將書): 객장에게 준 글〉

　모(某)는 썩은 지푸라기와 같아서 기댈 곳이 없고, 뿌리 잘린 쑥대와 같아서 혼자 수고로울 뿐입니다. 줄곧 달려 보지만 진토를 벗어나지 못하고, 홀로 가는 길, 기로(岐路)를 만나면 더욱 괴롭습니다. 해서 지난번에 멀리 절박한 심정을 안고서 오로지 밝으신 거울 앞으로 달려갔던 것인데, 피리 소리는 참람스러울까 두려웠고 거문고 곡조는 공연히 슬프기만 하였습니다.
　그런데 장군께서 모(某)가 이향(異鄕)에서 와서 유도(儒道)에 정진한다고 생각하시고는, 곡진하게 이끌어 주신 덕분에 헌투(獻投)의 소망을 이룰 수 있었습니다. 가리켜 일러 주는 인정이 심후해서 사면(師冕)은 고자(瞽者)의 불편을 느끼지 않았고, 장려하고 알아주는 말씀이 정중해서 변화(卞和)는 죄인이 되는 것을 면하였습니다. 거칠고 천박한 모(某)가 어떻게 감당하겠습니까. 빛나는 영예를 받은 것이 이미 지극합니다. 다만 모(某)는 진출을 도와줄 매개자가 없어서 물러나 거할 생각을 하고는, 시편(詩篇)으로 본성을 기르는 밑천을 삼고, 서권(書卷)으로 몸을 세우는 근본을 삼고 있습니다. 이는 일찍이 녹봉을 받아서 생활하기도 하였지만, 가난의 걱정을 면할 수가 없었기 때문입니다. 조낭(趙囊)은 어디를 가나 항상 텅 비어 있고, 범증(范甑)은 어느 때나 잠시라도 더워진 적이 없습니다. 게다가 집은 사군(四郡)에 멀리 떨어져 있고, 길은 십주(十洲)에 막혀 있으니 더 말해 무엇 하겠습니까. 궁곤(窮困)의 수고(愁苦)는 밤새 애를 태우게 하고, 원방(遠方)의 서신은 해가 지나도록 단절되었습니다. 인심은 냉담하고 세태는 야박해서, 기녀의 웃음을 살 돈은 쉽게 구해도, 글 읽을 양식은 대 주려 하지 않습니다. 하늘이 높으니 어찌 물어보겠습니까. 해가 저물어도 돌아갈 곳 없습니다. 학자의 마음은 모름지기 지공의 힘에 의탁해야 함을 비로소 알았습니다.
　그러다가 지금 다행히 상공을 만나게 되었는데, 그분은 산처럼 포용하고 바다처럼 용납하며, 비처럼 적셔주고 바람처럼 감싸 주십니다. 한마디 말이라도 장려할 만한 것이 있으면 출중하다고 칭찬해 주시고, 자그마한 기예라도 쓸 만한 점이 있으면 재능에 따라 채용해 주십니다. 그렇기 때문에 하나의 물건도 아름다운 교화에 귀의하지 않음이 없고, 한 사나이도 깊은 은혜를 입지 않음이 없습니다. 그렇다면 중국 사람 모두가 따뜻한 보살핌을 받고있는 터에, 어찌 외방(外方)의 사람이라고 유독 버림받게 하실 리가 있겠습니까.

그래서 모(某)가 범용한 재질을 헤아리지 않고 감히 청덕(淸德)에 투신했던 것인데, 장군께서 곤경에서 구해 주시려고 매번 취허(吹噓)해 주실 줄 어찌 생각했겠습니까. 타인의 득상(得喪)과 영고(榮枯)는 모두 운명에 맡길 뿐이나, 소자의 승침(昇沈)과 진퇴는 오직 사은(私恩)에 달렸습니다. 만약 특별히 중언(重言)을 더해 마침내 천질(賤質)이 영광을 입게 해주시면, 이는 바늘에 실을 꿰어 주신 것이요, 송곳을 주머니 속에 넣어 주신 것입니다.

모(某)는 그동안 벼슬길에 몸을 의탁했으므로, 이도(吏道)에 대해서 대략은 알고 있습니다. 만약 힘껏 치달려 공을 세울 수만 있다면, 꼭 몸을 숨기려 하지는 않았을 것입니다. 종당(終當)에 실가(室家)를 부유하게 할 수 있다면, 어찌 주현(州縣)에서 수고하는 일을 마다하겠습니까. 실로 흐르는 세월은 쉽게 지나가는데, 장한 기개를 펼치기 어렵기 때문이었습니다. 오직 바라건대, 모(某)를 감싸고 두둔해 주시어 모(某)가 변화될 수 있게 해주소서. 모(某)의 소망은 제비가 고루(高樓)에 서식하여 길이 소막(巢幕)의 위험이 없어지고, 학이 새장에서 나와 승헌(乘軒)의 편안함을 조금 알게 되는 것입니다.

지금 전적으로 계사(啓辭)를 닦아서 다시 상공(相公)에게 올리려고 하는데, 조금 감사의 소회를 피력해야 할지, 아니면 미리 퇴피(退避)하는 심정을 토로해야 할지, 그 가부를 알지 못하겠기에 먼저 장군의 지시를 받고자 합니다. 그리고 모는 강유(姜維)처럼 담기가 크다고는 하나, 등애(鄧艾)처럼 구변이 매우 어눌합니다. 그래서 설령 찾아가 뵙는다고 해도, 갖추어 아뢰기가 어렵겠기에, 붓과 종이를 빌려서 속마음을 토로하게 되었는데, 결과적으로 자기의 무능함을 걱정하지는 않고, 우선 남이 베풀어 주기만 간절히 바라는 격이 되고 말았습니다. 장군의 마음은 거울과 같으니 어떤 어두운 곳도 비춰 보시지 않음이 없을 것이요, 소자(小子)의 몸은 화살과 같으니 오직 명령하신 대로 따를 뿐입니다. 자주 귀찮게 해 드려서 더욱 부끄럽고 황송합니다. 끝까지 굽어살펴 주시리라고 믿으며, 삼가 글을 올립니다.

제 3장 고려시대 수필의 향기

- 김부식의 표문들: 〈진삼국사표〉, 〈하팔관표〉
- 이규보와 설(說) 문학
- 이인로와 『파한집』
- 최자와 『보한집』
- 이제현과 『역옹패설』

1. 김부식의 표문들: 〈진삼국사표〉, 〈하팔관표〉

1) 작가 이해

김부식(金富軾: 1075~1151)은 고려 전기의 유학자이자 역사가이며 정치가이다. 신라 무열왕의 후손으로, 본관은 경주(慶州). 자(字)는 입지(立之), 호(號)는 뇌천(雷川)이다. 얼굴이 검고 우람했으며 고금의 학식에 있어서는 김부식을 당할 사람이 없었다고 전한다. 신라가 망할 무렵 증조부인 김위영이 고려 태조에게 귀의해 경주지방 행정을 담당하는 주장(州長)에 임명되었다. 그의 가문이 정계에 진출하기 시작한 것은 부친 김근 때부터로, 그는 과거를 통해 예부시랑(禮部侍郎) 좌간의대부(左諫議大夫)에까지 이르렀으나 젊은 나이에 죽고 말았다. 김부식은 13·14세 무렵에 부친을 여의고 편모의 슬하에서 자랐다. 그가 관계에 진출한 것은 1096년(숙종1, 당시 22세)이었고, 그로부터 약 20년 동안은 주로 문한직(文翰職)에 있었다. 1116년(예종11) 7월, 송에 사신으로 가서 6개월 동안 머물 동안에는, 송 휘종의 융숭한 대접을 받아 사마광의 『자치통감』한 질을 선물받기도 했다.

이후 고려에서 인종이 즉위하자(1122년), 그의 외조부인 이자겸이 한안인(韓安仁) 일파를 제거하여 정권을 잡은 뒤 전횡을 행하려고 했는데, 이때 김부식이 적극 제지하기도 하였다. 1126년(인종4)에는 묘청 일파가 서경천도설을 주장하였고, 마침내 1135년(인종13) 1월 서경에서 난을 일으켰다. 이때 김부식은 직접 중군을 거느리고 삼군을 지휘 통솔해 그를 진압하였다. 이에 대한 공으로, 수충정난정국공신(輸忠定難靖國功臣)에 책봉되고, 검교태보 수태위 문하시중 판이부사(檢校太保守太尉門下侍中判吏部事), 감수국사 상주국 태자태보(監修國事上柱國太子太保)의 직을 받게 되었다. 그런데 김부식은 묘청의 난을 진압할 때 자신의 막료로서 전공을 세운 윤언이를 도리어 탄핵해 양주방어사(梁防禦使)로 좌천시켰고[1], 개경의 재신 중 김부식에 비협조적이었던 추밀원 부사 한유충도 좌천시켰다. 그러나 인종은 1140년 이들을 사면하였고, 그 결과 이들이 중앙정계로 복귀할 전망이 보이자

---

[1] 그 이유는 김부식이 윤언이가 이전에 주장했던 칭제건원론(稱帝建元論)이 묘청의 난과도 관련이 있다고 생각했기 때문이었다.

정치보복을 염려해 세 번이나 사직상소를 올려 결국 왕의 허락을 받아냈다. 이후 김부식은 정치 일선에서 물러났는데, 이때 왕은 김부식을 도와줄 8인의 젊은 관료를 보내어『삼국사기』의 편찬을 명하였다. 이에 김부식은 인종이 죽기 직전인 1145년(인종 23) 50권의『삼국사기』를, 이듬해인 1146년(예종 즉위년)에는『인종실록』을 편찬했다.

김부식은 당시 선배였던 김황원·이궤와 함께 고문체 문장 보급에도 대단한 노력을 한 바 있는데, 이는 당시 유행하던 육조풍의 사륙변려문체에서 당·송 고문체를 수용하려는 움직임이었다. 1151년(예종5)에는 마침내 세상을 떠났으며, 2년 후(1153년, 의종7)에는 중서령(中書令)에 추증되었고, 인종 묘정(廟庭)에 배향되었다. 시호는 문열(文烈)이다.

2) 작품 감상

> 여기서는 김부식이 남긴 글들 중에서〈진삼국사표〉,〈하팔관표〉두 편의 글을 한번 감상해 보고자 한다. 이 두 글은 모두 표문(表文)으로서, 공문서이다.〈진삼국사표〉에서의 '표(表)'는 장(章:장계)와 함께 왕에게 올리는 글로서 어떤 일에 관해서 사리와 경위를 밝히는 대단히 논리적인 글이라고 할 수 있다. 인종 20년(1142년), 늙음을 이유로 치사(致仕)하는 대신 역사서를 편찬하게 된 사건으로, 내용은〈삼국사〉편찬 경위를 밝히고 자기의 무능으로 변변치 못한 책이 나온 것을 용서해 달라는 내용이다.
>
> 당대 최고의 문인으로서 역사서 서술이라는 국가의 중차대한 사업을 맡아 일을 진행한 김부식의 고뇌와 사료 하나하나의 서술에 대한 조심스러움, 한편 자신이 아니면 감당할 수 없을 것 같은 느낌마저 자아내는 문장에 대한 자부심 등을 다각도로 읽을 수 있는 표문이다.
>
> 한편, 두 번째 작품은 같은 표문이긴 하지만, '하표(賀表)'인 만큼, 축하의 뜻을 올린 글이라고 할 수 있다. 축전, 축사의 성격을 띤 글인 만큼, 전자의 글에 비해 대단히 논리적이거나 일의 사리 및 경위를 하나씩 따져 밝히는 것까지는 아니다. 그러나 일반적으로 하표(賀表)가 형식적인 것에 치우친 경우가 많고, 진정성이 결여된 경우가 많은 데 비해, 김부식의〈하팔관표〉는 반드시 가야 할 자리에 가지 못하는 안타까움과 미안함이 진솔하게 묻어있다는 차이가 있다.

> 두 표문을 읽다 보면, 같은 '표문'이라는 문체 안에서도 하나는 공적 임무를 수행하는 유학자로서의 김부식을, 다른 하나는 사적 초청을 거절하는 인간 김부식의 모습을 만나는 재미가 있을 것이다.

(1) 〈진삼국사표(進三國史表)〉

신(臣) 부식(富軾)은 말씀을 올리나이다. 옛날의 열국(列國)에서도 또한 각각 사관을 두고 그 시대의 사실을 기록하였던 까닭으로, 맹자는 말하기를 "진(晋)나라의 사승(史乘)이나 초(楚)나라의 『도올(檮杌: 사기를 일컬음)』이나 노(魯)나라의 『춘추(春秋)』가 모두 한 가지다."라고 하였습니다. 생각하오면 해동삼국(海東三國)도 그 역년(歷年)이 장구하여 마땅히 그 사실을 책으로 지을 방책이 있어야 되겠으므로 노신(老臣)에게 이를 편집하도록 명령하신 것이오나, 스스로 돌아보오니 모든 점이 부족할 뿐이므로 어찌할 바를 못하겠나이다. 엎드려 생각하오면, 성상폐하(고려 17대 인종)께서는 당요(唐堯)의 문사(文思)를 바탕으로 하시고, 하우(夏禹)의 근검(勤儉)을 본받으셔 밤낮으로 틈 있는 대로 애쓰시며, 널리 전고(前古)의 사서(史書)를 상람하시고 말씀하시기를, "지금 학사 대부들은 모두 오경(五經)과 제자(諸子)의 책과 진(秦)·한(漢) 역대의 사서에는 혹 널리 통하여 상세히 말하는 사람이 있으나, 우리나라의 사실에 대하여는 도리어 망연하며 그 시말을 알지 못하니 심히 통탄할 일이다. 황차 신라·고구려·백제가 나라를 세우고 서로 정립하여 능히 예의로써 중국과 교통한 까닭으로 범엽(范曄)의 한서(漢書)나 송기(宋祁)의 당서(唐書)에는 모두 우리나라에 관한 열전(列傳)이 있으나 국내의 것은 상세히, 국외의 것은 간략하게 써 놓았으므로 자세히 실리지 않은 것이 적지 않고, 또한 그 고기(古記)에는 문자가 거칠고 잘못되고 사적이 빠져 없어진 것이 많으므로, 군후(君后) 악이나, 신자(臣子)의 충사(忠邪)나, 국가의 안위나, 인민의 이란(理亂) 등을 모두 잘 드러내어 뒷사람들에게 경계를 권할 수 없게 되었으니, 마땅히 삼장[三長:재(才)·학(學)·식(識)]의 인재를 얻어 한 나라의 역사를 이룩하고, 이를 만세에 남겨 주는 교훈으로 하여 일월 성신과 같이 밝히고 싶다."고 하셨사오나, 신과 같은 사람은 본래 장재(長才)도 아니옵고, 또한 깊은 학식도 없사오며, 늙음에 이르러서는 날로 더욱 정신이 혼몽하여 독서는 비록 부지런히 하오나 책만 놓아 버리면 곧 잊어버리게 되옵고, 붓을 들어도 힘이 없사오며, 종이를 대하여도 뜻대로 써내려가기 어렵나이다. 신의 학술이 이와 같이 천박하온데 전대의 언어와 기왕의 행적은 유현하고 몽매하여 저 먼 곳을 바라보듯 어둡습니다. 그런 까닭으로 다시 정신을 가다듬고 힘을 다하여 이 책의 편찬을 완성할 수 있었사오나, 마침내 보잘 것이 없게 되었으므로 스스로 부끄럽기 그지없나이다.

엎드려 바라옵건대, 성상폐하께옵서는 이렇게 간소하게 마련한 잘못을 양해하여 주시고, 망령되게 만든 죄를 용서하여 주시옵소서. 이 책이 비록 명산에 비장할 것은 되지 못하나마 한갓 간장병을 막는 휴지와 같이 되는 대로 사용되지 않게 되기를 바라나이다. 신의 구구하고 망령된 뜻은 하늘의 햇님이 밝혀줄 것으로 생각하나이다.

(2) 〈하팔관표(賀八關表)〉

경건한 의식을 갖추어 성대한 예전을 거행하오니, 지성이 하늘을 감동하여 백신(百神)이 다 흐뭇해 하고, 화기가 옆으로 통하여 모두 고무되옵니다. 삼가 듣자옵건대 태조 신성대왕께서 장차 흥기하실 때, 풍진이 들끓고 검극(劍戟)이 종횡하였사오니, 천명에 응하고 인심에 순하사 삼한(三韓)에 쌓인 난을 고치시고, 왕업을 창건하여 황통(皇統)을 드리우사 천 년의 국조를 열으실 제, 숙살(肅殺)이 행해진 뒤에는 양화(陽和)가 오고, 뇌정(雷霆)이 내린 뒤에는 고택(膏澤)이 흡족해야 한다고 이르셨으니, 이에 잔치를 준비하여 신인(神人)을 기쁘게 하고자, 환히 장래에 보이시어 전하여 고사(故事)로 삼으셨나이다. 공손히 생각하옵건대 성상께옵서 천덕(天德)의 높은 자리에 계셔 금명(禽明)의 빛을 이으시니, 요·순과 같은 어지신 성품은 항상 한 사람이라도 얻지 못할까 두려워하시고, 회자(會子)·민손(閔損)의 효도를 본받았으므로 백성들의 환심을 얻었사온 바, 이 좋은 때를 당하여 아름다운 모임을 차리오니, 구빈(九賓)의 제제(濟濟)한 서열과 육락(六樂)의 양양한 소리에 기쁨이 천지를 움직이고 봄이 초목에 돌아오나이다.

신 등은 멀리 해읍(海邑)에 있사와 감정(闕庭)과 상거가 멀어 조열에 나아가 참예하여 뜰 앞에서 춤추지 못하나이다.

2. 이규보와 설(說) 문학

1) 작가 이해

이규보(李奎報: 1168~1241)는 무신란이 일어나기 2년 전에 태어났으며 무인들이 득세하고 요(遼)와 금(金)의 침략을 받는 시기에 젊은 날을 살았던 문인이다. 최충헌 정권이 수립되기 3년 전인 1193년 26세 되던 해에 〈동명왕편〉을 지어 민족의식을 고취하기도 한 한편, 구절만을 암송해서 치르는 과거제에 반기를 들어 풍월(風月)을 일삼으며 거듭된 낙방에도 아랑곳 않고 천마산에 우거(寓居)하기도 했다.

이규보가 32세가 되었을 때, 진강공(晉康公) 최충헌은 이인로(李仁老), 함순(咸淳), 이담지(李湛之), 이규보(李奎報) 등을 불러 시를 짓게 한 적이 있는데, 이것이 계기가 되어 이규보는 처음으로 출사를 하게 되었다. 그러나 그의 강직한 성품으로 인해 다음 해 겨울에는 바로 파직을 당하기도 했다. 현실적 곤궁함으로 인해, 35세(1202) 때에는 경주와 청도 운문산 일대의 민란 진압에 종군기자 격인 병부녹사겸수제원(兵部錄事兼修製員)으로 자진 참여하여 벼슬자리를 얻고자 하기도 했지만, 뜻을 이루지 못하자 심한 좌절감마저 느껴 등용되지 못한 한스러움을 한시로 남기기도 했다.

하지만 40세(1207)에 〈모정기(茅亭記)〉를 지어 실권자에게 문명(文名)을 인정받아 임시직으로 출사하기도 했으며, 46세(1213) 되던 해에는 최이(崔怡)의 추천으로 출세 가도를 달리기도 했다. 그러나 그는 52세(1219) 되던 해에 다시 탄핵을 받고 면직되어 4월에는 외직인 계양도호부 부사 병마검할(桂陽都護府 副使 兵馬鈐轄)로 좌천되었고, 다음 해(1220) 6월 시예부랑중(試禮部郎中) 기거주(起居注) 지제고(知制誥)로 소명받기까지 13개월 동안 계양에 머무르기도 했다. 계양도호부 부사로의 좌천은 이규보에게 있어 관직 생활 중 두 번째 큰 좌절이었던 듯한데, 그는 그 당시의 심정을 시로 표현하면서, "벼슬길 잃으니 하늘에서 떨어진 것 같아, 영주관(瀛洲館: 신선세계)에 놀던 일 모두가 꿈이로세."라며, 절망감을 드러냈기 때문이다. 좌천의 계기가 그와 '직접 관련된 일이거나 큰 실책은 아니었는데도' 하늘에서 떨어진 느낌이라고 한 것으로 보아 그의 좌절감이 어느 정도였던가를 짐작할 수 있다.

그러나 이후 이규보는 42세에서부터 44세까지 최충헌 및 그의 추종자들과의 관계가 매우 돈독해져, 그의 문장력과 정치력을 모두 인정받기 시작했다. 그래서인지 그는 최충헌의 무단정치에 대해서 비판적 입장보다는 오히려 옹호하고 선양하는 듯한 행동을 보이기도 했다. 이를 두고, 문객(門客)이라 하여 그의 현실 인식을 비판적으로 보는 시선도 있지만, 그를 어떻게 평가하든 분명한 것은, 그가 남긴 여러 시문들은 누구도 부정할 수 없을 만큼 매우 뛰어났고 우리 수필문학사에서도 기여한 바가 남다르다는 점이다.

그는 특히 고려 후기 문단을 이끈 대표적인 문인으로서, 문학에 대한 뚜렷한 인식을 보여주었다. 남의 시를 모방하여 은근히 자기 생각을 드러내는 방식을 적극적으로 비판하면서, 때론 논설로 원론적인 문제를 깊숙이 파고들고, 때론 시를 써서 시론을 전개했으며, 공격하고 주장하는 어조가 너무 격해지면 풍자적인 글들을 남기기도 했다. 그는 말을 다듬어 아름다운 표현을 하는 데 치중해서는 볼 만한 작품을 내놓을 수 없다고 하면서, 그러기에 앞서서 뜻을 설정해야 하고, 뜻은 기를 으뜸으로 삼고, 기는 하늘에 근본을 둔다는 논리를 펼쳤다. 소동파를 모방하는 풍조가 심해서 과거 급제자가 발표되면 '올해에도 30명의 동파가 나왔다.'고 하는 판국을 비판하면서, 널리 규범이 되는 명문을 본떠서 자기 것으로 삼으려고 하는 것은 곧 절도 행위와 다름 없다고 신랄하게 비판하기도 했다. 이는 곧 모방을 전범으로 삼던 이전 시기와는 달리, 누구나 시를 지어 고인이 이르지 못한 신의(新意)를 창출하는 경지에 이르는 것을 목표로 삼았다는 점에서, 독창적인 것을 추구하고자 한 고려후기 비평 문단의 새로운 변화상이라 할 수 있다.

2) 작품 감상

> 여기서는 이규보가 남긴 많은 글들 중, 〈경설(鏡說)〉, 〈슬견설(蝨犬說)〉, 〈주뢰설(舟賂說)〉, 〈여모서기서(與某書記書)〉, 〈몽설(夢說)〉, 〈몽험기(夢驗記)〉 등을 감상해 볼 것이다.
> 이 중, 〈경설(鏡說)〉, 〈슬견설(蝨犬說)〉, 〈주뢰설(舟賂說)〉 등과 같은 설(說) 문학은 한문학 문체의 한 양식으로서 어떤 사물을 해설하고 설명한다는 뜻이다. 대체로 이규보의 설은 간략한 단편 형태로서 꽁트나 에세이 같은 느

낌을 준다. 세 작품은 모두『동국이상국집』권21에 수록되어 있는데, 먼저 〈경설(鏡說)〉은 먼지가 끼여 흐린 거울을 중심으로 거사(居士)와 객(客)의 문답을 통해 일반적인 통념을 뒤집는 발상의 전환과 참신한 시각을 보여주며, 〈슬견설(蝨犬說)〉은 사람에게 이로운 개의 죽음이든, 사람에게 해롭다고 여겨지는 이의 죽음이든, 죽음은 본질적으로 같다는 점을 통해 선입견을 버리고 본질을 파악하라는 내용을 해학과 풍자의 방식으로 담고 있다. 〈주뢰설(舟賂說)〉은 모든 상황이 동일한 두 척의 배가 동시에 출발했는데, 한쪽은 빠르나 다른 한쪽은 느린 이유가 알고 보니 뱃사공의 뇌물수수 여부에 따른 것이라는 내용을 담고 있다. 하물며 관직에 나아가는 데 있어서는 말할 것이 없다고 개탄하는 결말에서, 뇌물이 횡행하는 세상을 비판함을 볼 수 있다.

한편, 〈여모서기서(與某書記書)〉는 서간문, 곧 편지글이다. 이 글은 누군가(후임자) 보낸 편지에 답하는 글로 후임자가 치민(治民)의 방법을 물어 오자 작자가 자기의 체험을 토대로 친절하게 설명하는 내용이다. 즉 백성들의 성품을 파악하여 시정(施政)의 완급을 택하면 된다고 한 데서 작자의 정치론(중용: 寬+猛)과 목민 의식을 엿볼 수 있다.

〈몽설(夢說)〉, 〈몽험기(夢驗記)〉 두 편은 꿈에 관한 수필로, 꿈의 신비와 징험함을 믿고 있는 저자의 모습을 볼 수 있다. 비록 이규보는 신흥사대부로서 미신 따위는 믿지 않았지만, 이 두 편의 글을 통해, 꿈은 믿고 있는 지점을 볼 수 있다.

(1) 〈경설(鏡說)〉

거사(居士)가 거울을 한 개 가져갔는데 먼지가 끼어서 흐릿한 것이 꼭 구름에 가리운 달빛과 같았다. 어떤 나그네가 그것을 보고 묻기를, "거울이란 얼굴을 비추는 것이요, 그렇지 않으면 군자(君子)가 이것을 보고 그 맑은 것을 취하는 것이다. 지금 그대의 거울은 흐릿한 것이 안개낀 것과 같은데 그래도 그대는 오히려 늘 비춰 보고 있으니 그것은 무슨 까닭인가?"하였다. 거사가 말하기를, "거울이 맑은 것을 좋아하는 사람은 잘생긴 사람들이다. 못생긴 사람은 그것을 싫어한다. 그러나 잘생긴 사람은 적고, 못생긴 사람이 많기 때문에 만일 한 번 보면 반드시 깨뜨려서 부셔버리고야 말 것이니, 이는 먼지에 흐려져 있는 것만 같지 못하다. 먼지로 흐리게 된 것이 그 겉은 부식되었을지라도 그 맑은 바탕은 없어지지 않는 것이니, 만일 잘생긴 사람을 만난 뒤에 다시 갈고 닦을지라도 늦지 않다. 아! 옛날 거울을 보는 이는 그 맑음을 취했는데 내가 거울 보는 것은 그 흐린 것을 취하는 것이니, 그대는 무엇을 이상스럽게 여기는가?"하니, 객(客)은 대답할 말이 없었다.

(2) 〈슬견설(蝨犬說)〉

어떤 손(客)이 내게 말하기를, "어제 저녁에 보니 어떤 부랑자가 큰 몽둥이로 돌아다니는 개를 박살내어 죽이는데, 보건대 하도 불쌍하여 마음이 아프지 않을 수 없었네. 그래서 이제부터는 맹세코 개, 돼지의 고기를 먹지 않기로 하였네."하여 내가 대꾸하여 말하기를, "어제 보니 어떤 사람이 불이 이글이글하는 화로를 끼고 이(虱)를 잡아 태워 죽이는데, 내가 마음이 아프지 않을 수 없었네. 그래 다시는 이를 잡지 않기로 맹세했네."하니 손(客)이 실심하여 말하기를, "이는 미물(微物)이 아닌가, 내가 덩그런 큰 물건이 죽는 것을 보고 불쌍하며 말한 것인데, 자네가 그렇게 대꾸하니 나를 놀리는 것이 아닌가?" 하였다.

내가 말하기를, "무릇 피와 기운이 있는 것은 사람으로부터 소, 말, 돼지, 양, 벌레, 개미에 이르기까지 그 살기를 원하고 죽기를 싫어하는 마음이 모두 한 가지이니, 어찌 큰 놈만 죽기를 싫어하고 작은 놈은 그렇지 않겠는가. 그런즉 개와 이의 죽음은 한 가지일세. 그래 예를 들어 적절한 대조를 삼은 것이지 어찌 서로 놀리겠는가. 자네가 내 말을 믿지 못하겠거든 자네의 열 손가락을 깨물어 보게. 엄지 손가락만이 아프고 그 나머지는 안 아픈가. 한 몸 가운데의 큰 지절(支節), 작은 부분이 골고루 피와 살이 있음을 싫어하고 이 놈은 좋아할 턱이 있겠는가. 자네는 물러가 눈감고 고요히 생각해 보게. 그리하여 달팽이의 뿔을 쇠뿔과 같이 보고, 메추리를 대붕(大鵬)과 동일시 하게. 그 뒤에야 내가 자네와 더불어 도(道)를 말하겠네."라고 하였다.

(3) 〈주뢰설(舟賂說)〉

이자(李子: 이규보 자신)가 남쪽으로 어떤 강을 건너가는데, 배를 나란히 하고 건너는 사람이 있었다. 두 배의 크기도 같고 사공(沙工)의 수도 같으며 타고 있는 사람과 말의 수도 거의 비슷하였다. 그런데 조금 가다가 보니, 그 배는 떠나가기를 나는 듯이 달아나서 벌써 저쪽에 닿았는데, 내가 탄 배는 오히려 머뭇머뭇하며 전진하지 않았다. 그 까닭을 물으니 배 안에 있는 사람이 말하기를, "저 배의 사공에게는 술을 먹여서 사공이 힘을 다하여 저었기 때문이다."라고 했다.

나는 부끄러운 빛이 없을 수 없었다. 따라서 탄식하기를, "이 갈대잎 같은 조그마한 배가 가는 데도 오히려 뇌물이 있고 없는 데 따라 빠르고 느리며, 앞서고 뒤서는 것이어늘 하물며 벼슬길에서 경쟁하는 내가 돈이 없었으니 오늘날까지 하급관리 하나도 얻지 못한 것이 당연하구나." 하였다.

기록하여 두었다가 다른 날에 참고로 삼으려 한다.

(4) 〈여모서기서(與某書記書)〉

O월 O일에 모(某)는 선생 족하(足下)께 머리를 조아리나이다. 지난 번에 하기 위하여 쓸쓸한 제 집까지 말을 잘못 몰고 오셨는데 술 대접은 박했고, 날은 저물어서 전별(餞別)이 두텁지 못했으니 부끄럽고 후회됨이 한이 없습니다. 생각컨대 평소의 저의 궁한 것을 알고 계시니 그다지 의심하시지는 않을 것입니다. 편지를 받고 보니, 고을을 다스리는 데 무엇이 가장 급한 것인가를 물으시니 제가 웃으며 말씀드립니다. 전(傳)에 이르지 않았습니까, 패전(敗戰)한 장수는 용맹을 말하기 어렵다고, 제가 곧 고을을 다스리다가 끝마치지 못한 자이니, 그 얼굴을 어느 곳에 두고 감히 정치의 완급을 논하겠습니까. 비록 그러하오나 당신은 저를 우둔하여 아는 것이 적다고 이르지 않으시고, 지나치게 스스로를 낮추어 현명하다고 여기지 아니하고 의심하는 바를 저에게까지 물어 오셨는데, 제가 만일 사실을 말씀드리지 아니한다면 어찌 그 사람에게 대답해 주는 親하고 정성스런 마음이 있다고 하겠습니까. 감히 대략 한 마디로써 말씀드린다면, 무릇 고을을 다스린다는 것은 요컨대 관대하고 사나움이 중용을 얻는 데 지나지 않는 것입니다. 지난번에 제가 전주(全州)를 다스릴 때에 가혹하다는 말이 많이 들려왔는데 도리어 이것으로써 말씀드리겠으니, 제가 다스린 바의 상태가 아니긴 합니다만, 그러나 정

치는 한 가지만의 법이 아니요, 반드시 먼저 백성들의 성품을 본 연후에 완급한 일을 각각 상량(商量)해서 하는 것이 가장 좋은 방법입니다.

　전주(全州)는 옛날 백제의 땅이니 그 성품이 아주 사나워서 가히 너그러운 정치로 다스리지 못하여 억지로 형법을 쓰는 것은 본심이 아닌 것입니다. 그러나 알지 못하는 사람은 오히려 저를 혹독하다고 이름을 붙이고 있습니다. 만약에 전주와 같지 않은 고을을 한결같이 사납게 다스린다면 백성들이 흩어질 것이고 오로지 너그럽게만 다스린다면 친압(親押)해져서 완만(緩慢)할 것이니 오직 그 관대함과 사나움을 섞어서 운용해야만 신명(神明)과 같이 두려워할 것이요, 부모와 같이 사랑할 것입니다. 백성들이 그러하다면 다스리지 못할 자가 없을 것입니다. 이는 또한 그대가 상량(商量)할 수 없는 것이 아니겠지만 다만 나의 마음 속에 쌓아 둔 것을 이야기해 주는 것일 따름입니다. 그리고 말이 어려운 것이 아니라 오직 실행함이 어려운 것이니, 이 말은 비록 쉬우나 만약에 정치에 실행하고자 한다면 곧 이보다 더 어려운 것이 없을 것이니, 그대는 이를 가볍게 여기지 마십시오. 겸해서 완산(完山)에서 지은 표전(表牋)을 구하시는데, 제가 그 당시에 거두어 두지 못한 연고로 그것을 기록하여 부쳐드릴 수 없으니, 아무쪼록 너그러이 용서하십시오. 다만 요하신 바의 백련지일봉(白鍊紙一封)과 좋은 대나무 40개로써 노자에 대신해 드릴 뿐입니다. 황공하옵니다. 재배(再拜) 하나이다.

(5) 〈몽설(夢說)〉

　내가 관직이 4, 3품으로 있을 때부터 늘 꿈을 꾸면 큰 누상(樓上)에 앉았는데, 그 아래는 모두 큰 바다였다. 물이 누상(樓上)까지 올라와서 잠자리를 적시는데 나는 그 가운데 누워 있었다. 이렇게 하기를 6, 7년이나 계속하였다. 깰 적마다 이상스럽게 생각했는데, 어떤 사람이 주공몽서(周公夢書: 해몽서의 이름인 듯)를 가지고 왔기에 해몽해보고는 길몽이라 생각되었다. 경인년(庚寅年)에 이르러 내가 아무런 죄도 아닌 일로 위도(猬島)에 귀양가게 되었다. 나이가 많은 어떤 사호(司戶)의 집에 들어 있었다. 그 집에는 높은 누(樓)가 있었는데, 바로 큰 바다를 내려다 보게 되었으며, 훨훨 날아갈 듯하게 지은 집이요, 물이 들창까지 치밀어 오를 듯한 것이 꼭 꿈에 보던 바와 같았다. 나는 그제서야 비로소 앞서의 꿈을 징험하였던 것이다. 그런즉, 사람의 출세와 은퇴, 잘 되고 못 되는 것이 어찌 우연한 일이겠는가. 모두가 모르는 가운데에 예정된 일이로다. 당시에는 꼭 그 땅에서 죽으려니 하고 생각했었는데, 얼마 안 되어 서울에 돌아왔고, 지위가 정승에까지 올랐으니 이도 또한 하늘의 운명이 아니겠는가. 갑오년 ○월 ○일에 쓰다.

(6) 〈몽험기(夢驗記)〉

꿈을 말하는 것은 괴이(怪異)하고 허탄한 것 같다. 그러나 주관(周官)에는 여섯 가지 꿈을 점치는 것이 있고, 또 오경(五經)이나 자(子)·사(史)에도 모두 꿈을 말할 것이 많다. 꿈이 진실로 징험(徵驗)이 있다면 이것을 말한들 무엇이 해롭겠는가. 내가 전일에 일찍이 완산(完山) 고을에서 책실(册室)의 일을 맡았을 때의 일이다. 평소에 나는 거의 성황당에 가는 일이 없었다.

하루는 꿈에 그 사당에 가서 당하(堂下)에서 절하였는데, 법조(法曹)와 더불어 같이 절하는 것 같았다. 왕이 사람을 시켜 전해 말하기를, "기실(記室: 고을 원의 비서 일을 맡은 사람)은 누상(樓上)에 오르라." 하였다. 마루에 올라 두 번 절하니, 왕이 베 모자를 쓰고 검정 베의 통옷을 입고, 남쪽편에 앉았다가 일어나 답례하고 앞으로 오라고 인도하였다. 조금 뒤에 사람이 흰 술을 갖고 와서 부었다. 술잔과 술상도 또한 초라하였다. 한참 동안 같이 마시다가 말하기를, "들으니 원님이 요사이 새로 『십이국사(十二國史)』를 인간(印刊)하였다는데 그런 일이 있는가?" 하였다. 내가 말하기를, "그렇습니다." 하였더니, 말하기를, "그러면 왜 나에게는 주지 않는가. 나에게 여러 아이들이 있어서 읽히고자 하니 두어 권 보내주면 좋겠다."라고 하였다. 내가 말하기를, "그렇게 하겠습니다." 하였더니, 또 말하기를, "관리의 수석인 모갑(某甲)이란 자는 쓸 만한 사람이니 청컨대 돌보아 주오." 하기에 나는 또 "그렇게 하겠습니다." 하였다. 나도 또한 장래의 화복이 어떠한가를 물었더니, 왕은 길 위에 수레가 달리다가 수레축이 부러진 것을 가리키며 말하기를, "저와 같다. 금년을 넘기지 못하고 갑자기 이 고을에서 떠나갈 것이다." 하였다. 조금 뒤에 스스로 가죽띠 한 벌을 가져다주면서 말하기를, "그대는 꼭 존귀하게 될 것이오. 청컨대 이것으로써 노자를 하시오." 하였다.

잠을 깨니 온몸에 땀이 흘러 있었다. 그때 안렴사낭장(按廉使郎將) 노공(盧公)이 원에게 시켜 새로 『십이국사』를 인간하였던 것이다. 또 관리 아무개는 나의 뜻에 맞지 않으므로 어떤 일에 죄과를 잡아 배척하려 하였기 때문에 이 말을 한 것이다. 이튿날 그 아전을 불러서 인간한 『십이국사』 두 권을 가지고 가서 '성황당'에 바치게 하였으며, 따라서 그 죄과를 용서하여 불문에 부치었다. 이 해에 과연 동료의 참소로 파면되었다. 비로소 수레가 부서진 것과 같다고 하던 말을 깨닫게 되었다. 그리하여 야인(野人)으로 물러난 지 어언 7년이 되도록 벼슬 한 자리도 얻지 못하여 곤하고 좌절됨이 더할 수 없이 심하였으므로 다시는 그 말을 믿지 아니하였다. 그 뒤에 비로소 영화스럽고 요긴한 벼슬자리를 고루 역임하여 3품에 오르게 되었어도 역시 깊이 믿지 않았더니, 이제 정승의 임명을 받기에 이르게 된 뒤에 비로소 꼭 존귀하게 될 것이라고 하던 말이 부절(符節)을 맞추는 것처럼 틀리지 않음을 깨닫고 깊이 믿게 되었다. 아, 신도(神道)의 그윽한 감응도 역시 때로는 믿을 수 있다. 어찌 다 허황하다고만 하겠는가.

갑오년 12월 모(某)일에 쓰다.

3. 이인로와 『파한집』

1) 작가 소개

이인로(李仁老: 1152~1220)는 고려 후기의 문신으로, 본관은 경원(慶源), 자는 미수(眉叟), 호는 와도헌(臥陶軒)으로, 누대에 걸친 왕가의 외척으로서 화려한 문벌을 형성해왔던 고려 전기 3대 가문의 하나인 경원이씨(慶源李氏)의 후손이다. 어려서 일찍 부모를 여의고 명종(明宗)의 숙부인 화엄승통(華嚴僧統) 요일(寥一)에게 양육되면서 유가경전과 제자백가를 두루 배웠다. 어려서부터 총명하여 시문과 글씨에 뛰어났다고 한다. 1170년 그의 나이 19세 때에 정중부가 무신란을 일으키자, 이를 피하여 불문(佛門)에 귀의하였다가 그 뒤에 환속하여, 1180년(명종 10) 29세 때 진사과에 장원급제하면서 벼슬길에 나아갔다. 31세 때인 1182년 금나라 하정사행(賀正使行)에 서장관(書狀官)으로 수행하였고, 다음해 귀국하여 계양군(桂陽郡) 서기로 임명되었으며,

그 뒤에 문극겸의 천거로 한림원에 보직되어 사소(詞疏)를 담당하기도 하였다. 한림원에서 고원(誥院)에 이르기까지 약 14년간 그는 조칙(詔勅)을 짓는 여가에도 시사(詩詞)에 힘쓰기도 했다.

이인로는 당시 매우 박학다식한 학문 수준을 이룬 문신이었지만, 무신 집권하에서 벌열의 자손이라는 위기의식과 가치관의 상이에서 오는 이질감으로 인해 현실을 도피하는 것으로 그 대처방안을 찾기도 했다. 그러나 유가적인 소양을 배경으로 형성된 현실 참여의 의지는 뛰어난 문재를 지닌 이인로를 세상 밖에 머물도록 허락하지 않았다. 그렇게 해서 들어온 제도권이었건만, 그 현실은 이인로에게 그다지 호의적이지는 않았다. 그는 무신 정권하에서 보이는 현실 세계의 여러 가지 부정적인 모습을 통찰하는 자세를 견지했지만, 정작 그 자신은 능력을 펼칠 기회를 충분히 갖지 못하고 항상 주변부에서 맴돌았으며, 그 후 중국에까지 알려질 정도의 뛰어난 문재는 한림원에서 오랫동안 조칙(詔勅)을 작성할 수 있는 바탕이 되기도 했지만, 언제나 부정적으로 인식되는 현실을 변화시킬 자신의 능력을 펼칠 수 없는 현실에 괴로워하기도 했다. 이후 노년에 임춘, 오세재 등과 더불어 죽림고회(竹林高會)를 이끌며 시로 소일하지만, 여전히 현실을 잊지 못한 채 방황하는 모습을 보여주었다.

『고려사』 열전에서는 이러한 이인로에 대하여 "성미가 편벽하고 급하여 당시 사람들에게 거슬려서 크게 쓰이지 못하였다(性偏急 忤當世 不爲大用)."라고 평하였다. 시의 본질과 그 독자적 가치에 대한 인식을 보여주는 '어의구묘(語意俱妙: 말과 뜻이 함께 묘함을 갖추어야 한다.)'를 강조한 작시론(作詩論)이 유명하며, 무부착지흔(無斧鑿之痕: 인위적이지 않고 자연스러움)의 경지와 의묘(意妙: 뜻의 묘함)를 위한 신의(新意: 새로운 뜻)를 중시한 태도가 널리 알려졌다. 저술로는 『은대집(銀臺集)』·『쌍명재집(雙明齋集)』·『파한집(破閑集)』 등이 있다고 하나 현재는 『파한집』만이 전하고 있다.

2) 작품 감상

> 여기서는 인간애가 담긴 이인로의 수필 몇 편과 시론(詩論)의 가치에 대해 기록한 『파한집』 발문의 일부를 한번 살펴볼 것이다. 감상하기에 앞서 먼저

『파한집』에 대해 잠깐 논해 보면, 이것은 우리 문학사에서 본격적인 시화 비평이 등장했음을 보여준 다는 점에서 매우 의미가 깊다. 당시 내우외환의 시기를 살다간 문인이라면, 누구나 문학에 대한 반성과 방향 모색이 요구된 사회 분위기를 무시할 수 없었고, 또 각자의 입장에 따라 자신들의 견해를 옹호하기도 하고 서로 다른 견해들은 비판하기도 하면서, 논리적 보강을 해 나가야 했던 사회적 분위기에서 자유로울 수도 없었다.

『파한집(破閑集)』은 바로 이러한 시대적 상황 속에서 태동한 것으로, 총 3권 1책으로 구성되어 있는 목판본이다. 이인로가 69세로 사망하기 직전에 지은 것인데, 사후 40년 뒤인 1260년(원종1) 3월에 아들 세황(世黃)이 수집하고 안렴사(按廉使) 대원왕공(大原王公)의 후원으로 초간된 것으로 알려져 있다. 그러나 현재 당시의 초간본은 전하지 않고, 1659년(효종 10)에 엄정구(嚴鼎耈)가 경주부윤 재임 중에 조속(趙涑)의 가장비본(家藏秘本)을 가지고 각판(刻板)한 중간본이 남아 있다.『파한집』의 상권은 시평(詩評) 12조(條), 서필담(書筆談) 1조, 수필 7조, 시화(詩話) 1조, 문담(文談) 2조, 기행문 1조, 권 중은 시평 13조, 수필 13조, 권하는 시평 15조, 수필 18조 등의 도합 83조가 수록되어 있다.

여기서 '파한(破閑)'은 글자 그대로 한가함을 깨뜨린다는 뜻이다. 주로 시화·일화·기사 등이 수록되어 있으며, 우리나라 명유(名儒)들의 시 작품들이 인멸되어가는 것을 막아야겠다는 사명감에서 창작되었음을 밝히고 있다. 이인로는 세상사에 마음을 두지 않고 산림에 은둔하며 온전한 한가로움을 얻음은 장기·바둑 두는 일보다 낫기에 '파한'이라고 이름 붙인다고 했지만, 내용을 보면 단순한 심심파적을 위한 저술은 결코 아니다.

『파한집』은 거의 대부분이 시화의 내용이어서 우리나라 시화집의 효시이자, 고전시학사의 첫 단추를 여는 귀중한 연구자료이다. 이 책에는 다른 문헌에서 찾아볼 수 없는 시편들이 상당수 실려있기도 한 데다가 무엇보다 시학의 근본 문제에서 작시법(作詩法) 혹은 구체적인 작품평 등이 두루두루 제시되어 있기 때문이다.

이인로가『파한집』에서 피력한 문학사상은, 한 마디로 시란 무엇이며 어떤 방법으로, 어떤 상황에서 창작되며, 또 어떠한 가치를 지닐 수 있는가에 대한 것으로 요약된다. 그는 빈부와 귀천으로 높낮이를 정할 수 없는 것은

> 문장뿐이라고 하였고, 또 문학 행위의 주체에 대해 신분적 차등과 구속을 배제해야 하며, 나아가 문장의 가치를 부귀의 그것보다 더 높이 두어야 한다고 보기도 했다.
> 이처럼 문학의 독자적 가치를 인식한 이인로는 또한 시에 담겨야 할 내용은 충의지절(忠義之節)에 근거하여 형상화된 것이어야 한다며, 두보(杜甫)의 옥질(玉質: 미적인 요소와 忠諫의 요소)을 예로 들기도 하였다. 이인로는 작시론(作詩論)에서 어의(語義)가 제대로 갖추어진 경지에 이르러야 함을 강조했는데, 이것은 시가 언어의 구조물 내지는 예술이라는 투철한 인식을 보여준 것이다. 따라서 어묘(語妙: 말을 솜씨 있게 다루는 것)를 중시하여 다듬은 혼적이 없는 상태인 자연적으로 만들어진 경지를 권장하였다(用事論).

(1) 인간애가 담긴 글 하나

항양(沆暘) 사람, 자진(子眞: 咸淳의 字)이 관동(關東)의 사또로 나가 있을 때의 일이다. 자진의 부인 민씨(閔氏)는 사납고 질투가 많은 여인이었다. 계집종이 너무 예뻐서 남편에게 그녀를 가까이하지 못하게 했다. 자진은 "그야 힘든 일이 아니지." 하고 읍인(邑人)의 소와 그 예쁜 계집종을 바꾸어서 소를 기르고 있었다. 나는 이 이야기를 듣고 희롱삼아 시 한 수를 지었다. "호수의 꾀꼬리(여자를 상징) 날아가서 돌아오지 않고/강 언덕에서 패주(佩珠)를 잃어 찾으려 하나 어렵도다/원도(園桃)와 항유(巷柳)(모두 여자를 상징)는 지금 어디에 있는고/난간 가에 흑모란(黑牧丹: 소의 異名, 여기서는 女婢와 바꾼 소를 가리킴)뿐이로구나."

이렇게 시를 지었으나 길이 막혀 자진(子眞)에게 보낼 수가 없었다. 이러구러 20여 년이 지났다. 자진이 홍도정리(紅桃井里)에 이사와서 나와 이웃하게 되어 조석으로 왕래했다. 자진이 나의 시고(詩稿)를 보여 달라기에 한 통을 보이니 반쯤 읽어 내려가다가 "벗이 아내의 강요로 첩을 소와 바꾸었다."라는 제목이 있자 그는 놀라면서 차근히 묻는 것이었다. "이게 누구요?" "공(公)이 틀림없소이다." 내가 웃으며 이렇게 대답했더니, 자진은 "그런 일이 있었습니다. 그러나 집안에서 일어난 한때의 장난일 뿐이지요. 조롱해서 평하지는 말아야 옳지만, 이렇지 않으면 선생의 만고의 시명(詩名)

을 무엇으로 도와드리겠습니까?"라 하였다. 그의 아내 민씨는 자진보다 먼저 세상을 떠났으나 그는 홀아비로 8년을 지내면서도 여자를 가까이하지 않았으니 정말 독실한 군자라고 일컬을 만하다.

(2) 명문장의 가치

세상사 중에 빈부나 귀천으로 고하를 평가할 수 없는 것은 오직 문장뿐이다. 대개 완성된 문장은 마치 해와 달이 하늘을 곱게 하고, 구름과 연기가 대공(大空)에서 집산하는 것 같아서 눈이 있는 사람이면 보지 않을 수 없고, 또 엄폐할 수도 없다. 그러므로 갈포를 입은 가난한 선비로서도 넉넉히 무지개처럼 찬란한 빛을 드리울 수 있으며, 조맹(趙孟: 춘추 시대 晋의 귀족)의 귀함이야 그 세도가 나라를 부하게 하고, 집안을 넉넉하게 하는 데 부족함이 있으랴만, 문장에 있어서는 칭찬할 수가 없다. 그러므로 문장은 일정한 가치를 지니고 있어서 부로써도 그 가치를 결정지을 수 없다고 말하는 것이다. 구양영숙(歐陽永叔: 구양수)은 "후세에 정말 공정하지 못하다면 지금까지도 성현이 없었을 것이다."라고 말한 바 있다. 복양(濮陽) 오세재(吳世才)는 재사(才士)이나 여러 번 과거에 들지 못했다. 그는 갑자기 눈병을 앓아서 아래와 같은 시를 지었다.

> *늙음과 질병이 서로 따르니/마지막 나이의 궁한 선비로다.*
> *현화(玄華)는 밝음을 가리는 게 많고*
> *자석(磁石)은 비치는 게 적도다.*
> *등잔 앞에서 글자 보기 겁을 내고*
> *눈(雪) 온 뒤에 달무리 보기 부끄럽도다.*
> *과거 급제 끝남을 기다려 보다가 눈을 감고 앉아 기회를 잃는도다.*

그는 세 번이나 장가들었으나 바로 버렸으므로 자식도 없고 송곳 꽂을 만한 땅도 없이 밥 한 그릇, 물 한 그릇도 이어갈 수가 없었다. 나이 50에야 과거에 한 번 들었으나 동도(東都)에서 객지 생활을 하다가 죽었는데, 그가 이렇게 곤궁하게 쓰러졌다고 어찌 그 문장까지 버릴 수가 있겠는가.

(3) 시론(詩論)의 가치

　백운자(白雲子)가 유학을 버리고 불교를 배워서 허리에 보따리를 두르고 명산을 돌아 다니다 도중에서 꾀꼬리 소리를 듣고 느낀 바 있어 시 한 수를 지었다. "스스로 붉은 부리, 누런 옷의 고운 것을 자랑하거늘/의당 붉은 담 푸른 나무 있는 곳을 향하고 울 것이/무슨 일로 거친 마을 적막한 땅에서/숲을 격하여 두세 소리 보내는고."
　그런데 나의 친구 기지(耆之: 임춘을 일컬음)도 과거시험에 실패하고 강남지방에 놀러 갔다가 꾀꼬리 소리를 듣고 역시 시를 지었다. "농촌에 오디 익고 보리 장차 여무는데/처음으로 푸른 나무의 꾀꼬리 소리 들었노라/서울의 꽃 아래에서 놀던 손을 아는 듯/은근하게 백 가지로 울어 쉬지 않네." 옛날이나 지금의 시인들이 물건에 의탁하여 뜻을 보이는 것이 이와 같다. 두 분의 시가 처음부터 서로 약속한 것이 아니었지만 시어가 처량하고 슬픈 것이 한 사람의 입에서 나온 것 같다. 그 재주는 있으나 등용되지 못하고 천애에 유락하며 쓸쓸하게 유랑 표박해 다니는 형상이 분명하게 몇 자 사이에 나타나니, 이른바 시가 마음에서 우러나온다는 것이 과연 미덥구나.

　※ 참고: 〈파한집〉 발문의 일부
　　...(전략)...날마다 사하(四河) 기지(耆之)와 복양(濮陽) 오세재(吳世才)의 무리와 더불어 금란(金蘭)의 사귐을 약속하고 꽃피는 아침, 달뜨는 저녁이면 같이 지내지 않은 적이 없으므로 세상에서 죽림고회(竹林高會)라 했다. 술이 취해서 서로 말하기를, "여수(女鬚)의 물가에는 반드시 양금(良金)이 있으니, 형산(荊山) 밑에는 어찌 미옥(美玉)이 없겠는가. 우리 본조(本朝)는 변경(邊境)이 봉래(蓬萊)와 영주(瀛州)를 접해있어 옛날부터 신선의 나라라 하였다. 그 영이(靈異)한 것을 모으고 빼어난 것을 길러온 지 5백년이 되었다. 중국에서 아름다움을 나타낸 사람으로 학사 최고운이 앞에서 선창(先唱)하고 참정(參政) 박인량이 뒤에서 화답하여, 명유(名儒)와 운승(韻僧)이 제영(題詠)에 공교하여 명성을 이역에 떨친 사람이 대대로 있었다. 우리들이 수록해서 후세에 전하지 않는다면 결국 없어져서 전하지 못할 것이다."하고 드디어 중외(中外)에서 본받을 만한 제영을 거두어서 엮어 세 권을 만들어 파한(破閑)이라 했다. 또 동

료들에게 이르기를, "내가 '한(閑)'이라 한 것은 이런 이유에서이다. 대개 공명을 이루고 수레를 녹야에 걸어두고[2] 마음 속에 외모(外慕)하는 것이 없는 이나, 산림에 은둔하여 배고프면 먹고 곤하면 자는 사람이라야 그 한가한 것을 제대로 누릴 수 있을 것이다. 그러나 눈을 여기에 두면 '한(閑)' 온전한 것을 깨 수 있을 것이다. 만약 진로(塵勞)에 시달리고 명환(名宦)에 골몰하여 염량(炎涼)에 따라 동분서주하다가 하루아침에 권리를 잃어버리게 되면, 외모는 한가한 것 같으나 마음 속은 뒤끓을 것이니 이는 역시 한가한 게 병이 되는 것이다. 그러나 여기에 눈을 두면 한가한 병을 역시 고칠 수 있을 것이다. 만약 그렇다면 바둑이나 장기를 두는 것보다 더욱 현명하지 않겠는가."라고 하니 당시에 듣던 사람들이 모두 옳다고 했다.

『파한집』은 이루어졌으나 아직 임금에게 아뢰지 못한 채 불행히도 가벼운 병으로 홍도정(紅桃井) 집에서 돌아가셨다. 이에 앞서 손녀의 꿈에 청의(靑衣)를 입은 아이 열댓이 푸른 기와 일산(日傘)을 받들고 문을 두드리며 부르는지라, 가동(家僮)이 문을 닫고 힘껏 막았으나 조금 있다가 잠긴 문이 저절로 열리며 청의 동자들이 날뛰면서 집에 들어와 하다가 잠시 후 흩어져 가버렸다. 이 꿈을 꾼 지 얼마 안 되어 돌아가셨으니 어찌 〈옥루기(玉樓記)〉를 쓰기 위해서 불러간 게 아니겠는가. 등선(登仙)하시던 날 저녁에 한 줄기 붉은 기운이 두우성(斗牛星) 사이에서 출동하여 밤새도록 없어지지 않으므로 모두 괴이하게 여겼으니, 이것이 대개 선인의 지난날이었다.

4. 최자와 『보한집』

1) 작가 소개

최자(崔滋: 1188~1260)는 고려조 무신집권기 중 최씨 집권기에 활동한 문인이다. 문헌공(文獻公) 최충(崔冲, 984~1068)의 후손으로 자(字)는 수덕(樹德), 호(號)는 동산예(東山曳)이고 처음 불렀던 이름은 종유(宗裕) 또는 안(安)이었다. 그는 타고난 성품이 순박하고 과묵했으며, 다른 사람보다 뛰

---

[2] 현차녹야(懸車綠野): 벼슬을 버린다는 뜻이다.

어난 것을 능사로 여기지 않았다. 어려서부터 부지런히 공부하였으며 글을 잘 지었다고 한다. 최자는 강종조(康宗朝)에 급제하여 관계로 진출했고 이 때 정치적 수완이 인정되어 이후 상주사록(尙州司錄)으로 다시 임명되었다. 이후 행정에 대한 고과가 우수한 것으로 평가를 받아 내직으로 들어와 국학학유(國學學諭)가 되었다.

당시, 집권자였던 최충헌의 아들 최이(崔怡)는 조정 관리들의 능력을 평가할 때 글재주와 행정 능력이 모두 우수한 사람을 1등으로, 글재주는 있지만 행정 능력이 능하지 못한 사람을 2등으로, 행정 능력은 능하지만 글재주가 없는 경우엔 3등으로, 글재주와 행정 능력 둘 다 없으면 최하로 순위를 매겨 직접 병풍에 기록해 두고, 관리 선출 시 참고하였는데, 최자의 이름이 가장 밑에 있었던 관계로 10년 동안 관직에 임용되지 못하기도 했다.

그런데 최자가 언젠가 〈우미인초가(虞美人草歌)〉와 〈수정배시(水精盃詩)〉를 지었는데, 이규보가 그것을 보고 뛰어난 글이라고 생각하고 있던 어느 날, 최이가 이규보에게 묻기를, "누가 그대의 뒤를 계승하여 문한(文翰)의 직책을 맡을 만한 사람이 있겠는가?" 하자, 이규보가, "최안(崔安)이 적임자이며, 김구(金坵)가 그 다음입니다." 하니, 이에 최이는 그의 재주를 시험해 본 뒤, 마침내 관직에 임명하였다고 한다.

최자는 고종 때 여러 차례 승진하여 정언(正言)에 임명되었으며, 안찰사(按察使)의 천거로, 임기를 채 마치기도 전에 내직으로 소환해 전중소감(殿中少監)과 보문각대제(寶文閣待制)로 임명되기도 하였다.

최자는 일생 동안 다양한 관직을 전국적으로 수행하며 많은 활동을 펼친 채 원종 원년(1260) 73세의 일기로 생을 마감하였다. 시호는 문청(文淸)이며, 그의 저서로는 『최문충공가집(崔文忠公家集)』10권과 『보한집(補閑集)』이 있는데 지금은 『보한집』만 남아 있다. 『삼한시귀감(三韓詩龜鑑)』에 시 1편이, 『동문선(東文選)』에 부(賦) 2편, 시 10편, 기타 작품이 수록되어 있으며, 고려 말 이규보, 이인로, 이제현 등과 함께 당대의 고려 문단을 대표하는 인물로서 주목된다.

2) 작품 감상:『보한집(補閑集)』

　여기서는 최자가 남긴『보한집』중에서 몇 편의 이야기를 한번 살펴보고자 한다.『보한집』은 상·중·하의 세 권으로 되어 있는데 상권에 52화, 중권에 46화, 하권에 57화의 글들이 수록되어 있다. 그런데 이 150여 편이 한결같이 시화만은 아니다. 오히려 제왕 군신의 일화도 있고, 문인재사의 술타령, 기녀들의 삽화, 외설적인 소화 등도 다양하게 수록되어 있어, 사실상 이 시기까지 나온 문집들 중 가장 수필집다운 성격을 지니고 있다고 해도 과언이 아니다.

　『보한집』이라는 서명(書名)은 이미 다른 저서가 있어서 그것을 보완한다는 뜻을 지니고 있을 법하지만, 실상은 이전에 이인로가 저술한『파한집』의 속편이라는 뜻에서 붙인 이름이다. 그래서 그 원명은『속파한집』이다. 즉,『파한집』과『보한집』은 지은이를 달리하는 자매편이라고 할 수 있다.

　당시의 고려 시단은 임춘과 이인로 등을 중심으로 한 이른바 수사(修辭), 문학적 형식에 치우치는 일련의 문인들과 시에 담기는 내용과 정신을 형식과 수사보다 더 중시해야 한다는 뜻을 가진 이규보로 대표되는 문인들이 있었다. 즉, 사어(辭語)와 한율(韓律)을 주축으로 삼는 쪽과 기골(氣骨)과 의격(意格)을 앞세우는 두 경향의 문인들이 크게 대립각을 형성하면서 고려 후기 문인들은 그야말로 문학이 나아가야 할 방향에 대해 심각한 고민을 하던 때였다.

　시의 형식과 시의 정신(내용)을 중시하는 두 개의 시관이 병립된 상황에서, 이인로의『파한집』이 전자를 중시하는 관점을 보여주었다면, 자매편 격인 최자의『보한집』은 두 가지 시관을 모두 아우르는 입장을 취하면서도 속을 들여다보면 후자, 즉 시의 내용을 중시하는 시관 쪽으로 기울어져 있음을 볼 수 있다. 자매편의 시화이면서 서로 다른 문학관을 가지고 있어, 읽어가는 내내 또 다른 묘미를 느낄 수 있을 것이다.

　참고로,『보한집』서문 전문을 제시해 보면 다음과 같다.

　　〈序文〉
　문(文)이라는 것은 정도(正道)를 밟아나가는 문이니 도에 맞지 않는 말은 쓰지 않는다. 그러나 기운을 돋우어 말을 제멋대로 함으로써 듣는 사람들을 감동시키려고 하여, 때로는 험악하고 괴이한 이야기도 하게 된다. 그러니 더욱 시를 짓는 것은 비(比)・흥(興)・풍유에 그 근본을 두었으니 더 말할 나위가 없다. 그러므로 반드시 기괴한 소재에 의착해야 그 기운이 힘차며 뜻이 심원하고 말이 명료해진다. 따라서 읽는 이로 하여금 감동케 하여 깊고 미묘한 뜻을 깨달아서 마침내는 정도로 돌아가게 할 수 있는 것이다. 가령 표절 한다던가 남의 것을 그대로 묘사하고, 지나치게 꾸민다든가 하는 것은 선비로서는 하지 않는다. 비록 시인에게는 탁연사구(琢鍊四句)가 있지만 그 중에서 취하는 것은 탁구(琢句)와 연의(鍊意)뿐이다. 지금의 후진들은 성률(聲律)과 장구(章句)를 숭상하여 시어를 다듬고 닦는 데만 유의하여 새것을 만들어 보려고 애쓰기 때문에, 오히려 그 말이 생경해지고 말았다. 그리고 대귀는 반드시 비슷한 것만을 찾아내서 표현했기 때문에 그 뜻이 졸렬해져서 웅걸(雄傑), 노성(老成)한 기풍이 상실되어 버리고 말았다.

우리 본조(本朝)는 인문(人文)으로써 교화가 이룩되어 어질고 뛰어난 인물들이 뒤따라 나와 교화를 도와서 선양하였다. 광종(光宗) 현덕(顯德) 5년에 비로소 춘위(春闈)를 열어 현량하고 문학을 하는 선비들을 뽑으니 검은 학이 날아갔다. 이때 왕융(王融), 조익(趙翼), 서희(徐熙), 김책(金策) 등이 큰 재주를 가졌던 인물들이다.

그리고 경종(景宗)에서 현종(顯宗)을 거치는 몇 대 사이에는 이몽유(李夢遊), 유방헌(柳邦憲)이 문(文)으로 두드러졌고, 정배걸(鄭倍傑), 고응(高凝)은 사부(辭賦)로 진출하였으며, 문헌공 최충(崔沖)은 세상에 이름난 학자로 유학을 일으켰으니 이에 우리 도학이 크게 행해졌다.

문종 때에 이르러서는 성명(聲明)과 문물(文物)이 찬란하게 빛났으니 당시의 재상이었던 최유선(崔惟善)은 왕을 보좌하는 재주로 저술이 정묘(精妙)하였으며, 평장사(平章事) 이정공(李靖恭)・최석과 참정(參政)이던 문정공 이영간, 정유산, 학사(學士) 김행경, 노탄 등이 서로 견줄 만하였으니, 이는 마치 주(周)나라의 문왕(文王)이 어진 선비들을 만나 나라를 편안하게 다스린 때와 같았다.

그 뒤로는 박인량(朴寅亮), 최사제(崔思齊)・사량(思諒) 형제, 이오(李顗), 김량감(金良鑑), 위계정(魏繼廷), 임원통(林元通), 황영(黃瑩), 정문(鄭文), 김련(金緣). 김상우(金商祐), 김부식(金富軾), 권적(權適), 고당유(高唐愈), 김부철(金富徹)・부일(富佾) 형제, 홍관(洪瓘), 인빈(印份), 최윤의(崔允儀), 유희(劉羲), 정지상(鄭知常), 채보문(蔡寶文), 박호(朴浩), 박춘령(朴春齡), 임종비(林宗庇), 예낙전(芮樂全), 최함(崔諴), 김정(金精),

> 문숙공(文淑公) 부자, 오선생(吳先生) 형제, 학사(學士) 이인로(李仁老), 문안공(文安公) 유승단(兪升旦), 정숙공(貞肅公) 김인경(金仁鏡), 문순공(文順公) 이규보(李奎報), 승제(承制) 이공로(李公老), 한림(翰林) 김극기(金克己), 간의(諫議) 김군수(金君綏), 사관(史館) 이윤보(李允甫), 보궐(補闕) 진화(陳澕), 유충기(劉冲基), 이백순(李百順), 안순지(安淳之) 등 종경(鐘磬)에 비길 인물들이 뒤따라 일어나 별과 달 같이 서로 광휘를 드러냈다. 한문(漢文)과 당시(唐詩)가 이리하여 더욱 성행하게 되었다. 그러나 고금의 여러 명현(名賢)들 가운데 문집을 엮어 놓은 사람은 오직 수십 명에 그쳤으니, 나머지 명장(名章)과 수구(秀句)는 모두 인멸되어 들을 수가 없다.
>
> 　이학사(李學士) 인로(仁老)가 그런 시문을 대충 모아서 책을 엮어 '파한집'이라고 이름을 지었다. 진양공(晉陽公)은 그 책에 수록된 자료가 아직 미흡한 데가 있다고 하여 나에게 「파한집」을 속작보완(續作補完)해 보라고 명한 바 있다. 그래서 없어져 잃어버린 자료들을 수집하여 근체시 약간 연(聯)을 얻게 되었다. 승려나 아녀자들의 작품에 있어서는 웃음거리에 지나지 않는 것도 없지 않다. 그러나 그 작품은 시원치 않아도 여기에 실었다. 모두 1부 3권인데 아직 출판할 기회를 얻지 못하고 있다가 이제 시중상왕국(侍中上柱國) 최공(최항) 崔公(崔沆)의 선친의 날을 추모하기 위해 이 책을 찾기 때문에 삼가 이를 정리하여 바친다. 갑인(甲寅)년 (1254) 4월에 수태위(守太尉) 최자는 이 서문을 쓰다.

(1) 〈상권(上卷): 이야기 하나〉

　지추(知樞) 손변(孫抃)이 태조(왕건)가 지은 글을 나에게 보여 주면서 "마땅히 『보한집』에 실어야지요." 하기에 나는 "이 책은 잡다한 글을 모아 한가로움을 돕자는 것이지 성전(盛典)을 꾸며내자는 것은 아니오."라고 대답했다. 그러나 지추(知樞)는 다시 "유신(儒臣)이 되어 성훈(聖訓)을 찬록(撰錄)하는 것을 사양함이 정녕 옳은 일이오?"라고 물었던 것이다. 나는 지추(知樞)의 이 말을 듣고 문득 이 글을 『보한집』의 첫머리에 싣기로 했다. 태조는 전쟁을 하며 나라를 세우려는 시기에 음양설과 불교에 큰 관심을 갖고 있었다. 이에 최응이 태조에게 간하여 아뢰었다.

　"전하는 말에 난세(亂世)에는 문(文)을 닦아서 민심을 얻어야 한다고 했는데, 군왕의 자리에 있는 사람은 비록 전쟁중이라 하더라도 문덕을 닦아야 합니다. 불교나 또 음양설에 의지하여서 천하를 얻은 사람이 있다는 말을 듣지 못했습니다."

태조는 최응의 말에 이렇게 대답했다.

"그대의 말을 내가 어찌 모르겠는가? 그러나 우리 나라 산수의 영기(靈奇)함이 거칠고 편벽된 곳에도 개재(介在)해 있고, 또 토속적인 성품이 불신(佛神)을 좋아할 수 없는 실정이라 조석으로 다가오는 두려움으로 어찌할 바를 모르고 있소. 그래서 불신의 음조(陰助)와 산수의 영험스런 정기가 혹시 고식적인 효과라도 있을까 하는 것을 생각했을 뿐이오. 어찌 음양설이나 불신으로서 나라를 다스리며, 또 민심을 얻는 대도(大道)로 삼겠소. 난이 평정되고 백성들이 편안히 안주하게 되면 바로 풍속을 고쳐서 아름답게 교화해야 할 것이오."

사람이 태어나서 수많은 재앙을 만나니, 이러한 재앙을 이겨 나가기는 힘든 일이다. 현도군(玄菟郡) 지방도 군사들이 에워싸고 진한 지방도 소란하기만 하다. 사람들은 자기가 원하는 대로의 생애를 보내지 못하고 울타리가 완전한 집이라고는 한 채도 없다. 하늘에 맹세하노니, 도적의 두목을 평정하고 도탄에 빠진 백성들을 구할 것이며, 향리에 농업과 잠업을 장려하겠다. 위로 부처의 힘을 믿고, 다음으로 하늘의 위세에 의지할 것이다.

나는 이기(二紀)에 걸쳐, 수격(水擊)과 화공(火攻)을 무릅쓰고 내 몸에 화살과 돌을 맞으며 천리 사이를 원정길에 올라, 남부를 정복하고 동부를 토벌하였으며 창과 방패를 베개삼아 잠을 이루었다. 병신년 가을 구월에 숭선성(崇善城) 부근에서 백제의 군사들과 접전하였다. 한번 함성을 울리면 흉광한 무리들은 무너졌으며, 다시 북을 치면 흉한 무리들은 얼음이 녹듯이 쓰러졌다. 승리의 함성이 하늘에 퍼지고 환호의 부르짖음이 땅을 울렸다.

관포(雚蒲)에서 날뛰던 도적의 무리와 계동(溪洞)의 조무라기 흉적들이 저들 스스로의 죄과를 깨닫고 새로운 마음으로 귀순해 왔다. 나는 간교함을 물리치고 악을 제거하려고 노력하였으며 약한 자를 구제하고 기울어지려는 자를 일으켜 세웠다. 추호도 그들을 처벌하지 않았고, 조그만 풀 한 포기 상(傷)케 함이 없었다.

불성(佛聖)이 유지되는 데에 보답하며 산령(山靈)의 도움에 보답하고자,

사국(司局)에 특명을 내려 연궁(蓮宮)을 짓게 하였다. 산 이름을 천호(天護)라 하고 절 이름을 개태(開泰)라 하였다. 불신(佛神)의 위엄이 우리를 비호하고, 하늘이 돌보아 주기를 간절히 원하였다.

　장흥(長興) 5년 갑오에 태조는 후백제를 쳐서 큰 승리를 거두고 하내(河內)의 삼십 여 군(郡)을 차지하였다. 또한 발해 사람들도 모두 귀순해왔다. 그래서 태조는 곧 유사에게 명령하여 개태사(開泰寺)를 세워 화엄도량으로 삼았으며, 친히 발원문을 짓고 직접 붓을 들어 이를 기록하였다. 그 기록은 대략 이러하다…(하략)…

(2) 〈중권(中卷): 이야기 둘〉
　시승(詩僧) 원담(元湛)이 나에게, "요즈음 사대부들은 시작(詩作)을 하는데, 멀리 다른 나라의 인물과 지명에 의탁하여서 우리 나라의 사실로 삼아 버리는게 우습다. 예를 들면 문순공(文順公)의 시 〈남유(南遊)〉에서 '가을 서리에 오(吳)나라 나무 물들고 저문 비에 초(楚)나라 산 어둡네.'라고 하여 비록 시어는 맑고 고원하지만 오와 초는 우리나라의 땅이 아니다. 어떤 선배의 〈송경 조발(松京 早發)〉이란 시에 '마판(馬坂)에 가니 사람들은 연기처럼 술렁이고, 타교(駝橋)를 지나자 야의(野意) 생기네.'라고 한 시보다 문순공의 시가 못하다. 이 시는 시어가 참신하고 취지가 좋으며 말씨가 매우 적실하다."라고 했다. 나는 이에 대해 "대개 시인이 용사함에 있어서 반드시 그 근본에만 집착할 필요는 없다. 자기의 생각을 우의(寓意)할 따름이다. 더구나 천하가 한 집안이며 붓과 먹은 글을 같이 하는데 어찌 피차에 간격이 있으랴."라고 했더니 그 중은 옳다고 했다.

(3) 〈중권(中卷): 이야기 셋〉
　김개인(金盖人)은 거령현(居寧縣)3) 사람이다. 개 한 마리를 길렀는데 매우 사랑했다. 어느 날 외출하는데 개도 따라 나섰다. 개인이 취해서 길바닥에 누워 자는데, 들판에 불이 나서 곧 개인이 자는 데 까지 번지게 되었

---

3) 지금의 전북 임실군의 둔남면, 장수면, 반남면에 걸쳐있던 지명으로 지금의 오수리는 임실군 둔남면에 속하고 있음. 그곳에서 해마다 개의 인간에 대한 충정을 기리는 행사를 거행하고 있다.

다. 개는 곧 옆에 있는 시내에 들어가 몸을 적시어 불 주변을 빙빙 돌면서 풀을 적시어 불길을 막고는 힘이 진하여 죽고 말았다. 개인이 잠에서 깨어 죽은 개를 보고 슬퍼하며 노래를 지어서 쓰고, 무덤을 만들어 개를 장사 지내주고 묘 앞에 지팡이를 꽂아서 이를 표시했다. 그런데 지팡이는 자라서 나무가 되었으므로 그 땅을 오수(獒樹)라고 이름 지었다. 악보(樂譜) 가운데 견분곡(犬墳曲)이 있는데 이것이다. 뒤에 어떤 사람이 시를 짓기를,

사람을 짐승이라 하면 부끄러워하지만
큰 은혜 저버리는 걸 전혀 꺼리지 않는다.
사람으로서 주인 위해 죽지 않는다면
어찌 개와 함께 논할 만하리오.

라고 했다. 진양공(晉陽公)이 문객(門客)들에게 그 전기를 지어 세상에 널리 전파케 하였으니, 이는 은혜 입은 자들로 하여금 보은의 도리를 알게 하고자 한 것이다.

(4) 〈하권(下卷): 이야기 넷〉

승안 3년 무오년에 사천감[4] 이인보가 경주도제고사[5]로서 산천에 제를 올리는 일을 마치고 돌아가다가 저물녘에 부석사에 이르렀다. 그 절의 어떤 스님이 빈객이 머무는 방에 그를 맞이하여 들였다. 집 안에는 아무도 없고 쓸쓸했는데, 홀연히 어떤 여인이 복도에서 잠깐 보였다. 사천감은 근방의 고을 목사가 보낸 기생이라고 생각했다. 조금 있다가 그 여인이 너울너울 춤을 추면서 뜰 아래로 내려와 그에게 인사를 했는데 그 몸가짐이 창기 같지는 않았다. 인사를 하고 스스로 계단을 올라 방으로 들어갔다. 자세히 보니 보통 속세에 있는 사람이 아니었다. 사천감은 이상하게 여겼으나 하도 그 맵시가 고와서 차마 거절하지 못하고 옷을 입고 문을 나서서 구경을 하는데, 유독 오래되고 이상한 한 우물을 보고 놀라 주저앉아버렸다. 시간이 오래 흐르고 한 어린 중이 주지스님의 명령이라며 와서 말하기를, "대감께

---

[4] 고려 때 천문(天文), 역수(曆數), 측후(測候), 각루(刻漏) 등을 맡아 보던 관청의 종 3품 벼슬이다.
[5] 경주도는 고려시대 22개 역도(驛道) 중 하나이다.

서 매우 지치시고 피로하실 것 같은데, 다행히 지금 여기에 머무시게 되셨으니 방에 들어가시면 차를 끓여 올리겠습니다."라고 했다.

　　사천감이 할 수 없이 방으로 들어가니 억지로 여자에게 시중들게 했다. 두세 번 사양하다가 문 밖에 나가서 천감은 주지 스님과 함께 얘기를 나누다가 밤이 깊어서야 끝내고 돌아왔다. 조금 있다가 아까 봤던 그 여인이 다시 찾아온 것을 보고 사천감이 농담을 걸게 되었다. 여자가 말하기를, "대관께서는 이미 저를 의심하지 않으셨습니다. 제가 사는 곳이 여기서 멀지 않아 대관의 높으신 뜻을 몰래 사모하여 찾아왔을 뿐이옵니다."라고 했다. 그 여인이 사람을 맞이하여 대하는 태도가 지혜롭고 영리하며 다정해보였다. 그래서 마침내 잠자리를 같이 하여 깊은 정을 나누며 3일을 머물다가 떠났다.

　　우정6)에 머물러서 자게 되었는데 지난번의 그 여인이 슬그머니 찾아왔다. 사천감이 말하기를, "그대와의 관계는 이미 지난 일인데 어째서 다시 찾아왔는가?"라고 하니, 그 여인이 대답하기를, "저는 이미 낭군의 자식을 하나 낳았는데 다시 하나를 더 얻고자 찾아왔습니다."라고 했다. 그래서 전과 같이 잠자리를 같이 하였다. 새벽이 되어 이별을 하려니 운우의 정이 아쉬웠다. 그러나 길을 떠나 홍주7)에 들어가 자려고 하는데 그 여인이 다시 찾아왔다. 천감이 가만히 생각하니 만약 옛 정을 못 잊어 그녀와 다시 정을 나누게 되면 후환이 두려우리라 생각해서 마침내 그녀를 앞에 앉혀 놓고 거들떠보지도 않았다.

　　그 여인이 한참을 똑바로 바라보고 있다가 화를 내며 얼굴색을 고치며 말하기를, "좋습니다. 이제 다시 보지 않겠습니다."라는 말을 남기고는 곧 문을 나가자 회오리바람이 일어 땅을 휩쓸어 청사 사이의 사립문을 쳐서 부서뜨리고 나뭇가지 끝을 꺾어 놓으니 마치 도끼나 작두로 자른 것 같았다.

　　대략 위의 얘기를 보면 이 사천감은 이미 그 여인이 사람이 아닌 것을 알았으면서도 어찌 능청맞게 그녀와 더불어 나면의 정을 나누었는가. 사람과 신물이 사귀어 애까지 배게 했다니 정말 괴이한 일이 아니겠는가. 한자가 말하기를, "형태가 없으면서 소리를 가진 것이 귀신이다. 사람이 하늘을

---

6) 옛날 우편제도의 하나. 관청의 문서를 전하고 받아서 처리하는 곳으로 곧 숙역이라고 할 수 있으며 우역이라고도 했다.
7) 경북 영주에 있던 옛 지명이다.

거역하고 백성을 그릇되게 하며 만물에 욕심이 지나치고 인륜에 거슬리는 일을 하면 물질적인 것에 빠지고 만다. 이에 귀신이 사람의 모양과 목소리를 빚어 응하게 되는 것이니 이 모두가 백성이 하는 것이다. 그러므로 귀신에 홀린다는 것은 스스로 속는 것이다."라고 했다.

5. 이제현과 『역옹패설』

1) 작가 소개

이제현(李齊賢: 1287~1367)은 자(字)가 중사(仲思)이고 호(號)가 익재(益齋) 또는 나옹(櫟翁)이다. 그의 문집『익재집(益齋集)』권10에 15조(調) 54수의 사(詞)가 실려 있다. 청의 오숭요(伍崇燿)가 1862년『오아당총서(奧雅堂叢書)』간행 시, 이제현의『익재집』을 제23집에 담았으며, 청의 주조모(朱祖謀)가『강촌총서(彊邨叢書)』에 그의 사(詞) 54수를 '익재장단구(益齋長短句)'라 하고 수록해 중국에 널리 알려지게 되었다.

이제현은 고려가 40여 년간의 대몽항쟁을 포기하고 강화도로부터 환도하여 원나라에 예속된 지 17년 후인 1287년(충렬왕13) 12월 25일에 개성에서 검교정승(檢校政丞) 이진(李瑱)의 차남으로 태어나, 원이 망하기 1년 전인 1367년(공민왕17)에 죽기까지 평생을 원의 고려 지배라는 민족수난기에 살았다. 그는 6대의 왕을 섬기며 국가의 중책을 두루 맡은 정치가이자 문인이었다. 28세가 되던 해 충선왕의 부름을 받고 원나라 수도에 가게 되었다. 이때 충선왕은 충숙왕에게 양위하고 자신은 태위로 있으면서 원나라 수도에 만권당(萬卷堂)을 짓고 학문 연구로 즐거움을 삼고 있었는데, 원나라 문인에 대적할 만한 인물로 이제현을 불렀다. 당시 원대의 문인 요수(姚燧), 조맹조(趙孟頫), 원명선(元明善), 장양호(張養浩) 등이 만권당에 드나들었으므로 그들과 교유하면서 또 영향을 받았다. 그래서 중국 음률에 익숙치 못한 고려인으로서 전사(塡詞)까지 할 수가 있었다. 30세(1316년)에 아미산에 봉제(奉祭)하기 위해 제관(祭官)의 한 사람으로서 서촉(西蜀)을 다녀왔다. 그는 이르는 곳마다의 명승고적에 대해 제영(題詠), 영사(詠史)했는데, 이 시들을 묶은 것이 〈서정록(西征錄)〉이다. 그는 1316

년 가을과 겨울에 북경에서 사천성 아미산까지 왕래했는데 이때 20수를 지었다. 1319년 여름과 겨울 사이에 북경으로부터 절강성 보타산까지 왕래했는데 여기서 2수를 지었다. 또 1316년 아미산 여행을 다녀온 후 연경에서 장기 체류하면서 '소상팔경(瀟湘八景)' 16수와 '송도팔경(松都八景)' 16수를 총 32수를 지은 것으로 추정되는데 정확한 시기와 장소는 알기 어렵다.

2) 작품 감상

※ 참고 1: 『역옹패설』 전서(前序)

지정 임오년 여름에 비가 한 달 넘게 계속 내려 문을 닫고 지내니 찾아오는 사람조차 없었다. 답답한 마음을 떨칠 수 없어 처마 끝에 떨어지는 빗물을 벼루에 받아, 친구들과 서로 주고받은 쪽지 편지를 이어 붙여서는 때때로 기록할 것이 생각나면 편지지 뒷면에 그 내용을 적고서 끝에다 『역옹패설(櫟翁稗說)』이라고 제목을 붙였다. 역(櫟)자에 낙(樂) 자가 붙은 것은 소리를 나타내기 위한 것이다. 그러나 재목감이 되지 못하여 해(害)를 입지 않은 것이 나무로서는 즐거운 일이 되기 때문에 '낙'자를 붙인 것으로도 볼 수 있다. 내가 일찍이 벼슬아치가 되었다가 스스로 벼슬에서 물러나 어리석은 본성을 지키기 위해 역옹(櫟翁)이라 자호하였으니 이는 재목이 되지 못하여 장수할 수 있기를 바라는 뜻으로 나타낸 것이다. '패'자에 '비'자가 붙은 것 또한 마찬가지로 소리를 나타내기 위한 것인데, 글자의 뜻으로 보면, 돌피는 벼 종류 가운데서도 하찮은 것이다.

나는 어려서 글을 읽을 줄 알았으나 장성해서는 학문을 그만두었더니 지금은 늙어버리고 말았다. 돌이켜보면, 내가 자질구레한 글을 즐겨 써놓았으나 그 글들이 실속이 없고 비천하여 마치 하찮은 돌피와 같은 것에 지나지 않는다. 그러므로 그 기록한 바를 '패설(稗說)'이라 하였다.

※ 참고 2: 『역옹패설』 후서(後序)

객이 역옹(櫟翁)에게 말하기를, "그대가 지금까지 쓴 글을 보면 전집(前集)에서는 심원한 조종세계(祖宗世系)를 기술하고 있어서 유명한 공경(公卿)의 언행도 그 속에 많이 실려 있으나 결국 골계담으로 끝을 맺었다. 그러므로 후집은 경사(經史)에 관련된 내용은 거의 없고 장구(章句)를 아로새기고 꾸미는 얘기로 일관했을 뿐이다. 어찌 그에 대한 특별한 행실이 없는가? 이것이 어찌 단아한 선비와 씩씩한 장부로서 감히 할 만한 일인가?" 역옹이 이에 대해서 이렇게 대답했다. "'둥둥 북을 친다'라는 말은 시경(詩經)의 패풍(邶風)에 속해 있고 '너울너울 춤춘다'라는 내용은 소아(小雅)에 들어 있다. 하물며 여기에 기록한 것은 본래 무료하고 답답함을 떨쳐버리려고 붓 가는 대로 쓴 것이니, 어찌 그 속에 실없는 말이 있음이 어이 괴이하다는 말인가? 공자(孔子)께서도 장기나 바둑을 두는 것이 아무 생각도 않는 것보다는 현명한 일이라고 했으니, 장구(章句)를 꾸미는 일은 바둑이나 장기를 두는 일에 비하면 훨씬 나은 것이 아니겠는가? 또한 이와 같은 내용의 글이 아니라면 구태여 이름을 패설(稗說)이라고 하지 않았을 것이다."

(1) 문량공 조간 이야기

문영공 김순(文英公 金恂)이 과거에 응시하였을 때, 문량공 조간(文良公 趙簡)이 일등으로 합격했다. 문량공은 늙은 나이에 악성의 종기로 어깨와 목이 거의 분간할 수 없을 정도까지 되었으나, 모든 의원들이 손을 쓰지 못하고 있었다. 그런데 묘원(妙圓)이란 중이 와서 "이 종기는 뼈에 뿌리를 박고 있어서 뼈가 반은 썩었을 것입니다. 긁어내지 않으면 치료할 수 없는데 다만 뼈를 긁어낼 때의 고통을 참아낼 수 있을지 걱정입니다."라고 하였다. 문량공이 말하기를, "죽기는 마찬가지이니 시험해 보라."고 했다. 이에 날카로운 칼로 상을 베어내니 과연 뼈가 썩어있었다. 그것을 긁어내고 약을 발랐더니 환자는 기절하여 이틀 동안이나 눈을 감고 있었다.

이 소식을 들은 문영공 김순이 문병을 가서 문에 앉아서 울음을 그치지 않았다. 그런데 문량공 조간이 갑자기 눈을 크게 뜨고 사람을 시켜 말하기를, "공이 나를 위해 슬퍼함이 이와 같을 줄을 미처 생각하지 못했소. 마음속으로는 기뻐하면서 겉으로만 슬퍼하십니까?"라고 하니, 문영공이 "허! 이게 무슨 말이오. 같은 해에 급제하여 40년 동안이나 친분을 쌓아왔는데, 어찌 소홀히 할 수 있겠소?"라고 했다. 그런데 문량공은 또 "내가 죽으면 같은 합격자 중에서는 그대보다 출세한 사람이 없기에 해본 말이오."라고 하니, 이에 문영공이 눈물을 거두고 웃으며 말하기를, "이 늙은이가 죽지는 않겠다."라고 하며 비로소 돌아갔다.

(2) 봉익대부 홍순 이야기

봉익대부 홍순(奉翊大夫 洪順)은 충정공(忠正公)의 아들이다. 어느 날 상서 이순(尙書 李淳)과 내기 바둑을 두었는데, 이순이 골동품과 서화를 걸었다가 모두 다 잃었다. 마지막으로 집안의 보물로 아끼는 현학금(玄鶴琴)을 마지막으로 걸고 또 바둑을 두었으나, 그마저도 지고 말았다. 약속대로 이순은 거문고를 홍순에게 내어주면서 "이 거문고는 우리집에서 대대로 내려오는 물건으로서 거의 2백년이 되었소. 물건이 이미 오래되어 자못 신이 깃들어 있을 수 있으니, 공은 조심하여 간직하시오."라고 당부했다. 이는 이순이 홍순의 성품이 두려움과 꺼리는 것이 많은 사람인 것을 알고 농담삼아 한 말이다. 어느 겨울밤 날씨가 몹시 추워서 거문고 줄이 얼어서 끊어지자 덩댕하는 소리가 났다. 순간 홍순은 그 소리를 듣자 신이 붙었다는 말이 생각나서 급히 등불을 밝히고 복숭아 나뭇가지로 마구 두들기니 거문고는 두들겨 맞을수록 더욱 소리를 내게 되어 더 의심이 일어났다. 이에 종들을 불러 거문고를 지키고 있게 하다가 종 연수(延壽)를 시켜서 이순의 집에 가져다주게 했다. 이순은 이른 새벽에 온 것을 이상히 여기고, 또 거문고를 함부로 두들긴 흔적이 있음을 보고는 짐작이 가는 데가 있었다. 그래서 홍순에게 속여 말하기를, "내가 이 거문고 때문에 오랫동안 걱정이 많아 여러 번 깨뜨려 버리고자 했으나, 또 신의 화를 받을까 두려워 깨뜨리지 못했다오. 그러던 차에 다행히 홍공에게 넘겨주게 되었는데, 어째서 다시 나에게 돌려준단 말인가?"하고 받아들이지 않고 돌려보냈다. 홍은 매우 난처하게 되었다. 그래서 내기 바둑에서 가지고 온 골동품과 서화까지 모두 거문고와 함께 보내니, 그제야 이순은 마지 못하는 체하고 모두 받았다. 홍순은 그런 줄도 모르고 거문고를 돌려준 것만을 스스로 다행스럽게 여겼다.

(3) 일사와 기생의 이야기

정통(鄭通)은 초계 사람으로 나주(羅州) 관아의 서기로 있을 때, 관기인 소매향(小梅香)이라는 관기를 사랑하여 아이 하나를 낳기까지 했다. 정통은 자신은 아이를 업은 채 기생을 말에 태우고 그 뒤를 따라 북쪽으로 향했다. 한편 그의 집에 있는 아내는 남편을 멀리 보내고, 땔 나무도 식량이 없어서 종들을 거느리고 고향으로 향했다. 공교롭게도 길에서 고향으로 가는 아내를 만나게 되었다. 아내가 말하기를, "쯧쯧, 서방님이 바람이 났다고 한들, 이 지경에까지 이를 줄이야."라고 하니, 남편은 "그저 한 번 장난해 보는 것뿐이오."라고 끝맺었다.

제 4장 조선시대 수필의 향기

- 서거정의 수필 몇 편
- 웃음 문학: 성현의 『용재총화』
- 바다 표류 이야기: 표해록
- 김일손의 유산(遊山) 기록: 〈속두류록〉
- 성찰과 반성의 기록: 〈난중일기〉
- 참여와 고발의 문학: 상소문
- 추모와 눈물의 기록: 행장과 제문
- 김인겸의 일본 여행: 〈일동장유가〉
- 박지원의 중국 여행: 『열하일기』
- 여류 수필 몇 편
- 한글 편지 몇 편

1. 서거정의 수필 몇 편

가) 작가 소개

서거정(徐居正: 1420~1488)은 본관이 대구(大邱)이며 자(字)는 강중(岡中), 호(號)는 사가(四佳) 또는 정정정(亭亭亭)[1]으로, 조선 전기 관각 문학의 거벽(巨擘)이자 여말선초를 이은 조선 관학의 대표적인 문인이다. 그의 조부는 호조전서를 지낸 서의(徐義)였고, 부친은 목사(牧使) 서미성(徐彌性)이었으며, 어머니는 양촌(陽村) 권근(權近: 1352~1409)의 딸이다. 권근은 고려말 대학자였던 이색(李穡)을 스승으로 모시면서, 그의 문하에 있던 정몽주·이숭인·정도전 등 당대 석학들과 교유하였다. 조선 건국 후에는 새 왕조의 문물을 정비하는 데 크게 공헌하였으며, 네 번이나 현과(賢科)에 올라 여섯 왕을 섬겨 45년간 조정에 있었던 인물이기도 하다. 또한, 오랜 기간 대제학으로 있으면서 당대 문단을 주도했던 인물로, 실록 그의 졸기에는 "대제학과 지성균관사를 겸임하였는데, 대개 문형(文衡)을 맡은 것으로서 전책(典冊)과 사명(詞命)이 모두 그 손에서 나왔다."고 기술되어 있다. 그도 그럴 것이 서거정은 과거시험을 23차례나 주관하며 많은 인재를 뽑았고, 육조 판서·사헌부 대사헌·한성부 판윤·경기관찰사 등 고위 관직을 두루 역임하였다.

서거정은 또한 당대의 뛰어난 문장가였던 이계전(1404~1459)[2]에게서도 수학했으며, 자형인 최항(崔恒)에게도 많은 가르침을 받으면서[3] 자신의 능력과 더불어 최고의 학문과 문벌을 자랑하던 권근·이계전·최항 등과 혈연·학연으로 연결되어 최고의 문장가로 성장할 수 있는 기반을 마련하였다. 그는 또한 1452년(문종2) 겨울, 사은사(謝恩使) 수양대군의 종사관으로 중국에 가려고 할 때, 노모가 위독하다는 편지를 받게 되었다. 수양대군이

---

[1] '거정(居正)'은 『춘추』의 <공양전(公羊傳)>에 "군자대거정(君子大居正)"라는 구절에서 따온 것으로, 늘 정도(正道)를 지키며 살라는 뜻을 담고 있다.
[2] 이계전은 이색의 손자이자 권근의 외손자이기도 했으며, 대제학까지 역임했던 인물이다.
[3] 서거정은 최항에 대해 "처음에 공[최항]이 우리 집안사람이 되었을 때에 나는 나이가 아직 어렸었다. 내가 어린 나이에 부친을 잃은 것을 가엾이 여겨 자상하게 일러주고 타일러 나의 어리석음을 깨우쳐 주었는데, 내가 처음 과거에 급제하여 벼슬길에 오르자 집현전에서 10년을 외람되이 동료로 지냈고, 또 관각(館閣, 예문관)에서 수십여 년을 상관으로 모셨다."라고 했다. 서거정이 1444년(세종 26) 문과에 합격했을 때 최항은 대제학을 맡고 있었고, 1467년(세조 13) 서거정이 대제학에 올랐을 때 최항이 영의정으로 있었다는 사실로 미루어 보아 최항이 서거정의 든든한 후견인의 역할을 했을 가능성이 크다.

먼저 편지를 받고 이를 비밀에 부쳐 알지 못하게 했는데, 서거정이 노모에 대한 불길한 꿈을 꾸고 몹시 슬퍼하자, 이에 그가 감탄하며, 즉위한 뒤에도 이때의 일을 거론하며 늘 서거정을 가상히 여겼다고 한다. 이러한 인연으로 1455년(세조1) 6월, 세조가 왕위 찬탈 후, 당시 사명(辭命: 왕명을 전달하는 외교문서)의 대부분을 서거정에게 찬술하게 하였고 그에게 공조참의·예조참의·이조참의·형조참판·예조참판·형조판서·성균관지사·예문관대제학 등 주요 관직을 연이어 제수하였다.

서거정은 세종에서 성종대까지 6명의 왕 아래에서 문병(文柄)을 장악했던 학자로서, 그의 학풍과 사상은 15세기 관학(官學)의 분위기를 대변하는 동시에 정치적으로는 훈신(勳臣)의 입장을 반영하고 있었다. 그는 특히 대규모 편찬 사업의 기획과 실무에 능하였다. 서거정이 국가적 요구에 의해 편찬한 것으로는 『경국대전(經國大典)』·『삼국사절요(三國史節要)』·『동국여지승람(東國輿地勝覽)』·『동문선(東文選)』·『동국통감(東國通鑑)』·『오행총괄(五行摠括)』 등이 대표적인데, 법전·역사·지리·문학 등의 분야에 걸쳐서 총 9종으로 그 분량은 수백 권에 달한다. 개인 저술로는 『동인시화(東人詩話)』·『태평한화골계전(太平閑話滑稽傳)』·『필원잡기(筆苑雜記)』·『사가집(四佳集)』 등이 있다. 한 시대를 풍미했던 문인, 서거정은 1488년(성종19) 향년 69세에 병으로 세상을 떠났고, '문충(文忠)'의 시호를 받았다. 이듬해 3월, 광주 서쪽 방이동(芳荑洞)에 묻혔고, 후에 대구 향현사(鄕賢祠~龜巖書院)에 제향되었다.

그에 대한 평가는 상반된 내용이 전하는데, "온량간정(溫良簡正: 온화하고 무던하며 간소하고 바름)하고 모든 글을 널리 보았고 겸하여 풍수(風水)와 성명(星命)의 학설에도 통하였으며, 석씨의 글을 좋아하지 아니하였다. 문장을 함에 있어서는 고인(古人)의 과구(科臼: 규범)에 빠지지 아니하고 스스로 일가를 이루어서, 『사가집』30권이 세상에 행한다....(중략)....한때 사문(斯文)의 종장(宗匠)이 되었고, 문장을 함에 있어 시를 더욱 잘하여 저술에 뜻을 독실히 하여 늙을 때까지 게으르지 아니하였다."는 기록[4]이 있는가 하면, "조정에서는 가장 선진(先進)인데, 명망이 자기보다 뒤에 있는 자가 종종 정승의 자리에 뛰어오르면, 서거정이 치우친 마음이 없지 아니하였다. 서

---

4) 『성종실록』 1488년(성종 19) 12월 24일(계축)

거정에게 명하여 후생들과 더불어 같이 시문을 지어 올리게 한 것이 한두 번이 아닌데, 서거정이 불평해 말하기를, "내가 비록 자격이 없을지라도 사문(斯文)의 맹주로 있은 지 30여 년인데, 입에 젖내 나는 소생(小生)과 더불어 재주 겨루기를 마음으로 달게 여기겠는가? 조정이 여기에 체통을 잃었다."하였다. 서거정은 그릇이 좁아서 사람을 용납하는 양(量)이 없고, 또 일찍이 후생을 장려해 기른 것이 없으니, 세상에서 이로써 작게 여겼다."는 기록5)도 동시에 전한다. 이러한 상반된 평가는 훈구파가 점차 역사의 무대에서 사라지고 16세기 사림파의 시대가 열리는 상황 속에서 이해할 필요가 있다.

또한 김시습과도 많은 일화를 남기고 있는 서거정은, 변하고 있던 당대의 상황 속에서 여러모로 깊은 고뇌를 했던 것으로 보인다. 뛰어난 재주를 지녔음에도 한평생 방외인적 삶으로 일관했던 김시습이, 양양부사였던 유자한에게 긴 편지를 보내면서 자신의 오랜 지기(知己)로 세 명-김수온, 김유, 서거정-을 꼽은 바 있다. 비록 김시습은 서거정보다 15살 아래였지만, 같은 스승 밑에서 공부한 전력을 들어 오랜 친구로 자처했던 듯하다. 서로 100편 이상의 시를 주고받았지만 그들의 만남이 본격적으로 이루어진 것은 세조 11년(1465)에 불사(佛事)와 관련된 일로 부름을 받아 서울에 왔을 때이고, 그 다음은 김시습이 성종 2년(1471) 자기 스스로 서울을 찾았을 때였다. 벼슬을 구하던 시습과 문형을 좌지우지하던 위치에 있던 거정, 두 친구의 만남이 어땠을지는 가히 짐작해 봄직하다.

2) 작품 감상

> 여기서는 서거정이 남긴 많은 글들 중에서 〈수직(守職)〉, 〈죽당기(竹堂記)〉, 〈진일집(眞逸集)〉의 서문 등 몇 편의 글을 한번 감상해 보고자 한다.
> 먼저 〈수직(守職)〉은 직분을 지키는 것의 중요성을 설파한 글이며, 〈죽당기(竹堂記)〉는 신후 숙주가 죽당(竹堂)을 짓고 대나무에 관해서 유익한 말을 해 달라는 청을 하자 이에 답한 글이다. 〈진일집(眞逸集)〉의 서문은 벼슬과 문학의 병존을 긍정하는 내용을 담고 있다. 이 중, 〈죽당기〉에 대해서만 잠깐 훑어보면, 이는 신후 숙주가 젊어서는 대의 성정을 체득했지만 바쁘게

---

5) 『성종실록』 1488년(성종 19) 12월 24일(계축)

사느라 대나무와 함께 하지 못했으나 늙어 귀향 후에는 친구로 삼기로 마음 먹었으니, 한 마디 부탁한다는 내용을 담은 글이다. 이에 서거정은 옛날에 대를 사랑한 이들도 많았고 대의 이로움에 대해 설파한 사람은 많았지만, 성정에 대해 언급한 바는 없었는데, '그대가 어떻게 성정을 체득했다는 말인가?'하고 물으며, 자신의 죽관(竹觀)을 이어 펼쳐 보인다. 그는 대의 성질로, 예(禮:통하되 마디가 진 것), 의(義:있으되 잘 꺾어지는 것), 지(智:겨울에 알맞은 것), 용(勇:우뚝하고 굽힐 줄 모르는 것), 인(仁:여러 아름다운 덕을 갖춘 것), 지조(사시사철 푸름), 절개(눈, 서리를 무시하고 겨울을 나는 것), 덕(德:봉황새가 깃들고 군자와 벗하는 것)을 들며 항목별 뛰어난 필치로 두루 풀어낸다.

☆ 참고 1: 『동인시화(東人詩話)』

『동인시화』는 조선전기 문신·학자인 서거정이 우리나라의 시와 시인을 중심으로 엮어 1474년에 편찬한 시화집으로 총 143편으로 구성되어 있다. 강희맹은 서문에서 "문사의 아름다움만 취했을 뿐만 아니라, 세교(世敎) 유지를 근본으로 삼았으니 그 노력이 대단하다."고 하였으며, 글은 도(道)를 담고 있어야 한다는 재도론적 문학관(載道之器도) 엿볼 수 있다. 여기서는 서거정의 용사(用事)에 대한 인식도 볼 수 있는데, 뜻을 그대로 사용하는 직용(直用), 뜻을 반대로 사용하는 반용(反用)으로 용사의 종류를 분류한 것은 물론, 용사의 격에 대해서도 논하고 있어 그의 문학관을 살펴보는 데 참고가 된다. 그는 용사는 반드시 출처가 분명해야 하며 흔적 없이 이루어져야 좋은 작품이라 하였고, 솜씨가 서툴고 도습(蹈襲)한 작품은 '지붕 밑의 집(屋下架屋)'이라고 최하위의 작품으로 처리하기도 했다. 그는 또한, 최치원·박인범·박인량·이규보 등의 작품이 뛰어나다고 평했으며, 당·송의 작품과 비견하여도 하나도 손색이 없다고 주장하기도 했다. 게다가 선인(先人)의 시문 격식을 취해 더 새로운 기축(機軸)을 따로 열어 고인의 작의보다 훌륭하게 짓는 것을 '점화(點化)' 또는 '장점(粧點)'이라 하고, 번안법(飜案法)이라는 새로운 시작법을 제시하기도 했다. 대구(對句)나 시어의 의미를 분석하였고, 이 밖에 요체(拗體)와 악부(樂府)의 특성, 압운의 자율성 등 시의 수사적인 면도 다루었으며, 시인들이 자신의 시에 대해 지나치게 자부하고 있음을 통렬히 논박하기도 했다.

『동인시화』는 신라 때부터 조선 초기에 이르기까지 우리나라의 시와 시인을 중심으로 엮은 최초의 순수시화집으로서 문학사적인 가치가 크며, 특히, 선조에 들어와서 한동안 시화집이 없었던 사정을 감안하면, 더더욱이 『동인시화』는 조선조 비평문학의 장을 열었을 뿐만 아니라 한국비평문학사에서 한 획을 그을 만큼 매우 의미있는 전문 시화집으로서 의의가 있다.

☆ 참고 2: 『태평한화골계전(太平閑話滑稽傳)』

서거정이 남긴 또 하나의 대표적인 설화집인 『태평한화골계전』은 앞부분에 편자의 자서와 양성지·강희맹의 서문이 있으며, 편찬 동기 및 과정, 골계전적인 소화(笑話)의 효용성과 의의가 수록되어 있는 한문 이야기책이다. 문헌 설화로 간주되는 이 책은 현존하는 원본은 없고 네 종류의 이본이 전하는데, 1959년 민속자료간행회에서 유인본으로 출간한 『고금소총(古今笑叢)』제2권에 수록된 146화, 일사본(一簑本) 『골계전』(유인본 고금소총과 동일 내용), 〈정병욱가(鄭炳昱家) 소장본〉의 110화, 일본의 〈이마니시문고본(今西文庫本)〉의 187화가 바로 그것이다.

주로, 탐관오리와 승려의 대화, 말재주가 좋은 승려와 말 잘하는 향인 최양희의 대화, 호주가끼리의 음주 시합 등의 이야기에서 보듯이, 특별한 편차 순서나 편집상의 분류 의식은 없으며, 이야기의 제목도 없는 짤막짤막한 이야기를 연편식(連篇式)으로 이어간 것이 특징이다. 역사적 인물의 일화가 우세하여 수록 작품의 3분의 1이 유명 인물의 일화이고 그 나머지도 거의 유자(儒者)들의 이야기인 경우가 많지만 다양한 이야기 속에는 서당 선생, 승려, 기생, 학자, 관료 등 등장하는 인물도 다채로움을 볼 수 있다.

(1) 〈수직(守職)〉

무릇 물(物)은 각기 직책이 있다. 소의 직책은 밭가는 것이요, 말의 직책은 사람을 태우고 물건을 싣는 것이며, 닭의 직책은 새벽을 알리는 것이요, 개의 직책은 밤에 도둑을 지키는 것이다. 능히 제 직책을 다하면 직책을 잘 지켰다고 할 것이고, 제 직책을 못하면서 다른 직책을 가름하면 직책을 넘어섰다고 할 수 있다. 직책을 지키지도 못할뿐더러 그것을 넘어서면 이치를 위배하는 것이요, 이치를 위배하면 양화를 받게 되는 것이다. 지금 한 가지 물건을 들어서 비유하건대, 닭이 새벽에 울지 아니하고 저녁에 운다면 사람이 다 놀라고 괴이하게 여겨 반드시 잡아 없애고 말 것이니, 이는 그 직분을 넘어섰기 때문에 화를 받는 것이다. 나는 보건대, 양반의 집안에서 사내종은 농사를 직책으로 하고, 계집종은 길쌈을 직책으로 하여, 사내종은 농사짓고 계집종은 길쌈하면 그 집일이 잘 되거니와, 만약 사내종이 길쌈하고 계집종이 농사짓는다면 사람들이 모두 놀라고 괴이하게 생각할 것이다. 그 결과는 찢어 없애는 것과 같은 화가 있을는지 뉘 알리오. 나라를 다스림에 있어서도 공경(公卿)·재상(宰相)은 공경·재상의 직책을 맡고, 근시(近時)·대간(臺諫)은 근시·대간의 직책을 맡으며, 설어(褻御)·복종(僕從)은 설어·복종의 직책을 맡고, 부리(府吏)·서도(胥徒)는 부리·서도의 직책을 맡아서 각기 제 구실을 다하면 정사의 질서가 바로 서는 동시에 나라는 저절로 다스려질 것이다. 만약 설어·복종이 공경·재상의 직책을 가로맡고, 부리·서도가 근시·대간의 직책을 가로맡게 되면, 공경·재상과 근시·대간은 제 직책을 못하게 되니 그 지위를 떠날 수밖에 없다. 그렇게 되면 직책을 넘어서는 행위도 이치에 위배되는 것이니, 상서롭지 못함이 이보다 클 수 없다. 장자(莊子)의 말에, "푸주를 맡은 사람이 비록 푸주의 일을 잘못한다 해도, 시동(尸童)과 축관(祝官)이 준조(樽俎)를 넘어서 가로맡을 수는 없다." 하였으니 이것이 지론이다. 최근에 한 모갑(某甲)이 미천한 데서 출세하였는데도 요행을 틈타 맹부(盟府)에 참례해 관직이 1품에 오르니, 직책은 대간이 아닌데 대간의 직책을 행하여, 곧잘 소장(疏章)을 아뢰어 인신공격을 좋아하였다.

　일찍이 그는 소(疏)로써 한 대신을 논하여, 입이 마르도록 헐뜯고 곽광(霍光)·양기(梁冀)에게 비하여 글월을 세 번 네 번 올렸으되 자못 권태를 느끼지 아니하며, 또 상소로 삼공(三公)과 육경(六卿)을 내리 무너뜨려 조정에 온전한 사람이 없으며, 조정을 능멸하고 진신(搢紳)을 편달하는 것을 스스로 잘하는 노릇인 양 여겼다. 또 상소로 한 근시(近侍)를 논하여 그가 형편없는 소인이란 것을 극구 말함과 동시에, 이임보(李林甫)·노기(盧記)·가사도(賈似道)·한탁주(韓侂冑)와 같다 하여, 대궐 문에 엎드리어 임금에 항거하며 굳이 다투기를 대간보다 더하였다. 나 서거정은 이 말을 듣고 웃으며 말하기를, "모갑이가 어질기도 하고 재주도 있고 글도 잘한다고 할 수 있다. 그러나 직책을 넘어서 일을 따지기를 좋아하니, 나는 아무래도 닭이 밤에 울다가 제 몸이 없어지는 화를 입는 일이 있을까 두려워한다." 하였더니 과연 얼마 안 되어서 조정의 사대부가 붕당으로 국정을 어지럽게 했다 하여 죄를 주는데, 당에 연좌되고 권문(權門)에 아부하여, 사람의 죄목을 날조하여 모함하는 상소를 했다 하여 훈적(勳籍)을 박탈하고, 먼 지방으로 귀양을 보냈다. 당시의 사람들은 이에 대해 말하기를, "직책을 넘은 화이다."하였다. 이러므로 군자는 제 직책을 충직하게 지키는 사람을 귀하게 여기는 것이다.

(2) 〈죽당기(竹堂記)〉

신후(申侯) 숙서(叔胥)가 신미년 과거에 합격하여 성균학관(成均學官)에 보직되고 따라서 박사(博士)까지 되었으며, 외직으로 나가 문의(文義)·청양(靑陽) 두 고을의 수령이 되어 정사를 잘한다는 소문이 있었고, 다시 성균관에 들어와 전적(典籍)이 되었다. 이때 내가 본관의 장으로 있었는데, 하루는 신후가 조용히 나에게 말하기를, "숙서의 별장이 추성(楸城)의 목촌(牧村)에 있는데, 앞이 툭 트이고 좌우로 강과 산이 있어 한 지방의 경치를 독차지하였으며, 별장의 주위에는 과수(果樹)와 화초를 심었는데, 대가 제일 많으므로 두어 칸 집을 짓고, 편액을 죽당(竹堂)이라 이름하였다. 숙서가 젊었을 적에 거기서 글을 읽으며 노닐고 읊조리곤 하여 대의 성정을 많이 체득하고 몹시도 좋아했는데, 벼슬길에 올라 동서로 헤매노니 비록 조석으로 함께 지내지는 못하지만, 나의 대의 절개나 지조와 덕에 대해서는 잠시도 마음속에 잊은 적이 없었다. 지금은 나이가 늙어서 벼슬에도 뜻이 별로 없으니, 장차 노퇴(老退)를 고하고 고향으로 돌아가게 되면, 더불어 친구가 될 것은 오직 차군(此君)6) 뿐이다. "청하건대, 그대는 한마디 말을 해 주기 바란다." 하므로, 나는 아래와 같이 말하였다.

"옛날에 대를 사랑하는 사람이 많았는데, 진(晉) 나라 시대에는 죽림(竹

---

6) 진(晉) 나라 왕자유(王子猷)가 대[竹]를 좋아하여 임시로 남의 빈집에 잠깐 우거할 때에도 꼭 대를 심으면서, "하루라도 이 친구[此君]가 없어서는 안 된다." 하였다.

林)의 칠현(七賢)7)이 있었고, 당 나라 시대에는 죽계(竹溪)의 육일(六逸)8)이 있었으며, 왕자유(王子猷)는 벗으로 삼았고, 원찬(袁粲)은 친하게 지냈으며, 장후(蔣詡)는 대밭 속에 세 가닥 길[三徑]을 냈고, 공숙(公叔)은 처소를 만들었으며, 백낙천(白樂天)은 기(記)를 지었고, 두목(杜牧)은 부(賦)를 지었으며, 양정수(楊廷秀)는 문(文)을 나타냈고, 소자첨(蘇子瞻)은 시로 논하였으나 모두 한 마디도 그 성정을 말한 바는 없었으며, 대가 사람에게 보탬을 주는 것이 또한 많으니, 양주(楊洲)의 소탕(篠蕩 못대)은 공세(貢稅)에 충당되고, 위천(渭川)의 천 이랑 대밭은 봉후(封侯)에 비등하고9), 황제(黃帝)의 신하 영륜(伶倫)은 이것으로써 율려(律呂)를 만들었고, 창힐(蒼頡)은 이것으로써 간책(簡策)을 만들었으며, 심지어 공장(工匠)은 그릇을 만들었고, 상고는 가져다 매매할 것을 취하여 큰 것은 기와를 대용하기에, 작은 것은 서까래로 쓰기에 알맞으며, 보궤(簠簋: 祭器)도 만들고 광비(筐篚: 광주리)도 만들며 화살과 붓, 지팡이도 만들고 상자도 만들어서, 어디고 해당되지 않는 데가 없으나, 한마디도 성정에 언급한 바는 없는데, 지금 그대는 어떻게 닦았건대 그 성정을 체득했으며, 또 이른바 절개니 지조니 덕이니를 알게 되었단 말인가. 아마도 대란 그 성질이 곧으니, 곧으면 사곡(邪曲)하지 않고 그 속이 비었으니, 비면 받아들일 수 있으며, 통하되 마디진 것은 예(禮)가 되고, 절이 있으되 잘 꺾어지는 것은 의(義)가 되고 여러 가지 아름다운 점을 갖춘 것은 인(仁)이 여러 덕을 포함한 것이요, 겨울에 알맞은 것은 지(智)에 속한 것이요, 우뚝이 빼어나고 굳세게 굽힐 줄 모르는 것은 용(勇)의 기상이요, 사시를 통하여 가지와 잎새가 바뀌어지지 않는 것은 그 지조요, 눈과 서리를 무시하고 겨울을 나는 것은 굳건한 그 절개요, 봉황새가 아니면 깃들지 못하고 군자가 아니면 벗할 수가 없으니, 그 덕이 아니라면 되겠는가. 이것

---

7) 칠현(七賢) : 진(晉)나라 시대에 산도(山濤)・혜강(嵇康)・완적(阮籍)・유령(劉伶)・상수(向秀)・완함(阮咸)・왕융(王戎) 일곱 사람을 일컫는다.
8) 죽계(竹溪)의 육일(六逸) : 당(唐) 나라 천보(天寶) 년간에 공소보(孔巢父)・이백(李白)・한준(韓準)・배정(裴政)・장숙명(張叔明)・도면(陶沔) 등 여섯 사람이 죽계(竹溪)에서 결사(結社)하여, 시 짓고 술 마시며 날을 보내니 세상에서 죽계육일이라 칭하였다.
9) 위천(渭川)의 …… 비등하고 : 『사기』〈화식전(貨殖傳)〉에, "강릉(江陵)의 천 나무 귤과 제로(齊魯)의 천 이랑의 뽕나무・삼과, 위천의 천 이랑의 대밭이 있는데, 그것을 가진 사람은 생활이 모두 천호후(千戶侯)와 비등하다." 하였다.

은 대의 성정인데도 고금을 통해서 아는 자가 적었다. 오직 우리 공부자가 노 소소(簫韶: 舜의 음악) 소리를 듣고 석 달 동안 고기 맛을 모르셨으니, 참으로 성정의 지극한 것을 아신 것이다. 엄부(嚴夫)가 덕을 숭상한다는 것은 논을 남겼고, 관부(寬夫)가 사정(邪正)의 설을 저술한 것에 이르러서는 거의 성인의 깊은 뜻을 얻은 바 있으며, 염계(濂溪)·주자(周子)가 일찍이 태극(太極)에 대해 논하기를, '고요하면 비고 동하면 곧다.' 하였는데, 추원방(鄒元方)이 대의 빈 것을 들어서 곧장 음양과 동정(動靜)에 배합시켰으니, 이는 선현이 미처 말하지 않은 것으로서 성정에 대한 발명이 더욱 적절하다 하겠다. 신후는 유자(儒者)이니 물(物)을 헤아리고 이치를 궁구하는 학문이 반드시 이에서 얻은 바 있다고 본다.

그러나 나는 들으니, 궁리(窮理)의 학을 귀하게 보는 것은 힘써 실행하는 것을 중히 여기기 때문이다. 기욱(淇澳)의 시는 위(衛) 나라 사람이 무공(武公)의 덕을 아름답게 여겨 지은 것으로서 매장(每章)마다 푸른 대로써 읊었는데, 증자는 『대학』에다 그 시를 인증하여, 도학과 스스로 닦아 나가는 명목으로 삼았으니, 그대는 더욱 절차하고 탁마하는 공부를 가해서 지선(至善)의 지경에 이르기를 기약한다면, 이 대가 반드시 성정을 함양하는 데 도움이 될 것이다. 저 왕원지(王元之)의 〈황주죽루기(黃州竹樓記)〉에 이른바, '대로 지붕을 이은 집은 비에도 알맞고, 눈에도 알맞고, 거문고 타기에도 알맞고, 시 읊기에도 알맞으며 바둑 두기에도 알맞고, 투호(投壺) 하기에도 알맞다.'는 것을 대의 도움이라 한 것은 내가 반드시 말하지 아니하여도 그 대가 반드시 가감 있는 것으로 믿는 바이다."

(3) 화중(和仲)의 시집 『진일집(眞逸集)』

아, 화중(和仲)이여, 내가 차마 그의 시에 서문을 쓸 수 있겠는가. 나는 화중의 형인 중경(重卿)과 서로 친하게 지냈다. 화중은 나보다 8, 9세 적었기 때문에 일찍이 나를 형으로 대접하였고, 나는 또 화중의 형제와 같이 난파(鑾破)에서 수년간 지내서, 서로 안 것이 가장 오래되었고 서로 친분이 가장 깊었다. 화중은 평소에 큰 뜻을 품어 학문에 있어서는 통달하지 아니한 것이 없었고, 책에 있어서는 읽지 아니한 것이 없었다. 각 방면으로 공부를 전개하여 넓게 알며 정밀하고 깊었다. 문장을 지음에 있어서는 더욱 스스로 노력하여 옛사람과 같게 되기를 힘썼으며, 세속적인 테두리에 떨어지지 아니하였으며, 시국의 문제를 토론함에 이르러서는 경(經)과 사(史)를 인용하고 상하고금의 실례를 지적하며 뚜렷이 세상을 바로잡을 포부를 가졌었다. 다만 그는 너무 애를 쓰면 끝에 병으로 오래 신음하다가 갑자기 세상을 떠났다. 중경은 그가 일찍 죽은 것을 슬프게 여기어 그의 유고를 모아서 한 질의 책을 만들어 가지고 나에게 서문을 써 주기를 청하였다. 아, 화중이여, 내가 차마 그대의 시에 서문을 쓸 수 있겠는가. 나는 일찍이 천지의 밝고 신령한 기운이 사람에게 모여서 문장을 이루며, 이것이 나타나면 공명과 사업을 이루는 것이라고 생각했다. 하늘이 어떠한 특정인에게 문장을 이미 주었다면, 마땅히 그에게 현시에 출세할 운명까지도 빼앗지 않아야 할 터인데, 어찌하여 문인과 才士가 더러는 빈궁으로 곤란을 당하고, 더러는 불우에 허덕이며, 더러는 질병으로 고생하고, 더러는 오래 살지 못하여 기발한 뜻과 우수한 예술을 가지고도 크고 멀리 발전하지 못하는 것일까? 예로부터 지금까지 항상 있는 것을 볼 수 있으니, 어쩌면 조물자가 이다지도 인간을 희롱하는 것인가. 화중은 문장에 있어서 기른 바가 이미 깊었고 보는 것이 또한 높았다. 마음에 근거를 가지고 문장으로 발표되는 것이 고고하고 충담하며, 온후하고 풍성하여 훌륭히 일가를 이루어 옛날 작가의 풍모가 있었으니, 만일 그로 하여 혁혁한 벼슬에 올라서 더욱 발휘하고, 드러내어 국가의 모든 시설의 위대함을 문장으로 나타내게 하였다면, 곧 그의 업적이 어찌 작은 정도에 그쳤겠는가. 이 사람이 이런 재주를 타고났으면서 이런 운명을 얻지 못하여 벼슬의 계급이 6품에 불과하였고 연령이 30을 넘지 못하였으니, 자기의 장점을 다 살리지 못하고 그의 포부를 크게 실현하지 못하였던 것이다. 이것은 하늘이 화중에게 처음에는 후하게 주어 놓고서, 나중에는 매우 박하게 화중에게서 빼앗아 간 것이 아닌가. 아, 화중이여, 내 차마 그대의 시에 서문을 쓰겠는가. 내가 조용히 생각하여 보니, 옛날의 군자는 말을 세우는 것을 중요하게 생각하였으니, 말을 세워 놓은 자는 그 이름이 영원히 남게 마련이다. 이제 이 시집이 전하면 족히 사람의 귀와 눈을 감동시키며 후세에까지 빛을 드리울 것이다. 현세에서 요행으로 부귀를 획득하여 한 세상을 뽐내고 살았으나, 아무런 훌륭한 이름도 남기지 못하고 죽는 사람과 비교한다면, 하늘과 땅과의 차이뿐이 아닐 것이니, 이것은 하늘이 화중에게서 빼앗아 간 것이, 도리어 화중을 위해 준 것이 아닌가. 화중은 정녕 죽은 것이 아니라 그 예술은 영원히 남을 것이다.

2. 웃음 문학: 성현의 『용재총화』

1) 작가 소개

성현(成俔: 1439~1504)은 조선 전기의 대표적 관료 문인이자 음악 이론가이다. 조선전기의 문학판도를 이루는 것은 관료 문학과 처사 문학 그리고 방외인 문학이라는 삼각구도였는데, 이 속에서 성현은 서거정을 이어 관각 문학의 기풍을 유지·발전시켜나가는 역할을 담당했다. 그런 만큼 그의 많은 작품에서는 이러한 관각 문학적 특징을 발견할 수 있다. 그의 본관은 창녕(昌寧)이며 자(字)는 경숙(磬叔), 호(號)는 용재(慵齋)·부휴자(浮休子)10)·허백당(虛白堂)·국오(菊塢) 등이며 시호는 문대(文戴)이다. 부친은 지중추부사(知中樞府事) 성염조(成念祖)였는데, 성현이 10세가 되던 해에 세상을 떠나면서, 성현은 비록 명문가 집안에서 태어났지만 두 형과 함께 시묘살이를 하는 고된 시련을 겪기도 했다. 그래도 포기하지 않고 학문에 매진한 결과, 1462년(세조8) 23세로 식년문과에 급제하였으며, 1466년 27세로 발영시(拔英試)에 각각 3등으로 급제하여 박사로 등용되었다. 이후 홍문관정자를 역임하고 대교(待敎) 등을 거쳐 사록(司錄)에 올랐으며, 1468년(예종 즉위년) 29세로 경연관이 되었고 예문관수찬·승문원교검을 겸임하기도 했다. 임금의 경연관으로서, 주야로 왕의 침실에 출입하면서 경전·사서 등을 강론했는데, 동료들이 이것을 몹시 부러워했다고 한다. 그는 형 성임(成任)을 따라 북경으로 가는 길에 『관광록(觀光錄)』이라는 기행시를 짓기도 했다.

그는 1474년(성종5)에 지평을 거쳐서 성균직강(成均直講)이 되었으며,

---

10) '부휴자'라고 號한 것은 '生而寓乎世若浮, 死而去乎世若休'라는 死生觀을 가졌기 때문이다. 그만큼 그는 성격이 활달하고 또 脫俗한 일면이 있어 신선의 경지를 동경하고 있었던 인물이다. 그렇다고 현실을 완전히 등지고 사는 인물은 아니었는데, 이는 그의 약력을 통해서도 짐작할 수 있다.

이듬해에 한명회를 따라 재차 북경에 다녀왔다. 1476년 문과중시에 병과로 급제하여 부제학·대사간 등을 지냈고, 1485년 첨지중추부사(僉知中樞府事)로 천추사(千秋使)가 되어 명나라에 다녀왔다. 대사간·대사성·동부승지·형조참판·강원도관찰사 등을 역임하는 등 조선 초기에 화려한 관료생활을 하였다. 성현은 또 1488년에 평안도관찰사로 있을 시, 조서를 가지고 온 명의 사신 동월과 왕창의 접대연에서 시를 서로 주고받음으로써 그들을 탄복하게 했으며, 같은 해에 동지중추부사(同知中樞府事)로 사은사가 되어 다시 명나라에 다녀온 뒤에 대사헌이 되었다.

1493년에는 경상도관찰사로 나갔으나, 음률에 정통하여 장악원제조(掌樂院提調)를 겸하였기에 외직으로 있는 데에 불편함이 많았다. 그래서 한 달 만에 예조판서로 제수되어 다시 서울로 오게 되었고, 이 해에 유자광 등과 당시 음악을 집대성하여 『악학궤범』을 편찬하였다. 성현은 성종의 명으로 〈쌍화점〉·〈이상곡〉·〈북전〉 등의 표현이 노골적인 음사로 되었다 하여 고쳐 쓰기도 했다. 성현은 연산군 즉위 후에 한성부판윤을 거쳐 공조판서가 되었고 그 뒤에 대제학을 겸임했으며, 1504년에는 그 유명한 『용재총화』를 저술하였다. 그는 66세(1504)에 세상을 마친 비교적 평탄한 일생을 보냈지만 죽은 뒤, 수개월 만에 갑자사화가 일어나 부관참시를 당했다. 그러나 이후 신원되었고, 청백리에도 녹선되었다.

2) 작품 감상

> 한국 문학사의 흐름 속에서 소화에 대한 전통은 비교적 오래되었지만, 이에 대한 학적 관심은 1920년대 초반에는 서거정의 『태평한화골계전』과 같은 소화집들에서부터 시작되었다. '소화집(笑話集)'이라는 용어는 처음부터 고정되어 사용된 것이 아니라, 배해집(俳諧集), 외담집(猥談集), 해학담집(諧謔譚集), 단편골계집(短篇滑稽集), 음담집(淫談集), 야담 등 실로 다양한 명칭으로 불리기도 했다. 분명, 우스운 이야기를 한데 묶은 이야기책은 맞는데, 이들을 마땅히 무엇이라고 부를 것인가 하는 문제는 계속해서 문제가 되었다. 이는 사실 국문학계에서 '웃음과 관련된 이야기'의 바탕을 이루는 '웃음 미학'을 어떻게 바라볼 것인가 하는 점과도 깊이 관련되어 있다.

웃음은 대체로 유머, 희극 혹은 희극적인 것(희극성), 우스꽝스러움, 농담, 위트, 풍자, 골계, 익살 등의 여러 용어들과 뚜렷한 경계 없이 상호 혼용되어 왔다. 대체로 서구에서 웃음을 희극적인 것 혹은 희극성과 동일시하면서 사용해 왔다면 한국에서는 '골계' 혹은 '해학'이라는 범주와의 관련성 속에서 이를 이해해 왔다. 이는 국문학 연구에서 영어의 희극이 대체로 골계 또는 해학으로 번역되면서 미적 범주의 한 체계로서 다루어진 것과도 관련 있다. 일반적인 경향을 보면 '코믹'이나 '희극적인 것'의 의미로는 '골계'가, '유머'에 해당하는 용어로는 '해학'이라는 말이 사용되고 있으나, '해학'을 'comic'의 동의어로 보고 '골계'를 '익살'의 의미로 다르게 사용하는 경우도 있다.

서양의 유머(humor)를 해학으로 옮겨 사용하는 일이 국문학계의 오랜 관습이긴 하지만, 이 둘이 완전히 동일한 것은 아니다. 마찬가지로, '골계' 역시 '희극성' 혹은 '코믹'과 완전히 동일하게 사용될 수 있는 용어는 아니다. 결국 이러한 현상은 용어 사용의 불명확성과 연구의 편향성을 넘어서 웃음이라는 큰 틀 속에서 연구 대상을 새롭게 바라볼 필요가 있음을 시사한다. 최근에는 비록 학술 용어로서 다소 저속함은 있더라도 '해학', '골계', '희극(성)', '배해', '풍자' 등 여러 용어가 주는 혼란함을 넘어서, 이들을 아우르는 '웃음'을 하나의 학적 개념으로 정립하여 사용하려는 움직임도 있어 주목된다. 당연하게도 이때의 '웃음'은 단순히 어떤 사건을 보고 반응하는 신체적 움직임으로서가 아닌, 하나의 미적 개념과 연관된 것이다.

'웃음'의 다양성을 어떻게 이해하든지, 이를 핵심으로 하는 우스꽝스러운 이야기 모음집인, 소화집(小華集)은, 『용재총화』 이전부터 존재해 왔다. 사실 소화 자체에 관한 관심이 설화(특히, 민담)에서부터 비롯되었고, 동양에서는 고담(古談), 민화(民話: 民間說話의 略稱/일본), 석화(昔話)로 구미에서는 folktale, Märchen, fairy tale 등으로 불리며 용어 상 늘 혼란이 있었음을 감안한다면 당연히 소화 및 소화집 또한 그러한 혼란이 있었을 것임은 쉽게 예상할 수 있다. 민담이라는 용어가 한국에서 최초로 쓰인 것은 1930년 손진태 교수의 『조선민담집』인데, 여기서 민담이라는 용어는 석화(昔話), 민간설화(民間說話) 등과 혼용되고 있고, 이후 민담과 소화는 별다른 구별 없이 사용되어 왔다. 민담과의 관련성만 보더라도 소화가 이미 오래전부터 존재해 왔음을 알 수 있다.
　설화에서부터 이미 그 웃음의 흔적이 발견되는 소화는 고려조에 오면, 앞서 살펴본 이인로의 『파한집』, 최자의 『보한집』, 이제현의 『역옹패설』 등 비평집 곳곳에서도 발견된다. 공처가였던 함순이 관동지방에 부임하여 질투심 많은 부인이 두려워 예쁜 계집종을 고을 사람의 소와 바꿔버렸다는 이야기(『파한집』), 앞서가는 배에 탄 고운 사미승을 쫓으려다 강물에 빠져 죽을 뻔한 이야기나 두꺼비를 은그릇과 바꾼 어리석은 칠양사 승려 자림(子林)의 이야기(『보한집』)를 비롯해, "이 책은 본래 따분함을 쫓기 위하여 붓 가는 대로 기록한 것이다. 그 속에 희롱의 말이 있다고 해서 이상할 게 무엇이 있겠는가."라고 하며 대놓고 골계의 글을 실은 이유를 기록한, 소화문학사에서 의미 깊은 『역옹패설』 후집 서문 등......
　특히, 『역옹패설』의 소화는 전집 권2의 후반부에 집중적으로 나타나며 총 17편이나 실려 있어 소화사적 측면에서 볼 때, 『용재총화』 이전의 저작물로서 주목된다. 이처럼 고려시대 사대부 계층의 일상 주변에서 취재된 일화나 시화의 형식으로 차츰 자리를 잡아 가던 문헌 소화의 전통은 필기의 전통 속에서 미미하나마 이어져 오다가 조선조에 이른 15, 16세기 광대희(廣大戱), 즉 소학희(笑謔戱)의 성행과 더불어 더욱 발전하게 된다. 소학희는 궁중에서의 나례희(儺禮戱)나 잡희(雜戱) 또는 각종 연회의 규식희(規式戱)와 함께 독자적으로 연출되기도 하던 일종의 화극(話劇)으로서, 예문관에서 주관했는데, 이를 주관하던 예문관 대제학은 이에 대해 깊은 관심을 가졌을 것으로 예상된다.
　양관대제학(兩館大提學)을 지낸 서거정도 아마 이러한 당대의 분위기 속에서 『태평한화골계전』(1447년)을 펴낼 수 있었을 것이며, 이어서 또 양관대제학을 맡은 성현도 『용재총화』를 펴냄으로써 일실되어 가던 상당한 소화가 실릴 수 있었던 것으로 보인다. 이처럼 소학희와 관련된 문학적 기록으로서의 소화는 당대 혹은 그 이후에도 많은 이들의 관심을 받아, 『어면순(禦眠楯)』, 『명엽지해(蓂葉志諧)』, 『촌담해이(村談解頤)』 등으로 나올 수 있었다.
　특히 『촌담해이』는 강희맹의 저술로, 그는 서거정과 동시대 인물이었다. 그는 이 소화집에서 다양한 이야기를 실었는데, 이는 곧 식자층들이 소화에 대해 적극적인 관심을 표명한 일례로, 그 이전에는 순수한 민간 중심의 소화들이 면면히 이어내려 오다가 이 시기에 『촌담해이』를 선두로 식자층에도 이에 대한 적극적인 관심이 차츰 표면화되었음을 알 수 있다. 고려말엽부터 소화가 그 나름의 가치를 인정받고 문헌으로 정착되기 시작하다가 조선조(15, 16세기) 필기류의 융성한 발전과 소학회의 흥행으로 본격적인 문헌 소화집이 적극적으로 출현하고, 이후 조선조 초, 중기에 본격화 된 소화는 이후 양대 계열로 나뉘어 독립적 체제의 소화집 형식으로 발전했다. 즉 ①사대부 일화 중심의 소화 계열과 ②민간 중심의 소화 계열이 바로 그것인데, 이 두 가지 계열을 모두 아우른 것이 바로 『용재총화』 소재 소화들이다. 총 91편의 소화 중 18편의 민담형 소화가 전하고 있는 데서 그러한 일단을 볼 수가 있다. 이는 곧 성현이 사대부 중심의 일화형 소화를 위주로 다루면서도 당시 사회 전반에 구전되던 순수 민간중심의 소화에도 관심을 돌렸음을 방증하는 것이다.

☆ 참고 : '웃음'과 '희극성'과의 관계

'웃음'이 하나의 미학적인 차원에서 논의되는 개념이라면, 희극성과의 관련성을 고민해 볼 필요가 있다. '웃음'과 '희극성'의 관계에 대해서는 문학 연구에 있어 크게 두 가지로 나뉘어져 있다. 하나는 이 둘을 구분해야한다는 입장이며 다른 하나는 동일한 차원에서 연구 가능하다는 입장이 바로 그것인데, 서로가 대립각을 세우면서 전개되어 왔다. 전자의 경우에는 '희극성'이 표현과 인지의 방식인데 반해, '웃음'이란 담소(諂笑), 미소(媚笑), 미소(微笑), 조소(嘲笑), 일소(一笑), 냉소(冷笑), 가소(假笑), 실소(失笑) 등과 같이 특정한 한 주체의 반응이자 행위라는 근본적인 차이가 있으므로 '희극성'에 주목하는 연구와 '웃음'을 대상으로 하는 연구가 서로 다른 방법론적 배경과 담론 영역에서 움직일 수밖에 없다는 사실을 강조한다.

이에 반해 후자는 그럼에도 불구하고 역사철학적인 입장, 미학적인 입장에서 이 둘은 동일한 차원에서 논의되어야 함을 역설한다. 대체로 서구에서는 19세기에 접어들면서 '희극적인 것을 묘사하는 예술'이라는 의미로 코믹(comic)을 사용하면서 수사학이나 미학과 유사한 개념으로 이해해 왔고, 이는 17세기부터 이미 '해학적인', '즐거운', '흥겹게 하는', '기묘한' 등 다양한 층위를 나타내는 말로 희극성이 사용된 이래 그 의미 확장을 이루어 온 것이다. 이는 결국 희극성이라는 용어 속에는 웃음을 유발시키는 것과 즐겁게 하는 것을 함의하고 있다는 점에서 웃음을 희극성의 차원에서 함께 논의할 수 있음을 의미한다. 뿐만 아니라 독일어로 씌어진 『철학의 역사 사전』 4권에서 '웃음(das Lachen)'과 '희극적인 것(das Komische)'이 동일한 표제어로 다루어지고 있는데 이는 '웃음'과 '희극적인 것'의 개념이 상호 결합되어 있음을 의미하며, 이 표제어를 집필한 프라이젠단츠(W. Preisendanz)는 이 개념들의 상호호환 가능성이 18세기 이후의 코믹이론들에서 비롯되었음을 밝히고 있는 점을 볼 때, 웃음과 희극성은 서로 미학적인 차원에서 동일하게 사용될 가능성을 보여준다. 이는 20세기 웃음 연구에 큰 성과를 이룩한 앙리 베르그송(Henri Bergson)이 웃음과 희극성을 '상황'과 '구조'의 관점에서 동일시함으로써 웃음을 철학적인 차원에서 해결하려고 했던 것이나, 플레쓰너(Helmuth Plessner)가 인류학적인 관점에서 "본연의 의미에서 웃게 하는 것이 희극적인 것이며 그것에 대답하는 것이 웃음"이라고 보면서 양자 간의 관계를 분명히 한 것에서도 희극성과 웃음이 동일한 차원에서 논의될 가능성을 보여준다.

(1) 〈김상사에게 이끼와 벌레를 선물한 성현〉

남해에서 나는 김을 감태라고 하고, 감태와 비슷하지만 이보다 못한 것을 매산이라고 하며, 이는 구워서 먹는다. 나의 친구 김간(金澗)이 절에서 공부 할 때에 그 절의 스님이 매산을 김간에게 대접한 적이 있다. 김간은 무슨 음식인지 모른 채 음식의 맛이 아주 좋다고 느꼈다. 스님께 음식이 무엇이 자세히 물어본 뒤에야 비로소 매산인 것을 알게 되었다. 어느 날 김간은 우리 집에 와서 말하기를, "매산을 아는가? 천하의 진미야."라고 했다. 나는 "알지알지, 그러나 매산은 궁궐에서 쓰이는 재료라서 궁궐 밖 사람은 그것을 구할 수 없지. 하지만 자네를 위해 내가 구해보지."라고 대답했다. 때마침 숭례문 밖에 나가보니 연못 안에 이끼가 물 위에 어지럽게 떠 있었다. 나는 그것을 가져와 김과 같이 만들었다. 사람을 보내어 김간을 초대하였고 우리는 술자리를 벌였다. 나는 매산을 먹고 그는 이끼를 계속 먹었는데 겨우 두어 번 먹더니 말하기를, "구이에서 모래 냄새가 나며, 저번에 먹은 것과 맛이 다를 뿐만 아니라, 속이 메스껍고 거북하네." 하고는 집으로 돌아갔다. 김간은 집에 가서 토하고 설사하며, 며칠 간 병이 들어 누워있었다고 한다. 그러고는 말하기를, "절에서 스님이 준 매산은 아주 맛이 있었는데, 자네가 준 매산은 매우 별로였어."라고.

 푸른 벌레 가득히 나무에 붙어 잎을 먹고 있는 것을 보고, 나는 그 벌레를 잡아 종이에 싸고 봉했다. 그러고는 어린이에게 김간의 집에 이를 보내며, "매산을 구했으니 부인과 같이 먹어봐."라고 말하라고 시켰다. 그 때는 이미 저녁이어서 김간의 부부가 이불 속에 누워있었다. 김간은 기뻐하며, "네 주인이 혼자 먹지 않고 이를 나에게 주니 정말로 벗을 아끼는구나."라고 말했다. 마침내 봉한 것을 여니, 모든 벌레가 나와 어떤 놈은 이불 속에 들어가고 어떤 놈은 치마 속에 들어가니 부부는 크게 놀라 소리쳤다. 벌레에게 쏘인 곳이 부어올랐으나 웃음이 새어 나왔다고 한다.

 (2) 〈사승을 속인 상좌 이야기〉
 상좌가 사승을 속이는 일은 예전부터 많이 있었다. 옛날에 한 상좌중이 사승에게 말하기를, "까치가 은수저를 물고 문 앞에 있는 가시나무 위로 올라갔습니다."라고 했다. 사승이 그 말을 듣고 가시나무 위로 올라가니 이 때 상좌승이 외치기를, "우리 스님이 까치새끼를 먹으려고 가시나무 위로 올라갔습니다!"라고 했다. 사승이 이 말을 듣고 급히 내려오다가 그만 가시에 찔려 온 몸에 상처를 입게 되었다. 이에 화가 난 사승이 매로 상좌를 때렸다. 사승이 출입하는 문에다가 큰 가마솥을 걸어놓고 상좌가 큰소리로 외쳤다. "불이야!" 이 소리를 듣고 놀란 사승이 뛰어나오다가 솥에 머리를 부딪치고 말았다. 사승이 주변을 샅샅이 살펴보았지만 불이 난 곳은 없었다. 사승이 성을 내면서 상좌를 혼내니 상좌는, "먼 산에 불이 있었기에 외친 것뿐입니다."라고 하였다. 이에 사승은, "이제부터 가까운 곳에 불이 났을 때만 알리고 먼 곳의 불은 알리지 말라."라고 했다.

 상좌가 사승을 속여 이처럼 말했다. "우리 이웃집에 예쁜 과부가 사는데 나이가 젊습니다. 그 과부가 항상 저에게 '절의 동산에 있는 감은 사승께서 혼자 드시냐.'라고 물어봅니다. 그래서 저는 과부에게 '아니오. 그 감은 항상 남에게 나눠주십니다.'라고 말했습니다. 그 말에 과부는 '나도 그 감을 먹고 싫어한다.'라고 사승께 전해달라고 부탁하였습니다."

사승이 이 말을 듣고 상좌에게 "그렇다면 감을 따서 가져다 드려라."라고 말했다. 상좌는 그 감을 따서 몰래 부모에게 가져다주고 와서 사승에게 위와 같이 전했다. "과부가 스님을 만나 뵙고 은혜를 갚고 싶다고 하기에 제가 '스님이 한 번 뵙고자 합니다.'라고 전했습니다. 그러니 '과부가 집에는 친척과 하인이 많으니 만나기 어렵습니다.'고 하였고 그 대신 절에서 만날 약속시간을 잡아왔습니다."

이 말을 들은 사승은 뛸 듯이 기뻐하였다. 약속을 한 날이 다가오고, 상좌는 과부에게 찾아가 위와 같이 말했다. "우리 스님이 폐병이 있습니다. 의사가 말하기를 과부의 신발 한 짝을 따뜻하게 데워 배에 문지르면 나을 수 있다고 합니다." 이 말을 듣고 과부는 상좌에게 신발을 전해주었다. 상좌가 절에 와서 문 뒤에서 사승을 바라보니 사승은 웃으면서, "나는 여기에 앉고, 과부는 여기에 앉고, 내가 밥을 권하면 과부는 먹고, 방에 같이 들어가 즐길 수 있겠구나."라고 중얼거리고 있었다.

이 때 상좌가 사승의 방에 신발을 던지며 사승에게 이처럼 말했다. "스님, 과부가 왔는데 과부가 스님의 말을 듣고 성을 내며, '너의 스님은 미친 병이 든 사람이다.'하고는 돌아갔습니다." 사승이 머리를 숙이고 후회하며, "내 입을 쳐라."라고 하였고 상좌가 사승의 입을 치니 이가 다 깨져서 부러졌다.

(3) 〈도수승 이야기〉

어느 마을에 중이 있었는데 중은 과부와 약속을 하고 결혼을 하러갔다. 사승이 떠나기 전 중에게 이와 같이 말했다. "생콩가루를 냉수에 타서 마시면 양기(陽氣)에 좋습니다." 이 말을 듣고 중이 물에 생콩가루를 타서 마시고 과부의 집으로 행하였다. 그 집에 도착하니 배가 점점 불러오고 속이 불편하였다. 겨우 집에 들어가서, 발꿈치로 항문을 막고 앉자 위도 쳐다볼 수 없었고 아래도 쳐다볼 수 없었다. 과부가 방으로 들어왔고 과부는 중의 상태를 보고 이처럼 말했다. "나무로 깎은 허수아비처럼 불편이 있으신지요?" 과부가 중을 손으로 밀었고, 중이 방바닥에 쓰러지면서 설사를 했다.

냄새가 방안에 퍼지니 과부는 중을 매로 때리고 내쫓아버렸다.

중은 길을 가다가 길을 잘못 든 것을 알게 되었다. 흰색의 무언가가 눈앞에 있으니, 물인 줄 알고 바지를 걷어 올려 그 곳으로 향했다. 하지만 그의 기대와는 달리 강물이 아니라 메밀꽃 밭이었다. 또 길을 가다가 흰색의 무언가가 눈앞에 있어 중은, '내가 또 속을 줄 알아, 메밀꽃 밭이군.'이라고 생각했다. 그는 아무준비 없이 들어갔고 그곳은 냇물이었다. 중의 옷은 다 젖고 말았다. 길을 가며 다리를 건너는 중에 부녀자들이 강에서 쌀을 씻고 있었다. 중은 자신의 몰골을 보며 '시큼하다 시큼해'라고 외쳤고 부인들은 이 말을 듣고 중에게 몰려들었다. 그리고는 이처럼 말했다. "술을 만들 쌀을 씻고 있는데, 왜 쌀이 쉬었다고 하는지요." 그리고는 사승의 옷을 찢고 사승를 때렸다.

해가 중천이 되도록 중은 아무것도 먹지 못했다. 그래서 밭에 있는 마를 캐서 먹었는데 갑자기 길을 비키라는 소리가 들렸다. 사또의 행차 소리였고 중은 다리 아래에서 마를 먹다가 '사또에게 이를 전해드리면 밥을 얻어먹을 수 있을 것이다.'라고 생각했다. 사또가 다리에 다다르자 중이 뛰쳐나갔고, 사또가 탄 말이 이에 놀라 뛰는 바람에 사또가 땅에 떨어지고 말았다. 화가 난 사또는 중을 실컷 때려주었다.

하루 종일 매를 맞은 중이 지쳐, 다리에 누워있는데 순찰관 두 명이 다리를 건너다가 중을 보고 이와 같이 말했다. "저 아래 죽은 중이 있으니 때리는 연습을 하자." 그들은 중을 상대로 매질을 하였다. 중이 두려워 숨을 참고 있는 동안 한명의 순찰관이, '죽은 스님의 양근이 좋은 약이 된다고 하던데, 베어가자.'라고 말하였고 중은 이 말을 듣고 놀라 도망갔다.

밤이 돼서 중은 절에 돌아왔다. 문이 잠겨있었고 중은 "문 좀 열어라!"라고 외쳤다. 이에 상좌가 나와 스님은 과부댁에 갔는데, 당신은 누구신데 밤에 와서 떠드는가?"라고 말했다. 중은 어쩔 수 없이 개구멍으로 들어갔고 이를 본 상좌가 기름을 핥아먹은 개 인줄 알고 몽둥이로 중을 때렸다고 한다. 지금까지 낭패를 당하고 고생한 사람을 도수승이라고 한다.

3. 바다 표류 이야기: 표해록

1) 작가 이해: 장한철, 김비의, 최부

본 장에서는 바다 표류 이야기에 대한 수필 몇 편을 살펴보고자 한다. 특히, 해양 문학사의 한 획을 그은 최부의 『금남표해록』을 비롯해, 장한철, 김비의 등이 남긴 표해록을 한번 감상해 보고자 한다. 작품을 살펴보기에 앞서 이들 표해록을 남긴 저자들에 대해 한번 짚고 가기로 하자.

먼저, 김비의는 조선 전기 유구(琉球)에 표류되어 귀환한 제주인으로, 일명 김비을개(金非乙介)라고도 한다. 1479년(성종10) 강무(姜茂), 이정(李正) 등과 함께 표류되었다가 유구(일본 오키나와)에 들러 2년 만에 무사히 귀환하였으며, 그들은 제주 목사 정향의 명을 받아 진상할 귤을 비거도선에 싣고 운반하는 책무를 띤 뱃사공들이었기에 식자층은 아니었고 관련 기록도 많이 남아 있지 않다. 그들이 남긴 〈표해록〉도 스스로 적을 만한 능력은 없었던 만큼, 다른 이들이 대신 구술 서사를 기록화 한 것이어서 생생한 감도는 다소 떨어진다.

한편, 장한철(1744~?)은 조선 후기의 문신으로, 본관은 해주(海州), 호(號)는 녹담거사(鹿潭居士)로, 북제주군 애월리에서 장차방(張次房)의 아들로 태어났다. 어려서 조실부모하여 중부(仲父)인 쌍오당(雙梧堂) 장중방(張重房)의 슬하에서 성장했으며, 27세 때는 향시(鄕試)에 장원으로 합격하였다. 이때, 향리의 노인들이 한양에서 실시하는 회시(會試)에 응시할 것을 권유하였고, 제주도 3읍 관아에서는 과거 응시에 필요한 경비를 지원해주며 격려하기까지 하자, 이에 장한철은 향시에서 합격한 김서일(金瑞一)과 함께 진사시에 응시하기로 결심하고 1770년(영조46) 12월 25일, 대과를 보기 위하여 육지로 출항하는 상고선(商賈船:장삿배)에 승선하였다. 승선자는 모두 29명이었는데, 이중 상인이 17명(59%)으로 가장 많았고, 그 다음 사공을 포함하여 뱃사람이 10명(34%), 그리고 과거에 응시하기 위해 동승한 장한철과 김서일 등이었다. 장한철은 가던 길에 풍랑을 만나 류쿠제도[琉球諸島]에 표착했고 이듬해 1월 일본으로 가는 안남(安南)의 상선을 만나 흑산도 앞바다에 이르렀으나 다시 풍랑으로 청산도에 표착하였다. 이후 어렵게 서울로 가서 대과를 치렀으나 낙방하고 돌아와 자신의 경험을 담은 〈표해록〉을 저술하였다. 그는 1775년 친림근정전 경과 정시문과(親臨勤政殿慶科庭試文科) 별시에 합격했으나 벼슬은 대정현감·흡곡현령 등 말직에 머물렀다.

한편, 최부는 1454년(단종2)에 나주에서 태어났으며 자(字)는 연연(淵淵), 호(號)는 금남(金南)이고 본관은 탐진(耽津)으로, 23세 때(성종7) 진사시에 합격하고 1478년(성종9)에 성균관에 입학하여 김굉필 등과 어울리며, 김종직의 제자 중 한 사람으로 명망을 얻었다. 그는 1482년(성종13) 알성문과 을과 1위로 등제하고 교서관의 저자 박사 군자감 주부 등을 역임했으며(30세), 1485년(성종16)에는 『동국통감』 편찬에 참여하고 그 다음해에는 『동국여지승람』을 개찬했다. 그해 문과 중시(重試)에서 을과 1등으로 급제하고 다음해 9월(성종18) 제주지역 3읍에 추쇄경차관(推刷敬差官)으로 부임하였다. 최부가 이러한 편찬사업에 참여할 수 있었던 것은 역사·지리·경학에 모두 해박하였기 때문일 것이며, 이들 서적 편찬의 경험은 조선의 역사와 지리에 대한 인식의 폭을 넓히는 데 크게 도움이 되었을 것이다. 1488년(성종19)윤 정월 초 3일에 부친 사망 부음을 듣고 귀향하다 풍랑을 만나 중국에 표류하다 그해 6월 조선으로 귀환하여 왕명으로 『표해록』을 찬진하였다. 그러나 1492년(성종23) 사헌부 지평(정5품)에 제수되었으나 상중(喪中)에 한가로이 일기를 찬진했다는 이유로 대간의 반대에 부딪혀 명나라 사절단의 서장관(書狀官)으로 파견되었다. 다음 해 3월 세자시강원 문학(世子侍講院 文學: 정5품)에 임명되고 그해 4월 홍문관 교리(정5품)에 제수되었으나 또 다시 대간이 반대하였다. 그러나 최부가 견문기를 저술한 것은 왕명에 따른 것이며, 또한 부모상을 치르면서 여묘살이를 할 만큼 효를 다했다고 비호함으로써, 성종 24년 5월에는 승문원 교리로 고쳐 임명함으로써 시비가 일단락되었고, 후에 홍문관 교리로 돌아왔으며, 이어 부응교와 예문관 응교를 겸하게 되었다. 연산군 3년에는 성절사의 질정관으로 10년만에 명나라에 다녀왔지만 이때에는 기록을 남기지 않았다.

『표해록』일로 잠시 논란에 있었으나 그 후의 벼슬길은 순조로웠다. 하지만 연산군 4년 붕당을 지어 국정을 비난했다는 죄목으로 무오사화 때 함경도 단천(端川)으로 유배된 이후 갑자사화 시, 참형에 처해졌다. 왕조실록에는, "최부는 공렴·정직하고 경사와 역사에 능통하여 문사(文詞)가 풍부하였고, 언관(諫官)이 되어서는 아는 일을 말하지 않음이 없어, 회피하는 바가 없었다."고 했다. 2년 후 중종반정 시, 최부는 복권되어 승정대부승정권도승지(通政大夫承政院都承旨)로 추증되었다. 최부의 묘소는 전남 무안 몽탄면에 있으며, 생가는 나주시 동강면 인동리 성기촌이다. 중국 절강성 영해현 월계촌에는 「최부표류사적비」가 세워졌다.

2) 작품감상

제주인이었던 김비의 일행이 남긴 표류기는 처음에는 식자층에 의해 그 전말이 구술된 것이다. 그들이 표류/표착 과정에서 들르게 된 섬의 풍속이 참으로 기이하여 성종은 홍문관에 명하여 그 전말을 아뢰도록 하였는데, 그 표류 전말은 다음과 같다.

1477년(성종8) 2월 1일 김비의·강무·이정·현세수(玄世修)·김득산(金得山)·이청민(李淸敏)·양성돌(梁成突)·조귀봉(曹貴奉) 등은 진상할 제주산 밀감을 싣고 항해하던 중 추자도 앞바다에서 폭풍을 만났다. 출항 11일째에 김득산이 병사하고 14일 만에 어떤 섬 해안에서 파선되어 김비의 등 세 명만 살고 나머지는 모두 익사하였다. 세 명은 나무판자에 의지하여 표류되어 유구에 도착하였다. 유구에 도착하여 왕궁과 사찰 등을 두루 살펴보았다. 1개월 동안 객관에 머물면서 후한 대접을 받으며 기이한 섬의 풍물을 보고 1479년 6월 22일 제주로 돌아왔다. 조정에서는 김비의·강무·이정에게 2년간 부역을 면제해 주고, 반년의 녹봉과 바다를 건널 양식과 저고리 및 철릭(저고리와 치마가 붙은 형태의 남성옷) 하나씩을 내려주었다.11)

여기서 보듯이, 김비의 일행은 제주 목사 정향의 명을 받아 진상할 귤을 비거도선에 싣고 운반하는 책무를 띤 뱃사공들로, 그들의 표류 경험은 홍문관에서 구술을 듣고 이를 기록하여 성종께 알리는 방식으로 진행되었던 만큼, 〈성종실록〉에 전하고 있다.

한편, 장한철의 〈표해록〉은 당시의 해로(海路)·수류(水流)·계절풍 등이 실려 있어 해양지리서로서 문헌적 가치가 높다. 또한 제주도의 삼성(三姓)

신화에 관한 이야기, 백록담과 설문대 할망의 전설, 류큐태자 관련 전설 등도 풍부하게 있어 설화집으로서의 가치도 높다.

장한철은 조선의 많은 선비들 중 널리 알려졌던 인물이 아니다. 그가 학계의 관심을 받은 것은 작품성이 뛰어난 『표해록』을 남겼기 때문으로, 이 외에 문집이나 다른 작품이 전해지지 않는다. 그렇기에 『표해록』은 18세기 제주도 선비 장한철의 삶을 볼 수 있는 가장 대표적 자료이기도 하다. 장한철 자신의 직접 체험을 쓴 것이므로 훗날 비판 거리가 될 만한 행위는 삭제되고 긍정적인 면모 위주로 서술되었을 수도 있다. 그러나 체험을 대화까지 구체적으로 기록하고, 여인과의 하룻밤도 세세하게 기록한 점 등을 볼 때, 그의 진솔하고도 인간적인 면모가 반영되어 있다고 할 수 있다.

그의 『표해록』은 표류 체험을 기록한 것이기에 문집 편찬 시, 보통 부록에 수록하는 행장, 묘갈명과 같이 저자의 전기적 사항을 기록한 글이 수록되어 있지 않다. 다만 장한철이 표류로 인해 죽을 위험에 처했을 때 가족들을 그리워하는 심정을 서술해 그의 성장 과정과 가족관계를 일부 파악할 수가 있다. 표류한 지 이틀째인 1770년 12월 26일, 장한철은 서북풍이 불면 유구국에 도착할 수 있을 것이라며 사람들을 독려하고, 농담도 한다. 이는 태연한 척해서 사람들의 마음을 안정시키려 한 것이었으나, 김서일은 그런 장한철을 비난한다. 김서일은 목숨을 구할 방도가 없어 모두들 걱정하고 소리 내어 우는데 홀로 울지도 않고 얼굴 기색이 양양하다며, 쌍오당(雙梧堂) 어른이 울게 될 마음을 걱정하지 않느냐고 한다. 이에 대해 장한철은 쌍오당은 자신의 중부(仲父)로 자신이 어려서 아버지를 여의고 쌍오당의 무릎 아래에서 자랐다며, 그 은혜를 갚으려 밤늦도록 공부했는데 애간장이 끊어진다고 속마음을 서술한다. 하지만 그런 개인적인 슬픔은 감추고 겉으로는, "그대는 내 마음을 모르네."라고만 웃으며 말한다. 다음날인 1770년 12월 27일에도 장한철은 물새가 있으니 뭍에 가깝다는 등의 이야기를 하며 사람들에게 살 수 있다고 희망을 준다. 하지만 밤에 모두들 잠든 뒤에는 홀로 근심으로 잠 못 이루며 가족들을 떠올린다. 이때 가장 먼저 떠올린 것은 쌍오당으로, 그에게 효도하지 못한 것을 한스러워한다. 그리고 약한 아내와 외로운 아이를 생각하며, 그들이 어떻게 살아나갈까를 걱정한다. 이후 1771년 5월 8일에 제주도에 돌아온 후 쌍오당께 절을 하고, 아내와 자식과

> 온 집안 친척들을 만났다고 한 차례 더 언급한다. 이러한 기록들을 통해 장한철이 어려서 부모님을 여의고 중부의 보살핌 속에 성장했으며, 표류할 당시 제주도에는 아내와 아들 봉득이 있었음을 알 수 있다. 어쨌거나 장한철의『표해록』을 통해 제주 선비가 서울로 과거길 오르는 것이 얼마나 힘들었던가를 확인할 수가 있다.

(1) 김비의의 〈표해록(漂海錄)〉

① 우리들은 정유(성종8년, 1477)년 2월 초하룻날에 현세수, 김득산, 이청민, 양성돌, 조귀봉과 함께 진상할 귤(柑子)을 배에 싣고 바다로 떠났던 것입니다. 그런데 추자도(楸子島)에 향할 무렵 동풍이 크게 불어서 서쪽으로 표류하기 시작했습니다. 첫날부터 제 6일까지는 바다는 맑고 푸르렀고, 제 7일, 제 8일의 하룻밤동안은 바다가 흐렸습니다. 제 9일에 서풍을 만나서 남쪽으로 표류했는데 바닷물은 맑았습니다. 제 14일 되는 날 한 작은 섬이 보여서 그 섬에 오르려고 했는데, 마침 노가 부러지고 배가 깨어지고 말았습니다. 다른 사람들은 모두 바다에 빠져 죽고, 배에 실었던 물건들도 모두 잃어버렸습니다. 우리 세 사람(金非衣, 姜茂, 李正)은 판목 한 조각을 붙들고 표류하기 시작한 것입니다. 그런데, 다행히도 고기잡이 배 두 척을 만났는데, 각각 네 사람씩 타고 있었습니다. 그들이 우리를 발견하고 배에 실어 주어서 살게 된 것입니다. 그들은 우리를 데리고 어떤 섬에 도착했는데, 그 섬의 이름은 윤이시마(閏伊是麿)라고 했습니다(是麿는 즉 '시마'로 섬이라는 뜻).

② 김비의와 이정이 바가지를 가지고 물을 퍼내고, 강무는 노를 잡았으며, 나머지는 모두 다 배멀미를 하여 누워 있어서 밥을 지을 수가 없어, 한 방울의 물도 마시지 못한 지가 14일이나 되었습니다.

③ 첫 번째 동네에서 우리의 식사 대접이 끝나면 다음 동네로 보내 주었습니다. 한 달이 지난 후에는 우리를 세 개의 부락에 나누어서 있게 했고, 식사는 역시 차례 돌림으로 했으며, 주식(酒食)은 하루 세 번 주었습니다.

---
11) 김찬흡,『제주사인명사전』, 제주문화원, 2002 참고.

섬사람의 생김새는 우리나라 사람과 같았습니다. 그 풍속은 귀를 청색의 작은 구슬로 꿰어서 2,3촌 가량 늘이우고, 또 구슬을 꿰어서 만든 세 겹, 네 겹의 목걸이를 한 자 가량 늘이웠습니다. 이는 남녀가 모두 같았는데, 늙은 사람은 하지 않았고, 남녀가 모두 맨발로 신을 신지 않았습니다.

④ 우리가 고향을 생각하고 울면 도인(島人)들이 햇벼 줄기와 익은 벼 줄기를 뽑아 가지고 와서 서로 견주어 보이며 동쪽을 향해서 불었습니다. 이것은 햇벼가 자라서 묵은 벼와 같이 익게 되면 보내 주게 될 것이라는 뜻인 것 같았습니다. 이 섬에 약 6개월 동안 있었는데, 7월 그믐께가 되어 남풍이 일기 시작하자 도인 13명이 우리들을 데리고 배에 탔습니다. 배에는 양식과 술을 실었습니다. 일주야(一晝夜)를 배로 가서 한밤중에 한 섬에 이르었는데, 이 섬 이름이 '소내시마(所乃是麿)'였습니다. 우리들을 호송했던 윤이도인(閏伊島人)들은 7,8일 있다가 자기네 섬으로 돌아갔습니다.

⑤ 배를 타고 2주야 반을 가서 유구국 해안에 닿았습니다. 물결이 심하고 파도가 거세어서 도인들도 배멀미를 하였을 정도입니다. 국왕이 우리를 호송한 사람들에게 청홍색 금포(綿布)를 상으로 주고, 또 주식(酒食)을 후하게 대접했습니다. 그들은 이로써 종일 취해 있었고, 하사받은 면포로 옷을 지어 입었습니다. 그들은 한 달을 이곳에 머물렀다가 자기 집으로 돌아갔습니다. 유구 사람과 통역이 와서, "그대들은 어느 나라의 사람인가?"고 묻기에 "우리들은 조선인이다."라고 대답했습니다. 그랬더니 다시 묻기를, "고기잡이를 하다가 이곳에 표류했는가?"라고 하기에 우리는 서로 의논한 끝에, "모두 조선국 해남인(海南人)인데 진상할 쌀을 싣고 서울로 향하다가 풍랑을 만나서 여기까지 왔다."고 대답했다. 이에 통역이 우리들의 말을 써서 국왕에게 전달했습니다. 얼마 후 국왕이 관원 몇 사람을 보내서 우리들을 맞이해 어떤 관사에 머물게 했습니다...(중략)...우리들은 한번 국왕의 어머니가 외출하는 것을 보았습니다. 사면에 발을 드리우고, 칠을 한 교자에 탔는데 교자를 멘 사람은 20명 가량이었습니다. 모두 흰 모시에 비단으로 속을 받친 옷을 입었습니다. 전후에서 호위하는 군사들은 긴 칼을 들고 궁시(弓矢)를 찼습니다. 그 수는 수백명이나 되었습니다. 쌍각(雙角)과 쌍태평소(雙

太平簫)를 불고 화포를 놓았습니다. 아름다운 부인 4,5명은 비단옷을 입고 겉에는 흰 모시 장의(長衣)를 입었습니다. 우리들이 길가에 나가서 배알했더니 교자를 멈추고 납으로 만든 병 두 개에다가 술을 담아서 목기(木器)잔으로 우리에게 술을 부어 주었습니다. 술맛은 우리의 것과 같았습니다. 그 뒤에 10세 가량의 외모가 심히 아름다운 소년이 따로 행차하고 있었는데, 머리는 뒤로 늘어뜨리고 땋지는 않았습니다. 붉은 비단옷을 입고 띠를 띠고 살찐 말을 탔는데 말고삐를 잡은 자들은 모두 흰옷을 입었습니다. 말을 타고 앞에서 가는 자가 4,5명이고, 좌우에서 호위하는 자도 역시 많았습니다. 위병은 장검을 든 자가 20여 명이고, 일산(日傘)을 든 자가 말을 나란히 해서 햇빛을 막고 있었습니다. 우리들은 또 이 소년 앞에서 배알했습니다. 소년이 말에서 내려 납병에다 술을 넣어 주었습니다. 우리가 술을 다 마신 후에 소년은 말을 타고 갔습니다.

⑥ 남자는 정수리에 상투를 틀고 비단으로 싸고, 평민은 모두 흰 모시옷을 입었습니다. 부인들은 뒤통수에 낭자를 틀었고 옷은 흰 모시적삼과 모시 치마를 입었고, 간혹 흰 모시 장옷을 입기도 합니다. 옷에는 저고리와 도포가 있고 어린이들도 저고리와 치마를 입었습니다. 수령들은 물들은 비단으로 상투를 싸고 희고 가는 모시옷에 붉은 띠를 띠었습니다. 수령이 외출할 때에는 말을 타고, 뒤따르는 종이 몇 사람 있었습니다.

논과 밭이 반씩 되는데 밭이 약간 많습니다. 논은 겨울에 씨를 뿌려서 5월에 수확을 하고, 곧 소로 하여금 논을 밟게 하고, 다시 씨를 뿌려서 7월에 이앙하고, 가을과 겨울 사이에 또 거두어 들입니다. 밭은 작은 삽으로 파고 조(栗)를 심는데, 또한 겨울에 처음으로 파종하고, 5월에 수확하고, 6월에 다시 파종하면 8월에 비로소 이삭을 드리우고 익어갑니다.

⑦ 우리는 약 석 달 가량 유구국에 있었는데, 통역에게 본국에 돌아가도록 주선해달라고 청했더니, 통역이 국왕에게 이 말을 전했습니다. 그러나 국왕은 일본인은 성질이 간악해서 그들에게 보호를 청할 수 없으니, 우리들을 강남(중국의 양자강 남쪽)으로 보내려고 한다는 것입니다. 우리들은 전날 통역에게 물어 본 결과 일본이 가깝고, 강남이 멀다는 것을 알았기 때문에

일본으로 가게 해달라고 청했습니다. 이 때 마침 일본 패가대[霸家臺(博多)] 사람인 신이사랑(新伊四郎) 등이 장사하러 이 곳에 들렀다가 국왕에게 "우리나라는 조선국과 우호가 있으니 원컨대 이 사람들을 잘 보호해서 무사히 귀국케 할 터이니 안심하시고 저희에게 맡겨 주시기 바랍니다."라고 청했습니다. 국왕이 일본인들의 청을 윤허하면서, "아무쪼록 잘 보호하여 무사히 환국케 하라."고 명하고는 우리에게 돈 1만 5천문, 호초(胡椒) 150근, 청색포와 중국 면포 각 3필을 하사하고, 또 석 달 동안의 양미(糧米) 560근과 소금, 간장, 생선, 돗자리, 칠목기(漆木器), 밥상 등의 많은 물건을 하사했습니다. 8월 1일 신이사랑 등 백여 명이 우리들과 함께 큰 배에 탔습니다. 나흘을 밤낮으로 항해하여 일본의 살마주(薩摩州)에 상륙했습니다....(중략)...주(州)의 태수가 우리와 신이사랑을 두 번이나 자기의 집에 초대해서 술, 밥, 떡을 대접했습니다. 안주는 모두 바다 생선이었습니다. 태수의 집은 널판으로 지었으나 심히 웅장하고 화려하고, 재산도 풍부했습니다. 그 집에서 공사를 처리하고, 문에는 활과 장검을 가진 무사 20여 명이 언제나 지키고 있었습니다.

⑧ 대내전(大內殿)이 보낸 주장(主將)이 두 번이나 우리와 신이사랑(新伊四郎)을 청해서 술을 대접했습니다. 그의 집은 기와집이었는데 굉장히 장엄(壯嚴)했습니다. 뜰 아래서 시위(侍立)하는 자가 30여명, 문 밖에 있는 군사는 그 수를 헤아릴 수 없을 정도로 많았습니다. 모두 칼과 활로 무장을 했습니다. 우리는 주장이 소이전(小二殿)을 공격하려고 군대를 거느리고 출동하는 광경을 직접 보았습니다. 창, 검, 활 그리고 작은 기를 가진 3,4만 명의 군사가 출동했습니다. 나흘만에 싸움에 이기고 돌아오는데 여섯 사람의 머리를 잘라서 작대기에 달았습니다. 어떤 사람이 그 머리의 이빨을 조사하고 있었는데, 이유를 물어보니 귀천을 알아보기 위한 것이랍니다. 귀인이나 벼슬 있는 사람은 이빨에 염색을 했기 때문이랍니다. 신이사랑 등은 병란이 그치지 않는 관계로 도망쳐서 해도(海島)에 숨어 잇는 자가 왕왕히 도적질을 할 염려가 있을까 두려워했습니다. 그래서 6개월을 이곳에 머무르면서 병란이 진정되기를 기다렸습니다.

(2) 장한철의 〈표해록〉

① 경신년 12월 25일

우리 일행 29명은 함께 배를 타고 순풍에 돛을 달아 북으로 떠났었다. 이윽고 한라산이 아득해지고 어느덧 점심때가 되었다. 식후에 우리는 서쪽 하늘을 바라보다가 황홀찬란한 것을 보았다. 그것은 실제로 신기루임을 일러주었다. 이번에는 동쪽 나불 사이에 30발쯤 되어 보이는 시커먼 물건이 하나 뜨는 것이 있었다. 차츰 가까이 오더니 높은 물을 뒤치고 물결을 일으키며 불을 뿜어대는 것이었다. 사공은 깜짝 놀라면서 부르짖었다. "고래를 만났으니 큰일났구나!"

모든 선원들은 어찌할 바를 몰라 모두 다만 '관세음 보살'만 연거푸 외기 시작했다. 미구에 고래는 뱃가를 스쳐갔다. 사람들은 그제야 마음을 놓았다. 어느덧 밤이 닥쳐왔다. 문득 맞바람이 세게 휘몰아치며 삼대 같은 빗발이 쏟자 사람들은 눈을 뜰 수 없었고, 배는 조래질을 하면서 소난도 서쪽에 다달았다. 아직 뭍에까지 가려면 70리가 남았었다. 닻을 놓으려 했으나 불행히도 이 배엔 닻이 없었다. 갑작스레 샛바람이 크게 일어 배는 순식간에 서쪽 한바다로 벗어 나갔고, 갈수록 비바람은 거세어만 갔다. 뱃속엔 어느덧 물이 스며들어 허리까지 적시니, 선원들은 넋을 잃고 죽을 시간만 기다리게 되었다. 나는 크게 부르짖었다. "내 언젠가 지도를 보니 서쪽에 외연도랑 섬이 있었다. 빨리 뱃속의 물을 퍼 내어라." 살 길이 있다는 말을 듣자 선원들은 갑자기 용기를 내어 열심히 물을 퍼내기 시작했다. 얼마 후 빗발은 좀 순해졌고 마침내 비마저 멎고 말았다.

② 12월 28일

아침 얼마 후 우리는 무사히 뭍에 올라섰다. 그러나 살았다는 기쁨도 잠시, 섬에 우물이 있는지 사람이 살고 있다면 어떤 사람일지 걱정이 뒤를 엎었다. 섬 변두리에는 길이라곤 없다. 문득 사슴이 뛰쳐나왔다. 우물은 있으나 사람이 살지 않음이 확실했다. 힘을 얻은 선원들은 뿔뿔이 흩어져갔다. 그들은 섶을 주워오고 물을 길었으며, 어떤 이는 전복을 따왔고 풀뿌리를 캐어 왔다. 우리는 맛있게 저녁을 먹었다. 일행은 양식을 조사한 후 대책을 세우고 배를 손질해서 안전한 곳에 메어두고는 다들 오래간만에 푸근히 쉬었다.

③ 신묘 정월 1일

만리타향에서 새해를 맞으니, 슬픔을 이길 길이 없어 서로 부둥켜 안고 울음보를 터트렸다. 나는 꾀를 내어 윷놀이를 하게 하여 이긴 이는 높은 바위에 앉게 하고, 진 이는 발가벗고 절을 하게 해서 일동을 웃겨주었다.

한낮 때쯤 동쪽 바다 멀리 흰 돛대가 나타났다. 선원들은 산 위에 뛰어가서 불을 놓고 깃대를 흔들며 함께 소리를 질러 그 배를 불렀다. 날이 어두울 즈음 배는 가까이까지 왔다. 미구에 열 몇 사람의 장정이 조각배를 풀어 내려 뭍으로 올라 왔다. 그들은 모두 검고 긴 저고리를 입었는데, 바지는 입지 않았고 허리엔 칼을 찼었고 기색이 사나왔다. 그들은 일본 해적단이었다. 그들은 우리들을 모조리 묶어서 나무에 매어달고 옷을 뒤져 백사렴의 주머니 속에서 구슬 두 개를 빼앗고 따 둔 전복을 송두리째 가지고 떠나고 말았다. 이 일이 있은 후 아무도 다시는 깃대를 세우려 하지 않았고, 누구 하나 봉우리에 불을 피우려 하지 않았다. 게다가 사공은 빨리 남쪽 멀리 보이는 섬으로 떠나기를 재촉했다. 나는 선원들을 고이 달래어서 배를 손질하게 하고 봉우리에 불을 피우게 했다.

(3) 최부의 〈금남표해록〉

① 초열흘, 대양에서 표류하고 있었다. 날씨는 어제 오후와 같이 비가 내리고 동풍이 불면서, 바다는 다시 푸른색으로 돌아왔다. 처음 제주를 떠날 때 뱃사공이 먹을 물을 뱃머리에다 싣지 않았고, 바람결에 떠 흘러가면서 서로들 잃어버린 것이 많았다. 배를 타고 있는 동안 한 그릇의 식수도 없어 밥을 짓지 못하여 먹지 못하고, 마시지 못하여도 어찌할 수 없었다. 권공(權公)이 나에게 이르기를, "배에 있는 사람들을 보니까 혹은 황감(黃柑)이나 청주(淸酒)를 가지고 와서 함부로 마셔 버리고 하여 남은 것이 없습니다. 청컨대 배 위에 감추어서 실어 놓은 것을 검사하여, 기갈을 면케 하는 것이 옳을 것입니다."라고 하였다. 나는 즉시 거이산(巨伊山)에게 명령하여 배안의 행장을 샅샅이 뒤지게 하였는데, 결과로 얻은 것이라고는 황감 십여개하고 술 두 동이 밖에는 없었다. 그래서 손효자(孫孝子)에게 일러 말하기를, "같은 배를 타게 되면 서로 다른 나라 사람도 한마음이 되는 법인데, 하물며 우

리는 모두 한 나라 사람으로 같은 감정을 지닌 한 핏줄인 만큼, 살아도 같이 살고 죽어도 같이 죽어야 할 것이다. 바로 여기 있는 황감이나 술은 그 한방울이 천금의 값어치가 있는 것이다. 너는 그것을 잘 맡아서 함부로 낭비하지 않음으로써 배에 있는 사람들이 잠시라도 기갈을 면할 수 있도록 하라." 고 하였다. 효자가 사람들의 입술이 타고 입이 갈라 터진 것을 보고 음식을 고르게 나누어 주어서 겨우 혀를 놀릴 수 있도록 하였다. 며칠 만에 황감과 청주가 모두 떨어져서 혹은 마른 쌀을 잘게 씹어먹거나, 오줌을 받아 손에 움켜쥐고 마시거나 하였다. 얼마 안 되어 오줌도 다하고 가슴이 건조하여 목소리도 나오지 않았다. 거의 죽을 지경에 이르러서야 비가 내렸는데, 배에 있던 사람들은 손으로 다투어 그 빗물을 받거나, 갈모나 솥 같은 데에 빗물을 모으고 혹은 돗자리를 말아서 빗물을 받기도 하였으며, 돛대를 세우고 노를 젓는 중에도 종이 노끈을 묶어서 빗물을 받기도 하였다. 그렇게 해서 얻은 얼마 되지 않은 물을 혀로 핥아먹었다. 안의(安義)가 말하기를, "옷을 비에 적신 다음 짜서 그 물을 마신 사람들이 매우 많습니다. 다만 배에 있는 사람들의 옷이 모두 바닷물에 젖은 바 되어 비록 비에 적셔서 짠다 해도 마시지 못하니 이를 어찌하겠습니까?" 나는 곧 가지고 있던 옷 몇벌을 내어놓고 거이산에게 일러, 비를 맞게 하여 적셔진 옷을 짜서 물을 모으게 하였더니 겨우 몇병이 만들어졌는데 금과 같이 아끼도록 했다. 그리고는 조심스레 숟가락으로 떠서 나누어 마시도록 하는데, 사람들이 숟가락을 붙들고서 온통 입을 벌리고 있는 것이, 마치 제비 새끼가 먹이를 바라고 있는 듯하였다. 이로부터 비로소 혀를 휘둘러 소리를 내고, 약간이나마 살고자 하는 마음을 갖게 되었다.

② 12일, 영피부(寧波府)의 경계에서 도적을 만났다. 날씨가 갑자기 흐리더니 비가 내리고 바다는 하얗게 변하였다. 저녁때쯤 병풍처럼 잇닿아 끝없는 것 같은 큰 섬에 다달았는데, 바라보니 배 두척이 있어 모두 작은 배를 달고서 똑바로 나의 배로 오고 있었다. 정보(程保) 등이 나의 앞에 나란히 꿇어앉아서 말하기를, "무릇 일에는 경법(經法)과 권도(權道)가 있습니다. 청컨대 상복을 벗고 사모(紗帽)와 단령(團領)을 위엄있게 입고서 관인의 위

의(威儀)를 보여야 할 것입니다. 그렇게 하지 않으면 도적들이 공갈하고 겁탈하면서 욕을 보일 것입니다."라고 하였다. 나는 이르기를, "해상을 표류함은 천리(天理)에 의한 것이고, 누차 죽을 경지에서 헤매다 다시 살아남도 천리에 의한 것이며, 이 섬에 이르러 저 배를 만남 또한 천리에 의한 것이다. 천리는 본래 바른 것인데 어찌 속임수로써 천리를 그르칠 수 있겠는가?"라고 하였다.

잠깐 사이에 그 두 배가 점점 가까이 와서 서로 마주치기에 이르렀다. 한 배에는 십여 인이 타고 있었는데, 그들은 모두 구멍이 뚫린 검은 솜바지에 짚신을 신었고, 머리를 비단으로 싼 사람이 있고, 대나무 잎으로 만든 삿갓을 쓰고 종려나무 껍질로 만든 도롱이를 입은 자도 있어서, 떠들썩하게 부르짖는 소리가 한데 섞였는데 그것은 한어(漢語)였다. 나는 그들이 중국인이라 생각하고 정보를 시켜 글을 써서 주었는데, "조선국의 신하 최보는 왕명을 받들어 섬에 가서 바삐 일하다가 부친상을 입어 바다를 지나던 중 바람을 만나 표류하여 여기에 이르렀는데, 이 곳이 어느 나라 땅인지 모르겠습니다."라고 하였다. 그들이 대답하기를, "여기는 대당국(大唐國) 절강(浙江)의 영파부 지방이요."라고 하면서 다시 이르기를, "본국으로 돌아가려면 대당국을 거쳐서 가는 것이 좋을 것이오."라고 하였다. 정보(程保)가 손으로 자신의 입을 가리키니 그들은 물 두 통을 갖다 주고는 배를 저어 동쪽으로 가 버렸다.

나는 뱃사공에게 노를 저어 한 섬에 들어가 배를 머물게 했다. 그런데 또한 사람 타는 조그만 배를 달고 있는 한 척의 배가 있었는데 7,8명쯤 되는 군인이 타고 있었고, 그 의복과 말은 역시 조금 전에 본 사람들과 같았으며 나의 배로 거슬러 와서는 "너희들은 어느 나라 사람이냐?"라고 물었다. 나는 또한 정보로 하여금 아까와 같이 답하게 하면서 또 묻기를, "여기는 어느 나라 땅입니까?"라고 하였다. 그들은 섬을 가리키면서 말하기를, "이곳은 대당국 영파부에 딸린 산이며, 바람과 물길이 좋으면 이틀이면 돌아갈 것이오."라고 하였다. 나는, "다른 나라 사람들이 바람을 만나 죽을 고비를 넘긴 다음에 다행히 대국의 경계에 이르러 다시 살아날 땅을 얻은 것이 기쁩니다."하며 "당신의 이름은 무엇입니까?" 하고 다시 물었다. 그는 "나는 대당국의 임대(林大)라 하오. 당신들이 대당으로 갈 것 같으면, 데려다 줄 것인즉 당신들은 나에게 줄 보화를 가지고 있소?"라고 하였다. 내가 답하기를, "저희들은 복봉사(僕奉使)이며 장사꾼이 아닙니다. 표류하여 떠돌아다녔는데 어찌 보화가 있겠습니까?"라고 하면서, 양식할 쌀을 줄여서 주니까 그는 그것을 받은 후에, "이 산에 배를 대는 것을 두려워마시오. 서북풍과 남풍이 좋지 않으나 나를 따라 배를 메시오."하고 내 배를 이끌어 머물 곳을 가르쳐 주고, 그곳이 배가 머물만한 곳이라고 하였다. 그의 말에 따라 배를 정박시키고 보니까, 과연 바람도 없고 둥근 섬의 중간이라 가히 배를 갈무리할 만한 곳이었다. 그 서쪽 기슭에는 두 채의 초가집이 있었는데 생선포를 널어놓은 것 같았다. 그들은 초가집 아래쪽에 배를 대었는데 우리도 그렇게 했다.

우리 일행은 오랫동안 먹지 못하고 목마르고 피로하고 잠을 자지 못한 것이 극도에 이르렀다. 먹을 것을 얻어먹고, 다행히 배를 대어 자리를 정하였으므로, 지쳐서 이리저리 두서없이 흩어져 배 안에서 잤다. 이경쯤에 임대(林大)라는 자가 그 무리 20여 인을 데리고서 나타났는데, 혹은 창을 들고 혹은 작도를 들고서, 활은 없이 화살 묶음에 불을 붙여 들고서 배에 들어왔다. 도적의 괴수가 글을 써서 이르기를, "우리들은 관음불동(觀音佛洞) 사람이다. 너희들을 보고 생각하니 금은이 있음직 하니 찾아보라."고 하였다. 나는 "금은이 우리나라에서 나지 않으므로 처음부터 갖고 있지 않았다."라고 하였다. 적의 괴수는, "너희들은 관인 같은데 어찌 가져오지 않았다 하느냐? 내가 마땅히 찾아보리라."하였다. 나와 정보(程保), 이정(李楨), 김중(金重), 효자(孝子) 등은 제주에서 기약없이 이 땅으로 왔고, 사철 의복 몇 벌만 갖고 여기에 이르렀을 뿐이었다. 괴수는 즉시 부하들에게 분부해 나와 배사(陪使) 등의 옷보따리를 뒤지게 했다. 그리고 우리의 양식을 그들의 배에 실어가니, 남은 것이라고는 바닷물에 젖은 옷가지와 여러 책들뿐이었다

도적들 중에 애꾸눈이 하나 있었는데 그놈의 포악이 더욱 심했다. 정보가 나에게 이르기를, "도적들이 처음 왔을 때에는 조용하더니 우리의 형세가 약하고 순한 것을 보고는 큰 도적이 되었으니, 청컨대 사생결단으로 한 번 싸웁시다."라고 하였다. 나는, "우리들이 모두 기갈이 심하고, 죽을 지경에서 헤어난 다음이고, 적에게 이미 기세가 꺾였으며, 적은 세력을 믿고 방자하고 사나운 까닭으로, 만약 서로 싸울 것 같으면 우리는 모두 적의 손에

죽을 것이니, 사자를 보내어 살려달라고 비는 것만 같지 못할 뿐이다."라고 대답했다. 도적의 괴수는 내가 소매 속에 숨겨 가지고 있던 인수(印綬)와 마패를 또한 빼앗아갔는데, 정보가 돌려달라고 청했으나 얻지 못했다. 나는 말하기를, "배 속에 있는 물건은 모두 가져가도 좋으나 인수와 마패는 나라에서 준 신표이므로 사사로이 쓸 수 없은즉 돌려줌이 옳을 것입니다."라고 하였다. 도적의 괴수가 인수와 마패를 돌려주고, 잠깐 무리들과 함께 문으로 나가서 뱃전에 늘어서서 오랫동안 떠들다가 다시 배 안으로 들어왔다. 먼저 정보의 옷을 벗겨 매를 때리고, 다음으로 작도로 나의 옷을 찢어 발가벗기고 손을 젖히고 다리를 구부려 묶은 다음 때렸다. 나의 왼쪽 팔을 여러 차례 때린 다음 말하기를, "너희들이 살기를 원하거든 금은을 내어 놓아라."고 하였다. "나의 몸을 찢고 뼈를 부술 수는 있을지라도 어찌 금은을 얻을 수 있겠느냐?"고 호령했다. 도적들은 나의 말을 깨닫지 못하고 나의 몸을 풀어주면서 그 뜻을 적도록 했으므로 나는 곧 적어주었다. 그 글을 읽고 나서 적의 괴수는 노해서 눈을 부릅뜨고 입을 크게 벌리고 정보와 나를 가리키며 큰소리로 꾸짖고, 나의 상투를 잡아당기면서 다시 묶어 거꾸로 매달았다. 작도를 메고서 나를 가리키며 나의 목을 자름이 옳은가 그른가 하면서, 오른쪽 어깨 아래서 칼을 뒤집었다 바로 했다하다가 다시 칼을 둘러메고 나를 참하려 할 때, 한 도적이 와서 칼을 멘 팔을 잡고서 저지하였다. 도적의 무리들은 일제히 큰 소리로 떠들었으나 무슨 말인지 알 수 없었다.

이때 우리들은 모두 두려워서 제 정신을 잃고 어쩔줄을 모를 적에 오직 김중(金重)과 거이산(巨伊山) 등만이 손을 모아 엎드려 절하며 나의 목숨을 살려달라고 빌었다. 적의 괴수는 나의 몸을 유린하고 우리들을 꾸짖어 으르고는 무리를 이끌고 나가서, 우리 배의 닻들과 노 등의 여러 부속들을 끊어서 바다에 던져 버렸다. 그리고는 그들의 배에다 우리 배를 달아 묶고는 큰 바다로 떼어 낸 다음 그들의 배를 타고 달아나 버렸는데 밤은 이미 깊어 있었다.

③ 20일, 대내(大內)에서 사은(謝恩)의 예를 드리다. 날씨는 음산했다. 축시(丑時)에 이상(李翔)이 자기 집에서 와서, 나에게 "당신은 지금 관복을 갖추고 조정에 들어가 사은의 예를 드릴 것을 서둘러 준비하십시오."라고 말

했다. 나는 머리 위의 상관(喪冠)을 가리키며, "이것은 상의(喪衣)이오니, 어찌 비단 사모를 쓴다고 해서 마음이 평안하겠습니까."라고 하니 이상은, "당신은 상중이므로 당신의 아버지가 중하기는 하나, 지금 이곳에는 황제가 있을 뿐이며, 황제의 은혜가 있는데 만약 가서 사은의 예를 드리지 않는다면 신하의 예를 크게 잃는 것입니다. 그래서 우리 중국의 예제(禮制)에는 재상이 상을 당해도 황제께서 사람을 보내어 부의를 전하면, 비록 상중이라도 마땅히 길복(吉服)을 갖추어 대궐에 바삐 들어가 사은의 예를 드린 후에 다시 상복을 입습니다. 대개 황제의 은혜를 사은하지 아니함은 옳지 않습니다. 사은의 예는 반드시 대궐 안에서 하는데, 궐내에 상복을 입고 들어가는 것은 옳지 않습니다. 이는 수익원수지권(嫂溺援手之權:형수가 물에 빠졌는데 손을 뻗어 구하는 임기응변하는 權道)이니, 당신은 지금 사상(事翔)을 따르는 것이 당연한 일일 것입니다."라고 하였다. 내가, "어제 상을 받을 때 내가 직접 받지 않았는데, 오늘 사은의 예를 드릴 때에 역시 부하 관리에게 영을 내려 대신 가게 하고 직접 배알하러 가지 아니함은 어떠합니까?"하고 물으니, 이상이, "상을 받을 때 직접 배알하지 않음은 예절의 차선의 방법이니 비록 대신 받는다 해도 괜찮습니다. 지금 예부(禮部) 홍려사에서는 서로 의논하여 당신이 사은할 일을 '조선의 이관(夷官) 최보 등 운운'하여 이미 상주하였으니, 당신은 당신들 중에서 우두머리이니 어찌 물러가 앉아 있는 것이 옳겠습니까?"라고 하여 내가 부득이 정보 등을 데리고 이상을 따라 걸어서 장안문에 이르렀다. 오히려 길복을 입는다는 것이 견딜 수 없는 일이었으나 이상이 몸소 나의 상관(喪冠)을 벗겨 주고 사모를 입혀 주며 말하기를, "만약 국가에 일이 있으면 기복지제(起復之制)가 있습니다. 당신이 지금 이 문에서 길복을 하고 들어가 사은의 예를 행하고 나서 다시 이 문으로 나와 상복으로 갈아입는 것은 잠깐이니, 한 가지에 집착하여 임기응변하는 권도를 잃음은 옳지 않습니다."라고 하였다. 이 때에 황성의 외문(外門)은 이미 열려져 항상 참례하는 조관들이 물고기를 꼬챙이에 꿴 것처럼 줄지어 들어갔다. 내가 사세에 따라 어쩔 수 없이 길복을 하고 입궐하여, 일층문, 이층 2대문을 지나 들어간즉 또 이층대문이 있었는데, 이것이 오문(午門)이었다. 군사들의 위의가 엄정하고 등촉이 휘황하데, 이상이 나를 중정(中庭)에 앉히니, 잠시 후 오문의 좌편에서 북을 치고, 오문의 우편에서는 종을 쳤다. 삼홍문, 동개문문에는 각각 두 개의 커다란 코끼리 석상이 있는데 차례로 문전에 열을지어 섰다. 이상이 나를 인도하여 조반(朝班)에 나아가게 하고, 또 정보 등을 이끌어 따로 일대(一隊)를 만들어 국자감 생원들의 뒤에 서게 했다. 오배삼고두(五拜三叩頭)한 후 서문(端門)에서 나와, 다시 승천지문(承天之門)에 나오니 대명문(大明門)의 안에 문이 있고, 또 동쪽으로 장안의 좌문을 나와 다시 상복을 입고 장안의 거리를 지나 옥하관(玉河館)으로 돌아왔다. 이효지, 허상이, 권산 등이 모두 상으로 받은 옷을 입고 나와 나에게 말하기를, "전에 의인의 무리가 이현감 섬을 따라 역시 이곳에 표류하여 도착했을 때 황제는 상을 내리는 은혜를 베풀지 않았는데, 오늘 우리들이 행차를 따라와서 특히 뜻하지 않은 상을 받고 황제 앞에서 배알한 것은 다행이 아니겠습니까?"라고 하였다.

나는 말하기를, "그것이 어떻게 우연이겠는가? 상이라고 하는 것은 공이 있어야 얻는 것이다. 너희들이 대국에 무슨 공이 있겠는가? 표류하여 죽을 뻔하다가 다시 살아서 본국에 돌아갈 수 있게 됨은 역시 황제의 은혜가 지극한 것이니, 하물며 또 천하고 비루한 너희들이 붉은 대궐의 중문에 들어가 이렇게 너희들에게 상을 내림을 받았으니 그것을 너희들이 알 수 있겠는가? 황제께서 나를 위로하시고 상을 내리신 것이다. 이것은 우리 임금께서 하늘을 외경하고 사대의 덕을 쌓은 때문이니, 너희들 스스로의 힘은 아니다. 너희들은 우리 임금의 덕을 잊지 말고, 황제께서 내리신 바를 가벼이 여기지 말며, 더럽히지도 말고, 잃어버리지도 말고, 팔지도 말아라. 그리하여 남의 소유가 되도록 하지 말 것이며, 너희들 자손으로 하여금 영원히 지켜 내리도록 하여 보배로서 간직하도록 하라."고 하였다.

4. 김일손의 유산(遊山) 기록: 〈속두류록〉

1) 작가 소개

김일손(金馹孫: 1464~1498)은 자(字)는 계운(季雲)이고, 호(號)는 탁영(濯纓)으로 본관은 김해이다. 그의 조부인 김극일은 길재에게 학문을 배웠으며, 부친 김맹 역시 김종직의 부친 김숙자에게 학문을 배웠다. 김일손 또한 김종직의 문하에서 수학하였으니 김일손 가문은 정통 영남사림파의 학맥을 계승한 셈이 된다. 어린 시절 김일손은 부친을 따라 용인에서 살았으며, 이때 『소학』을 배우기 시작했다. 『소학』은 사림파의 학문적 정체성을 보여주는 대표적인 책인데, 영남사림파의 대표학자인 김굉필이 '소학동자'로까지 지칭된 것만 보아도 이를 가히 알 수 있다. 15세에는 단양 우씨를 부인으로 맞았으며, 이해 고향 청도를 거쳐 선산에 사는 정중호, 이맹전에게도 학문을 배웠다. 16세에 진사초시에 합격했으나, 이듬해 예조의 복시(覆試)에는 실패했다.

17세 때 고향에 돌아온 김일손은 영남사림파의 영수 김종직이 있는 밀양으로 가서 그의 문하에 들어갔는데, 김종직은 1472년 지리산을 다녀온 후 〈유두류록(遊頭流錄)〉이라는 기행문을 남겼는데, 이는 본 장에서 살펴볼 김일손의 〈속두류록(續頭流錄)〉에 영향을 미쳤다. 지리산을 사랑하고 기행문을 남긴 것 또한 스승과 제자가 하나였던 셈이다.

그가 23세가 되던 1486년에는 청도군학(淸道郡學)으로 있으면서, 생원시와 진사시에 합격했는데, 생원시에서는 장원을, 진사시는 차석을 차지했다. 이해 가을의 문과에서 또 2등으로 급제하여 승문원의 권지부정자(權知副正字)로 관료로서 첫발을 들여놓게 되었다. 당시 김종직의 문하에서 함께 수학하던 최부, 신종호, 표연수 등도 함께 급제하였다. 1487년 김일손은 진주향교의 교수로 부임하여, 진주목사와 진양수계(晉陽修稧)를 조직하였으며, 정여창, 남효온, 홍유손, 김굉필, 강혼 등과 교유하면서 사림파의 입지를 굳건히 해 나갔다.

이후 김일손은 홍문관, 예문관, 승정원, 사간원 등에서 정자, 검열, 주서, 정언, 감찰, 지평 등 언관과 사관의 핵심 요직을 맡으면서 적극적이고 강직한 사림파 학자의 면모를 보여주었다. 1490년 무렵부터는 본격적인 활동에 나섰는데, 춘추관의 사관으로 있으면서 당시 훈구대신들의 부정과 비행을 직필하였고 부패 행위도 빠짐없이 사초에 기록했다. 이 일로써 그는 훈구파와 심한 대립과 마찰로 원한의 골이 점점 깊어가기 시작했다.

1498년 김일손이 『성종실록』을 편찬할 때, 스승 김종직이 쓴 "조의제문(弔義帝文)"을 사초(史草)에 기록해 두었는데 실록청 당상관인 이극돈이 과

거의 원한으로 연산군을 부추겨 결국 무오사화12)의 발단이 되었다. 이 일로 김일손은 능지처참을 당하였고 선비들의 화는 일파만파로 펴져 나가기 시작했다. 그 후 김일손은 중종반정으로 신원되어 도승지로 추증되고 문민공(文愍公)의 시호를 받았으며 자계서원과 도동서원 등에 배향되었다. 그는 또 생전에 남효온이 지은 〈육신전(六臣傳)〉을 교정하고 증보하기도 했는데, 이러한 활동들은 모두 수양대군의 불법적인 왕위찬탈을 비판하고 세조에 의해 왕위를 빼앗긴 단종의 정통성을 강조한 조처로서, 나아가서는 세조의 집권을 돕고, 그 그늘에서 크게 권력을 차지한 훈구파들의 입지를 약화시키는 것이기도 했다.

그는 비록 35세의 일기로 생을 마감함으로써 짧은 한평생을 살았지만, 왕조의 정통성과 도덕성에 문제의식을 갖고 권력에 굴하지 않은 채 역사기록을 강행하여 사관으로서 귀감을 보여주었다. 그에 대해서는, 무오사화의 대표적인 희생자라는 이미지로 인해, 사관으로서의 강직한 면모만 부각된 감이 크지만 사실 그는 '문장을 쓰려고 붓을 들면 수많은 말들이 풍우같이 쏟아지고 분망하고 웅혼함이 압도적인 기상을 보여준다.'는 평가를 받을 만큼, 학문과 문장에 뛰어났을 뿐만 아니라 현실에 대한 개혁책 제시에도 적극적이었다. 실록이나 그의 문집인『탁영집(濯纓集)』, 그의 조카인 김대유13)의『삼족당집(三足堂集)』등의 기록에는 이러한 면모가 잘 나타나 있다. 김대유는 숙부 김일손의 연보를 쓰면서 그의 강직한 성품과 함께 경제지책(經濟之策)을 품고 있었음을 기록하였는데, 이러한 점은 실록에서 그가 제시한 여러 정책에서도 잘 나타난다.

---

12) 무오사화로, 김일손은 35세의 젊은 나이로 생을 마감했다. 그가 처형 당할 때 냇물이 별안간 붉은 빛으로 변해 3일간을 흘렀다고 해서 '자계(紫溪: 붉은 시냇물)'라는 이름이 붙었으며, 그를 배향한 사당도 자계사(紫溪祠)가 되었다. 자계사는 사림 정치가 본격적으로 구현된 선조대에 자계서원으로 승격되었고, 1661년(현종 2) '자계'라는 편액을 하사받았다.

13) 김일손의 추숭 작업에 가장 힘을 기울였던 인물은 조카 김대유(金大有: 1479~1551)이다. 김대유는 40세 때 청도의 사림들과 함께 자계사를 건립하였으며, 유일(遺逸)로 천거를 받아 관직을 제수받았으나 거듭 사직하고 숙부의 뜻을 받들며 처사(處士)의 삶을 살아갔다. 김대유는 41세 때 김일손의 유고(遺稿)를 모아 자계사에서 판각(板刻)을 했으며, 70세 되던 해에는 숙부인 김일손의 연보를 편집하였다. 그만큼 숙부를 존경하고 그의 정신이 이어지기를 바랬던 것이었다. 김대유는 경상우도 사림의 종장(宗匠: 경학에 밝고 글을 잘 짓는 우두머리)이 되는 남명 조식이 존경했던 인물로서, 김일손의 사림파 정신은 김대유를 거쳐 조식으로 이어지면서 영남사림파의 학맥에 큰 분수령을 이루었다. 조식은 김일손에 대해 '살아서는 서리를 업신여길 절개(凌霜之節)가 있었고, 죽어서는 하늘에 통하는 원통함이 있었다.'고 하면서 그의 죽음을 안타까워했다.

2) 작품 감상: 〈속두류록(續頭流錄)〉

> 본 장에서 살펴볼 작품은 김일손 자신의 기행 체험담이다. 김일손과 정여창은 1489년(성종20) 4월 14일부터, 4월 30일까지 총 16일 동안 두류산을 여행하였다. 당시 김일손은 26세였고, 정여창은 40세로서 상당한 나이 차이가 있었지만, 한 스승 밑에 학문적으로 신교(神交)를 나눌 정도로 허물없이 지내는 사이였다. 당시 정여창은 서울의 성균관에 입학한 유생이었으며, 김일손은 문과에 합격한지 3년이 되어 진주의 학관이 되어 지방에 내려와 있을 때였다.
> 정여창은 청도의 녹명연에 참석하면서 김일손의 집을 방문하게 되었는데, 이들은 그때 두류산을 여행하기로 언약하였다. 김일손은 정여창과 함께 두류산을 여행하는 동안, 한때 정여창이 젊은 시절 장기간 거주한 풍부한 경험을 바탕으로 안내자 역할을 하였다. 그러다 보니, 여행객들이 이동하는 과정에서 그들의 주된 거주지와 숙식 장소는 민가보다 사찰로만 구성되어 있는 게 특징이다.
> 이 글 속에서 김일손이 남긴 기록으로 확인할 수 있는 절이나 암자의 이름만 해도 20개 이상이나 찾아볼 수 있다. 이와 관련하여 김일손은 사찰의 유래부터 주변 환경의 상태까지도 아주 세부적이고도 구체적으로 묘사했으며, 당시 상황에 대하여 자세한 설명으로만 끝나는 것이 아니라, 직접 보거나 들은 것, 혹은 몸소 체험한 분야에 있어서 반드시 자기의 견해를 진술하여 잘잘못에 대한 평가들을 내리기도 했다.
> 또한 〈속두류록〉에는 김일손의 배불 인식이 드러나는데, 이는 15세기 말 당시의 유학자들이 불교나 사찰에 대해 어떻게 이해하고 받아들였는지를 확인하는 단서가 되기도 한다. 김일손은 또 글에서 최치원이 만년에 불교에 귀의하게 된 사실을 무척 애석해하면서 그럴 수밖에 없었던 이유를 찾으려고 노력하는 장면들도 진지하게 제시되어 있다. 〈속두류록〉에서 주인공의 산행은 곧 유가의 가르침, 특히 사림이 지향하는 이념의 일단을 실천적으로 체험한다는 의미를 지니고 있다. 즉 유산(遊山)은 물아(物我)를 객관에서 성찰함으로써 내적을 다지는 수양행위의 하나로서, 자연적 질서를 통해 인간 내면의 조화를 궁색하려 했던 성리학적 사유는 산을 경험하고 여기에 오르는 행위를 심성 수양의 한 방식으로 이해했던 것이다. 다시 말해, 유산 행위

는 학문궁구(學文窮究)의 과정이자 치세치민의 의기를 다지는 한 과정으로 이해되었다고 할 수 있다. 또 명산의 신령에게 제를 올리는 부분은 유학자가 치민(治民)의 정성을 강조해서 보여주는 행위라고 할 수 있다.

☆ 참고: 〈산수유기(山水遊記)〉

일반적으로 산수유기는 논자에 따라 산수기(山水記), 유산기(遊山記), 유기(遊記), 유록(遊錄) 등 다양하게 불리며, 특별한 주제 의식을 요구하는 것이 아닌, 산수 유람 과정에서 보는 경물을 묘사하고 여기서 느낀 감흥을 기술하는 것이 목적인 글이다. 이런 가운데 여행 장소, 여행거리 등과 같은 지리적 정보의 제공이 자연스럽게 이뤄지는데, 이는 후대 여행자에게 하나의 실용적 안내서가 되기도 했다. 당시 지리산 유람의 목적은 천왕봉 등정에 있었다. 대개의 지리산 유기는 천왕봉 정상에서 주변을 조망하며 기개를 과시하거나 신선 세계로의 비상을 꿈꾸는 것이 일반적이었다. 또, 여로를 따라 산천 경물과 견문을 기록한 만큼, 기행과 산수의 두 측면을 공유하고 있으며, 여로과정에서 체험하는 작가의 내면적 흥취와 각성을 중시한다는 특징이 있다.

이러한 산수유기의 역사를 보면, 중국의 경우는 전한(前漢)을 거쳐 남북조 시기에 성하였고, 당의 원결, 유종원 등을 거치면서 본격적인 유기체 산문으로 성숙했다면, 우리의 경우에는 고려 중기 임춘의 〈동행기(東行記)〉가 최초로 확인되는 산수유기이며, 조선 전기에 이르러 사대부의 중요한 산문 양식으로 등장했음을 볼 수 있다. 김종직의 〈두류기행록〉(1471) 등에서 보듯이, 산문유기의 제목에 '기(記)' 대신 '록(錄)' 자가 붙는 경우가 많아졌고, 중종 이후에는 주자와 장식이 남악 유람 때 주고받은 작품이 수록된 『남악수창집(南嶽唱酬集)』이 보급되면서 산수유기와 시가 함께 창작되는 경향이 생기도 했다.

이 외에도 조식의 〈유두류록〉(1558), 유몽인의 〈유두류산록〉(1611), 양대박의 〈두류산기행록〉(1586), 조위한의 〈유두류산록〉(1618) 등이 있어 참고할 만하다.

선비가 나서 박[匏]이나 외[爪]처럼 한 지방에 매어 있는 것은 운명이다.

이미 천하를 두루 구경하여 장래의 가질 것을 저축하지 못할진대, 제 나라의 산천쯤은 마땅히 두루 탐방(探訪)해야 할 것이나, 오직 사람의 일이란 어김이 많아서 노상 뜻을 두고도 이루지 못하는 것이 열에 여덟, 아홉은 된다. 나는 처음에 진주(晉州)의 학관(學官)이 되기를 원했던 것은 그 뜻인즉 편양(便養)을 하기 위해서였으니, 구루(句漏)의 원이 된 갈치천(葛稚川)의 마음은 또 단사(丹砂)에 있지 않을 수 없다.

두류산(頭流山)은 진주의 경내에 있다. 진주에 도착하여서는 날로 양극(兩屐)을 준비하였으니, 두류산의 연하와 원학(猿鶴)은 모두 나의 단사(丹砂)인 때문이다. 두 해 동안 고비(皐比)에 앉았으나 한갓 배만 불린다는 기롱을 받을 뿐이므로, 병을 칭탁하고 고향으로 물러가서 자유롭게 노니는 몸이 되었지만 족적(足跡)이 일찍이 한 번도 두류산에 이르지 못했으니 어찌 본 뜻을 이루지 못한 것이 아니랴. 그러나 두류산만은 감히 가슴속에 잊은 적이 없었다. 매양 조태허(曹太虛) 선생과 더불어 한번 함께 구경하기로 약속했으나 태허는 벼슬살이에 얽매이고 나는 내왕이 막혔다. 몇 날이 안 가서 태허는 내간상(內艱喪)을 만나 천령(天嶺)으로 떠났다. 천령에 사는 진사(進士) 정백욱(鄭伯勗 여창(汝昌))은 나의 신교(神交)였는데, 금년 봄에 도주(道州)에서 녹명(鹿鳴)14)을 노래하게 되어 마침내 문전을 지나면서 두류산을 구경할 것을 약속했다. 얼마 안 되어 김상국(金相國) 은경(殷卿)이 영남(嶺南)을 안찰하러 나와 여러 번 편지를 보내어 만날 것을 기약했으나 나가지 못하고 4월 11일 기해에 그 행차를 탐문하여 천령에 가서 뵙게 되었다. 그래서 천령 사람에게 물으니, 백욱이 서울에서 이조부(二鳥賦)15)를 짓고, 자기 집으로 돌아온 지 벌써 5일이 되었다고 하므로, 드디어 서로 만나보고 숙원이 어긋나지 않음을 기뻐했다. 김상국이 장차 나를 만집하며 자기를 따라 가자고 하므로, 나는 산행의 약속이 있다고 사양하니 상국은 간청하다

---

14) 『시경』 소아(小雅) 녹명편(鹿鳴篇)을 말한 것인데, 아름다운 손님을 잔치하는 시다.
15) 당(唐) 나라 한유(韓愈)가 젊었을 적에 서울에 갔다 실의(失意)에 차서 국문(國門)을 나와 동으로 가는 길에서 어떤 사자(使者)가 귀한 새 백오(白鳥)·백구욕(白鸜鵒) 두 마리를 가지고 천자에게 진상 가는 것을 보고 느껴서 이조(二鳥)를 두고 부(賦)를 지었다. 내용은 대의(大意)를 들면 무지한 새는 오직 깃과 터럭이 이상하다 해서, 천자의 빛을 보게 되는데, 사람은 지모와 도덕을 지니고도 새만 못하다는 뜻이다.

못해 노자를 꾸려 주면서, "공무에 바쁘고 체력조차 약해서 따라가 구경을 못한다." 하며, 못내 섭섭히 여겼고, 새로 도임한 천령 군수 이잠(李箴) 선생은 바로 내가 성균관(成均館)에서 경서를 문의하던 분이라, 나에게 후한 노자를 주었다. 천령 사람 임정숙(林貞淑)이 또한 따라가겠다고 하여 세 사람의 행장을 마련하였다.

14일 임인에 드디어 천령 남문으로부터 출발하여 서쪽으로 20리가량을 가서 한 시냇물을 건너 한 주막집에 당도하니 땅 이름은 제한(蹄閑)이다. 제한으로부터 서쪽으로 행하여 뫼뿌리와 언덕에 오르내려 10리쯤 가니 양쪽 산이 대치해 있고, 한 줄기 샘이 가운데서 쏟아져 점점 아름다운 지경으로 들어갔다. 두어 마장을 가서 한 재마루에 오르니 종자(從者)의 말이, "마땅히 말에서 내려 절을 해야 한다." 하므로 나는 절해야 할 이유를 물은즉 대답이, "천왕(天王)이라." 하는데, 천왕이 무슨 물건인지 살피지 아니하고 말을 채찍질하여 지나쳐 갔다. 이날에 비가 물 쏟듯이 내리고, 안개가 산에 가득하여 종자들이 모두 우장 삿갓을 차렸는데, 진흙이 미끄럽고 길이 소삽하여 서로 짝을 잃고 뒤에 처졌다. 신마(信馬)로 등귀사(登龜寺)에 당도하니 산의 형상이 소복하여 거북과 같은데, 절이 그 등에 올라 있다하여 이름이 된 것이다. 옛 축대가 동떨어지게 높고, 축대 틈에 깊숙한 구멍이 있어 시냇물이 북으로부터 내려와 그 속으로 쏟는데 소리가 골골한다. 그리고 그 위에 동찰(東刹)·서찰(西刹)이 있는데, 우리 일행은 모두 동찰에 들고 종자를 골라서 돌려보냈다. 비가 밤을 새고 아침까지도 그치지 아니하므로 드디어 절에 머물러 각기 낮잠을 자고 있는데, 중이 갑자기 말하기를, "비가 개어 두류산이 보인다." 하기로 우리 세 사람은 몰래 일어나 잠든 눈을 부비고 보니 새파란 세 봉이 점잖게 창문에 당하여 흰 구름이 비끼고 푸른 머리구비가 비칠 따름이다. 이윽고 또 비가 내리므로 나는 농담조로 말하기를, "조물주도 역시 관심을 두는 모양인가. 산악의 형상을 숨기는 것을 시새워하는 바가 있는 듯하다." 하니 백욱은 말하기를, "산신령이 오래도록 시객(詩客)을 가둬놓을 작정인지 뉘 알겠는가." 하였다. 이날 밤에 다시 개어 하얀 달이 빛을 발하니 창안(蒼顏 산을 말한 것)이 전부 드러나서 뭇 골짜기에는 선인(仙人)·우객(羽客)이 너울너울 춤을 추고 있는 듯하다. 백욱은 말하기를, "사람 마음이나 밤기운이 이 지경에 이르면 도시 찌꺼기라곤 없기 마련이라." 하였다. 나의 조그마한 몸이 자못 피리를 고를 줄 알기로 그를 시켜 불게 하니 또한 족히 공산의 소리를 전할 만하여 세 사람은 서로 대하고 밤이 으슥해서야 바야흐로 잠자리에 들어갔다.

  이튿날 아침에 나는 백욱과 더불어 짚신을 신고 지팡이를 짚고 걸어서 등구암을 떠나 1마장쯤 내려가니 볼만한 폭포가 있다. 십 리쯤 가서 한 외로운 마을이 보이고, 그 마을에는 감나무가 많았다. 험한 고개를 넘어 산 중허리를 타고 바른편으로 굴러서 북으로 향하니 바위 밑에 샘이 있기에 두 손을 모아 물을 떠서 마시고, 따라서 세수도 하고 나와 한걸음으로 금대암(金臺庵)에 당도하니 중 한 사람이 나와 물을 긷는다. 나는 백욱과 더불어 무심코 뜰 앞에 들어서니 몇 그루 모란꽃이 피었다. 그러나 하마 반쯤 시들었는데, 꽃빛은 심히 붉다. 그리고 백결(百結)의 납의(衲衣)를 입은 중 20여명이 바야흐로 가사(袈裟)를 메고 경을 외우며 주선하는 것이 매우 빠르므로 내가 물으니 정진도량(精進道場)이라고 한다. 백욱이 듣고 해석하기를, "그 법이 정하여 섞임이 없고, 전진이 있고 후회는 없으니, 밤낮으로 쉬지 않고 나아가서 부처의 공덕을 짓자는 것이다." 하였다. 만약 조금이라도 게을리하는 일이 있으면, 그 무리 중의 민첩한 자가 기다란 목판으로 쳐서 깨우쳐 졸지 못하게 한다. 나는 말하기를, "중노릇하기도 역시 고되겠다. 학자의 성인을 바라보는 공부도 이와 같이 한다면 어찌 성취가 없겠는가." 하였다. 암자 내에 육환(六環)의 석장(錫杖)이 있는데, 매우 오래된 물건이었다. 날이 정오가 되자 옛길을 경유하여 돌아와 석간수를 내려다보니 갑자기 창일하여 호수와 같으므로 멀리서 상무주(上無住) 군자사(君子寺)를 가리키며 가보고 싶었으나 걸어갈 수가 없었다. 산길을 내려오는데 심히 경사져서 발을 땅에 붙일 수가 없기로 지팡이를 앞에 세우고 미끌려서 내려가니 안마(鞍馬)가 이미 산 아래서 기다리고 있다. 타고 가는 사람과 걷는 사람이 겨우 한걸음 사이쯤 떨어졌는데, 내가 탄 말은 유독 다리 하나를 절어서 방아를 찧는 것 같으므로 백욱을 돌아보며 말하기를, "저는 나귀의 풍경이란 시인은 면할 수 없는 모양이다." 하였다. 시내를 따라 북쪽 기슭에서 동쪽으로 향하여 용유담(龍遊潭)에 이르니, 못의 남북이 유심(幽深)하고 기절하여 진속(塵俗)이 천리나 가로막힌 것 같다. 정숙(貞叔)은 먼저 못가 반석 위에 와서 식사를 준비하여 기다리고 있으므로, 점심을 먹고 드디어 출발하였다. 때마침 비가 개어 물이 양편 기슭에 넘실거리니 못의 기묘한 형상은 얻어 볼 수 없었다. 정숙이 말하기를, "이곳은 점필공(佔畢公)이 군수로 계실 적에 비를 빌고 재숙(齋宿)하던 곳이라." 한다. 못가의 돌이 새로 갈아놓은 밭골과 같이 완연히 뻗어간 흔적이 있고, 또 돌이 항아리도 같고, 가마솥도 같은 것이 있어 이루 다 기록할 수가 없다…(중략)….정숙은 "발병이 나서 끝까지 모시고 다닐 수 없다." 하므로 작별을 나누었다. 저물녘에 사근역(沙斤驛)에 당도하니 양쪽 다리가 몹시 아려서 다시 한걸음도 옮겨 놓을 수 없었다.

이튿날에 천령에서 수행을 온 사람과 말을 다 돌려보냈다. 1마장쯤 가니 대천(大川)을 아울러 이남은 모두 엄천(嚴川)의 하류요, 서쪽으로 바라보니 푸른 산이 감싸여 쫑긋쫑긋한데, 모두 두류산의 곁 봉우리가 정오에 산음현(山陰縣)을 당도하여 환아정(換鵝亭)에 올라 써 붙인 정기(亭記)를 일람하고 북으로 맑은 강물을 내려다보니, 유유히 흘러가는 감회가 있어 잠깐 비스듬히 누웠다 깼다. 아, 어진 마을을 선택해서 사는 것은 지혜로운 처사요, 궂은 나무를 피해 깃드는 것은 밝은 행동이다. 고을 이름은 산음현이요, 정자 이름은 환아정이니, 이는 회계(會稽)의 산수를 사모해서 그런 것이 아니겠느냐. 우리들이 어찌하여 여기서 길이 동진(東晉)의 풍류(風流)를 계승할 수 있게 되랴. 산음현을 경유하여 남으로 단성(丹城)에 당도하니 지나는 곳마다 계산(溪山)이 청수하고 명려(明麗)하여 모두 두류산의 옛 줄거리이다.

신안역(新安驛) 십 리 지점에서 배로 나루를 건너 걸어서 단성에 당도하여 사관을 정하고 나는 단구성(丹丘城)16)이라 부르며 선경으로 여겼다. 단성 원 최경보(崔慶甫)가 노자를 후히 보내왔다. 화단(花壇) 위에 오죽(烏竹) 백여 개가 있으므로, 지팡이 감이 될 만한 것으로 골라 두 개를 베어 백욱과 나누어 가졌다. 단성으로부터 서쪽으로 15리를 가서 험준한 고을 지나니,

---

16) 옛날 신선이 살던 곳으로 단대(丹臺)라고 칭한다. 이백(李白) 시집(詩集)에 서악(西岳) 운대(雲臺)에서 단구자(丹丘子)를 보내는 노래와 원단구(元丹丘)를 보내는 노래가 있다.

널찍한 벌이 나오고 맑은 물줄기가 그 벌의 서쪽으로 쏟아진다. 비탈을 타고 북으로 3·4마장을 가니 한 골짜기가 있고, 골짜기 입구에 작은 바위가 있는데, 암면(巖面)에 "광제암문(廣濟巖門)"이란 네 글자가 새겨져 있다. 자획(字劃)이 추경하고 고고(高古)하여 세상에서 최고운(崔孤雲)의 수적이라 전한다....(중략)...백욱이 발이 부르터서 산에 오르기를 꺼리므로 드디어 하루를 묵는데, 중 해상인(該上人)이란 자가 있어 이야기를 할 만하였다. 저물녘에 진주 목사(晉州牧使) 경공태소(慶公太素)가 광대 두 사람을 보내어 각기 자기의 기술로써 산행(山行)을 즐겁게 하고, 또 공생(貢生) 김중돈(金仲敦)을 보내어 필연(筆硯)을 받들게 하였다. 이튿날 여명(黎明)에 가랑비가 살살 내리어 사립(簑笠)을 갖추고 출발하는데, 광대는 피리 젓대를 불며 앞장 서고 중 해상인은 길잡이가 되었다. 동구를 벗어나 돌아보니 물을 안아주고, 산은 감싸주고, 집은 깊숙하고, 지세는 막히어 참으로 은자(隱者)가 살 만한 곳이다. 애석하게도 중들의 장소가 되고, 고사(高士)에게 주어지지 아니하였다. 서쪽으로 십 리를 가서 한 큰 내를 건너는데, 바로 살천(薩川)의 하류가 살천을 경유하여 남으로 가다가 비스듬히 돌아 서쪽으로 약 20리를 가는데, 모두 두류산의 나머지 줄거리이다. 들은 넓고 산은 나직하며 맑은 내와 하얀 돌이 모두 심신을 즐겁게 한다. 구부려져 동쪽으로 향하여 계곡 사이로 향하니 물은 맑고 돌은 날카로우며 또 구부려져 북으로 향하여 시내 하나를 아홉 번이나 건넜다. 또 동으로 구부러져서 한 판교(板橋)를 건너니 수목이 빽빽이 들어차서 아무리 쳐다보아도 하늘이 보이지 아니하고, 길은 점점 높아간다. 6·7리를 가니 압각수(鴨脚樹) 두 그루가 마주 섰는데, 크기는 백 아람이나 되고, 높이는 하늘에 닿을 듯하다. 문을 들어서니 옛 갈석(碣石)이 있는데 그 액(額)에, "오대산 수륙정사 기(五臺山水陸精社記)"라 써 있기에 그것을 읽어보니 자못 좋은 글임을 알겠다. 읽어보니 바로 고려 권 학사(權學士) 적(適)이 조송(趙宋) 소흥(紹興) 연간에 지은 것이다. 절에 누관(樓觀)이 있어 매우 장엄하고 간가(間架)도 퍽이나 많고 번당(幡幢)도 나열(羅列)해 있다. 고불(古佛)이 있는데, 중의 말이 "고려 인종(仁宗)이 만들어 보낸 것이요, 인종이 가졌던 철여의(鐵如意)도 보관해 있다." 한다. 해도 저물고 비도 부슬부슬하여 드디어 유숙하였다.

이튿날 아침에 사승(寺僧)이 망혜(芒鞋)를 선물로 주었다. 동구를 나와 북으로 가니 바른편에는 산이 있고, 왼편에는 벌이 있어 농사를 지어 먹고 살만하다. 또 십 리를 가니 거주민이 나무를 휘여 농기구를 만드는 것으로 업을 삼고, 쇠를 달구는 것으로 생계를 유지하고 있다. 나는 말하기를, "꽃이 피면 봄인 줄을 알고, 잎이 지면 가을인 줄을 안다더니, 이를 두고 이름이다." 하니, 따라온 중의 말이, "이러한 외진 땅에 살면 이정(里正 지금의 구장과 같은 것)의 박해가 없으니, 백성이 과중한 부역(賦役)에 고통을 받은 지가 오래였기 때문이다." 한다. 5리를 나가서 묵계사(默契寺)에 당도하니 이 절이 두류산에서 가장 경치가 좋다고 하는데, 친히 와 보니 자못 전에 듣던 말과는 차이가 있다. 다만 절집들이 밝고 아름다워 금으로 써 꾸민 것도 있고 청홍색 비단을 섞어서 부처의 가사도 만들었으며, 거주하는 중 20여 명은 입을 다물고 정진하기를 금대암(金臺菴) 중들처럼 할 따름이다. 잠깐 쉬었다가 말 대신 지팡이를 들고 고죽(苦竹)의 도숲을 헤쳐 나가는데, 희미하여 길을 잃고 간신히 좌방사(坐方寺)에 당도하니 중은 3·4명밖에 없고, 절 앞에 밤나무는 모두 부근(斧斤)의 해를 입어 넘어져 있었다. 궁금하여 중더러, "어째서 이렇게 되었느냐." 물으니 중의 말이, "밭을 만들고자 하는 백성이 있어서 아무리 금해도 하는 수가 없습니다." 하였다. 나는 탄식하여 말하기를, "태산(泰山) 장곡(長谷)에도 역시 농토를 개간하니 우리 국가에 백성이 많다는 것을 알 수 있다. 마땅히 부유하면 가르쳐 나갈 것을 생각해야 한다." 하였다. 잠깐 앉았다가 광대를 불러 피리 젓대를 불어 답답증을 풀게 하니 떨어진 납의(衲衣)를 입은 중 한 사람이 뜰에서 춤을 추는데, 우쭐우쭐 하는 그 기상이 가관이었다. 드디어 함께 앞 고개에 오르니, 나무가 길에 비끼어 있으므로 그 위에 앉아서 앞뒤로 큰 골짜기를 내려다보니 저물어가는 햇볕은 창창한데, 피리 소리가 젓대 소리에 어울려 유량하고 청아하여 산이 울리고, 골짜기가 응하니 정신이 상쾌함을 깨닫겠다. 흥이 다하여 이에 내려가 시냇가 반석에 앉아서 발을 씻었다. 이날도 오히려 음침하여 드디어 동상원사(東上元寺)에서 유숙하는데, 밤중에 꿈이 깨어 일어나니 별과 달은 맑고도 조촐하고 두견새가 어지러이 울어대는데 정신이 맑아 잠이 오지 아니한다. 나의 서형 김형종(金亨從)이 기뻐하며 말하기를, "명일에는 천왕봉을 올라 실컷 구경할 수 있을 것이니 일찌감치 행장을 단속하자." 하였다.

밝은 아침에 행전에 끈을 달아 다리를 단단히 싸매고 숲 속으로 향하는데, 길이 몹시 경삽할 뿐더러 말라 죽은 푸나무들이 쌓여 다리가 빠지고 그 아래는 모두 고죽(苦竹)이 있어 죽순이 땅을 뚫고 나오는데 마구 밟고 지나며, 큰 뱀이 길에 있고, 저절로 넘어진 나무가 서로 앞에 뒤섞였는데, 모두 경남(梗楠) 예장(豫章)의 재목이다. 혹은 몸을 구부리고 아래로 나가며 혹은 기어서 그 뒤를 향하기도 하며, 따라서 그 장석(匠石)을 만나지 못하여 동량(棟樑)으로 쓰이지 못하고, 공산에서 말라 죽은 것을 생각할 때 조물을 위하여 가석한 일이다. 그러나 역시 제 나이대로 다 마친 것이 아니겠느냐. 나는 건장한 걸음으로 먼저 가서 한 시냇가 돌에서 기다리는데, 백욱은 힘이 빠져서 허리에 줄 하나를 매고 중 한 사람으로 하여금 앞서서 당기며 가게 하였다. 나는 백욱을 영접하여 말하기를, "중이 어디서 죄인을 구속해 오는가." 하니 백욱은 웃으며, "산신령이 포객(逋客)을 나포한 것에 불과하다." 하였다. 대개 백욱이 진작 이 산에 노닌 때문으로 농담으로 대답한 것이다. 여기 와서는 몹시 갈증이 심하여 종자(從者)들은 모두 두 손을 모아 물을 받아 쌀가루를 타서 마셨다. 다시 다른 길이 없고 다만 천 길의 바위에서 흘러 내리는 물방울이 모여 시내 하나를 이루어 산위에서 쏟아지는데, 마치 은하수가 거꾸로 쏟는 듯하며, 간수(澗水) 가운데 큰 돌이 첩첩이 포개져 다리가 되고, 이끼 흔적이 미끄럽고 윤택하여 밟으면 넘어지기 쉽다. 오고가는 초동(樵童)들이 작은 돌멩이를 그 위에 쌓아올려서 길을 표시하였다. 그리고 나무 그늘이 하늘을 가리어 햇볕이 들지 아니한다. 이와 같이 시내를 거슬러 올라가는데, 다섯 걸음 만에 한 번 쉬기도 하고, 열 걸음 만에 한 번 쉬기도 하여, 있는 힘을 다 썼다. 시내가 그치자 점점 북으로 향해서 다시 대 숲 속을 헤쳐 가니 산이 모두 돌이다. 칡덩굴을 더위잡고 굴면서 올라가 숨가쁘게 십여 리를 걸어서 한 높은 고개를 오르니, 철쭉꽃이 활짝 피어 있으므로, 그 별경계를 기뻐하여 꽃 하나를 꺾어서 머리에 꽂고 따라오는 일행에게도 말하여 모두 꽂고 가게 하였다. 한 봉우리를 만났는데, 이름은 세존암(世尊巖)이다. 바위가 극히 우람하나 사다리가 있어 오를 수 있기로 올라서 천왕봉을 바라보니 수십 리밖에 되지 않을 것 같았다. 기뻐서 일행에게 일러주고 힘을 써서 다시 한 걸음 더 나가자고 한다. 여기서 길이 점점 나직하여 5리쯤 가서 법계사(法界寺)에 당도하니 중 한 사람밖에 없고, 나무 잎이 널찍널찍하여 비로소 자라나고 산꽃은 곱게곱게 바야흐로 피어나니, 바로 저 문 봄철이라, 잠깐 쉬고 곧 올라가서 돌이 있는데 배 같기도 하고 문짝도 같다. 그 돌을 경유하여 나가는데, 길이 돌고 구부러지고 오목하고 울툭불툭하며 석각(石角)을 붙들고 나무뿌리를 더위잡고 겨우 봉 꼭대기에 당도하자 곧 안개가 사방에 끼어 지척을 구별할 수 없었다. 향적승(香積僧 식사를 맡은 중)이 냄비를 가지고 와서 한군데 평평한 땅을 찾으니, 바위틈에서 물방울이 떨어져 샘물을 이루었기로 감히 다시 올라가서 곧 쌀을 씻어 밥을 짓게 하였다. 온 산에 다시 다른 재목은 없고, 있는 나무는 삼회(杉檜)와 비슷한데, 중의 말이 비자목이라고 하며, 이 나무로 밥을 지으면 밥맛이 없어진다고 한다. 시험해 보니 과연 그렇다. 옛사람이 밥을 지어 먹을 나무에 애를 썼다는 것을 미루어 알 수 있다. 사람들이 전하기를, "두류산에는 감과 밤과 잣들이 많아서 가을바람이 불면 열매가 떨어져 계곡에 가득 찬다. 그래서 중들이 주어다 요기를 한다." 하는데, 이는 허언이다. 다른 초목도 오히려 나서 크지 못하는데, 하물며 과일에 있어서랴. 매년 관가에서 잣을 독촉하니 거주민이 노상 되려 다른 고을에서 나는 것을 사들여서 공세(貢稅)에 충당한다고 한다. 모든 일에 있어 귀로 듣는 것은 눈으로 보는 것과 같지 않은 점이 이런 유이다. 저물 적에 봉의 절정에 오르니, 정상에 진루가 있어 겨우 한 칸의 판옥(板屋)을 용납하고 판옥 안에는 여지의 석상(石像)이 있는데, 이른바 천왕(天王)이다. 지전(紙錢)이 어지러이 들보 위에 걸리고, 또, "숭선(嵩善) 김종직(金宗直)·계온(季溫) 고양(高陽) 유호인(兪好仁), 극기(克己) 하산(夏山) 조위(曺偉) 태허(太虛)가 성화(成化) 임진 중추일(中秋日)에 함께 오르다."라는 몇 글자가 씌어 있다. 그리고 예전에 구경 온 사람들의 성명을 내리 보니 당세의 호걸들이 많았다. 드디어 사우(祠宇)에서 자게 되어 두터운 솜옷을 입고 솜이불을 덮고 몸을 따뜻이 하는 한편 종자들은 사당 앞에서 불을 피우고 추위를 막았다. 한밤중에 천지가 청명하고 큰 들은 광막하고 흰 구름은 산골에서 자는데, 마치 한바다에서 밀물이 올라온 것 같고, 여러 군데 포구에서는 하얀 물결이 눈을 뿜으며, 노출된 산은 도서(島嶼)와 같이 점을 찍어놓은 듯하다. 진루에 기대어 내리보고 쳐다보니 심신이 으슥하며, 몸은 홍몽(鴻濛) 원시(元始)의 위에 있고, 가슴속은 천지와 더불어 함께 유동하는 것 같았다.

  신해(辛亥)일 여명에 해가 양곡(暘谷)에서 돋아나는 것을 보니, 청명한 공중이 마경(磨鏡)과 같다. 서성대며 사방을 바라보니, 만 리가 끝이 없고, 대지의 뭇 산은 모두 의봉(蟻封)과 구질(蚯垤) 같아서 묘사하기로 들면, 한퇴지(韓退之)의 남산시(南山詩)를 이해할 수 있고, 마음과 눈은 바로 공부자(孔夫子)의 동산(東山)에 오른 때와 부합된다 하겠다. 온갖 회포를 일으키고, 진세(塵世)를 내려다보니 무한한 감개가 뒤따른다. 이 산의 동·남쪽은 옛날 신라의 구역이요, 서·북쪽은 백제의 땅이라. 하루살이 모기떼가 소란을 피우며, 항아리 속에서 나고 사라지고 하는 격인데, 처음부터 헤아리면 얼마나 많은 호걸들이 여기에 뼈가 묻혔겠는가. 우리들이 오늘에 아무런 탈이 없어 여기 올라 구경하는 것은 역시 위에서 내려주신 은덕이 아니겠느냐. 망망하고 아득한 태평의 연화(煙火) 속에서도 또한 비환(悲歡)과 우락(憂樂)이 만 가지로 틀리는 것이 있다는 것을 생각하면서 드디어 백욱에게 말하기를, "어떻게 해서 그대와 함께 악전(偓佺 고대의 신선)의 무리와 짝이 되어 나는데, 홍곡(鴻鵠)을 능가하며, 몸이 팔굉(八紘)의 밖에 노닐고, 눈으로 일원(一元)의 수를 궁리하여 기(氣)가 다하는 때를 볼 수 있겠는가." 하니, 백욱은 웃으며, "될 수 없는 일이다." 하였다. 인하여 종놈들을 시켜 두 그릇에 제물을 갖추게 하여, 사당에 보고를 드리기로 하고 제문을 지었는데, 그 글에 이르기를, "옛날 선왕(先王)이 상하의 구분을 제정하여 오악(五岳)·사독(四瀆)에 있어서는 오직 천자(天子)만이 제사할 수 있고, 제후(諸侯)들은 다만 자기 봉지(封地) 안에 있는 산천만을 제사하며, 공경대부들은 각각 처지에 해당한 제사가 있었다. 그런데, 후세에 와서는 명산대천으로부터 사묘(祠廟)까지도 무릇 문인(文人) 행객(行客)으로 그 아래를 나아가는 자는, 반드시 제물을 갖추어 전제(奠祭)를 드리며 고유(告由)하는 일도 있다. 생각하건대 두류산은 멀리 해국(海國)에 있어 수백여 리를 뻗치어 호남·영남 두 경계의 진산(鎭山)이 되고, 그 아래 수십 고을을 옹위해 있으니, 반드시 크고 높은 신령이 있어 운우(雲雨)를 일으키고, 정기가 저축되어 영원토록 백성에게 복리를 끼쳐 주어 마지않을 것이다. 나는 진사(進士) 정여창(鄭汝昌)과 더불어 정도(正道)를 지키고 사도(邪道)를 미워하여, 평생에 성인의 글이 아니면 읽지 아니하고, 지나다가 음사(淫祀)를 발견하면 반드시 무너뜨리고야 말았다. 금년 여름에 마음먹고 산 구경을 나가서 이 산 기슭에 당도하자, 안개와 비가 아득히 내리므로 혹시 이 산의 특이한 경치를 두루 구경하지 못할까 걱정했었는데, 어제 비구름이 해소되고 해와 달이 광명하니, 마음을 깨끗이 하고 묵묵히 빌면 형산(衡山)의 신령이 반드시 한유(韓愈)씨에게만 후한 것은 아닐 것이다. 여러 거주민에게 물으니, 신(神)을 마야부인(摩耶夫人)으로 삼는데 이는 거짓말이고, 점필(佔畢) 김공은 우리 나라의 박문다식(博聞多識)한 큰 선비인데, 이승휴(李承休)의 제왕운기(帝王韻紀)를 고증하여, 신(神)을 고려 태조의 비(妃) 위숙왕후(威肅王后)로 삼았으니 이것이 신필(信筆)이다. 이는 열조(烈祖 태조(太祖))가 삼한을 통일하여, 동인(東人)으로 하여금 분쟁의 고통을 면하게 하였으니, 큰 산에 사당을 세워 길이 백성에게 제향을 받는 것도 당연하다. 나는 약관(弱冠)의 나이로 부친을 여의고, 노모(老母)가 당(堂)에 계신데 서산(西山)의 햇빛이 차츰 다가오니, 애일(愛日)의 정성이 일찍이 한발자국을 옮기는 순간에도 해이한 적이 없었다. 주문(周文)이 구령(九齡)이 되매 곽종이 나이를 빈 경험이 있으니, 감히 산행(山行)을 위하여 고하고 감히 노모를 위하여 기도를 드린다. 백반 한 그릇과 명수(明水) 한 잔일망정 조촐하고도 정성이 들었음을 귀히 여긴 것이다. 상향(尙饗)."이라 하였다. 문이 이뤄지자 술잔을 드리려 하니, 백욱이 말하기를, "세상에서는 방금 마야부인이라 하고 있는데, 그대가 위숙왕후라고 밝혔지만 세상의 의심을 면하지 못할까 걱정이니, 그만두는 것만 같지 못하다." 하므로, 나는 말하기를, "위숙왕후냐, 마야부인이냐를 차치하고라도, 산신령에게 잔을 드릴 수 있지 않느냐." 하니, 백욱은, 공자께서 일찍이 말씀하시기를, "태산(泰山)이 임방(林放)보다 못하단 말이냐." 하지 않았는가. 더구나 국가가 향화(香火)를 행례할 적에 산신령에게 하지 않고, 매양 성모(聖母)에게나 또는 가섭(迦葉)에게 하는데 그대로서 어찌하랴 한다. 나는 그렇다면 두류산의 신령이 흠향하지 않을 것이다. 산신령은 버리고 음사(淫祀)

를 번거롭게 하는 것은, 이야말로 질종(秩宗 예를 맡은 벼슬)의 과실이다 하고 드디어 중지하였다. 평소에는 다만, 구름이 하늘에 붙은 줄로만 알았고, 그것이 반공에 있는 물건이라는 것을 몰랐는데, 여기 와서 보니 눈 밑에 편편히 깔렸을 따름이다. 편편히 깔린 그 아래는 반드시 대낮이 그늘졌을 것이다. 오후가 되니 안갯기가 사방으로 합하기로, 드디어 내려와 석문(石門)을 경유하여 향적사(香積寺)에 도착하니 절의 중이 서로 치하하며 하는 말이, "늙은 것이 이 절에 머무른 적이 오래입니다. 금년 들어 하고 많은 승속(僧俗)이 상봉을 구경하려 하였으나, 갑자기 풍우(風雨)·운음(雲陰)이 산을 가리우게 되어, 한 사람도 두류산의 전경을 얻어 본 자가 없었는데, 어제 저녁 나절에 음우(陰雨)의 증세가 있더니, 선비님네가 올라가자 바로 깨끗이 갰으니, 이 역시 이상한 일입니다." 하므로, 나 역시 수긍하였다. 절 앞에 높은 바위가 동떨어져 있는데 이름은 금강대(金剛臺)이다. 이 바위에 올라보면 눈앞에 기묘한 봉이 수 없이 나열했는데, 흰 구름이 항상 둘려 있다. 법계(法界 절[寺])로부터 상봉에 가고 또 향적사에까지 가는 데는, 모두 층층의 비탈을 돌고 돌았었는데, 비탈의 전면은 전부 돌이 깔리고 산도 모두 첩첩의 돌뿐이라, 낙엽이 돌 구멍을 메워 초목의 뿌리가 거기에 의탁하여 살기 때문에, 가지가 짧게 꺾이니 모두 동남으로 쓰러졌다. 그리고 구부러지고 앙상하여 가지와 잎사귀가 제대로 발육되지 못했는데 상봉은 더욱 심하다. 두견화가 비로소 한두 송이밖에 피지 아니하고 벌어지지 않은 망울이 가지에 가득하니, 정히 2월 초순의 기후였다. 중이 이르기를, "산상의 꽃과 잎이 5월에 한창 성하다가 6월이 되면 시들기 시작합니다."고 한다. 나는 백욱에게 묻기를, "봉이 높아 하늘과 가까우니 마땅히 먼저 태양을 받을 텐데, 도리어 뒤지는 것은 어쩐 까닭인가." 하니, 백욱은 말하기를, "대지(大地)가 하늘과는 8만 리의 거리인데, 우리가 두어 날을 걸어서 상봉에 당도하였으니, 봉의 높이는 땅과 거리가 백 리도 차지 않는다. 그렇다면 하늘과의 거리는 그 얼마인지 알 수 없으니 태양을 먼저 받는다는 것은 있을 수 없고, 특히 외롭고 놀라서 먼저 바람을 받는 것이다." 한다. 나는 말하기를, "대범 물(物)의 생리가 높은 데를 꺼리는 것인가. 그러나 높은 데는 충우가 모여드는 것을 면하지 못하지만 나직한 데는 역시 부근(斧斤) 액을 만나는 법이니, 장차 어디를 택하면 되겠는가." 하였다. 향적사 곁에 큰 나무 수백 주가 쌓여 있기로 중더러 무엇을 하는 거냐고 물으니, 중이 말하기를, "늙은 것이 호남의 여러 고을을 다니며 구걸하여 배로 섬진강까지 하나하나 실어 와서 이 절을 새로 지으려고 한 것이 하마 6년이 되었습니다." 한다. 나는 말하기를, "우리 유자(儒者)의 학궁(學宮)에 있어서는 그만 못하다. 석가의 교가 서역(西域)으로부터 비롯되었는데, 어리석은 남녀들은 신봉하기를 문선왕(文宣王 공자)보다 더하니 백성의 사교(邪敎)에 탐혹하는 것이 정도(正道)를 신봉하는 진실성과 같지 않은 모양이다." 하였다. 이 절에서 바다를 바라볼 수 있기로, 나는 중에게 말하기를, "천지의 사이에 물이 많고 흙이 적은데, 우리 나라는 산이 맨땅보다 많고, 국가의 인구는 나날이 불어나서 용납할 곳이 없다. 너는 자비(慈悲)를 좋다하니 중생(衆生)을 위하여 두류산 종래의 근백을 찾아서 장백산(長白山)에서부터 흙을 모조리 파내어 남해 바다를 메우고, 만 리의 평야를 만들어 백성의 살 땅을 마련하며, 복전(福田)을 만든다면 도리어 정위(精衛 옛날에 돌을 물어다 바다를 메운 새 이름)보다 낫지 않겠느냐." 하니, 중은, "감히 당할 수 없는 일입니다." 하였다. 나는 또 말하기를, "높은 언덕도 골짝이 되고, 한 바다도 상전(桑田)이 되는 것이니, 운산(雲山) 석실(石室)에서 금단(金丹)을 수련(修煉)해서 너의 열반(涅槃)의 도를 버리고, 그의 장생(長生)의 술을 배워서 두류산이 골짝이 되고, 남해 바다가 상전이 되도록 함께 수명을 보존하게 하는 것이 어떻겠느냐." 하니 중은, "인연 맺기가 원입니다." 하여 드디어 손뼉을 치고 크게 웃었다.

    14일 임자에 영신사(靈神寺)에서 유숙하였다. 이 절의 앞에는 창불대(唱佛臺)가 있고, 뒤에는 좌고대(座高臺)가 있어 천 길이 솟아 올라가면 먼데를 바라 볼 수 있고, 동쪽에는 영계(靈溪)가 있어 쪼개 놓은 홈대 안으로 쏟고, 서쪽에는 옥청수(玉淸水)가 있는데 중의 말이 매[鷹]가 마시는 물이라고 한다. 북쪽에는 가섭(迦葉)의 적상이 있고, 당(堂)에는 가섭의 화상이 있는데, 비해당(匪懈堂)이 그리고, 짓고, 쓰고, 한 삼절(三絶)이었다. 연기에 그을리고 비에 녹았기로 이러한 기보(奇寶)가 공산 속에서 버림을 받는 것이 너무도 애석해서 빼앗아 가지려고 했는데, 백욱의 말이, "한 사람의 집에 사장

(私藏)하는 것이 어찌 명산에 공장(公藏)하여 구안자(具眼者)의 감상에 대비하도록 하는 것만 같겠는가 하므로, 드디어 빼앗지 아니하였다. 백성들이 재물을 시주하며 가섭에게 복을 비는 것이 천왕(天王)과 더불어 대등하다. 밤에 법당에서 자는데 침침한 안개와 거센 바람이 창문을 들이친다. 그 기운이 사람에게 스며들면 몹시 해로우니 도저히 오래 머물 수 없었다.

  15일 계축에 산 능선을 타고 서쪽으로 가는데 능선 북쪽은 함양(咸陽) 땅이요, 능선 남쪽은 진주(晉州) 땅이다. 한 가닥 나무꾼의 길이 함양과 진주를 가운데로 나눠 놓은 셈이다. 방황하여 오래도록 조망하다가 다시 나무 그늘 속으로 향하였다. 그러나 모두 토산(土山)이요, 길이 있어 찾아갈 만하다. 매를 잡는 자가 많아서 길이 이뤄져 상원사(上元寺)나 법계사(法界寺)의 길처럼 심하지는 않다. 산마루로부터 급히 내려가서 정오에 의신사(義神寺)에 당도하면 절이 평지에 있고, 절벽에는 김언신(金彦辛)·김미(金楣)의 이름이 씌어져 있다. 거주승(居住僧) 30여 명이 역시 정진(精進)하고 있으며, 대밭과 감나무 밭이 있으며, 채소를 심어서 밥을 먹으니 비로소 인간의 세상임을 깨닫겠다....(중략)...서산의 기슭에 옛 성루가 있는데 옛날의 화개현(花開縣)이라고 한다. 5리를 가니 시냇물이 어지러이 흐르고, 돌은 쫑긋쫑긋하다. 동으로 1마장쯤 가니 두 시내가 합류하고, 두 돌이 대립하여 쌍계석문(雙磎石門)이란 네 글자가 새겨져 있다. 광제암문(廣濟巖門)이란 글자와 맞추어 보면 더욱 커서 말만큼씩 하나, 글자체가 서로 비교되지 아니하여 아동들의 습자(習字)와 같다. 석문을 경유하여 1마장을 가니 귀룡(龜龍)의 옛 비가 있는데, 그 액(額)에, 쌍계사 고 진감선사비(雙溪寺故眞鑑禪師碑)란 아홉 자가 있고, 방서(傍書)에는, 전 서국도순관승무랑시어 사내 공봉사 자금어대신 최치원 봉교찬(前西國都巡官承務郞侍御史內供奉賜紫金魚袋臣崔致遠奉敎撰)이라 했다. 바로 광계(光啓) 3년에 세운 것인데, 광계는 당(唐) 나라 희종(僖宗)의 연호다. 햇수는 지금으로 6백여 년 전이니 역시 고물이다. 인물의 존망(存亡)과 대운(大運)의 흥폐가 언제까지라도 서로 잇따른 법인데, 유독 완연한 이 돌만이 홀로 서서 썩지 아니하니 한번 탄식을 일으킬 만하다. 구경한 비갈(碑碣)이 많다. 단속사(斷俗寺) 신행(神行)의 비는 원화(元

和) 연간에 세웠으니, 광계(光啓)보다 앞섰고, 오대산(五臺山) 수정사(水精寺) 기(記)를 새긴 갈(碣)은 거의가 권적(權適)의 소작이니 역시 한 세상의 문사(文士)다. 그런데 유독 이 비에 대하여 자꾸만 감회를 일으키게 되는 것은, 고운의 수택(手澤)이 아직도 남아 있을 뿐더러, 고운이 산수 사이에 소요하던 그 금회가 백 대의 뒤에 계합되는 점이 있어서 그런 것이 아니냐. 만약 내가 고운의 세상에 났다면, 마땅히 그 지팡이와 신발을 받들고 시종하여 고운으로 하여금 외롭게 되어 부처를 배우는 무리와 더불어 짝이 되게 하지 않을 것이요, 고운으로 하여금 오늘날을 당했을지라도 또한 반드시 중요한 자리에 있어 나라를 빛나는 문장으로써 태평의 정치를 꾸며내게 하고, 나도 또한 문하에서 필연(筆硯)을 시봉할 기회를 얻었을 것이다. 석면(石面)의 어깨를 어루만지며 감개(憾慨)를 금하지 못했으나, 그 글을 읽어보니 병려(駢儷)로 되었을 뿐더러 선불(禪佛)을 위하여 글짓기를 좋아하였으니 어쩐 일인가. 아마도 만당(晚唐)에서 배웠기 때문에 그 누습(陋習)을 변하지 못한 것이 아니겠는가. 아니면 초연히 쇠한 세상을 방관하여 때와 더불어 오르내리며 선불에 의탁하여 스스로 숨어 지내자는 것인지 알 수가 없다. 비의 북쪽에 수십 보 거리에 백 아람이 되는 늙은 회화나무가 있어 뿌리가 시냇물을 걸앉았는데, 역시 고운이 손수 심은 것이다. 중이 정원에서 불을 놓다가 잘못되어 회화나무에 불이 붙어 용호(龍虎)가 거꾸러진 나머지, 그 루터기의 썩어 있는 것이 길이 넘고, 중들은 아직도 뿌리 위를 밟고 왕래하며, 이름을 금교(金橋)라 부른다. 아, 식물(植物)이란 역시 생기(生氣)를 지닌 것이라. 돌처럼 수하지는 못하는 모양이다. 절 북쪽에 고운이 올라 노닐던 팔영루(八詠樓)의 유지(遺址)가 있는데, 중 의공(義空)이 재목을 모아 누를 다시 세우기로 한다고 한다. 의공과 더불어 잠깐 앉아 쉬는 사이에 갑자기 문을 두드리는 소리가 있기로 물으니, 관에서 은어를 잡는데, 물이 많아서 그물을 칠 수 없고, 천초(川椒) 껍질이나 잎으로 고기를 잡아야 되겠다하며, 절중에서 독촉하여 얻어오라는 것이다. 중의 말이, "살생(殺生)하는 물건을 가져오라니 어쩌자는 것인가." 했고, 나 역시 한참동안 빈축하였다. 오대산(五臺山)의 백성이 이미 이장[里正]의 포학을 면하지 못했는데, 쌍계사 중이 또한 장차 고기를 잡는 물건을 제공하게 되었으니, 산중도 역시 불안한 곳이다.

이튿날 을묘일에 비로 인하여 출발을 중지하였다. 28일 병진에 쌍계의 동쪽을 타서 다시 지팡이를 짚고 석등(石磴)을 더위잡고 위잔(危棧)을 곁하여 두어 마장을 가니, 하나의 동부(洞府)가 나오는데 자못 너그럽고 평평하여 경작(耕作)을 할만하다. 세상이 여기를 들어 청학동(靑鶴洞)이라고 한다. 눌러 생각해보니 우리가 여기를 올 수 있는데, 이미수(李眉叟)는 어찌하여 오지 못했던가. 미수가 여기를 오고도 기억을 못했던가. 그렇지 않으면 과연 청학동이란 것은 없는데, 세상에서 서로 전하기만 하는 것인가. 앞으로 수십 보를 걸어 나가 동떨어진 골짝을 내려다보며 잔도(棧道)를 지나니 암자 하나가 있는데, 이름은 불일암(佛日庵)이다. 절벽 위에 있어 앞을 내려다보면 땅이 없고, 사방의 산이 기묘하게 솟아서 상쾌하기 이를 데가 없다. 동서쪽에 향로봉(香爐峯)이 있어 좌우로 마주 대하고, 아래는 용추(龍湫)와 학연(鶴淵)이 있는데 깊이를 측량할 수 없다. 암자 중이 말하기를, "매년 6월이면 몸뚱이는 파랗고, 이마는 붉고, 다리는 긴 새가 향로봉 소나무에 모였다가 날아 내려와 못물 마시고 바로 간다."한다. 여기 사는 중들이 자꾸 보는데, 이것이 청학이라는 것이다. 어떻게 하면 잡아다가 거문고와 함께 짝을 만들 수 있으랴. 암자 동편에 비천(飛泉)이 있어 눈을 뿌리며, 천 길을 내리 떨어져 학연(鶴淵)으로 들어가는데 이거야 말로 경치 좋은 곳이다. 등구(登龜)로부터 여기까지 오는 동안 전후 16일이 걸렸는데, 곳마다 천암(千巖)이 다투어 뻗쳐나고 만 골짝의 물이 어울려 흘러 기쁘기도 했고, 놀라기도 했던 것이 한두 번이 아니었으나, 제일 마음에 드는 곳은 불일암 하나였다. 또 학의 이야기를 듣고 이미수가 찾던 곳이 거기가 아닌가 의심했으나 골짝이 워낙 높고 동떨어져서 원숭이가 아니면 갈 수가 없으니, 처자(妻子)와 우독(牛犢)이 용납할 곳이 없다. 엄천(嚴川)이나 단속(斷俗)은 모두 불자(佛者) 장소가 되어버리고 청학동마저 끝내 찾지 못하니 어찌 하랴. 백욱이 말하기를, "솔과 대가 둘 다 아름답지만 차군(此君 대의 이칭)만 같지 못하고, 바람과 달이 둘 다 맑지만 중천(中天)에 온 달 그림자를 대하는 기경(奇景)만 같지 못하고, 산과 물이 모두 인자(仁者)·지자(智者)의 즐기는 것이지만, 공자께서 칭찬하신 「물이여 물이여」만 같지 못하니, 명일에는 장차 그대와 더불어 악양성(岳陽城)을 나가서 대호(大湖)의 물결을 구경하도록 하자."하므로 "나도 그렇게 하자."하였다.

5. 성찰과 반성의 기록: 〈난중일기〉

1) 작가 소개

본 절에서는 우리 선조들이 남긴 많은 일기류 중에 『난중일기』를 한번 살펴보고자 한다. 『난중일기』를 남긴 이순신은 1545년(인종 원년) 서울 건천동(乾川洞)에서 태어났으며, 본관은 덕수(德水), 자(字)는 여해(汝諧), 시호(諡號)는 조선과 중국에서 가장 뛰어난 명장에게 주는 충무(忠武)이다. 그는 본래 문관 출신 가문이었으나, 32세인 1576년(선조9) 식년무과(式年武科)에 병과로 급제하여 권지훈련원봉사(權知訓練院奉事)로 처음 관직에 나갔으며, 이어 함경도의 동구비보권관(董仇非堡權管)과 발포수군만호(鉢浦水軍萬戶)를 거쳐 1583년(선조16)에는 건원보권관(乾原堡權管)과 훈련원참군(訓鍊院參軍)을 지냈다.

1586년(선조19)에는 조산보만호(造山堡萬戶)가 되었는데, 이때 여진의 침입을 막지 못하여 백의종군의 길에 올랐다. 그 뒤 전라도 관찰사 이광에게 발탁되어 전라도의 조방장(助防將)이 되었으나, 1589년(선조22) 선전관과 정읍 현감 등을 거쳐 유성룡의 천거로 절충장군과 진도군수 등을 지냈다. 같은 해 전라좌도수군절도사(全羅左道水軍節度使)로 승진한 뒤, 좌수영에 부임하여 군비 확충에 힘쓰기도 했다.

1591년 임진왜란이 일어나자 이순신은 옥포에서 일본 수군과 첫 해전을 벌여 왜선 30여 척을 격파하였고(옥포 해전), 처음으로 거북선을 사용한 사천에서는 적선 13척을 격파하는(사천 해전) 등 많은 공을 세웠다. 이어 당포 해전과 당항포 해전에서 각각 적선 20척과 26척을 격파하는 등 전공을 세워 자헌대부로 품계가 올라갔다. 같은 해 7월 한산도 대첩에서는 적선 70척을 대파하는 공을 세워 정헌대부에 올랐다. 안골포에서는 일본 수군을 격파하고(안골포 해전), 9월 일본 수군의 근거지인 부산진에 진격하여 적선 100여 척이 넘는 왜선을 격멸하는 큰 전과를 올렸다(부산포 해전). 1593년에는 부산과 웅천에 있던 왜적을 완전 섬멸하고 남해안 일대의 일본 수군을 완전히 일소한 뒤 진영을 한산도로 옮겨 본영으로 삼았으며, 조선 수군 최초로 수군통제사(水軍統制使)가 되었다.

이듬해 명나라 수군이 내원(來援)하자 죽도(竹島)로 진을 옮긴 후, 장문포 해전에서 왜적을 격파하였다. 명과 왜 사이에 화의(和議)가 시작되어 전쟁이 소강상태가 되었을 때는, 병사들의 훈련을 강화하고 군비를 확충하는 한편, 피난민들의 민생을 돌보고 산업을 장려하는 데 힘썼다. 1597년 모함을 받아 서울에 압송되어 사형을 받게 되었으나 우의정 정탁의 변호로 풀려나 도원수 권율의 막하에서 두 번째 백의종군을 하였다.

조선 수군을 총괄하던 후임 원균이 칠천량 해전에서 참패하자 이순신은 수군통제사에 재임명되었으며, 당시 조선 수군은 12척의 함선과 빈약한 병력만을 거느리고 자연 지형을 적절히 이용해 무려 133척의 왜선과 대적하여 그중 31척을 격파하는 혁혁한 전과를 세웠다(명량 대첩). 이 승리로 조선은 다시 해상권을 회복하였다. 1598년(선조31) 명나라 제독 진린과 연합하여 철수하기 위해 노량에 집결한 왜선 500여 척과 혼전을 벌이다가 유탄에 맞아 전사하였다(노량해전). 1604년(선조37) 선무공신(宣武功臣)이 되고 덕풍부원군(德豊府院君)에 추봉되었으며, 좌의정에 추증되었다. 1613년(광해군5)에는 영의정이 더해졌다.

장지(葬地)는 아산 어라산에 있으며, 왕이 친히 지은 비문과 충의문(忠臣門)이 건립되었다. 충무의 충렬사, 여수의 충민사, 아산의 현충사 등에 배향되었다. 그는 무인으로서 뿐만아니라 시문에도 능하여 『난중일기』와 시조·한시 등 여러 편의 뛰어난 작품을 남긴 바 있다.

2) 작품 감상

> 『난중일기』는 이순신이 임진왜란 7년 동안에 쓴 일기(초서체)이다. 필사본이며, 7책 205장의 분량으로 되어 있다. 일부 누락 된 부분도 있으나, 임진왜란이 일어나던 해인 1592년부터 1598년 전사하기까지의 일을 간결하고 명료하게 기록하여 대단히 중요한 전적 중의 하나로 평가되며 국보 제76호로 지정되어 있다. 친필 초고는 충남 아산의 현충사에 보관되고 있다. 본래 이 일기에는 어떤 이름도 붙어 있지 않았다가 1795년(정조19)에 『이충무공전서』가 편찬되면서 편찬자가 편의상 '난중일기'라는 이름을 붙여 『이충무공전서』17)권5부터 8에 걸쳐 이 일기를 수록하여 후세인들이 '난중일

기'로 부르게 되었다.
『난중일기』는 연도별로 7책으로 나뉘며 부록을 포함해 총 8책인데, 간략히 구성을 제시해 보면 아래와 같다.

- 제 1책 : 임진년 [선조 25년 : 서기 1592년(48세)]/1592년 1월 1일~8월 27일. 임진년 4월 12일에 거북선을 완성하고 시범 항해를 하였으며, 하루 뒤인 4월 13일 임진왜란이 일어남(옥포 해전, 당포 해전, 한산도 대첩, 부산 대첩에서 승리를 거둠).
- 제 2책 : 계사년 [선조 26년 : 서기 1593(49세)]/1593년 2월 1일~9월 14일. 장기전에 대비해 군무에 정진했고, 수만 석의 군량을 확보하고 전선을 만들며, 각종 무기를 준비함.
- 제 3책 : 갑오년 [선조 27년 : 서기 1594년(50세)]/1594년 1월 1일~11월 22일. 군무를 게을리하지 않으며 전염병으로 죽은 군사와 백성들의 시신을 거두어 장사 지내주었고, 글(제문)을 지어 위로해줌. 10월에는 장문포의 왜군을 수륙 연합으로 협공하여 승리함.
- 제 4책 : 을미년 [선조 28년 : 서기 1595년(51세)]/1595년 1월 1일~12월 20일. 나라는 휴전 상태에 들어갔으나 이순신은 한산도 진에서 항상 바쁘게 생활함.
- 제 5책 : 병신년 [선조 29년 : 서기 1596년(52세)]/1596년 1월 1일~10월 11일. 일기 도처에 어머님에 대한 걱정이 나타나 있음.
- 제 6책 : 정유년 [선조 30년 : 서기 1597년(53세)]/1597년 4월 1일~12월 30일. 왜가 다시 침략하자, 선조는 이순신에게 출병을 명했으나 일본 측의 간계를 꿰뚫어 본 이순신은 본영을 벗어나지 않았고, 이로 인해 옥에 갇히게 됨(28일의 옥고 후 출병: 명량 해전).
- 제 7책 : 무술년 [선조 31년 : 서기 1598년(54세)]/1598년 1월 1일~11월 17일. 노량해전. 이순신은 적의 유탄에 맞아 전사함.

여기서 보듯이, 중간에 약간의 건너뜀이나 중복이 있으나 전사하기 전달까지의 기록이 난중일기의 초고본이다. 이러한 『난중일기』는 전란의 전반을 살피는 사료로서의 가치와 나라의 위급을 구해낸 영웅상을 연구할 수 있는 중요한 자료이다. 또한, 진중일기(陣中日記)로서 생생함이 돋보이며, 당시의 정치·경제·사회·군사 등 여러 부문에 걸친 연구에도 큰 도움이

> 되고 있다. 충무공의 꾸밈없는 충(忠)·효(孝)·의(義)·신(信)을 보여주는 글이라는 점에서 후세인들에게 큰 귀감이 되고 있으며, 글도 간결하고도 진실성이 넘치는 데다 무엇보다 웅혼(雄渾)한 필치는 예술품으로서도 매우 뛰어나다.
> 『난중일기』는 이순신이 직접 먹을 갈아 붓으로 쓴 유일본이다. 전쟁을 철저히 대비하기 위해 진영에 관한 일들을 매일같이 상세하게 기록하였다. 게다가 당시의 기후나 지형, 일반 서민들의 삶에 관한 기록도 상세히 전하고 있다. 전투가 벌어진 현장, 기록자 자신이 수시로 방문해가면서 활동한 지역, 군무(軍務)와 관련된 일로 사람들을 만난 장소, 전투 현장에 관한 지형 조건, 해류분석, 구체적 지명 등 많은 부분들이 실감나게 묘사되어 있다.

1597년 7월의 기록 : 칠천량해전

초9일 맑다. 내일 열을 아산으로 보내려고 제사에 쓸 과일을 챙겨서 봉하였다. 늦게 윤감, 문보 등이 술을 가지고 와서 열과 주부 변존서에게 이별주를 권하고 돌아갔다. 밤에는 달빛이 낮같이 밝아서 어머니를 그리는 슬픔으로 울다가 밤이 깊도록 잠들지 못하였다.

16일 비가 오다 개다 하면서 하루 내내 흐리고 맑지 않았다. 아침을 먹은 뒤 손응남을 중군에게 보내어 수군 소식을 알아보게 하였다. 그가 돌아와 중군의 말을 전하였다. 중군은 "좌 병사가 급히 보낸 보고를 보았더니 불리한 일이 많다."하면서 자세히 말하지 않더라는 것이다. 한탄스럽다. 늦게 변의정 이라는 사람이 수박 두 덩이를 가지고 왔다. 그 모습이 어리석으나 용렬해 보였다. 두메에 박혀 사는 사람이라 배우지 못하고 가난해서 저절로 그렇게 되는 것이리라. 그러나 이 또한 소박하고 인심이 후한 모습이다. 낮에 이희남을 시켜 칼을 갈게 하였는데, 아주 잘 들어서 적장의 머리를 벨 만

---

17) 『이충무공전서』는 1795년(정조19년)에 완성되었는데 그 편찬 작업은 윤행임과 유득공이 맡아하였다. 충무공의 친필 초고본과 『이충무공전서』에 수록되어 있는 내용과는 많은 차이가 있다. 그 까닭은 『이충무공전서』의 편찬자들이 충무공의 친필 초고를 가져다가 정자로 베껴 판각에 올릴 때 생략해 버렸기 때문이다. 그 대신 『이충무공전서』에 수록되어 있는 부분이 정작 충무공의 친필 초고본에는 빠진 부분도 있다. 즉 임진년 정월 1일부터 4월 22일까지, 그리고 을미년 1년 동안과 무술년 10월 8일부터 12일까지가 누락되었는데, 이는 편찬 작업 과정이나 아니면 그 후에 유실된 것으로 추정된다.

하였다. 소나기가 갑자기 쏟아졌다. 아들 열이 길 가는데 고생될 것을 생각하니 마음이 놓이지 않았다. 저녁 때 영암 송진면에 사는 사노비 세남이 서생포로부터 맨몸으로 도착하였기에 그 까닭을 물어보았다. "7월 초4일 전 병사의 우후가 타고 있던 배의 격군이 되어 초5 일에 칠천량에 이르러 자고 초6일 옥포로 들어갔습니다. 초7일 새벽에 말곶을 거쳐 다대포에 이르렀더니 왜선 여덟 척이 정박하고 있어서 여러 배들이 바로 돌격하였습니다. 그러자 왜놈들은 하나도 남김없이 뭍으로 올라가고 빈 배만 떠 있었습니다. 우리 수군들은 그것을 끌어내어 불지르고, 그 길로 부산 절영도 바깥 바다로 향하였습니다. 때마침 적선 1천여 척이 대마도로부터 건너와서 싸우고자 하였으나 왜선이 흩어져 피하므로 끝내 잡아 없앨 수가 없었습니다. 제가 탄 배와 다른 배 여섯 척 은 배를 멈추지 못하고 서생포 앞바다에까지 표류하였습니다. 그러다가 뭍으로 올랐는데 거의 다 왜적에게 죽음을 당하였습니다. 저만은 혼자서 수풀 속에 들어가 엎드려 기어서 목숨을 구하였습니다. 그리고 간신히 여기까지 왔습니다." 듣고 나니 참으로 놀랄 일이다. 우리나라가 믿는 것은 오직 수군뿐인데, 수군이 이러하니 다시 더 바라볼 것이 없다. 두고두고 생각할수록 분하여 가슴이 찢어지는 것만 같다. 또 선장 이엽이 적에게 붙잡혔다고 하니 더욱 분하다. 손응남이 집으로 돌아갔다.

    21일 맑다. 일찍 떠나 곤양군에 이르렀더니 군수 이천추도 고을에 있고 백성들도 고을에 많이 남아 있어서 일찍 익은 벼를 거두기도 하고 밀보리밭을 갈기도 하였다. 점심을 먹은 뒤 노량에 이르렀더니 거제 현령 안위와 영등포 만호 조계종 등 10여 명이 와서 통곡하였다. 또 피해 나온 군사와 백성들도 울부짖지 않는 사람이 없었다. 그러나 경상수사는 도망가고 보이지 않았다. 우후 이의득이 찾아왔기에 패했던 상황에 대하여 물었다. 모든 사람이 울며 말하기를, "대장 원균이 적을 보자 먼저 뭍으로 달아나고 여러 장수들도 모두 그를 따라 뭍으로 달아나 이 지경에 이르렀습니다."하였다. 또한 대장의 잘못은 말로 다 할 수가 없고 그 살점이라도 뜯어먹고 싶다고들 하였다. 거제의 배 위에서 자면서 거제 현령과 새벽 2시까지 이야기를 나누었다. 조금도 눈을 붙이지 못하여 눈병을 얻었다.

1597년 9월의 기록 : 명량대첩

초9일 맑다. 9일, 1년 가운데 손꼽히는 명절이다. 나는 비록 상복을 입은 몸이지만 여러 장수들과 군졸들이야 먹이지 않을 수 없었다. 그래서 제주에서 끌고 온 소 다섯 마리를 녹도, 안골포 두 만호에게 주었다. 잡아서 장수들과 군졸들에게 나누어 먹이도록 지시한 것이다. 늦게 적선 두 척이 어란포로부터 바로 감보도로 와서 우리 수군의 수를 정탐하려고 해서 영등 만호 조계종이 끝까지 추격하였다. 적들은 당황해서 배에 실었던 물건을 모두 바다 가운데 던져 버리고 달아났다.

11일 날씨가 흐리고 비가 올 것 같았다. 혼자 배 위에 앉아서 어머니에 대한 그리움에 눈물을 흘렸다. 이 세상에 나와 같이 외로운 사람이 또 어디 있으랴. 아들 회는 내 심정을 알고 무척 언짢아하였다.

12일 하루 내내 비가 뿌렸다. 배의 뜸 아래 앉아서 괴로운 마음을 억제하지 못하였다.

15일 맑다. 조수를 타고 여러 장수들과 함께 진을 우수영 앞바다로 옮겼다. 그것은 벽파정 뒤에 명량이 있는데, 수가 적은 우리 수군으로서는 명량을 등지고 진을 칠 수가 없기 때문이다. 여러 장수들을 불러 모아서 "병법에 이르기를 '죽으려 하면 살고 살려고 하면 죽는다.' 하였고 또 '한 사람이 길목을 지키면 천 명도 두렵게 할 수 있다.'는 말이 있다. 이는 모두 오늘의 우리를 두고 이른 말이다. 너희 여러 장수들이 조금이라도 명령을 어긴다면 군율대로 시행해서 작은 일이라도 결코 용서하지 않겠다."하고 엄하게 약속하였다. 밤에 신인(神人)이 꿈에 나타나 가르쳐 주기를, "이렇게 하면 크게 이기고 이렇게 하면 진다."하였다.

16일 맑다. 이른 아침에 망을 보던 자가 와서 보고하기를 "수도 없이 많은 적선이 명량으로부터 곧바로 우리가 진치고 있는 곳을 향해 달려옵니다." 하였다. 곧 모든 배에 명령하여 바다로 나갔더니 적선 1백 30여 척이 우리 배들을 둘러쌌다. 여러 장수들은 양쪽의 수를 헤아려 보고는 모두 도망하려는 꾀만 내고 있었다. 우수사 김억추가 탄 배는 벌써 2마장 밖에 나가 있었다. 나는 노를 빨리 저어 앞으로 나아가며 지자, 현자 등 각종 총통을 마구 쏘았다. 탄환이 폭풍우같이 날아갔다. 군관들도 배 위에 총총히 들어서서 화살을 빗발처럼 쏘아 댔다. 그러자 적의 무리가 감히 대들지 못하고 쳐들어왔다 물러갔다 하였다. 그러나 여러 겹으로 둘러싸여 형세가 어찌 될지 헤아릴 수 없으니 온 배에 있는 사람들이 서로 돌아다보며 얼굴빛이 하얗게 질려 있었다. 나는 조용히 타이르기를 "적선이 비록 많다 해도 우리 배를 바로 침범하지 못할 것이니 조금도 마음 흔들리지 말고 다시 힘을 다해서 적을 쏘아 맞혀라."하였다. 여러 장수의 배를 돌아보니 이미 1마장 정도 물러났고, 우수사 김억추가 탄 배는 멀리 떨어져 가물가물하였다. 배를 돌려 바로 중군 김응함의 배로 가서 먼저 목을 베어다가 내걸고 싶지만, 내 배가 머리를 돌리면 여러 배가 점점 더 멀리 물러나고 적들이 더 덤벼들 것 같아서 나가지도 돌아서지도 못할 형편이 되었다. 호각을 불어 중군에게 기를 세워 군령을 내리도록 하고 또 초요 기를 세웠더니, 중군장인 미조항 첨사 김응함의 배가 차츰 내 배 가까이 왔으며, 거제 현령 안위의 배가 그보다 먼저 왔다. 나는 배 위에 서서 직접 안위를 불러 "안위야, 군법에 죽고 싶으냐? 도망간다고 어디 가서 살 것이냐?"하였다. 그러자 안위도 황급히 적선 속으로 뛰어들었다. 또 김응함을 불러 "너는 중군으로서 멀리 피하고 대장을 구원하지 않으니 죄를 어찌 면할 것이냐? 처형하고 싶지만 전세가 급하므로 우선 공을 세우게 하겠다."하였다. 그리하여 두 배가 적진을 향해 앞서 나가는데, 적장이 탄 배가 그 휘하의 배 두 척에 지시하자 일시에 안위의 배에 개미 붙듯 하여 서로 먼저 올라가려 하였다. 안위의 격군 일고여덟 명이 물에 뛰어들어 헤엄을 치니 거의 구하지 못할 것 같았다. 안위와 그 배에 탄 사람들이 죽을힘을 다해서 몽둥이를 들거나 긴 창을 잡거나 또는 돌맹이를 가지고 마구 후려쳤다. 배 위의 사람들이 거의 기운이 빠지게 되자 나는 뱃머리를 돌려, 바로 쫓아 들어가서 빗발치듯 마구 쏘아 댔다. 적선 세 척이 거의 다 뒤집혔을 때 녹도 만호 송여종과 평산포 대장 정응두의 배가 뒤쫓아와서 서로 힘을 합쳐서 적을 쏘아 죽여 적은 한 놈도 살아남지 못하였다. 왜인 준사는 이전에 안골포의 적진에서 항복해 온 자인데, 내 배 위에 있다가 바다에 빠져 있는 적을 굽어 보더니, "그림 무늬 놓은 붉은 비단옷을 입은 자가 바로 안골진에 있던 적장 마다시로바입니다."하고 말했다. 내가 물 긷는 군사 김돌손을 시켜 갈구리로 낚아 올렸더니, 준사가 펄쩍 뛰면서 "정말 마다시입니다."하고 말하였다. 곧바로 명령을 내려 토막토막 잘랐더니 적의 기세가 크게 꺾였다. 우리 배들이 적을 물리칠 수 있다는 것을 알고 일제히 북을 울리고 함성을 지르면서 쫓아 들어갔다. 현자 대포를 쏘니 그 소리가 산천을 뒤흔들었고, 화살을 빗발처럼 쏘았다. 적선 31척을 깨뜨리자 적선은 도망하고 다시는 우리 수군에 가까이 오지 못하였다. 싸움하던 바다에 그대로 정박할까 싶었다. 그러나 물결도 몹시 험하고 바람도 거꾸로 불어서 우리 편의 형세가 외롭고도 위태로운 듯하여 당사도로 옮겨 가서 밤을 지냈다. 이번 일은 참으로 하늘이 도우셨다.

1598년 11월의 기록 : 노량 해전

13일 왜선 10여 척이 순천 땅 장도에 나타났다. 곧 도독과 약속하고 수군을 거느리고 쫓아 나갔더니 왜선은 움츠러들어 하루내내 나오지 않았다. 도독과 함께 장도로 돌아와 진을 쳤다.

14일 왜선 두 척이 강화하자고 바다 가운데까지 나왔다. 도독이 왜말 통역관을 시켜 조용히 왜선을 맞이하여 붉은 기와 환도 등 물건을 조용히 받았다. 오후 8시에 왜장이 작은 배를 타고 도독부로 들어가서 돼지 두 마리와 술 두 통을 도독에게 바치고 갔다.

15일 아침 일찍 도독을 만나보고 잠깐 이야기를 나누고 돌아왔다. 왜선 두 척이 강화하자고 두 번, 세 번 도독의 진중으로 드나들었다.

16일 도독이 진문동을 왜적의 진영에 들여보냈다. 조금 있다가 왜선 세 척이 말 한 필과 창, 칼 등을 도독에게 가져다 바쳤다.

17일 어제 복병장인 발포 만호 소계남과 당진포 만호 조효열 등이 왜의 중간 배 한 척이 군량을 가득 싣고 남해에서 바다를 건너는 것을 한산도에서 기슭을 타고 육지로 올라가 달아났고, 잡은 왜선과 군량은 명나라 군사에게 빼앗기고 빈손이었다.

6. 참여과 고발의 문학: 상소문

1) 작가 소개

본 절에서는 이이와 이황의 상소문 일부를 살펴볼 것인데, 먼저 작품을 보기에 앞서, 이들 문인의 삶에 대해서 훑고 지나가 보기로 하자. 율곡 이이(李珥: 1536~1584)는 조선조 성리학을 집대성한 학자로, 〈동호문답〉, 〈인심도심설〉,『성학집요』등을 저술한 문신으로, 8세 때에 파주 율곡리에 있는 화석정(花石亭)에 올라 시를 지을 정도로 문학적 재능이 뛰어났으며, 1548년 (명종3) 13세 때 진사 초시에 합격하는 등 천재적인 면모를 보여주었다. 16세 때 모친이 사망하자, 3년간 시묘살이를 하였고, 그 후 금강산에 들어가 불교를 공부하고 1555년 20세 때 하산해서는 다시 유학에 전념하였다. 1557년에는 성주목사 노경린의 딸과 혼인하였고, 1558년 봄 예안의 도산으로 이황을 방문했으며, 그 해 겨울의 별시(문과 초시)에서 〈천도책(天道策)〉을 지어 장원을 하였다.

그 후로도 여러 번 과거에 장원했고 총 그 기록이 9번이나 되어서, 당시 '구도장원공(九度壯元公)'이라 일컬어지기도 했다. 이후 1564년 호조좌랑을 시작으로 예조좌랑·이조좌랑 등을 역임하고, 1568년(선조1) 천추사(千秋使)의 서장관(書狀官)으로 명나라에 다녀왔으며, 부교리로 춘추기사관을 겸임해『명종실록』편찬에 참여하였다. 이 해에 19세 때부터 교분을 맺은 성혼과 '지선여중(至善與中)' 및 '안자격치성정지설(顔子格致誠正之說)' 등 주자학의 근본 문제들을 논하였고, 1569년(선조 2)에는 〈동호문답〉을 지어 올렸다. 1572년 파주 율곡리에서 성혼과 이기(理氣)·사단칠정(四端七情)·인심도심(人心道心) 등을 논하기도 했다. 1574년 우부승지에 임명되고, 재해로 인해 〈만언봉사(萬言封事)〉를 올렸다. 〈만언봉사〉는 그가 지방관으로 봉직하여 직접 민생을 살피고 중앙정치의 폐단을 깨달아 올린 상소로, 〈진시사소〉 등과 함께 그가 남긴 유명한 상소문이다.

〈만언봉사〉에서 그는 시대의 변천에 따른 법의 개정은 당연한 일이라고 보았으며, 그에게 성리학은 시세(時勢)를 알아서 옳게 처리해야 한다는 '실공(實功)'과 '실효(實效)'를 갖춘 학문이 될 때 의미가 있다고 보았다. 이처럼 이이는 진리란 현실의 문제와 직결되어 있고, 그것을 떠나서 별도로 구하는 것이 아니라고 보았는데, 여기서 이(理)와 기(氣)를 불리(不離)의 관계에서 파악하는 그의 성리설의 특징을 볼 수 있다.

이 외에도 이이는 수많은 상소문을 통해 정치·경제·문교·국방 등에 가장 필요한 방안을 구체적으로 제시한 바 있다. 더 나아가 그는 국정을 도모함에 있어서도 일부 지도층으로부터 하향식이 아닌, 언로를 개방해 국민 모두가 말할 수 있게 하고, 위정자는 아래로부터의 중지(衆智)를 모아야 한다고 보기도 했다. 이러한 사상과 이념을 토대로, 1575년 그는 마침내 주자학의 핵심을 간추린 『성학집요(聖學輯要)』를 편찬했고, 이후 1577년에는 아동교육서인 『격몽요결(擊蒙要訣)』을, 1580년에는 『기자실기(箕子實記)』 등을 편찬했다. 1582년 이조판서에 임명되었고, 같은 해에 〈김시습전(金時習傳)〉을 쓰고, 『학교모범(學校模範)』을 지었으며, 1583년 「시무육조(時務六條)」를 올리며 십만양병설을 주청하기도 했다. 1584년에 마침내 서울에서 영면하여, 파주 자운산 선영에 안장되었다.

한편, 퇴계 이황(李滉: 1501~1570)은 율곡 이이와 더불어 조선 성리학의 기초를 세운 문신이다. 경상도 예안현(禮安縣) 온계리(溫溪里)에서 좌찬성 이식의 7남 1녀 중 막내아들로 태어났다. 생후 7개월에 부친상을 당했으나, 생모 박씨의 훈도 밑에서 총명한 자질을 키워 갔으며, 12세에 숙부 이우로부터 『논어』를 배웠고, 14세경부터 혼자 독서하기를 좋아해, 특히 도잠(陶潛)의 시를 사랑하고 그 사람됨을 흠모하였다고 한다. 20세를 전후해 『주역』 공부에 몰두한 탓에 건강을 해쳐서 그 뒤부터 다병한 사람이 되어 버렸고, 1527년(중종22) 향시에서 진사시와 생원시 초시에 합격하고, 과거 응시를 위해 성균관에 들어가 다음 해에 진사 회시에 급제하였다. 1534년 문과에 급제하고 승문원부정자(承文院副正字)가 되면서 관계에 발을 들여놓게 되었으며, 1537년 모친상을 당하자 향리에서 3년간 복상했고, 1539년 홍문관수찬이 되었다가 곧 임금으로부터 사가독서(賜暇讀書)의 은택을 받았다.

1543년 10월 성균관사성으로 승진하자 성묘를 핑계삼아 사가를 청해 고향으로 되돌아갔다. 을사사화 후 병약함을 구실로 모든 관직을 사퇴하고, 1546년(명종1) 고향인 낙동강 상류 토계(兎溪)의 동암(東巖)에 양진암(養眞庵)을 얽어서 자연 속에서 독서에 전념하는 구도 생활에 들어갔다. 이때에 토계를 퇴계(退溪)라 개칭하고, 자신의 아호로 삼았다. 그 뒤에도 자주 임관의 명을 받았고, 계속 피할 형편이 못되어 1548년 단양군수가 되었다. 그러나 곧 형이 충청감사가 되어 옴을 피해, 봉임 전에 청해서 풍기군수로 전임하였다. 풍기군수 재임 중, 고려 말 안향이 공부하던 땅에 전임 군수 주세붕이 창설한 백운동서원에 편액(扁額)·서적(書籍)·학전(學田)을 하사할 것을 청원하였는데, 이것이 바로 조선조 사액서원(賜額書院)의 시초, 소수서원(紹修書院)이다.

1년 후 퇴임하고, 어지러운 정계를 피해 퇴계의 서쪽에 한서암(寒棲庵)을 지어 다시금 구도 생활에 침잠하다가, 1552년 성균관대사성의 명을 받아 취임하였다. 1556년 홍문관부제학, 1558년 공조참판에 임명되었으나 여러 차례 고사하였고, 1543년 이후부터 이때까지 관직을 사퇴했거나 임관에 응하지 않은 일이 20여 회에 이르렀다. 1560년 도산서당을 짓고 아호를 '도옹(陶翁)'이라 정했다. 이로부터 7년간 독서·수양·저술에 전념하는 한편, 많은 제자들을 훈도하였다. 이후 명종~선조 대에 수차례 초빙되었으나 거절하다가 계속 명을 물리치기가 어려워 마침내 68세의 노령에 대제학·지경연의 중임을 맡고, 선조에게 〈무진육조소(戊辰六條疏)〉를 올렸다. 선조는 이 소를 천고의 격언, 당금의 급무로서 한순간도 잊지 않을 것을 맹약했다 한다.

그 뒤 이황은 선조에게 정이(程頤)의 「사잠(四箴)」, 『논어집주』·『주역』, 장재(張載)의 「서명(西銘)」 등을 진강하였고, 노환 때문에 여러 차례 사직을 청원하면서 왕에 대한 마지막 봉사로서 필생의 심혈을 기울여 『성학십도(聖學十圖)』[18]를 저술하였다. 1569년(선조2) 이조판서에 임명되었으나 사양하고,

---

18) 『성학십도』는 제1도 태극도(太極圖), 제2도 서명도(西銘圖), 제3도 소학도(小學圖), 제4도 대학도(大學圖), 제5도 백록동규도(白鹿洞規圖), 제6도 심통성정도(心統性情圖), 제7도 인설도(仁說圖), 제8도 심학도(心學圖), 제9도 경재잠도(敬齋箴圖), 제10도 숙흥야매잠도(夙興夜寐箴圖)와 도설(圖說)·제사(題辭)·규약 등 부수문(附隨文)으로 되어 있다. 제1도는 도와 도설이 모두 주돈이(周敦頤)의 저작이며, 제2도의 「서명」은 장재의 글이고, 도는 정복심(程復心)의 작품이다. 제3도의 제사는 주희의 말이고, 도는 『소학』의 목록에 의한 이황의 작품이다. 제4도의 본문은 주희의 『대학경(大學經)』 1장(章)이고, 도는 권근(權近)의 작품이다. 제5도의 규약은 주희의 글이고, 도는 이황의 작품이며, 제6도의 상도(上圖) 및 도설은 정복심의 저작이고, 도는 이황의 작품이다. 제7도는 도

마침내 환향하여, 후진 양성에 힘썼으나, 다음 해 11월 종가의 시제 때 무리를 해서인지 우환이 악화되었고, 그 달 8일 아침, 세상과 하직했다. 이에 선조는 3일간 정사를 폐하여 애도하고 대광보국숭록대부(大匡輔國崇祿大夫) 의정부 영의정 겸 경연·홍문관·예문관·춘추관·관상감영사를 추증하였다. 장사는 영의정의 예에 의하여 집행되었으나, 산소에는 유계(遺誡)대로 소자연석에 '퇴도만은진성이공지묘(退陶晚隱眞城李公之墓)'라 새긴 묘비만 세워졌다.

이황은 당시 한국 사회에 큰 획을 그었는데, 특히 그의 학풍을 따른 자는 유성룡·정구·김성일·기대승·이산해·정탁·조호익·황준량·이정 등을 위시한 260여 인에 이를 만큼 대단하였다. 나아가 그는 성혼·이익·이항로·기정진 등을 잇는 영남학파를 중심으로 한 주리파 철학을 형성했고, 임진왜란 이후에는 그의 문집이 일본으로 반출되어, 도쿠가와가 집정한 에도시대에 그의 저술 11종 46권 45책이 일본각판으로 복간되어 일본 근세 유학의 개조(開祖) 후지와라[藤原惺窩] 이래로 일본 유학의 주류인 기몬학파 및 구마모토학파에게 큰 영향을 끼쳤으며, 두 학파로부터 오래도록 존숭을 받아 왔다.

이황의 학문적 성취 및 인품에 관해서, 이익은 『이자수어(李子粹語)』를 찬술해 이황에게 성인(聖人)의 칭호를 붙였고, 정약용은 〈도산사숙록(陶山私淑錄)〉을 써서 이황에 대한 흠모의 정을 술회하였다. 또, 1926년 중국 북경 상덕여자대학에서는 대학의 증축·확장기금에 충당하기 위해 『성학십도』를 목판으로 복각(復刻)해 병풍을 만들어서 널리 반포(頒布)하기도 했다.

2) 작품 감상

> 일반적으로, 상소문은 왕명이나 국가정책에 있어서 그 비리나 부당성에 대하여, 당시의 관료나 지성인들이 백성을 위하여 솔직하게 자기의 의견을 피력한 것으로 현대정치의 관점에서도 매우 좋은 거울이다.

및 도설이 모두 주희의 저작이고, 제8도는 도 및 도설이 모두 정복심의 저작이며, 제9도에서 잠은 주희의 말이고, 도는 왕백(王柏)의 작품이며, 제10도의 잠은 진백(陳柏)의 말이고, 도는 이황의 작품이다. 그러므로 제3·5·10도와 제6도의 중간 하도(下圖) 등 5개처는 이황의 독자적인 작품이고, 나머지 17개처는 상기한 선현들의 저작이다. 그러나 이들 유학 사상의 정수는 이황에 의해 독창적으로 배치되어 서로 유기적으로 관련됨으로써 전체적인 체계를 형성하기에 이르렀다.

이러한 상소문은 소(疏)·차(箚)·계(啓)·의(議) 등으로 분류되며, 대개 신하가 임금에게 올리는 글들이라고 할 수 있는데 소소하게 차이는 있다.

- 상소(上疏) : 글로 진술하여 간(諫)하는 것으로 보통의 상소문 [늑봉사(封事)].
- 차자(箚子) : 상소보다 간단한 형식으로 구체적인 사실을 올리는 글 [주차(奏箚), 차문(箚文), 차(箚)].
- 계(啓) : 지방 장관, 또는 관원이 임금 및 중앙에 올리는 공식적, 사무적인 성격의 글.
- 의(議) : 정책에 대한 입안을 돕고자 올리는 건의에 가까운 글.

이러한 소소한 차이에도 불구하고 대체로 이 유형의 글들은 조선시대 정치문화에서 가장 중요한 의의를 지닌다. 바로 조선조 임금과 신하들, 그리고 백성들과의 소통의 길이었기 때문이다. 상소문은 양반이 아니라 백성, 천민이라도 올릴 수가 있었으며, 내용은 대체로 정책의 잘못, 양반들의 착취, 임금의 비정(秕政)까지를 적나라하게 기록하였다. 따라서 비판적 문학, 목적론적 문학이자 왕도정치 실현의 한 수단이기도 했다.

이러한 상소문은 당연하게도 신하가 국왕에게 올리던 글인 만큼, 상소의 내용이 실천에 반영되어야 함을 전제로 한다. 그러나 실제 국왕이 읽지 못한 상소문도 다수이며 읽었다고 하더라도 실제 반영되는 것은 많지 않았다. 그렇더라도 왕도정치를 정치적 이상으로 하는 조선조에서 공론을 모아 대의명분에 따른 정치를 위해 언로를 열어두어야 했기에, 선비들로서도 자신의 의견을 국왕이 읽었다는 사실만으로도 정치에 참여했다는 의의를 가질 수 있었을 것이다.

상소 과정은 보통, 올려진 모든 상소문은 승정원에 접수되고, 승정원에서는 접수된 상소문을 추리거나, 내용을 수정할 수가 없었다. 올려진 그대로의 상소문을 빠짐없이 임금에게 올려야 했다. 혹시라도 자신들에게 불리한 내용이 있더라도 원문 그대로 임금에게 올려야 하는 것이 법도였다. 조선시대의 임금에 대한 평가는 올려 진 상소문을 얼마나 열심히 읽었느냐와 그 내용에 대한 비답(批答)을 정성껏 내렸느냐에 따라서 평가가 달라지기도 했다. 그러므로 훌륭한 임금은 상소를 읽음으로써 백성들의 고통을 알게 되고, 또 그것을 기준으로 시정명령을 내리기도 했던 것이다.

　이러한 상소문은 간단히는 국왕에게 올리던 글로서 중국에서는 진(秦)나라 이전에는 상서(上書)라 하였으나, 진나라 때는 주(奏)라 하고, 한(漢)나라에 이르러서는 장(章)·주·표(表)·의(議)로 세분하였으며, 그 후 주의(奏議)·주소(奏疏) 등의 이름을 붙인 것을 볼 수 있다. 우리의 경우는, 조선시대에는 간관(諫官) 등이 주로 임금에게 정사를 간하기 위해 올리던 글을 상소(上疏)라 하고 의견서나 품의서는 상주(上奏)라 하여 소와 주를 구분하기도 했다. 그 명칭과 기원이 어떠하건, 상소문이 당시 언로를 열면서 신분 질서가 뚜렷했던 중세에, 상하 소통 창구로서의 역할을 했다는 점만큼은 매우 의미가 깊다.

　이 절에서는 이러한 참여문학적 성격을 지닌 많은 상소문 중에서도 이이와 이황의 상소문 일부를 살펴볼 것이다. 먼저, 이이의 상소문은 〈만언봉사〉의 일부분에 관한 것으로, 이 글은 『율곡전서』 권5에 길게 수록되어 있다. 일명 〈갑술만언봉사(甲戌萬言封事)〉 또는 〈만언소(萬言疏)〉라고도 불리는데, 갑술년에 올린 만언에 이르는 상소라는 뜻이지만, 실제는 1만 2,000자가 넘는다. 또한 '봉사'란 옛날 중국에서 신하가 임금에게 상주할 때 내용이 누설되지 않도록 검은 천으로 봉해 올린 데서 생겨난 말로, 흔히 장편의 상소문 또는 책자를 말한다. 당시 지진이 일어나는 등 재이(災異)가 심해 선조는 조정의 신하로부터 초야에 이르기까지 의견을 구하는 교지를 여러 차례 내렸다. 이때 우부승지에 재임했던 이이가 이 글을 지어 올린 것이다.

　앞부분에서는 임금이 여러 선비들에게 직언을 구하는 심정과 취지를 약술하고, 본문에서는 정사의 문제점 7항과 대안의 9항을 실제 상황을 열거하며 체계적으로 논술하였다. 〈만언봉사〉의 내용은 방대하지만 크게 네 개의 부분으로 나뉜다. 첫 번째 부분에서는 왕의 구언교지에 대한 이이의 입장을 밝히는 것이다. 나라가 천재지변으로 인해 계속해서 어려움을 겪자 선조는 대신들에게 구언을 지시하였다. 그러나 이는 신하들의 입장에서 두렵고 어려운 일이었기 때문에 누구 하나 선뜻 나서는 사람이 없었다. 이이는 이를 신하들의 부족함과 연계하여 애석하다 표현하고 있다. 또한 상소자는 민생이 어지럽고 나라가 힘든 것을 일찍이 개탄하여 이를 아뢰고 싶었으나 그간 기회를 얻지 못했다고 표현하며 상소를 올리는 자신의 진정성을 강조하고 있다. 두 번째 부분에서는 정사의 기본으로 시의(時宜)와 실공(實功)의 중요성을 강조하고, 당시 7가지 실(實)이 없음을 지적한 부분이다. 고사와 경전을 인용하여 제도가 수시로 변혁하는 것은 큰 상도이며 시대 상황에 따라 법도 달라지는 것을 논하고 있다. 그러면서 '위와 아래가 서로 믿지 못하는 것', '신하들이 일에 책임을 지지 않는 것' 등의 일곱 가지가 무실(無實)함을 지적한다. 세 번째는 정사를 바로 하기 위해 수기와 안민의 방법을 제시한 부분이다. 수기의 방법으로 유학에 진력하고 현명한 선비를 가까이할 것 등을 아뢰고, 안민의 방법으로는 노비법과 군역을 개혁 등을 바란다. 이같이 정사를 바로 할 수 있는 시무책을 제시하는 부분에서도 경전과 고사를 인용하여 설득력을 높이고 있다. 그리고 마지막으로는 자신의 상소를 올리는 심정을 아뢰는 것으로 마무리된다.

한편, 이황의 상소문 〈무진육조소〉에서도 백성을 사랑하는 마음과 동시에 조정의 폐단을 날카롭게 지적하는 두 가지 지점을 함께 볼 수 있다. 강한 어조와 설득력 있는 문장을 통해 당시 상소문이 갖는 가치, 곧 당면한 문제를 해결하려는 참여문학적 특징을 볼 수 있다. 이 글의 내용은, 제1조 계통을 중히 여겨 백부인 선제(先帝) 명종에게 인효(仁孝)를 온전히 할 것, 제2조 시신(侍臣)·궁인의 참언(讒言)·간언(間言)을 두절하게 해 명종궁(明宗宮)과 선조궁(宣祖宮) 사이에 친교가 이루어지게 할 것, 제3조 성학(聖學)을 돈독히 존숭해 그것으로서 정치의 근본을 정립할 것, 제4조 인군(人君) 스스로가 모범적으로 도술(道術)을 밝힘으로써 인심을 광정(匡正)할 것, 제5조 군주가 대신에게 진심을 다해 접하고 대간(臺諫)을 잘 채용해 군주의 이목을 가리지 않게 할 것, 제6조 인주(人主)는 자기의 과실을 반성하고 자기의 정치를 수정해 하늘의 인애(仁愛)를 받을 것 등으로, 시무 6개조를 극명하게 상주한 풍격(風格) 높은 명문이라 할 수 있다.

(1) 이이의 상소문 : 〈만언봉사〉

신은 삼가 아룁니다. 정사는 시의(時宜)를 아는 것이 귀하고 일은 실공(實功)을 힘쓰는 것이 중요하니, 정사를 하면서 시의를 모르고 일을 당하여 실공을 힘쓰지 않으면 비록 성군(聖君)과 현신(賢臣)이 서로 만난다 하더라도 치적(治績)이 이루어지지 않을 것입니다. 삼가 생각건대, 전하께서는 총명하고 영특하시며 선비를 좋아하고 백성을 사랑하시어, 안으로는 음악과 주색(酒色)을 즐기는 일이 없고 밖으로는 말달리고 사냥을 좋아하는 일이 없으시니, 옛날 군주들이 자신의 마음과 덕을 해치는 것들에 대해서는 전하께서 좋아하시지 않는다 하겠습니다. 이와는 반대로 노성(老成)한 신하를 믿어 의지하고 인망(人望)이 있는 자를 뽑아 쓰며, 뛰어나고 어진 이를 특별히 불러 쓰시어 벼슬길이 차츰 밝아지며, 곧은 말을 너그럽게 용납하여 공론이 잘 시행되므로 조야(朝野)가 부푼 가슴을 안고 지치(至治)를 기대하고 있으니, 기강이 엄숙해지고 민생이 생업을 즐겨야 당연할 것입니다. 그런데도 그 기강으로 말하면 사정(私情)을 따르고 공도를 무시하는 것이 예전과 같고 호령이 행해지지 않는 것이 예전과 같고 백관이 직무를 태만히 하는 것이 예전과 같으며, 그 민생으로 말하면 집에 항산(恒產)이 없는 것이 예전 그대로이고, 안주할 곳을 잃고 떠돌아다니는 것이 예전 그대로이고, 궤도를 벗어나 사악한 짓을 하는 것이 예전 그대로입니다. 신은 일찍이 이를 개탄하고 삼가 그 까닭을 깊이 찾아내어 한번 전하께 진달하려고 하면서도 그 기회를 얻지 못하였습니다. 그런데 엊그제 삼가 전하께서 천재(天災)로 인하여 대신에게 하유하신 전교를 보니, 전하께서도 크게 의아해 하시고 깊이 탄식하시어 이 재변을 구제할 계책을 들어보기를 원하였습니다. 이는 참으로 지사(志士)가 할 말을 다할 기회인데, 애석하게도 대신은 지나치게 황공하고 불안해 한 나머지 할 말을 다하지 못하였습니다....(중략).... 신은 이제 약간 알고 있는 것을 다 토로하여 먼저 고질화된 폐단을 아뢰고 다음으로 그것을 구제할 계책을 거론하겠습니다. 삼가 바라건대, 전하께서는 심기(心氣)를 가라앉히셔서 잡다한 글을 싫어하시거나 뜻에 거슬린다고 노여워하지 마시고 살펴 주소서.

　대체로 이른바 시의(時宜)라고 하는 것은 수시로 변통하여 법을 마련해서 백성을 구제하는 것을 말합니다. 정자(程子)가 『주역』을 논하기를, "때를 알고 형세를 아는 것이야말로 『주역』을 배우는 큰 법이다." 하고, 또 말하기를, "수시로 변혁하는 것이 곧 상도(常道)이다." 하였습니다. 대체로 법은 시대 상황에 따라 만드는 것으로서 시대가 변하면 법도 달라지는 것입니다....(중략)....대체로 성왕(聖王)이 만든 법이라 하더라도 그것을 적절히 변통하는 현명한 자손이 없으면, 마침내는 반드시 폐단이 생기는 법입니다...(중략)...『주역』에 이르기를, "궁(窮)함이 극도에 이르면 변화하고 변화하면 통해진다." 하였으니, 삼가 바라건대, 전하께서는 이를 유념하시어 변통할 것을 생각하소서.

이른바 실공(實功)이란 것은 일을 하는 데에 성의가 있고 헛된 말을 하지 않는다는 뜻입니다. 자사(子思)가 말하기를, "성실하지 못하면 사물이 성립될 수 없다." 하고, 맹자(孟子)께서 말씀하시기를, "지극히 성실하고서 감동시키지 못할 것은 없다." 하였습니다. 참으로 실공이 있다면 어찌 실효가 없겠습니까. 오늘날 치평(治平)의 성과를 얻지 못하고 있는 것은 실공이 없기 때문인데, 걱정되는 일이 일곱 가지가 있습니다. 위와 아래가 서로 믿는 실상이 없는 것이 첫째이고, 신하들이 일을 책임지려는 실상이 없는 것이 둘째이고, 경연(經筵)에서 성취되는 실상이 없는 것이 셋째이고, 현명한 사람을 초치(招致)하여 거두어 쓰는 실상이 없는 것이 넷째이고, 재변을 당하여도 하늘의 뜻에 대응하는 실상이 없는 것이 다섯째이고, 여러 가지 정책에 백성을 구제하는 실상이 없는 것이 여섯째이고, 인심이 선(善)을 지향하는 실상이 없는 것이 일곱째입니다...(중략)...

삼가 생각건대, 전하께서는 명철하심은 부족함이 없으나 지니신 덕은 넓지 못하고, 선(善)을 좋아하심은 대단하시나 깊은 의심을 떨쳐버리지는 못하고 계십니다. 그러므로 뭇 신하들 중에 건백(建白)하려고 노력하는 자를 주제넘다고 의심하고, 기절(氣節)을 숭상하는 자를 과격하다고 의심하고, 여러 사람들의 찬양을 받으면 당파가 있다고 의심하고, 잘못된 자를 공격하면 모함한다고 의심하고 계십니다. 게다가 명을 내리실 때는 말씀 속에 감정이 들어 있고 좋아하고 싫어하시는 것이 일정치 않으십니다....(중략).... 임금과 신하가 서로 어울림에 있어 정성과 신의가 부합되지 못하면서도 제대로 치평(治平)을 보전했다는 말을 예로부터 오늘에 이르기까지 들어 보지 못하였습니다. 이것이 걱정되는 일의 첫째입니다.

'신하들이 일을 책임지려는 실상이 없다.'는 것은 무엇을 말하는 것이겠습니까. 나라에서는 벼슬자리를 마련하고 직책을 나누어 놓아 각기 모두 맡은 일이 있게 하였습니다....(중략)...그런데 오늘날 삼공은 진정 인망이 두터운 자들이기는 하나, 또한 감히 새로운 정책을 건의하여 시행하지 못한 채 부질없이 공손하고 삼가며 두려워하고 꺼리고만 있을 뿐, 나라를 잘 다스려 백성을 잘살게 함으로써 세도(世道)를 만회할 가망은 전혀 없습니다. 그러니 다른 사람들이야 또 무엇을 책망하겠습니까. 대관(大官)은 위에서 유유히 지내며 오직 앞뒤 눈치 보기에 힘쓸 따름이고, 소관(小官)은 밑에서 빈둥빈둥 지내며 오직 기회를 엿보아 이익을 추구하는 것이나 일삼고 있습니다. 기강에 대해서는 대간에게 전담시키고 있는데, 한둘의 간사한 조무래기들을 잡아냄으로써 책임이나 면하는 것에 불과하고, 관리의 전형은 오로지 청탁으로 이루어져 한둘의 명사(名士)를 벼슬자리에 안배함으로써 공정하다는 구실로 삼는 것에 불과합니다. 그리하여 여러 관사의 벼슬아치들까지도 자신이 관장해야 할 일이 무엇인지 전혀 알지도 못한 채, 오직 날만 보내고 달을 채움으로써 승진을 구할 줄만 알고 있습니다. 대소 관원 중에 어찌 공적인 일을 받들고 사적인 일을 잊는 자가 한두 명쯤이야 없겠습니까. 다만 그들의 형세가 외롭고 약하여 도움이 되지 못하고 있는 것뿐입니다....(중략)...그렇다고 어쩔 수 없다고 해서 그대로 방치해 두면 온갖 폐단이 날로 늘어나고 여러 가지 일들이 날로 그릇되어 민생은 나날이 곤궁해지고 혼란과 쇠망이 반드시 뒤따르게 될 것입니다. 이것이 걱정되는 일의 둘째입니다....(중략)...

'여러 가지 정책에 백성을 구제하는 실상이 없다.'는 것은 무엇을 말하는 것이겠습니까. 법령이 오래되면 폐단이 생기고 그 피해는 백성에게 돌아가는 것이니, 정책을 마련하여 폐단을 바로잡는 것이 백성을 이롭게 하는 길입니다....(중략)...크게는 들보에서부터 작게는 서까래에 이르기까지 썩지 않은 것이 없는데, 서로 떠받치며 지탱하여 근근이 하루하루를 보내고는 있지만 동쪽을 수리하려 하면 서쪽이 기울고 남쪽을 수리하려 하면 북쪽이 기울어 무너져 버릴 형편이라서, 여러 목수들이 둘러서서 구경만 하고 어떻게 손을 써야 할지 모르는 형편과 같습니다. 그러나 그렇다고 하여 그대로 방치하고 수리하지 않는다면 날로 더욱 썩고 기울어져 장차 무너져 버리고 말 것이니, 오늘날의 형세가 이것과 무엇이 다르겠습니까. 이것이 걱정되는 일의 여섯째입니다....(중략)....

대체로 이 일곱 가지 걱정은 지금 세상의 깊은 고질로써 기강이 무너지고 민생이 곤경에 빠진 것은 오로지 이것들로 말미암은 것입니다. 이 일곱 가지 걱정을 없애 버리지 않고서는 비록 성상께서 위에서 수고로우시고 청론이 아래에서 성행한다 하더라도, 역시 나라를 보전하고 백성을 편안하게 하는 성과는 없을 것입니다....(중략)...옛말에 이르기를, "뜻이 있는 사람은 일을 끝내 성취한다."고 하였습니다. 삼가 바라건대, 전하께서는 낡은 견해를 씻어 버리고 새로운 생각을 가지고서 큰 뜻을 분발하시어 지치(至治)를 일으킬 것을 기약하소서. 이러한 뜻이 확립된 뒤에 대신들을 힘써 격려하여 그들로 하여금 백관(百官)을 감독하고 다스려서 마음을 고쳐먹고 생각을 바꾸어 자기 직책에 힘쓰게 한다면, 그 누가 감히 낡은 습성을 그대로 따라 일에 성실하지 않는 죄를 짓겠습니까. 이와 같이만 한다면 시사(時事)를 구제할 수가 있고 세상의 도를 회복시킬 수가 있으며 하늘의 재변도 그치게 할 수가 있을 것입니다. 이른바 '성학을 힘써 성의(誠意)와 정심(正心)의 공효를 다하도록 한다.'는 것은 이런 뜻입니다. 큰 뜻이 수립되었다 하더라도 반드시 학문으로 그것을 충실하게 한 다음에야 말과 행동이 일치하고 겉과 속이 어울리게 되어 이미 세운 뜻을 어기지 않게 되는 것입니다. 학문의 방법은 성인의 가르침 속에 들어 있는데, 그 요체는 세 가지로서 곧 궁리(窮理)와 거경(居敬)과 역행(力行)일 뿐입니다....(중략)....

　소신(小臣)은 나라의 두터운 은총을 받아 백 번 죽는다 해도 보답하기 어려울 정도이니, 참으로 나라에 이익이 되는 일이라면 끓는 가마솥에 던져지고 도끼에 목이 잘리는 형벌을 받게 된다 하더라도 피하지 않을 것입니다. 그런데 더구나 지금 전하께서 언로를 넓게 열어 놓고 의견을 거리낌 없이 받아들이겠다고 간절한 말로 수교(手敎)를 내리셨으니, 신이 만약 말을 하지 않는다면 실로 전하를 배반하는 것이 되겠기에 충정에 격동되어 극진하게 다 말씀드렸습니다. 그러나 병을 앓고 난 끝이라서 정신은 흐리고 손은 떨리며 글은 비속하고 중복되었는가 하면 자획도 겨우 이루었으므로 볼 만한 것이 못됩니다. 그렇기는 하지만 아뢴 그 뜻이 요원한 듯해도 실은 가까운 것이고 계책이 오활한 듯해도 실은 절실한 것이니, 비록 삼대(三代)의 제도는 아니라 하더라도 실로 왕정(王政)의 근본으로서 이를 시행하면 효과가 있어 왕정을 회복할 수 있을 것입니다. 삼가 바라건대, 전하께서 자세히 보시고 익히 검토하시며 신중히 궁구하고 깊이 생각하시어 성상의 마음속에서 취하고 버릴 것을 결정하신 다음, 널리 조정의 신하들에게 하문하시어 그 가부를 의논하게 한 뒤에 이를 받아들이거나 물리치신다면 매우 다행스럽겠습니다. 전하께서 신의 계책을 쓰신다면 그 진행을 유능한 사람에게 맡겨 정성껏 그것을 시행하게 하고 확신을 갖고 지켜 나가게 하소서. 그리하여 보수적인 세속의 견해로 인하여 바뀌게 하지 말고, 올바른 것을 그르다 하며 남을 모함하는 말로 인하여 흔들리는 일이 없도록 해야 하겠습니다. 그렇게 하여 3년이 지나도록 나랏일이 여전히 부진하고 백성이 편안해지지 않으며 군대가 정예로워지지 않는다면, 신을 기망(欺罔)의 죄로 다스리어 요망한 말을 하는 자의 경계가 되도록 하소서. 신은 지극히 절실하고 황공한 마음을 금할 수 없습니다.

(2) 이황의 상소문: 〈무진육조소〉

숭정대부(崇政大夫) 판중추부사(判中樞府事) 신 이황은 삼가 재계하고 두 손 모아 머리를 조아리며 주상 전하께 아룁니다. 신은 초야의 미거한 몸으로써 재목이 쓸모없고 나라를 제대로 섬기지도 못해 향리에 돌아와 죽기나 기다렸는데, 선조(先朝)께서 잘못 들으시고 여러 번 은혜로운 명령을 내리셨습니다....(중략)...신이 늙고 병들어 벼슬살이를 감당할 정력도 없는데 외람되게 높은 반열을 차지하여 더욱 부끄럽고 송구하니, 분수 아닌 자리에 오래 앉아 성조의 수치가 될 수는 없습니다. 다만 신이 이번에 외람되이 은총을 입은 것이 몹시도 특별하니, 신이 비록 계책에 어둡긴 하지만 정성을 다하여 어리석은 생각을 바치고자 합니다. 또 입으로 진술하면 정신이 어둡고 말이 어눌해서 한 가지를 들고 만 가지를 빠뜨릴까 염려되어, 이에 감히 문자로 뜻을 전달합니다. 글을 지어 추론해서 6조로 나눈 것을 전하께 바치오니, 비록 감히 티끌만큼이라도 도움이 있기를 바랄 수는 없사오나 혹 가까이 두고 경계의 말씀으로 삼는 데 약간이나마 보탬이 되지 않겠는지요?

첫째, 계통(繼統)을 중히 하여 인효(仁孝)를 온전히 하소서...(중략)....효는 백 가지 행실의 근원이 되니 한 행실이라도 어그러짐이 있으면 그 효는 순수한 효가 될 수 없으며, 인은 만 가지 선의 으뜸이 되는 것이니 한 가지

선도 갖추지 못하면 그 인은 온전한 인이 될 수 없습니다.『시경』에 "시작이 없는 것은 아니나 제대로 끝맺음을 하는 경우가 드물다." 하였으니, 오직 성명께서 유의하신다면 매우 다행이겠습니다.

둘째, 참소와 이간을 막아서 양궁(兩宮)을 친근하게 하소서....(중략)...효도와 자애를 이룩하도록 하는 자는 복을 얻고, 양궁 사이에 틈을 내게 하는 자는 죄를 얻는다는 것도 알게 하소서. 그리하면 자연히 음사(陰邪)를 부려 이간하고 분란을 일으킬 걱정이 없어지고 효도에 부족함이 없게 될 것입니다. 또 이 마음을 미루고 이 정성을 다하여 공의전(恭懿殿)에 효도와 공경을 바쳐 정을 다하고 힘을 다하신다면 도는 계속 높아지고 인이 지극하고 의가 극진해져 삼궁(三宮)이 즐겁게 화합하고 만복이 다 이를 것입니다. ...(중략)...

셋째, 성학(聖學)을 돈독히 하여 정치의 근본을 확립하소서....(중략)...신은 먼저 치지(致知)라는 한 가지 일에 대해 말씀드리겠습니다. 가까이는 우리의 성정(性情), 형색(形色), 일상생활의 떳떳한 윤리에서부터 허다한 천지 만물과 고금의 사변(事變)에 이르기까지 진실한 이치와 지당한 법칙이 존재하지 않음이 없으니, 곧 이른바 천연적으로 있는 중(中)이란 것입니다. 따라서 배우기를 넓게 하지 않을 수 없고 묻기를 세심하게 하지 않을 수 없고 생각하기를 신중하게 하지 않을 수 없고 분변하기를 명백하게 하지 않을 수 없으니, 이 네 가지가 치지의 조목입니다. 이 네 가지 중에서도 생각을 신중하게 하는 것이 더욱 소중한데, 생각이란 무엇이겠습니까. 마음에서 구하여 증험하고 얻는 것을 말합니다. 마음에 증험하여 그 이(理)와 욕(欲), 선과 악의 기미와 의(義)와 이(利), 시(是)와 비(非)의 구분을 명백히 분변하여 정밀하게 해서 조금의 착오도 없게 한다면 이른바 위태롭고 은미한 까닭과 정하게 하고 전일하게 하는 방법이 이러하다는 것을 참으로 알아 의심하지 않게 될 것입니다. 이제 전하께서는 이 네 가지 공부에 대해 이미 시작을 하여 단초를 틔우셨으니, 신은 그 틔운 단초로 말미암아 더욱더 공부를 쌓아가시기 바랍니다. ...(중략)...신은 다음으로 역행(力行)에 대해 말씀드리겠습니다. 성의(誠意)는 반드시 기미를 잘 살펴서 털끝만큼이라도 성실하지 못함이 없는 것이고, 정심(正心)은 반드시 동정(動靜)을 살펴서 한 가지 일이라도 올바르지 못함이 없는 것이며, 수신(修身)은 한 가지라도 편벽된 데 빠지지 않음이고, 제가(齊家)는 하나라도 치우치지 않도록 하는 것이며, 조심하고 두려워하며 신독(愼獨)을 하고 뜻을 굳건히 하여 쉬지 않는 이 몇 가지는 역행의 조목입니다. 이 몇 가지 중에서도 마음[心]과 뜻[意]이 가장 관건이 됩니다. 마음은 천군(天君)이며 뜻은 그 마음이 발한 것입니다. 먼저 그 발하는 바를 성실하게 하면 하나의 성실이 만 가지 거짓을 소멸하여 천군을 바로잡을 것입니다. 그 결과 인체의 모든 기관이 명령에 복종하여 행동하는 바가 성실하지 않음이 없을 것입니다. 이제 전하께서는 이 몇 가지 공부에도 이미 시작을 하여 단서를 잡으셨으니, 신은 그 잡은 단서로 말미암아 더욱더 공부를 절실히 하시기를 바랍니다....(중략)...

　넷째, 도술(道術)을 밝혀 인심을 바로잡으소서....(중략)...무엇을 도술이라 합니까? 천명에서 나와서 떳떳한 윤리를 행하는 것이니 천하 고금에 다 같이 말미암는 길입니다. 요순과 삼왕(三王)은 이를 분명히 알고 그 지위를 얻었기에 혜택이 온 천하에 미쳤고, 공자·증자(曾子)·자사(子思)·맹자는 이를 분명히 알았지만 지위를 얻지 못했기에 가르침을 만세에 전하였습니다. 후세의 임금들은 오직 그 가르침을 통하여 그 도를 얻어서 세상에 밝히지 못하였기에, 진리를 어지럽히는 이단(異端)의 학설과 정도를 더럽히는 공리(功利)를 주장하는 무리들이 선동하고 몰아대어 인심을 함정에 빠뜨려 그 화가 하늘까지 뒤덮어 구제할 수 없게 되었습니다....(중략)...바야흐로 지금 전하께서는 요순의 자질로 제왕의 학문을 몸소 행하시어 옛 법도를 준수하는 데 뜻을 두시고 바른 정치를 추구하기를 목마른 자가 물을 구하듯 하시니, 이는 장차 사문(斯文)을 일으키시어 당우(唐虞) 삼대(三代)처럼 이 시대를 융성하게 하고자 하는 것입니다. 진실로 우리 동방의 천재일우의 기회여서 조야(朝野)가 기뻐하며 눈을 씻고 서로 경하하지 않는 자가 없습니다. 그러나 여기서 만일 선왕의 도술을 밝혀 한 시대의 나아갈 방향을 정하여 표준을 세워서 인도하지 않으면 어떻게 온 나라 사람으로 하여금 쌓인 의혹을 풀고 여러 갈래의 이단 학설을 버리고 크게 변화하여 우리의 대중지정(大中至正)한 가르침을 따르게 할 수 있겠습니까. 이런 이유로 어리석은 신은 반드시 도술을 밝히고 인심을 바로잡는 것을 새로운 정사를 펴시는 데 바치는 바입니다....(중략)...

다섯째, 복심(腹心)에게 맡기시고 이목(耳目)을 통하게 하소서...(중략)...
옛날의 임금 중에는 대신을 신임하지 않고 대간의 말을 쓰지 않는 자가 있
었는데, 이는 비유하자면 사람이 스스로 자신의 배와 가슴을 가르고 스스로
자신의 귀와 눈을 막는 것과 같으니, 실로 머리만으로 사람이 될 리는 없습
니다. 혹 대신을 신임하더라도 올바른 도를 따르지 않는 경우가 있습니다.
그는 대신을 구함에 있어 바로잡고 도와주고 보필하여 줄 현명한 사람을 구
하지 않고, 오직 아부하고 순종하는 자를 구하여 사심이나 이룰 것을 꾀합
니다. 이렇게 해서 얻은 인물은 간사하여 정치를 어지럽히는 사람이 아니면
틀림없이 흉악하고 권리나 탐내고 세력을 휘두를 사람일 것입니다.....(중
략).... 신은 삼가 바라건대, 성상께서는 오직 하늘의 밝은 명을 돌보아 살피
시고 몸을 공손히 하여 바르게 남면(南面)하사 복심에 정성을 다하시고 눈
을 밝히고 귀를 열어 백성에게는 중도(中道)를 세우시고 위에는 푯대를 세
우소서. 조금이라도 사사로운 뜻이 그 사이에서 흔들고 파괴하는 일이 없도
록 하신다면, 보상(輔相)의 지위에 있는 자는 반드시 모두가 마음을 털어놓
고 생각하는 바를 임금에게 말하고 계책을 진술하며 도를 의논하여 나라를
경륜하는 것을 스스로의 임무로 삼고, 간쟁(諫諍)의 지위에 있는 자는 임금
을 면대하여 바른 소리를 하고 조정에서 쟁론하며 부족하고 빠뜨린 것을 보
완하는 것으로 자신의 직책으로 삼을 것입니다. 이렇게 세 세력이 투명하게
정신을 모아 통하여 한 몸이 되면, 이와 같이 하고서도 조정에 선정(善政)이
없고 나라에 선치(善治)가 없고 세상이 태평하게 되지 않는다는 말을 신은
일찍이 들어 보지 못했습니다. 비록 그러하나 백익(伯益)이 순임금에게 경
고하기를, "염려 없는 데도 경계하여 법도를 잃지 말며, 안일에 몸담지 말고
쾌락에 빠지지 말며, 현명한 사람을 신임하여 두 마음을 갖지 말고 간사한
사람을 버리면서 주저하지 마십시오." 하였습니다. 임금의 마음이 한 번 경
계를 게을리하여 안일과 쾌락으로 빠지면 하루도 못 가서 법도가 무너지고
현명한 사람을 끝까지 임용하지 못하고 간사한 자를 버리지 못하리란 것은
사리와 형세의 필연적인 귀결입니다. 그런 까닭에 편안히 잘 다스려지는 조
정이라도 간혹 불행히도 한번 이런 조짐이 있게 되면 대신 중에는 틀림없이
임금의 악에 영합하여 나라의 권세를 훔치려고 하는 자가 있을 것이며, 소

신(小臣) 중에는 틀림없이 실권을 잡은 자에게 아부하여 사사로운 이익을 탐내는 자가 있을 것입니다. 그리하여 마침내 전날의 복심이 이제는 변하여 도적이 되고 전날의 이목이 이제는 변하여 눈가리개와 귀마개가 되고 전날의 한 몸이 이제는 변하여 원수가 되어, 쇠란의 형세와 위망의 조짐이 당장 눈앞에 나타날 것입니다....(중략)...

여섯째, 수양과 반성을 성실히 하여 하늘의 권애(眷愛)를 받으소서....(중략)....지금 주상전하께서는 보위에 올라 정사를 돌보신 지 이제 한 돌이 되었는데, 하늘을 공경하고 백성을 돌보시며 덕을 닦고 정치를 행하시는 데 인심에 위반되거나 하늘에 거슬린 바가 있다는 말을 듣지 못하였습니다. 그러나 천문(天文)이 자주 변하고 재앙이 아울러 일어나 화기(和氣)가 응하지 아니하여, 보리 농사와 밀 농사가 완전히 전멸되고 수재(水災)가 옛날에 비할 수 없이 참혹하며 우박과 황충 등 온갖 재이가 다 나타나니, 하늘이 전하께 무슨 노한 바가 있어 이렇게 하는지 모르겠습니다. ...(중략)...이것은 천심이 전하를 인애함이 깊고 전하를 경계함이 지극한 것입니다. 또한 지금 전하께서는 이미 하늘의 돌보아 주심을 입어 백성의 주인이 되셨으니, 왕위를 계승하여 정치를 도모하는 시초이자 상중(喪中)에 계시면서, 나라 다스리는 도를 생각하는 날들이 바로 근본을 바로잡고 시초를 바르게 할 때이며 스스로 밝은 명을 남겨 줄 때입니다. 만일 온화한 총애가 있는 줄만 알고 사나운 위엄이 있는 줄을 알지 못하면, 두려워하는 마음이 날로 풀리고 사악하고 편벽한 정이 점점 방종해져서 강의 제방을 터놓은 것 같을 것이니, 어떠한 지경인들 이르지 않겠습니까. 그러므로 재해를 내려서 이를 견책하고 또 괴이한 변고를 내려서 두렵게 하니, 천심이 전하를 인애함이 깊고 간절하며 뚜렷하고 분명하다 하겠습니다. 전하께서는 장차 어떤 도리를 닦으셔서 하늘의 뜻에 부응하시고 재화의 싹을 소멸하게 하시겠습니까. ...(중략)... 삼가 바라건대, 전하께서는 어버이 섬기는 마음을 미루어 하늘 섬기는 도를 다하시어 덕을 닦고 반성하지 않는 일이 없고 두려워하지 않는 때가 없도록 하소서. 성상의 몸에는 비록 과실이 없다 하더라도 은미한 마음속에 병통이 산처럼 쌓여 있는 것을 말끔히 다 정화하지 않아서는 안 되며, 궁궐에는 비록 본래 가법(家法)이 있다 하더라도, 음흉한 외척들이 배알하기 위해 안개처럼 모여드는 것을 엄격하게 막지 않아서는 안 됩니다....(중략)...

  이상에 진술한 여섯 조목은 경천동지(驚天動地)하여 사람의 이목을 끌 만한 설은 없지만 이교(彝敎)에 삼가면서 성(性)과 도(道)에 근본하고 성현을 종주로 하면서 『중용』과 『대학』에 질정하고 역사 기록을 상고하면서 시사(時事)에 징험하여 말씀을 올린 것입니다. 전하께서는 비근하다 하여 할 것이 못 된다 생각 마시고 우활하다 하여 할 필요가 없다 생각 마시고, 반드시 먼저 처음 두 조목을 근본으로 삼고 더욱 성학(聖學)의 공부에 부지런히 힘쓰소서. 속히 이루려 하지도 마시며 스스로 한계를 긋지도 마시고 지극함을 다 바쳐 이에 과연 소득이 있으시면 그 밖의 일은 실로 날에 따라 밝아지고 일에 따라 충실해질 것입니다....(중략)... 신이 비록 향리에서 병들어 있다 해도 날마다 천안을 가까이 대하는 것과 무엇이 다르겠습니까. 암혈(巖穴)에서 시들어 죽더라도 모든 생령과 함께 성스러운 은택에 젖어 들 것입니다. 신은 간절히 바라는 지극한 마음을 견딜 수 없어 삼가 죽기를 무릅쓰고 아룁니다.

7. 추모와 눈물의 기록: 행장과 제문

1) 작가 소개

  이 절에서는 고수필 중 제문과 행장 관련 몇 편의 수필을 살펴볼 것인데, 먼저 서포의 여러 유명한 글 중 〈윤씨행장〉을 중심으로 전문을 살펴보고, 기타 함께 감상하면 좋을 숙종의 제문 및 김도희의 제문 몇 편도 함께 살펴보고자 한다. 작품 감상에 앞서 먼저 서포(西浦) 김만중(金萬重:1637~1692)에 대해 잠깐 살펴보면, 그는 17세기 후반에 활동했던 정치가이며 문인이다. 병자호란 당시 절의를 지켜 강화도에서 자결한 광산김씨 익겸(益兼)의 유복자로 태어나 명문가의 후예로 이름 높은 어머니 윤씨(尹氏)로부터 형 만기(萬基)와 더불어 자상하고도 엄격한 유교 교육을 받았다. 김만중은 16세기에 진사시에 합격하고 29세에 문과에 장원한 이래 성균관 전적(典籍)이라는 벼슬로 정계에 진출, 다양한 벼슬을 거쳤다. 30대를 지나 40대에는 크게 영달하여 화려한 정치 생활을 했다. 이 무렵 그는 대사간·대사성·대사헌·

예조판서·좌참찬 등을 역임했으며, 문인의 최고 영예로 손꼽혔던 대제학을 전후 두 차례나 지낸 것도 이 시기의 일이었다.

그러나 그는 강직한 성격과 과격한 언사로 여러 차례 고난을 겪기도 했다. 32세 때에 현종에게 직간을 했다가 파직을 당한 일이나 38세 때 남인 세력에 밀려 노론으로서 파직을 당할 시, '金'자 성을 쓰지 못하게 되는 벌까지 받은 일 등이 대표적이다. 또 그는 세 차례나 유배를 갔는데, 37세 때(1673)에 상례 문제로 영의정 허적의 파직을 주장하다가 현종의 노여움을 사 금성으로 첫 유배를 갔고, 51세 때(1687)에는 숙종이 장씨를 총애하여 정국을 불안케 하는 것이 잘못임을 직간하다가 평북 선천으로 유배를 갔으며, 53세 때(1689)에도 장씨의 희빈 책봉을 반대하다가 경남 남해로 유배가서는 위리안치를 당하였고, 이때는 그 화가 아들과 손자에게까지 미쳐 그들도 각각 제주도와 거제도로 유배되기도 했다.

유배된 지 4년만인 56세 때에는 어머니의 별세 소식을 전해 받고서도 장례에 참여하지 못해, 슬피 울부짖다가 병을 얻어 세상을 떠났다고 『숙종실록』에 기록되어 있다. 그에 대한 평가는 당시를 살아간 유명 인사들이 대부분 그러했듯, 당쟁의 소용돌이 속에서 상반된 평가가 전하고 있다. 인품에 대해서 긍정적인 평은, 성품이 깨끗하고 온화하며, 효도와 우애가 두텁고, 성질이 강직해 조정에서 직언을 잘하며, 선비처럼 청렴·검소한데다 왕비의 친척이면서도 스스로 몸을 낮추어 권세를 멀리하고, 높고 명예로운 관직까지 사양하여 세인들의 존경을 받았다는 것이며, 부정적인 평가의 경우는 문장과 효도·우애의 뛰어남은 인정하나 식견이 없고, 왕실의 근척이면서도 주장이 격렬하며, 훈척에 아부하여 옳은 말을 공격하고, 왕에게 거짓을 고하여 사화를 일으키려다가 탄로 나서 귀양 갔다는 것이다. 정치적인 이해관계가 얽혀 있었기에 평가 집단에 따라 상반된 평가가 있을 수 있더라도, 문장과 우애, 효도를 인정하는 데서는 대개 견해가 일치함을 볼 수 있다.

김만중은 노론 벌열층에 속한 인물로, 유학의 명문가에서 태어나 유학 교육을 받고 유학적 이념에 기반을 둔 정권의 중심부에 위치했던 인물이지만, 유학을 절대시하는 태도로부터 벗어나 그것을 철저하게 비판하는 사상적 자세를 갖추고 있기도 했다. 신유학(新濡學) 곧 주자학을 비판하는 근거로, 당시 이단으로 취급되던 불교를 가져와서는, 주자학의 독선적 권위를 부정하고 주자학에 입각하여 이루어진 세계관이 독단임을 논파하기도 했다. 그는 주자학이 중국을 세계의 중심이라고 보는 중국중심적인 세계관(=華夷論)이며, 이러한 중국인이 지닌 자기중심적인 사고의 한계를 파헤치면서 각 민족 문화의 보편성과 독자성이 중요함을 강조했던 것이다.

김만중은 그의 『서포만필』에서 문학에 관한 많은 문제들을 다루었는데, 거기에는 문학 일반론이라 할 수 있는 것에서부터 작품 평에 이르기까지 다양한 견해들이 제시되어 있다. 가령, 문학의 본질적 기능이 독자를 감동시키는 데 있다고 본 감동론이라든지, 비평에 대한 독자적인 의의를 인식한 부분이라든지, 당시 양반들이 무시하던 구비문학(특히, 민요)을 문학으로 인정한 부분이라든지, 우리말 우리글로 된 문학인 국어문학의 가치를 높이 평가하면서, 특히 정철의 〈속미인곡〉을 크게 평가한 지점 등은 한국 문학사에서 매우 주목된다.

2) 작품 감상

〈윤씨 행장〉은 서포가 모친의 장하고 빛나는 행적을 적어 길이 후세의 귀감을 삼고자 지은 한문 수필이다. 행장에서 '행(行)'은 행동거지를 의미하는 만큼, 죽은 사람의 행실을 간명하게 써서 보는 사람으로 하여금 죽은 사람을 직접 보는 것처럼 살펴볼 수 있도록 한 글이라 할 수 있다. 이러한 행장은 ①전기(傳記)와는 달리 잡다한 이론은 기록하지 않는 것이 원칙이며, ②시호, 비명, 묘지명 작성의 토대가 되기도 하고[19], ③행장 내용은 작성 시대와 작성자에 따라 다소 차이가 있을 수 있으며, ④현존하는 고려, 조선 조 행장은 대개 '행장인의 관직-〉성명-〉본관, 가계-〉출생년-〉성장, 수학 과정-〉출사길, 역관, 행적, 공적-〉졸년-〉장지-〉부인, 부인가계-〉성품-〉자손-〉행장 작성자'의 순서로 구성되어 있는 것이 특징이다. 또 ⑤행장은 해당 인물에 관한 가계, 출사로, 역관, 치적, 공적, 교우관계 등이 종합적으로 기록된 일대기이므로 해당 인물의 구체적인 행적을 연구하는 데 기초 자료이나 ⑥공이 주가 되고 허물은 제외되기 쉬운 단점이 있어, 감동과 문학성은 다소 약할 수 있다. 그러나 ⑦개개인의 특성을 찾아볼 수 있다는 장점도 있어 고수필에서 꼭 짚고 가야 할 수필류이기도 하다.
 〈윤씨 행장〉은 이러한 전기 행장의 전형적인 구조[20]를 보여준다. 즉, '윤씨 가문 소개+윤씨의 미행(美行)과 부덕(婦德) 칭송+윤씨의 덕행 추모+자식으로서의 불초함을 회한함'의 구조로 이루어져 있다. 간략히 항목화해 보면 다음과 같다.

　　①작품 인물들을 작자의 기술을 통해 직, 간접으로 등장
　　②윤씨 조부모 등장[정혜옹주, 해숭위 등-〉가계혈통 고양]
　　③윤씨의 시부모 등장(시부 참판공이 구체화)
　　④윤씨의 남편 김익겸이 절사함으로써 윤씨의 행동 방향 결정
　　⑤윤씨의 큰아들 만기 등장, 그 손녀 인경왕후가 간접적으로 등장

〈윤씨 행장〉의 사건 전개는 다음과 같다.

　　①정축호란으로 조정이 강화도로 옮겨지는 비극이 발생함.
　　②이를 지켜본 부친 김익겸이 절사 후 충정공의 시호를 하사받음.
　　③이에 서포의 조모, 서씨 부인이 따라 절사, 열녀문을 하사받음.
　　④윤씨는 만삭의 몸으로 피난 다니다가 배 위에서 서포를 생산함.
　　⑤이후 윤씨가 서포 형제 양육 과정에서 극적 사건들이 전개됨.
　　⑥서포는 자신의 관점을 덧붙여서 윤씨의 행적을 마무리함.

 이러한 전개법은 행장 문학의 한 전형으로서, 가문을 중시하던 조선시대 사회의식에서 비롯된 것이라 할 수 있다. 즉 주인공의 훌륭한 업적도 궁극적으로 혁혁한 가문의 전통과 연관되어 있음을 암시하는 것이다. 이는 〈윤씨 행장〉의 집필 동기, 즉 대부인의 아름다운 말씀과 어진 행실이 점점 어두워져 후세 자손에 법을 드리울 것이 없을까 두려워 행장을 지어 기록한다는 말에서도 뚜렷이 드러나며, 빛나는 가문의 계승을 위해 창작한 것임을 알 수 있다. 〈윤씨행장〉은 곧 가문에 대한 자랑스러운 기록, 자손들에게 긍지와 교훈을 심어주려는 목적 문학이라고 할 수 있다.
 원래 〈윤씨행장〉은 한문으로 지어 그의 문집에 실은 것이지만 이후 국

> 문체로 번역된 것이다. 한문체 글은 전형적인 한문 전장체였던 만큼, 당대 선비들이 감동했고, 윤씨 일대기를 기록한 효행전장으로서 의의를 지닌다면, 국문체 글은 어떤 후손 후학이 번역해 널리 알리고자 한 것으로, 행장 전기문의 체제를 따르는 전형적 산문이지만, 사실적인 문체와 생동감 있는 인물 묘사, 객관적인 사건 표현 등을 통해 소설적 문체에 가까운 면모를 보여주기도 한다. 쉽고 간결한 문장으로 이해하기도 쉽다.
>
> 〈윤씨 행장〉이 갖는 문학사적 의의로는, ① 효행 전기 문학 작품으로 사실적 바탕을 기반으로 하여 서사적인 구조를 지닌다는 점, ② 후대 전기, 행장문학에 지대한 영향을 끼쳤다는 점(예: 〈서포행장〉, 〈인경왕후 익능지문〉 등), ③ 목적 문학, 효행 문학으로서 의미를 가진다는 점, ④ 여자의 일생, 불멸의 여인상, 구원의 자모상 등 한 전형을 정립해 준 문학이라는 점 등을 들 수 있을 것이다.

(1) 윤씨 행장 : 내 어머니 이야기

어머님의 성은 윤씨니 본관은 선산 해평(海平)이시다. 고조는 윤두수 어른이니 영의정 해원부원군으로 시호는 문정(文靖)이요, 증조는 윤방이니 영의정으로 시호는 문익이 문익(文翼)이니, 두 분 모두 공덕 있는 어진 정승이라 일컬었다. 할아버지는 윤신지니 선조 대왕의 따님이신 정혜 옹주의 남편으로 해숭위(海嵩尉)를 봉하고 문장으로 세상에 이름났으며 시호는 문목(文穆)이시다. 아버지는 윤지니 인조 대왕 때 명신으로 이조참판에 이르고 어머니는 정경부인 남양 홍씨로 감사 벼슬을 지내신 홍명원의 따님이시다.

외할아버지께서 다른 자식이 없고 정혜 옹주께서도 다른 손자 없어 오직 어머님 한 사람뿐이었다. 이러하므로 정혜 옹주께서 어머님께서 여자로 태어나신 것을 안타까워하셨다.

점점 자라시니 옷과 음식을 사치스럽게 하지 않으시며, "다음에 가난한 선비의 아내가 된다면 어찌하겠는가?" 하셨다.

---

19) 행장은 한 가문의 행적을 기술한 家狀과 함께 〈조선왕조실록〉의 졸기, 비명, 편지, 묘갈명, 연보 등을 작성하는 데 기초가 되었고, 증시의 대상이 되는 관인(정2품 이상), 공신(친공신)의 경우에는 시호 상정의 토대가 된다.
20) 주인공의 선대 가계로부터 생장 과정, 그의 인품, 언행을 중심으로 훌륭한 행적 기술, 임종과 그 자손의 일까지 거론함으로써 완벽한 일대기를 보여준다.

아버지와 혼인하시니 (정혜 옹주께서) 경계하여 말씀하시기를, "네 시집은 예의를 아는 집이니 행여 아내로서 도리를 어겨 우리 집안을 부끄럽게 하지 마라." 하셨다. 그 가르침이 이러하였으니 어머님께서 당시 열네 살이 셨지만 시가에서 칭찬이 자자했다.

정축년(1637) 오랑캐의 난리로 아버지께서 강화도에서 돌아가시고 어머님은 나를 배고 외할머니 계신 곳에 계셔 배를 타고 화를 면하셨다. 이때 형님은 겨우 다섯 살이고 나는 어머니 배 속에 있었다. 난리가 진정된 뒤에 어머님께서는 우리 두 형제를 데리고 친정에 가 의지하며 외할머니를 도와 집안을 다스리고 외할아버지를 받들어 모셨는데 옛날 효자같이 하고 시간이 나면 책을 보아 스스로 지내며 날로 더욱 널리 하셔 외할아버지께서 아들 없는 근심을 잊으셨다. 외증조부께서 탄식하며 말씀하시길, "늘 내 손녀와 함께 이야기를 나누면 마음이 시원하니 만일 남자였다면 우리 집에서 대제학이 아니었겠는가?" 하셨다.

우리 할아버지 묘소가 회덕 정민리에 있고 아버지를 합장하였는데, 어떤 사람이 말하기를, "그 땅이 자손에게 좋지 않다." 하였다. 외할아버지께서 걱정하셔서 어머님께, "내가 다시 장사를 지내 주겠으니 경기 근처에 묘소를 옮겨 너와 자식들이 제사를 편하게 지내는 것이 어떻겠느냐?" 하셨다. 어머님께서 대답하시기를, "지관의 말은 본래부터 믿기 어렵습니다. 선산에 장사를 지내는 것이 돌아가신 분들도 편안할 것이요, 또 그곳에 우리 일가 친척이 사는 이 많으니 아이들이 자라기 전에는 가히 보살핌을 입을 것이니 묘소를 옮기기를 원하지 않습니다." 하셨다.

외할아버지께서 돌아가시고 외할머니께서 병이 깊어 상가 일을 보살피지 못하고 아들이 없으니 집안일을 보살피지 못하셨다. 어머님께서 홀로 두어 명 종을 데리고 상가 일을 보살피니 깨끗하고 풍족해서 예절에 맞지 않은 것이 없어 보는 사람마다 기특하다 여겼다. 외할머니께서 돌아가셨을 때에도 마찬가지셨다.

이때부터 집안이 더 가난하여 몸소 베를 짜서 살림을 꾸리시면서도 평소에 태연하여 근심하는 빛이 없으셨다. 우리 형제가 그 힘듦을 알지 못하게 하시니 이는 우리가 집안일에 마음을 두다가 공부에 방해가 될까 해서였다.

우리 형제가 어려서 다른 스승이 없어 『소학』, 『사략』, 『당시』 등을 어머님께서 가르치셨다. 자식을 사랑함은 깊으셨으나 우리 재주와 학식이 남보다 한층 뛰어나야 겨우 다른 사람과 같이 될 것이라 하고, "다른 사람들이 행실이 못한 사람을 꾸짖을 때 반드시 '과부의 자식'이라고 하니 너희들은 이 말을 깊이 새기거라." 하셨다. 또 우리 형제가 잘못하면 반드시 매를 잡고 울며 이르셨다. "네 아버지께서 네 형제를 나에게 맡기고 돌아가셨는데 너희들이 이제 이렇게 행동을 하니 내 죽어 무슨 낯으로 네 아버지를 볼까? 공부를 안 하고 살면 죽는 것보다 못하리라."

우리 형님의 글재주가 비록 타고난 것이지만 학문을 이루신 것은 어머님의 힘 쏟음 때문이고 내가 세상일에 어둡고 변변치 못한 것은 어머니께서 지극하게 가르치시지 아니하셨기 때문이 아니었다.

이때는 난리가 갓 지나 책을 얻기가 어려웠다. 『맹자』, 『중용』 같은 모든 책은 어머님께서 곡식을 주고 사셨다. 『좌전』을 파는 사람이 있었는데 형님께서 몹시 구하고 싶어 했으나 권수가 많아 감히 값을 묻지도 못하였다. 어머님께서 베틀 가운데 명주를 베어 그 값을 치르니 이 밖에 남은 것이 없었다. 이웃 사람 중에 옥당(홍문관) 서리를 알았는데 '사서'와 '시경 언해'를 빌려다가 손수 베끼시니 글자가 바르고 깨끗하여 구슬을 꿴 듯하고 한 구절도 버젓하지 못한 곳이 없었다.

외할아버지께서 늦게 첩을 두셨는데 아들이 하나 있었다. 외할아버지께서 돌아가신 후 친정 집안의 조카를 양자로 들이니 어머님께서 사랑하고 가르치시기를 우리 형제와 같이 하셨다. 두 아이 또한 어머님을 섬기기를 친어미같이 하니 다른 사람들의 뒷공론이 없었다. 함께 재산을 나누는데 땅 중에서 척박한 것을 가지고 노비 중에서는 늙고 가난한 자를 가려서 가지시며 말씀하셨다.

"내 굳이 깨끗한 이름을 얻으려 함이 아니라 내가 하고 싶어서 그러하다."

어머니의 서제(庶弟) 죽으니 그 아들을 데려와 모든 손자와 함께 배우게 하셨다. 이때 어머님께서 늙으셨으나 자손 중에 따라 배우는 사람이 두어 사람이 있었는데 어머니께서 가르치는 것을 즐겨 하시고 수고롭다 아니하셨다.

어머님 성품이 글을 좋아하셔서 늙으셔도 그만두지 아니하시고 과거의 역사와 뛰어난 분들의 언행을 보기를 즐기셨다. 이따금 자손에게 이르시고 편지와 글짓기에 유의치 않으시고 부녀를 가르치시는 데는 옷과 음식을 벗어나지 않으셨다.

　제사가 되면 스스로 몸가짐을 삼가 '미망인'이라 일컫고 돌아가실 때까지 화려한 옷을 가까이 아니하셨다. 잔치 자리에 나아가지 아니하시고 음악을 듣지 아니하셨으며 형님께서 이품의 귀한 몸이 되어 어머님의 오랜 삶을 축하하는 잔치를 열려 하셨으나 허락하지 아니하셨다. 오직 자손이 과거에 급제하였을 때 잔치를 베풀고 풍류를 베풂을 허락하며 "이는 진실로 우리 가문의 경사니 내 한 몸의 사사로운 기쁨이 아니다." 하셨다.

　계사년(1653)에 형님이 비로소 급제하여 녹봉으로 어머님을 모시고 내가 을사년(1665)에 과거에 급제하고 정미년에 형님께서 이품 벼슬을 받으시니 어머님께서 정부인에 봉해지셨다.

　갑인년에 형님의 따님께서 왕후가 되시니 형님께서 작위를 받으시고 어머님께서는 정경 부인으로 오르셨다. 인경 왕후 어려서 어머님이 기르셨는데 반듯이 바름으로 가르치시니 나이 겨우 열한 살이시나 어떤 일을 주선하고 응대함이 어른 같아 궁중 사람들의 마음으로 복종하였다.

　이 뒤에 형님께서 늘 집안이 번성한 것을 생각하고, "우리 집이 이렇게 된 것은 다 어머님 덕택이다." 하셨다. 어머님이 이따금 궁중에 들어가 뵈올 때 반드시 옛 어진 왕비들의 이야기로 깨우치고 조금도 사사로운 은택을 바라지 않으시니 인선, 명성 두 왕후께서도 어머님을 공경하시었다.

　인경 왕후께서 돌아가시니 전날 쓰시던 옷이나 그릇 들을 줄 만한 왕자나 공주가 없어 명성 왕후께서 궁인에게, "내 차마 이것들을 보지 못하겠으니 이제 모두 친정(김만기의 집)에 주고자 하니 그 뜻을 알려라." 하셨다. 어머님께서 대답하기를, "인경 왕후께서 비록 불행하여 자식이 없으나 다음에 왕가의 자손이 번성하시면 이 또한 왕후의 자손이니 머물러 기다리는 것이 옳을까 하옵니다. 귀한 보배를 어찌 감히 이러한 집에 간직하겠습니까?" 하셨다. 궁인이 명을 받들어 말씀을 전하니 명성 왕후께서 크게 칭송하여, "내 진실로 그분의 어짊이 이러할 줄 알았다." 하고 말씀하셨다. 임금이 들으시고 또한 일컫기를, "이는 덕행이 높은 분의 행실이로다." 하셨다.

정묘년(1687) 봄에 형님께서 어머님 곁을 길이 떠나셨다. 그때 어머님 나이가 칠십이 넘으셔서 자손들이 차마 상복을 더하지 못하니 어머님께서, "왜 상복을 만들지 아니하느냐?" 하셨다. 우리 자손들이 대답하기를, "풍속에 부녀는 오직 삼년상에 상복을 갖추고 기년복 이하는 다만 베띠로만 상복을 입으니 이것이 기년복입니다." 하였다. 어머님께서 "맏아들의 죽음에 어찌 예사 기년복을 한단 말인가?" 하고 예법대로 상복을 입으셨다.

어머님께서 상중에 아침저녁으로 슬프게 우시니 병이 남을 염려하여 내 집으로 모시려고 하니 어머님이 울며 이르시기를, "내가 비록 늙고 병들어 제사에 참여하지 못하나 아침저녁으로 울음소리를 들으면 제사에 참여한 것과 같으니 네 집에 가면 무엇으로 이리하겠느냐. 또 손자들을 보면 죽은 큰아들을 본 듯하니 만일 네 집에 가면 아이들이 어찌 능히 자주 와 나를 보겠느냐?"

여러 번 청하되 듣지 아니하시니 비록 슬프고 괴로우셨지만 예법을 지키심이 이렇듯 매우셨다. 이해 가을에 내가 서쪽 변방으로 귀양을 가니 어머님께서 성 밖에 사람을 보내어 이르기를, "변방에 귀양을 가는 것은 옛사람도 피하지 못한 것이다. 스스로 몸을 아끼고 나를 생각하지 마라."

이듬해 나라에 큰 경사가 있어 은혜를 입고 돌아와 어머님을 모셨는데, 몇 달 되지 않아 기사년(1689)의 화를 입어 다시 감옥에 갇혀 죽기는 면하고 남해에 귀양을 갔다. 어머님의 손자 세 사람도 외딴섬으로 귀양을 가니 어머님은 본디 담천병이 있어 추위를 만나면 재발하는데 형님께서 돌아가신 후 애통해하신 뒤부터 연달아 근심과 슬픔을 만나니 묵은 병이 더해 겨울에 이르러 병이 위독하셨는데, "집의 어려움으로 기운을 잃지 말고 쓸데없다 하고 배움을 그치지 마라." 하셨다.

나오는 반찬이 진귀하면 문득 기뻐하지 아니하고, "우리 집 음식이 본디 이러하지 않다." 하시었다.

돌아가시기 며칠 전까지 부지런하시며 검소하여 자손을 타일러 가르치시고 이 밖에는 오직 나와 세 손자가 귀양지에 있음을 생각하시고 다른 자손들은 염려하시는 것이 없었다.

아아, 슬프다. 형님께서 어머님이 늙으셔서 미리 상복을 장만하시니 어머님께서 알으시고 이르기를, "정축년(1637) 네 아버지 상사에는 재물이 없어 극진히 차리지 못했는데 이제 어찌 내게 더 보탬이 있겠는가?" 하셨다. 형님께서 옛날과 지금 집안 형편이 달라졌다고 대답하셨지만 어머님께서, "내 어찌 모르겠는가. 다만 한 무덤에 장사를 지내는데 화려하고 모자람이 다르면 내 마음이 어찌 편안하겠는가?" 하셨다.

그래서 자손들이 받들어 장례를 치르는데 화려한 비단을 쓰지 말라는 유언을 지켰다.

어머님은 만력 정사년 9월 12에 태어나셔서 기사년(1689) 12월 21일에 돌아가시니 사신 것이 칠십삼 년이셨다. 어머님의 손자 진화(鎭華)와 증손 춘택(春澤) 등이 시신을 받들어 돌아가신 아버님의 묘에 합장하니 경오년(1698) 2월 21일이었다.

어머님께서는 인자하시고 용서하는 일이 많아 자손을 어루만지고 종들을 부리셨다. 늘 은혜와 사랑이 넘쳤으나 엄숙하고 깨끗하여 절개 있는 남자와 같았다. 형님께서 경기 고을의 원님이 되어 녹봉을 받아 봉양함에 풍족하지 않아 근심하니 어머님께서 이르시기를, "다행히 나라의 은혜를 입어 집이 따뜻하고 밥을 배부르게 먹으니 이를 부족하다 여기면 어떻게 해야 만족하겠느냐? 네가 일을 열심히 하면 이것이 나에게 두터운 것이리라." 하셨다.

손자 진구(鎭龜)가 감사(監司)를 지낼 때 소속한 고을의 어떤 원님이 어머님의 생신 때 옛 법도대로 선물을 보냈는데 그 사람은 좋은 집안의 사람이라, 사람들이 "그 선물은 사양할 필요가 없다."라고 하였으나 마침내 어머님께서는 받지 않으셨다.

풍속에 어그러짐이 많아 아전, 역관, 시정잡배 들이 청탁을 일삼고 벼슬하는 사람의 부녀자들은 뇌물을 주고받음을 일삼았다. 우리 형제 벼슬하였으나 어머님 앞에 뇌물이 이르지 아니하니 이런 일로 다른 것을 미루어 알 수 있을 것이다. 가난하여 살림이 구차해도 서러워하지 아니하셨으며 부귀하게 되어도 교만하지 아니하셨다. 재앙을 만나 사람이 견디지 못할 것이지만 의로움과 운명을 편안히 받아들여 기운을 잃지 않으신 것은 성품이 보통 사람을 넘고 널리 보고 옛일을 살핌은 거짓 것이 아니셨다.

이러하므로 친척이나 이웃이 우리 어머님 보기를 엄한 스승처럼 하여

법으로 삼았다. 말씀과 일을 처리함이 의리에 맞아 왕후의 덕을 보태고 빛나게 나라의 기림을 받으니 요사이 여자에게서 드문 일이다. 옛날 일컫기를 여자가 선비와 같이 행실을 가졌다는 말은 바로 우리 어머님을 두고 말한 것이리라.

옛글에 이르기를 "착한 행실을 한 집은 반드시 좋은 일이 있다." 하였고, 전하기를 "가득하면 해로움을 부르고 겸손하면 유익함을 얻는다." 하였다. 우리 어머님 같은 분은 어진 일을 쌓고 유익함을 얻을 것에 맞지 않는 것이 없으셨다. 정축년(1637) 성이 무너지는 설움(남편의 죽음)으로부터 어려움을 겪고, 갑인년에 이르러 영화로움이 극진하였는데 삼가는 태도가 어려울 때보다 더 심하셨다. 오래지 않아 따님이신 인경 왕후께서 돌아가시고, 우리 형님께서 효성을 다하셨지만 일찍 돌아가시고, 몇 년 사이에 세상일이 바뀌어 자손이 여기저기 흩어져 슬퍼하는 바가 되니 하늘을 의심할 수밖에 없음이라. 그러나 세상의 복을 누리고 평생 편안히 보내다가 죽는 날 타인의 칭송이 없는 사람을 어머님은 부끄러워하셨다.

어머님은 두 아들을 기르시니, 맏이는 돌아가신 형님 만기로 영돈녕부사(領敦寧府事) 광성부원군(光城府院君)이니 일찍이 병조판서 겸 대제학을 지냈다. 형님께서 높은 벼슬을 하셨으나 어머님께서 기쁜 얼굴을 보이지 않으시더니 문형(대제학)을 맡으시니 이르시기를, "내가 한날 여자로서 너희 형제를 가르쳐 늘 고루하여 아는 것이 없어 돌아가신 네 아버지에게 욕이 될까 두려웠는데 이제 겨우 면하는구나." 하셨다.

그 아우가 곧 나 만중이다. 형님께서는 군수 벼슬을 한 한유양의 따님을 얻어 4남 3녀를 두셨다. 맏이는 진구요 다음은 진규인데 다 급제하였고, 다음은 진서, 진부인데 아직 관례를 치르지 못하였다. 인경왕후께서는 자매 항렬에서 맏이가 되시고, 다음은 정형진에게 시집을 가고, 다음은 이주신에게 시집을 갔다.

나는 판서 이은상의 따님을 얻어 한 아들을 낳으니 이름은 진화로 진사요, 딸은 이이명에게 시집을 보냈다.

진구의 아들은 춘택, 보택, 운택이다. 나머지는 어리고 진화(鎭華)의 아들도 어리다. 정형진 이이명의 자식들도 다 어리다.

내가 세상에 나기 전에 사나운 일을 많이 하여 아버님의 얼굴을 알지 못하고 땅에 떨어지기를(태어나기를) 난리 중에 하였으니 자식을 기르시는 어머님의 애씀이 옛사람보다 백 배나 더하셨다. 그러하나 어려서 아는 게 없고 은혜를 알아 얼굴빛을 순하게 하지 못하고 분수 밖에 벼슬로 어머님을 기쁘게 하지도 못하였다. 정신을 차리지 못해 함정에 빠져 어머님께 끝까지 근심을 끼치니 불효한 죄가 하늘까지 통하였다. 그러나 목이 잘리고 배를 잘라 귀신에게 용서를 구하지 못하고 바다 가운데 귀양지에서 살기를 훔치니, 아아, 슬프다.

돌아보니 하늘이 뒤집어지지 않아 남은 목숨이 다하기를 기다리니 진실로 걱정스럽다. 우리 어머님의 아름다운 말씀과 착한 행실이 점점 사라져 가니 후손들이 알지 못할까 하여 서러움을 그치고 아픔을 참아 손으로 어머님의 말씀과 행적을 종이에 써 조카에게 주었다. 내 성품이 본디 어둡고 막혀서 어머님의 뜻과 행실을 잘 알지 못하고 정신이 점점 희미해 하나를 적고 열을 빠트리니 나의 죄가 이에 이르러 더욱 크구나.

어머님께서 근래 비석에 새긴 글과 묘에 쓴 글들을 보시고 아녀자의 덕을 지나치게 칭송함을 병이라 여기시며, "여자의 일은 사람들이 알지 못하는 것이다. 붓을 잡은 자는 다만 그 집 사람이 이르는 대로 의지하는 까닭으로 그 말을 믿지 못하니, 그렇지 아니하면 어찌 우리나라에 어진 여자가 많은가?(?)" 하셨음을 내 알거니, 이 말씀이 귀에 낭랑하여 들리는 듯하구나. 이제 덕을 짓는 글에 감히 한 글자도 꾸미지 못하여 차라리 너무 간략하게 한 것은 대개 우리 어머님 평소의 뜻을 따르려 한 것이다.

경오년(1690) 8월 일(日). 불초자(不肖子) 고애남(孤哀男) 만중은 피를 토하고 울며 삼가 짓는다.

(2) 제문 1 : 숙종이 왕비(인현왕후 민씨) 영전에 내린 제문

모년 모월 모일에 국왕은 비박지전(菲薄之奠)으로 대행왕비(大行王妃)에 고하나니, 오호라, 현후(賢后) 돌아가심이 참이냐 거짓말이냐, 달이 가고 날이 바뀌되 과인이 황란(慌亂)하여 능히 깨닫지 못하니 속절없이 천수(天數)가 막막하고 음용(音容)이 돈절하니 그 돌아감이 반듯한지라, 고인이 실우

지탄(失偶之歎)과 고분지통(叩盆之痛)을 일렀으나 과인의 극통(極痛)과 유한은 고금에 비겨 방불할 자가 없도다.

오호라 현후는 명문생출로 형의 교훈을 받았도다. 빼어난 재질과 아름다운 선행이 갈담규목(葛覃樛木)의 극진치 않은 곳이 없으되, 신운이 불행하고 과인이 불명하여 이왕 육년손위(六年遜位)는 어찌 차마 이르리오. 위태한 시절에 처신을 더욱 평안히 하고 어지러운 때에 덕행을 더욱 평정히 하여 과인으로 하여금 과실을 감춤은 다 현후의 성덕이라. 꽃다운 효절(孝節)과 규장하는 덕이 궁중에 가득하니, 도를 임하여 태평을 같이 누릴까 하였더니, 창천(蒼天)이 어찌 현후 앗기를 급히 하사, 과인으로 하여금 다시 바랄 바가 없게 하신지라.

오호라, 현후의 맑은 자품(資品)으로 일개 혈육이 없고 어진 성덕으로 하수(遐壽)를 누리시지 못하시고, 천도가 과히 무심한지라. 이는 반드시 과인의 실덕무복함을 하늘이 미워하사 과인으로 하여금 무궁한 한이 되게 하시는도다.

통명전을 바라보며 현후의 덕음(德音)과 의용(儀容)을 듣고 볼 듯하되 이제 길이 막힘이 몇 천린고, 과인이 중간 실덕함이 없이 지금까지 무고하시다가 돌아가서도 오히려 슬프다 하려든 하물며 과인의 허물로 육년고초를 생각하니 차악(嗟愕)한 유한이 여광여취(如狂如醉)로다. 제문이 장황하여 지리하매 그치노라.

(3) 제문 2 : 김도희[21])의 제문

네가 세상을 떠난 뒤부터 내가 곡(哭)하기 시작하여 자주 곡하다 보니 번번히 복이 메어 거의 숨이 끊어질 지경에 이르러서야 그치곤 하였다. 참으로 곡한다고 네가 되살아나지도 못할 것을 알고 있으니 차라리 곡하지 말자 하고, 또 곡하지 않을 것을 생각하느니 차라리 너를 잊는 것만 못할 것 같아서 이제부터 너에 대한 은애(恩愛)도 끊고 슬픔도 잊어서 다시 너를 마음속에 두지 말자고 맹세했었다. 그런데 정말 이상도 하구나, 한 가닥 엉기

---

21) 김도희는 1783(정조 7)~1860(철종 11)의 조선 후기 문신이다. 그의 본관은 경주(慶州), 자는 사경(士經), 호는 주하(柱下), 한정(漢楨)의 증손으로, 할아버지는 태주(泰柱)이고, 부친은 판서 노응(魯應)이며, 모친은 이진국(李鎭國)의 딸이다. 삼촌 노익(魯翼)에게 입양되었다.

고 똘똘 뭉친 정서가 없어진 듯 다시 생기고, 사라진 듯 다시 나타나서는 눈에 어리면 네가 앞에 서 있는 듯하고 귀에 어리면 네가 곁에서 듣고 있는 것 같아 홀연히 죽지 않았는가 의심했다가 문득 과연 죽었구나 단정하기를 되풀이하니, 장차 내가 너를 어떻게 잊어야 할지 모르겠구나.

너의 골격이나 정신으로부터 걸음걸이, 기거(起居), 음성, 웃는 모양에 이르기까지 내가 보기에는 한 곳도 일찍 죽어야 할 상(相)이 없었다. 상(相)으로 보아서는 이미 죽는 것이 부당하고, 또한 위로 양친이 살아 계시니 인정으로 보아서도 차마 죽을 수 없는 것이며, 아래로는 한 자식도 두지 못했으니 도리로 보아도 죽어서는 안 되는 것이다. 이렇듯 죽는 것이 부당하고, 차마 죽을 수도 없었고, 죽어서는 안 되는데도 끝내 죽어야만 했던 것은 웬일인가? 의약이 적당치 못해서였는가? 인사(人事)가 미진함이 있어서였는가?....(중략)... 내가 진정 탓할 곳을 알지 못하여 약만을 나무라지만 약이 사람을 살릴 수도, 죽일 수도 없는 것이라면 사람들이 말하듯이 수명을 맡은 이가 정말로 있는 것인가?

전달 열하룻날 누님이 갑자기 풍증(風症)을 앓기 시작해서 위독하기가 시각을 다투는 때도 너는 이미 몸져 누워 일어날 수도 없었으니, 모자간에 서로 얼굴을 대한 지 17일만에 너는 마침내 영영 일어나지 못하는 몸이 되고 말았다. 누님은 네가 죽었다는 사실조차 모르고 있으니, 이것이 또 한없이 슬픈 일이기는 하나 누님에게 너의 죽음을 알린다면 하루도 더 연명하지 못할 것이다. 우리 집으로 모시고 왔으나 아직까지 말 한마디 못하고 매양 손으로 밖을 가리키며 무엇이라고 입술을 움직이듯 하는 것은 필시 너를 보고 싶어서 그러는 듯한 데 여기에 대답할 때마다 숱한 화살로 가슴을 저미는 듯하니 이 일을 어떻게 견뎌낼 수 있단 말인가? 그러나 누님의 병환은 아직도 위독한 지경에 있어서 安危(안위)를 알 수 없고 만약 하루라도 누님이 안 계시면 나도 또한 세상에 남아 있지 못할 것이다. 너를 위하여 슬퍼하는 것도 이제 며칠 남지 않은 것 같으니 우리 어머님의 골육과 혈맥은 이로부터 끊어지고 마는 것이다. 생각이 여기까지 미치면 죽어도 슬픔만은 남게 될 것 같구나!

(4) 제문 4 : 〈조침문(弔針文)〉

유세차(維歲次) 모년(某年) 모월(某月) 모일(某日)에 미망인(未亡人) 모씨(某氏)는 두어 자 글로써 침자(針子)에게 고(告)하노니, 인간 부녀의 손 가운데 종요로운 것이 바늘이로대, 세상 사람이 귀히 아니 여기는 것은 도처에 흔한 바이로다. 이 바늘은 한날 작은 물건이나 이렇듯이 슬퍼함은 나의 정회(情懷)가 남과 다름이라. 오호통재(嗚呼痛哉)라, 아깝고 불쌍하다. 너를 얻어 손 가운데 지닌 지 우금 이십 칠 년이라. 어이 인정이 그렇지 아니하리요. 슬프다. 눈물을 잠깐 거두고 심신(心神)을 겨우 진정하여 너의 행장(行狀)과 나의 회포를 총총히 적어 영결(永訣)하노라.

연전에 우리 시삼촌께옵서 동지상사 낙점을 무르와 북경(北京)을 다녀오신 후에, 바늘 여러 쌈을 주시거늘, 친정(親庭)과 원근(遠近) 일가에게 보내고, 비복(婢僕)들도 쌈쌈이 낱낱이 나눠 주고, 그 연분(緣分)이 비상(非常)하여 너희를 무수히 잃고 부러뜨렸으되, 오직 너 하나를 연구(年久)히 보전(保全)하니, 비록 무심한 물건이나 어찌 사랑스럽고 미혹(迷惑)지 아니하리요. 아깝고 불쌍하며, 또한 섭섭하도다.

나의 신세 박명(薄命)하여 슬하(膝下)에 한 자녀 없고, 인명(人命)이 흉완(凶頑)하여 일찍 죽지 못하고, 가산(家産)이 빈궁(貧窮)하여 침선(針線)에 마음을 붙여 널로하여 시름을 잊고 생애(生涯)를 도움이 적지 아니하더니, 오늘날 너를 영결(永訣)하니, 오호통재라. 이는 귀신(鬼神)이 시기하고 하늘이 미워하심이로다.

아깝다 바늘이여, 어여쁘다 바늘이여, 너는 미묘한 품질과 특별한 재치를 가졌으니, 물중(物中)의 명물(名物)이요, 굳세고 곧기는 만고(萬古)의 충절(忠節)이라. 추호(秋毫)같은 부리는 말하는 듯하고, 두렷한 귀는 소리를 듣는 듯한지라. 능라(綾羅)와 비단(緋緞)에 난봉(鸞鳳)과 공작(孔雀)을 수놓을 제, 그 민첩하고 신기(神奇)함은 귀신이 돕는 듯하니, 어찌 인력(人力)이 미칠 바리요.

오호통재라, 자식이 귀(貴)하나 손에서 놓을 때도 있고, 비복(婢僕)이 순(順)하나 명(命)을 거스를 때 있나니, 너의 미묘한 재질(才質)이 나의 전후에 수응(酬應)함을 생각하면, 자식에게 지나고 비복에게 지나는지라. 천은(天

銀)으로 집을 하고 오색(五色)으로 파란을 놓아 곁고름에 채였으니, 부녀의 노리개라. 밥 먹을 적만져 보고 잠잘 적 만져 보아 널로 더불어 벗이 되어, 여름 낮에 주렴(珠簾)이며, 겨울 밤에 등잔을 상대하여, 누비며, 호며, 감치며, 박으며, 공그릴 때에, 겹실을 꿰었으니, 봉미(鳳尾)를 두르는 듯, 땀땀이 떠 갈 적에, 수미(首尾)가 상응(相應)하고, 술술이 붙어 내매 조화(造化)가 무궁(無窮)하다.

　이 생(生)에 백년동거(百年同居)하렸더니, 오호애재라, 바늘이여. 금년 시월 초십일 술시(戌時)에 희미한 등잔 아래서, 관대(冠帶) 깃을 달다가, 무심중간(無心中間)에 자끈동 부러지니 깜짝 놀라와라. 아야 아야, 바늘이여, 두 동강이 났구나. 정신이 아득하고 혼백(魂魄)이 산란(散亂)하여 마음을 빻아 내는 듯, 두골을 깨쳐내는 듯, 이윽도록 기색혼절(氣塞昏絶)하였다가 겨우 정신을 차려, 만져 보고 이어 본들 속절없고 하릴없다. 편작의 신술로도, 장생불사(長生不死) 못 하였네. 동네 장인(匠人)에게 때이련들 어찌 능히 때일손가. 한 팔을 베어낸 듯, 한 다리를 베어낸 듯, 아깝다 바늘이여, 옷섶을 만져보니 꽂혔던 자리 없네.

　오호통재라. 내 삼가지 못한 탓이로다. 무죄(無罪)한 너를 마치니 백인(伯仁)이 유아이사(由我而死)라. 누를 한(恨)하며 누를 원(怨)하리요. 능란한 성품과 공교(工巧)한 재질(才質)을 나의 힘으로 어찌 바라리요. 절묘한 의형(儀形)은 눈 속에 삼삼하고, 특별한 품재(稟才)는 심회가 삭막하다. 네 비록 물건이나 무심치 아니하면, 후세(後世)에 다시 만나 평생 동거지정(同居之情)을 다시 이어, 백년고락(百年苦樂)과 일시생사(一時生死)를 한가지로 하기를 바라노라.

8. 김인겸의 일본 여행: 〈일동장유가〉

1) 작가 소개

　김인겸(金仁謙: 1707~1772)은 조선 후기의 문인으로, 본관은 안동(安東), 자(字)는 사안(士安), 호(號)는 퇴석(退石)이다. 김인겸은 병자호란 때 주전론(主戰論)을 일관되게 펴 청(淸)에 끌려가 구류되기도 했던 김상헌의 현손(玄孫)이며 숙종대 영의정까지 지냈던 김창집의 당질이다. 그의 부친은 통덕랑(通德郎) 김창복이며, 어머니는 인동장씨 장서주의 딸이다. 이처럼 문벌이 혁혁한 집안에 태어났지만, 14세 때에 부친과 사별 후, 가난에 시달려 학문에 전념하지 못하다가 47세 때인 1753년이 되어서야 사마시에 합격, 진사가 되었다. 그러나 벼슬은 하지 않고 은일지사로 지내다가 57세 때인 1763년, 통신사행의 종사관인 김상익의 서기로 뽑혀 통신사 조엄과 함께 일본 에도에 다녀왔다. 1764년 일본에 다녀온 기행 사실을 가사 형식으로 기록한 〈일동장유가〉를 지었다.

김인겸이 살다간 17세기는 정치적 변동과 더불어 붕당정치가 심화되면서 중앙 사족과 향촌 사족이 분화되고 사회경제적인 변동도 크게 생기기 시작했던 때였다. 이때, 향촌으로 기반을 옮길 수밖에 없었던 사족들은 겉으로는 우활(迂濶)을 말하면서, 끊임없이 자기 존재의 정체성을 확인하려고 노력했는데, 김인겸 역시 이들이 가졌던 기질과 동일한 갈등을 공유했을 것으로 짐작된다. 여기에 서얼출신이라는 신분적 한계까지 합해졌음을 감안하면, 그에게 있어 계미사행은 단순한 참여를 넘어서, 자신의 존재를 확인하고, 가문의 일원으로서 자긍심을 주는 기회였을 것이다.

사실, 당시 중국에 가는 사절단은 선진 문물 선망이나 이재(理財)의 기회 마련 등으로 서로 참여하려는 경쟁이 있었으나, 일본 통신사는 험로 왕복에 따른 위험함, 임진왜란으로 인한 적대감 등이 맞물려, 서로 가기를 꺼려해 이미 정해졌던 사절단의 구성이 여러 차례 번복되는 등 우여곡절로 원래 계획보다 많이 지체되기도 했었다. 계미통신사는 더욱이 차정(差定)이 번복되어 충분한 준비가 없었고, 회정 중 피살사건도 발생하는 등 여러 측면에서 많은 어려움이 있기도 했다. 그럼에도 김인겸이 고령의 병약한 몸에 경제적으로 어려움이 있었음에도 불구하고, 이 사행에 참여하게 된 것은 바로 한 맺힌 신분을 넘어 보려는 의도와 한미한 가문을 다시 일으켜보고자 하는 생각과 무관하다고 보기는 힘들 것이다.

또한 김인겸이 국문 가사를 활용하여 자기를 성찰하고 내면의식을 표출할 수 있었던 배경에는, 당시 남성 작자들이 국문 작품을 남길 수 있었던 배경과도 관련 있어 보인다. 당시 사대부 가문 내에서는 가사가 활발히 창작되고 유통되면서 이에 대한 익숙함이 자리잡고 있었을 테고, 그렇기에 남달리 국문 장르에 친숙하여 정서적 소회를 풀어내는 방편으로 가사를 활용했던 것이 아닌가 한다.

　18세기 공주 사는 서얼 출신 향반, 57세의 늙은 문사에게 주어진 뜻밖의 해외 체험 기회, 막상 세상에 나가보니, 화이(華夷)보다 실학이 대세였던 현실, 그리고 이러한 상황 속에서 자신의 신분에 대한 재인식이 필요했음을 글 곳곳에서 느낄 수 있다. 또 글하는 서얼보다 기술 있는 중인이 오히려 부상하는 현실과 마주하면서, 앞선 세계관을 수용하지 못한 서얼 출신 향반의 마음도 짐작해 보며 읽으면, 글이 한층 더 깊은 맛으로 다가올 것이다. 즉 문재가 출중한 역관도 있음을 느끼면서, 일본이란 공간에서 사대부의 후손이란 내세울 자랑거리도 아님을 깨닫는 시간이 얼마나 가슴 아팠을까. 돌아와 생각해 보니, 일생일대 사건의 기억이 조각나기 전에 엮어서 세간에 알리고 싶은 표현 욕망이 생겨났을 테고, 그래서 시보다 가사, 한문보다 국문 양식으로 기억을 풀어낸 것은 아닐까.

　마침내 김인겸은 일본을 다녀온 뒤, 지평현감(砥平縣監)의 벼슬을 지냈고, 저술로도 역시 일본 기행을 한문으로 지은 『동사록(東槎錄)』을 남기기도 했지만, 변해가던 시대 앞에서, 이렇다 할만한 관직 생활 없이, 영조 48년 음력 6월 18일 향년 66세로 조용히 타계하였다.

2) 작품 감상

> 　본 절에서 살필 〈일동장유가(日東壯遊歌)〉는 우선 사행가사로도 알려져 있다. 사행(使行)이란 사신행차의 줄임말로 사신이 임무를 수행하기 위하여 길을 떠나는 일을 말한다. 조선시대 사행은 일본과 중국을 중심으로 이루어졌는데, 특히 중국을 상대로 한 사행이 규모에서나 횟수에서 우위를 차지했다. 조선조 말까지 800여 차례에 걸친 사행이 이루어졌고, 사행 때마다 수백 명의 인원이 왕명으로 짧게는 넉 달에서 길게는 여섯 달 동안 멀고 먼 험로를 왕복했다. 정사(正使), 부사(副使), 서장관의 삼사(三使)와 그들을 수행하는 역관, 하급 관원, 군관, 시종, 상인 등 온갖 직분의 구성원들이 사행단을 꾸려 임무를 수행하기 위해 동시에 길을 나섰던 것이다. 이처럼 다양한

계층의 인원으로 구성된 사행단이 본 것, 들은 것, 느낀 것, 체험한 것 등을 써놓은 기록이 사행록(使行錄)이다. 따라서 사행록은 고려부터 조선왕조까지 오랫동안 일본과 함께 양대 교류국이었던 중국에 나가 보고 들은 견문과 선진문물에 대한 체험을 자유롭게 기록한 것이다. 이에 그 기록 속에는 한국과 동아시아, 동아시아와 세계와의 외교 역학 관계, 공식 및 비공식의 국제 무역과 경제적 상황, 중국인의 의식주 및 사상, 문학, 예술 등의 문화 교류와 학술 교류 등 다양하고 방대한 내용이 담겨 있다.

사실 사행록은 비슷한 임무를 가지고 오랫동안 변화가 거의 없는 동일한 길을 숱한 사람이 지나간 이야기이다. 따라서 그 기록은 주기적으로 반복되는 행차에 단조로운 내용이 반복되기 쉽다. 하지만, 사행록의 내용이 비단 사행단의 여정에만 집중되어 있는 것이 아니고, 기록자의 견문과 경험 이후에 일어나는 문화교류나 의식변화처럼 기록자의 내면적 변화 내용도 많이 담고 있어서 그 내용 또한 풍부하다. 특정 기억을 재구성하고, 특정 공간에 의미를 부여하며 자신의 내면과도 대화할 뿐만 아니라 이러한 내적 체험을 외면화하여, 외부와의 소통을 축구하는 양식인 만큼, 묘사와 전달의 효율성을 위해 서술을 길게 하다 보니, 결과적으로 가사라도 서사성이 매우 농후하다.

〈일동장유가〉에도 이러한 사정이 잘 반영되어 있다. 작자가 필담과 창화(唱和)라는 직접적인 접촉을 통해 일본인을 관찰한 뒤, 그들이 비록 이국인이지만 인정을 나눌 수 있는 마음이 연한 사람들이라고 평가한 점이나, 곳곳에서 일본 여인을 관찰하고 그 여색에 감탄하여 "어찌 사람의 혈육으로 저리 곱게 생겼는고!"하며 혀를 차기도 하는 점, 나아가 일본 엿은 물론이고 일본 무는 조선 무보다 100배나 맛나다고 평점하기도 한 점 등에서 그러한 일단을 엿볼 수 있다.

〈일동장유가〉는 서울대 중앙도서관 가람본이 영인·보급되어 있고, 따로 이가원본이 있는데, 판본에 따라 차이가 있지만 총 8243구에 이르는 분량으로 매우 긴 작품이다. 정통 유학자인 작자가 한문을 잘 모르는 부녀자나 어린이들이 쉽게 읽을 수 있도록 친지와 가족들을 위해 한글로 쓴 가사이자 기행 수필로, 홍순학의 〈연행가〉와 쌍벽을 이룬다.

한글로 된 해외 장편 기행가사의 효시가 되는 이 작품은, 또 1763년(영조 39) 8월 일본 통신사 조엄, 부사 이인배, 종사관 김상익, 제술관 남옥 등으로 구성된 이른바 계미통신사의 삼방서기(三房書記)로 수행한 작자가 이듬해 7월 8일 복명할 때까지 11개월 동안 공적, 사적 체험을 하고 견문한 바를 기록한 것이다. 군관 17명, 역관 12명, 의원 3명을 비롯해, 100여명의 행원(行員)과 400명에 달하는 역원들을 합하여 일행 500명이 서울을 떠난 지 두 달 만인 10월 6일 부산항에서 승선하여 대마도와 대판성을 거쳐 에도에 다음해 2월 16일에 도착한 대여정의 기록으로, 조엄의 〈해사일기〉 등과 함께 사행 체험을 엿볼 수 있는 귀한 문헌 자료이다. 또한, 개인 체험을 넘어 조선 후기 이용후생 사상, 경험적 사실 진술 양식으로 가사의 영역 확장, 작가의 기질적 해학성 등을 함축한 작품으로도 매우 주목된다. 작품에서는 치밀한 관찰, 상세한 묘사, 이면의 갈등을 장편으로 그려내서 관념에서 실상으로, 설명에서 묘사로 관심과 수법을 바꾸어 놓은 공을 볼 수 있고, 작자의 일본인관도 엿볼 수 있다.

평생에 소활(疎濶)하야 공명에 뜻이 없네. 진사청명(進士淸名) 족하거니 대과(大科)하여 무엇하리. 장중제구(場中諸具) 다 없애고, 유산행장(遊山行狀) 차려 내어 팔도로 두루 놀아 명산대천 다 본 후에 풍월을 희롱하고 금호(錦湖)에 누웠더니 북창(北窓)에 잠을 깨어 세상 기별 들어 보니, 관백(關伯)이 죽었다 하고 통신사 청한다네. 삼사신 극택(三使臣 極擇)하고 사문사(四文士) 뽑아내니, 남추월 시온이는 제술관 망정(望定)하고 원자재 성사집은 상부방 서기로다. 늙고 병든 이내 이름, 이교리가 과히 듣고 탑전에게 계청하여 벽서(僻書)로 재촉하니, 예부터 이 소임이 문장중 극선이라. 조자건의 칠보시와 온정균의 필하재를 겸하여 두었어야 비로소 담당하네. 내 재주 생각하니, 실로 외람하다. 하물며 만리 길을 쇠골(衰骨)이 어찌 가리. 사정이 절박하고 왕사가 지중하니 인신(人臣)이 되어 있어 이험(夷險)을 가릴소냐.

한강제문(漢江祭文) 제작하여 정성으로 제(祭)한 후에 출행 날 고쳐 받아 일행이 떠나갈 새, 이때는 어느 땐고 계미(癸未:1763) 팔월 초삼일이라. 북궐에 하직하고 남대문 내달아서 관왕묘 얼풋 지나 전생서 다다르니 사행을 전별하러 만조공경 다 모였네.

배안을 돌아보니 사람마다 뱃멀미하고 똥물을 다 토하고 기절하여 죽을 지경이네. 다행이로다. 종사상은 태연히 앉아 계시구나. 선실에 도로 들어와 눈 감고 누웠더니 대마도 가깝다고 사공이 말하거늘 다시 일어나 나와 보니 십리는 남았구나. 왜선 십여 척이 우리 배 인도하러 마중나왔네. 그제야 돛 내리고 뱃머리에 줄을 매어 왜선에 줄던지니 왜놈이 그 줄 받아 제 배에 매어 놓고 일시에 노저으니 배가 편안하고 조용하게 좌수포에 들어가니 시간은 오후 3~5시쯤 되었고 짐 실은 배는 먼저 왔네.

구경하는 왜인들이 산에 앉아 구경한다. 그중에 사내들은 머리를 깎았으되 뒤통수만 조금 남겨 고추상투 하였으며 발 벗고 바지 벗고 칼 하나씩 차 있으며 왜녀들의 치장은 머리는 아니 깎고, 밀기름을 듬뿍 발라 뒤로 잡아매어 족두리 모양처럼 둥글게 꾸몄고, 그 끝은 휘어다가 비녀를 찔렀으며, 노소 귀천 안 가리고 얼레빗을 꽂았구나. 의복을 보아하니 무 없는 두루마기, 한 동으로 된 옷단과 좁은 소매가 남녀 없이 한 가지요, 넓고 크게 접은 띠를 느슨하게 둘러매고 매양 쓰는 모든 물건 온갖 것을 가슴 속에 다 품었다. 남편 있는 계집들은 까맣게 이를 칠하고 뒤로 띠를 매었고, 과부와 처녀, 계집애들는 앞으로 띠를 매고 이는 칠하지 않았구나. 그중에 두 계집이 허옇게 설면자(雪綿子:풀솜)으로 머리 싸고 앉았거늘 통사에게 물어보니 벼슬하는 사람들의 처첩이라 하는구나.

바지 아니 입었기에 서서 오줌누게 되면 그치의 사나히 종 명주수건 가졌다가 달라하면 내어 주니, 들으매 해괴망측하다. 제 형이 죽은 후에 형수를 계집삼아 데리고 살게 되면 착하다 하고 기리지만, 제 아우는 길렀다고 제수는 못한다네. 예법이 바히 없어 금수와 일반이다.

삼방에 얼풋 들러 점심 먹고 길 떠나서 이십 리를 겨우 가서 날이 저물고 큰비 내리니 길 질퍽하기가 참혹하여, 미끄러워 쉬는지라. 가마 멘 다섯 놈이 서로 돌아가며 교대하되 갈 길이 전혀 없어서 둔덕에 가마 놓고 한참 동안 머뭇거리며 갈 뜻이 없는지라. 사방을 둘러보니 천지가 어둑하고 일행들은 간 곳이 없고 등불은 꺼졌으니, 지척분간 할 수 없고, 망망한 들 가운데서 말 안 통하는 왜놈들만 의지하고 앉았으니, 오늘 밤의 이 상황은 고단하고 위태하다. 가마꾼이 달아나면 낭패가 오죽할까. 그놈들의 옷을 잡아 혼들어 뜻을 보이고, 가마 속에 있는 음식 갖가지로 내어 주니, 지껄이며 먹은 후에 그제야 가마메고 조금씩 나가는데 곳곳에서 이러하니 만일 음식이 없었으면 필연코 도주했을 것이다. 삼경쯤 되어서야 겨우 대원성에 들어가니 머리가 아프고 구토하여 밤새 몹시 앓았다.

그중에 계집들이 모두 일색이라. 샛별 같은 두 눈찌와 주사(朱砂) 같은 입술과 잇속은 백옥 같고, 눈썹은 나비 같고 비오리 같은 손과 매미 같은 이마, 얼음으로 새기고 눈으로 지어낸 듯, 사람의 혈육으로 저리 곱게 생겼는고. 조비연, 양태진을 만고에 일컬으나 여기에다 놓았으면 응당 무색하리, 월녀천하백(越女天下白)이 진실로 옳을시고. 우리 나라 복색으로 칠보장엄하여 내면 신선인 듯 귀신인 듯 황홀난측 하리로다.

9. 박지원의 중국 여행:『열하일기』

1) 작가 소개

연암(燕巖) 박지원(朴趾源:1737~1805)은 조선 후기의 문장가이자 실학자로, 본관은 반남, 자(字)는 미중·중미·미재이며, 호(號)는 연암·연상·열상외사다. 이용후생과 북학을 주장한 연암 그룹의 리더이자 고전 문학사를 통틀어 가장 탁월한 문학적 성취를 이룬 문장가로 자리매김하고 있다. 그는 1737년(영조13)에 서울 야동(冶洞)에서 박사유의 둘째 아들로 태어났는데, 그의 가문은 조부가 고관대작이었지만 지나치게 청빈, 엄격해 박지원은 책 펴 놓고 공부할 만한 장소마저 없었다고 전한다. 하루는 집안의 친척이 박지원의 사주를 보았는데, "이 사주는 마갈궁(磨蝎宮)이다. 환유와 소식이 이 사주라서 고생을 겪었다. 반고와 사마천 같은 문장을 타고났지만 근거 없이 비난을 받는다."라는 점괘를 얻었다고 한다.

그는 16세에 처사 이보천의 딸에게 장가든 후부터 본격적으로 공부를 시작, 이보천에게 『맹자』를 배우고 처숙 이량천에게 『사기』를 배우면서 문장 공부에 주력했다. 그 후 여러 분야의 학문을 광범위하게 공부해 19세에는 벌써 문명을 드러내었다. 20세기를 전후한 무렵에는 불면증에 걸렸고, 23세에 모친을, 31세에는 부친과 사별했다. 30대 중반까지는 학문에 계속 몰두했지만, 과거 시험에 매우 부정적이어서 과거 시험장에서 고의로 백지를 내거나 산수화를 그려내는 기행을 보여주기도 했다. 그러다가 35세 이후에는 아예 과거에 나아가지 않았다.

학문에 몰두하던 시절의 박지원은 홍대용, 이덕무, 박제가, 유득공, 이서구 등과 사우(師友) 관계를 맺었고, 42세 때에는 홍국영이 정조 밑에서 병권을 잡고 반대파 또는 비판 세력을 탄압하기 시작하자 신변의 위험을 느껴 황해도 금천(金川)의 연암 골짜기로 들어가 농사를 지으며 은둔 생활을 했다. 연암이라는 호도 그곳의 이름에서 따왔으며 거기서 그는 과수 재배, 양어, 목축 등을 하면서 지냈다.

44세(정조4)에는 8촌형인 금성위(錦城尉) 박명원이 청 고종의 칠순축하 사절로 중국에 가게 되자 함께 수행하였고, 이때의 여행경험을 글로 남겼는데 그것이 바로 방대한 분량의 기행문,『열하일기』이다.

50대 이후에는 주위의 천거로 벼슬길에 나아가 실학으로 사회에 직접 봉사하는 길을 택했는데, 50세에 선공감감역(善工監監役)으로 시작해, 평시서주부・금부도사・제능령을 거쳐 55세에는 한성부판관, 같은 해에 경상도 안의현감, 그 후 충청도 면천군수, 강원도 양양부사 등을 지냈으며 1805년(순조5) 69세로 생애를 마쳤다.

박지원이 활동했던 시기는 주로 18세기 후반이었는데, 이 무렵은 임・병양란의 외부적 충격과 그로 인한 격동은 많이 진정되어 평온을 되찾았지만 대신 그러한 충격이 몰고 온 자아 각성이 점차 사회로 내면화되면서 반성과 비판의 소리로 변해갔던 시대였다.

이 무렵, 비판적 지식인으로 등장한 박지원은, 숭명배청의 의리론 및 신분 의식에 있어서는 상당한 보수적 성향을 보이기도 했지만, 기본적으로 주자학의 관념성・비생산성・실생활과의 유리 등을 비판하면서 등장한 실학에 관심이 많았다. 당시 실학은 상공업의 진흥과 기술 혁신을 주장하는 이용후생학파(利用厚生學派), 토지나 행정에 관한 제도상의 개혁을 주장하는 경세치용학파(經世致用學派), 사실의 고증에 몰두하는 실사구시학파(實事求

是學派) 등의 유파로 나뉘었는데 박지원은 일명 북학파(北學派)라고도 불린 이용후생학파22)를 주도했다.

그는 또 합리주의적인 세계관을 지니면서, 우주와 자연에 대한 과학적 인식에 대한 생각도 보여주었고23), 중국 중심적인 세계관을 부정하기도 했으며, 시대와 지역이 다르면 그 문화도 다를 수밖에 없다는 상대주의적인 역사관에 입각해 유서 깊은 민족문화의 우수성을 강조하기도 했다. 또 그는 문학에 관한 글을 매우 많이 남겼으며 그런 글에서 드러나는 그의 문학관은 전례 없는 성과를 보여 준다. 그의 문학관은 한 마디로 '법고창신(法古創新)'이라는 말로 요약될 수 있다. 옛것을 본받는다는 '법고(法古)'와 새것을 창조한다는 '창신(創新)'이 합해진 '법고창신'은 한마디로 '옛것을 본받되 변통할 줄 알아야 하고 새것을 창조하되 전아할 수 있어야 한다는 것'을 설파한 것이다. 박지원은 고문의 모방을 극력 배격하였지만 그것이 고문 자체의 가치에 대한 부정이나 고문과는 무조건 결별해야 한다는 것을 의미하지는 않았다. 박지원도 고문이 훌륭한 글이고 그것이 훌륭한 문학적 전범이라는 사실을 인정하였으며 그러기에 고문을 본받아야 한다고 했다. 그러나 다른 한편으로는 고문에 대한 과도한 의존이 글을 그르치게 한다고 개탄하면서 창의를 강조하기도 했던 것이다.

게다가 박지원은 자기 시대의 현실적인 문제를 다루기 위해서는 자기 시대의 생활 현장에서 사용되는 시속어(時俗語) 곧 일상어(日常語)가 가장 효과적이라고 주장하기도 했다. "집안 사람들의 일상적인 이야기가 오히려 학관(學官)과 나란히 서게 되고 아이들의 노래나 마을의 속된 말이 이아(爾雅: 사물이나 말을 풀이한 경전)에 속한다."고 하면서 좋은 작품을 쓰는 데 반드시 성현의 문구나 경전의 구절을 따올 필요가 없으며 일상어가 훨씬 효과가 크다는 논리를 폈던 것이다. 그는 이론보다 실천을 통해 그런 논리를

---

22) 이용후생이란 사물을 그 성격에 따라 유익하게 활용하여 생활을 풍요하고 편리하게 한다는 뜻이다. 물질 천시의 유교적 풍토 속에서 공업을 말기(末技)라 하고 상업을 유식(遊食)이라 하면서 상공업을 경시한 결과로 빚어진 국민 경제의 파탄을 이용후생으로 극복하자는 것이었다. 백성들의 경제생활에 직접적이고 실질적인 도움을 줄 수 있는 방향으로 농공상업(農工商業)을 혁신해야 한다고 주장하면서 수레·벽돌·말·토지·수리(水利)·농기구 등의 구체적인 사물을 국민 경제와 직결시켜 논의하는 데 대단한 열의를 보였다.
23) 이를테면 해·지구·달이 구체(球體)로서 공중에 떠 있다고 하는 김석문의 삼환부공설(三丸浮空說)과 거기에 기초한 홍대용의 지전설(地轉說)을 수용한 것이 그 대표적인 예이다.

철저히 밀고 나아가 당시 사대부들이 절대적으로 숭상하던 중국의 고문체를 버리고 당대의 시속어를 적극적으로 활용해 결과적으로 이른바 연암체라는 것을 만들어 냈으며 그 때문에 사대부들로부터 거센 반발을 받았을 뿐 아니라 문체반정이라는 문화계의 대사건까지 몰고 오기도 했다.

2) 작품 감상

여기서는 『열하일기(熱河日記)』에, 수록되어 있는 글 몇 편-〈도강록〉, 〈일신수필〉, 〈산장잡기〉-을 한번 살펴보고자 한다. 『열하일기』는 1780년(정조4) 저자가 청 건륭제의 칠순연을 축하하기 위하여 사행하는 삼종형 박명원을 수행하여 청나라 고종의 피서지인 열하를 여행하고 돌아와서, 북중국과 남만주 일대를 견문하고 그곳 문인·명사들과의 교유 및 문물제도를 접한 결과를 소상하게 기록한 연행일기이다.

이 중, 〈도강록〉은 압록강으로부터 랴오양(遼陽)에 이르는 15일간의 기록으로 성제(城制)와 벽돌 사용 등의 이용후생에 대한 관심을 보여주고 있으며, 〈일신수필〉은 신광녕으로부터 산해관(山海關)에 이르는 병참지를 중심으로 서술되어 있고, 본 절에서는 다루지 않지만, 〈관내정사〉 부분은 산해관에서 연경에 이르는 기록으로, 특히 백이·숙제에 대한 이야기와 소설 〈호질〉이 실려 있어 주목된다.

〈산장잡기〉는 열하산장에서의 견문을 적은 것으로, 그 속에 실려 있는 〈일야구도하기〉는 본 절에서는 한번 감상해 볼 글로, 내용은 우리의 감각기관은 외물에 의하여 지배적 영향을 받게 되며, 이러한 상태에서는 사물의 정확한 실체를 살필 수가 없으므로, 이러한 인식의 허상에서 벗어나기 위해서는 감각기관과 그것에 의해 움직이는 감정과 절연된 상태를 유지해야 한다는 것이다. 그는, 시내를 건너며 귀에 들리는 물소리가 상황의 변화에 따라 다르다는 사실을 경험적으로 인지하고, 이를 통해 인식의 허실을 예리하게 지적하면서, 인생은 시내 건너기보다 더 크고, 더 험한 강을 건너가는 것과 같으므로, 자신의 몸을 닦고 자신의 총명함에 늘 의거해야 한다는 깨우침을 전달한다.

연암체라는 특별한 문체로, 두 차례나 문체 반정을 일으켰던 문인인 만큼, 그가 남긴 『열하일기』에도 그의 개성적 문체를 볼 수가 있다. 종래의 연행록에서 새로운 경지를 개척한 것으로 평가받는 『열하일기』, 그의 기묘한 문장력으로 여러 방면에 걸쳐 당시의 사회문제를 신랄하게 풍자한 조선 후기 문학과 사상을 대표하는 걸작 중 걸작이라 할만하다.

(1) 〈서문(序文)〉

글을 써서 교훈을 남긴 것 중에, 신령스럽고 밝은 일에 통달하고 사물의 법칙을 꿰뚫은 책으로 『주역』이나 『춘추』보다 더 훌륭한 저술은 없다. 『주역』은 은밀하게 감추려 했고 『춘추』는 들춰내어 드러내려 했다. 은밀하게 감추는 방법은 이치를 말하는 것을 위주로 하니, 이런 방법이 발전하여 어떤 사물에 의탁하여 뜻을 전하는 우언이 된다. 들춰내어 드러내는 방법은 실제의 사적을 기록하는 것을 위주로 하니, 이런 방법이 변하여 정사에서 누락된 사적을 기록하는 외전이 된다. 저서의 방법은 이 두 가지 길이 있다. 언젠가 이 문제를 시험해보아 논의했다.

『주역』의 64괘에서 말한 동물, 곧 용, 말, 사슴, 돼지, 소, 양, 호랑이, 여우, 쥐, 꿩, 매, 거북이, 붕어 등이 실제로 그 괘와 관련된다고 말할 수 있는가? 아마 없을 것이다. 『주역』에 나오는 사람의 경우에도 웃는 사람, 우는 사람, 부르짖는 사람, 노래 부르는 사람, 눈 먼 사람, 발 저는 사람, 엉덩이에 살이 없는 사람, 그 척추의 고기가 벌어진 사람들을 언급하였는데, 그런 인간이 참으로 있었다고 생각되는가? 아마 없었을 것이다. 그러나 산가지를 뽑아서 괘를 놓고 보면 그런 형상들이 나타나고, 길흉이나 재화가 마치 메아리처럼 울리는 것은 무슨 까닭일까? 은밀하게 숨기는 방법으로 사실을 드러냈기 때문이다. 우언을 쓰는 사람이 이 방법을 사용했다.

『춘추』 중에 기록된 242년 사이의 일에는, 온갖 제사와 수렵과 조회와 회합과 정벌과 침입이 실제로 존재하는 사실이다. 그러나 역대에 『춘추삼전』을 지은 좌구명(左丘明), 공양고(公羊高), 곡량적(穀梁赤), 『춘추광해』를 지은 추덕부(鄒德溥), 협씨(夾氏) 등의 의견이 서로 달랐다. 이것을 설명하는 사람도 남들이 틀렸다고 하면 자기의 주장이 옳다고 고집하고 지금까지도 논쟁이 멈추지 않음은 무슨 까닭인가? 들춰진 사실을 가지고 은밀한 뜻을 부여하려 했기 때문일 것이다. 외전의 글을 쓰는 사람들은 이 방법을 이용한다. 그러므로 옛 기록에 "장주(莊周)가 저서에 능하다."고 말하는 것이다. 장주의 저서

중에 나타난 제왕과 성현이나, 임금과 정승, 처사와 변객들에 대한 일도, 더러는 정사(正史)에서 빠뜨린 일을 보충할 수 없지 않을 것이다.『장자』에 나오는 기술자 장석과 윤편은 실제로 있었던 사람일 것이다. 심지어는 가공의 인물인 부묵의 아들이나 낙송의 손자와 같은 인물은 대체 어떤 사람이었던가? 또『장자』에 나오는 도깨비 망량과 물귀신 하백은 과연 정말로 있었던 존재라고 할 수 있을까? 외전이라면 참과 거짓이 서로 섞여 있겠고, 우언이라 하더라도 미묘함과 드러냄이 잇달아 변해지곤 하여, 사람으로서는 그 원인을 측량할 수 없으므로 이를 궤변(詭辯)이라 불러왔을 뿐이다. 그렇다고 해서 그의 학설을 결국 폐기하지 못한 이유는 진리에 대한 논평을 잘 전개하였기 때문이었으니, 그를 저서가로서의 으뜸이 아니라 이르진 못할 것이다.

이제 대체로 연암씨의『열하일기』는 알지 못하겠다. 그 어떠한 글이었던가! 저 요동 들을 건너서 유관(楡關)으로 들어 황금대(黃金臺) 옛터에 설렁이고 밀운성(密雲城)으로부터 고북구(古北口)를 나서 난수(灤水)가와 백단(白檀)의 북녘을 마음껏 구경하였는바 진실로 그런 땅이 있었으며, 또 그 나라의 석학운사(碩學韻士)와 함께 교제하였는바 진실로 그런 인물이 있었으며 사이(四夷)가 모두 이상한 모양과 기괴한 옷에 칼도 머금고 불도 마시며, 황교반선(黃敎班禪)의 난장이가 비록 괴이한 듯하지만 그가 반드시 망량이나 하백은 아닐 것이요, 진귀한 새나 기이한 짐승, 아름다운 꽃이나 이상한 나무의 그 정태(情態)를 곡진히 묘사하지 않음이 없건마는, 어찌 일찍이 그 등마루의 길이가 천 리라느니, 그 나이가 8천세라느니 하는 따위가 있었단 말인가?

나는 이에서 비로소 장주의 외전에는 참됨도 있고 거짓됨도 있는 반면, 연암씨의 외전에는 참됨은 있으나 거짓됨이 없음을 알았노라. 그리하여 이에는 실로 우언을 겸해서 이치를 논함에 돌아가게 되었으니, 이는 마치 패자(霸者)에 비한다면 진문공(晉文公)은 허황하고 제환공(齊桓公)은 올바르다는 말과 같은 것이다. 하물며 그 이치를 논함에 있어서도 어찌 화홀히 헛된 이야기를 늘어놓는 것에 그쳤을 뿐이겠는가? 그리고 풍습이나 관습이 치란에 관계되고 성곽이나 건물, 경(耕), 목(牧)이나 도(陶), 치(治)의 일체 이용후생(利用厚生)의 방법이 모두 그 가운데 들어 있어야만 비로소 글을 써서 교훈을 남기려는 원리에 어긋나지 않을 것이리라.

(2) 〈도강록(渡江錄)〉

 무엇 때문에 이 글의 처음에 후삼경자라는 말을 쓰는가? 여행의 일정, 날씨를 기록하고 년도를 기준으로 하여 달과 날짜를 기록하기 위해서다.
 후삼경자의 후는 무엇의 뒤라는 말인가? 숭정(중국 명나라의 마지막 황제 의종때 사용된 연호)을 연호로 삼은 년도인 1628년의 뒤라는 말이다.
 무엇 때문에 삼경자라고 했는가? 숭정을 연호로 삼은 뒤 세 번째로 돌아온 경자년을 말하기 위해서다.
 무엇 때문에 숭정이란 연호를 사용하지 않는가? 앞으로 압록강을 건너가기 위해서 이를 꺼리므로 숨기려는 이유이다.
 무엇 때문에 숭정이란 연호를 꺼리고 숨기는가? 압록강을 건너면 그곳에 청나라 사람이 살기 때문이다. 모든 사람들이 모두 청나라의 역법을 받들어 사용하기 때문에 감히 명나라의 연호를 사용할 수 없다.
 무엇 때문에 드러내지 못 하고 몰래 숭정이란 연호를 말하는가? 위대한 명나라는 진정한 중국의 주인이며 우리 조선을 처음으로 국가라 승인한 큰 나라이기 때문이다.
 숭정 17년 명나라 의종 열황제가 종묘사직을 위해 순국하고 명나라 왕실이 망한지 백삼십여 년이 되었다. 그러나 지금까지 숭정이란 연호를 어찌 말하는가? 청나라 사람이 중국에 들어가 주인이 되고 훌륭한 전통 문화 제도가 변해 오랑캐 문화로 바뀌었으나 수천 리의 우리나라는 압록강을 경계로 삼아 나라를 다스리며 혼자 과거의 문화 제도를 지키고 있다.
 이는 명나라 왕실이 오히려 압록강 동편에 존재하는 것을 밝히는 것이다. 우리나라의 힘이 약해져 비록 오랑캐를 물리쳐 중원 땅을 깨끗하게 하여 전통의 문화 제도를 빛내고 회복할 수는 없지만 모두가 숭정이라는 연호라도 능히 존숭하여 중국을 보존하려는 이유이다.
 더군다나 외양간과 돼지우리까지 모두 법도에 맞게 제 위치에 놓여있다. 나무더미나 거름 더미마저 특히 깨끗하고 보기 좋은 것이 그린 듯하다. 아, 이러한 연후에야 비로소 이용이라 이를 수 있겠다. 이용이 있은 후에야 후생이 되고 후생이 된 후에야 정덕이 될 것이다. 도대체 이용이 되지 않고서는 후생할 수 있는 사람은 드물므로 생활이 이미 각자 넉넉지 못 하다면 어떻게 그 마음을 바로 가질 수 있을까.

성의 주위는 고작 3리에 불과하지만 벽돌로 수십 겹을 쌓아 그 제도가 아주 대단했다. 네 귀퉁이는 네모반듯하여 마치 모말을 놓아둔 것 같다. 이제 겨우 반쯤 쌓았으니 그 높이를 잴 수는 없으나 문 위 누각을 세우는 곳에 구름다리를 만들고 기중기를 띄워 공사를 하고 있다. 그 작업이 비록 매우 거창하더라도 기계가 편리하고, 벽돌과 흙을 실어 나르는 것이 모두 기계가 작동하고 바퀴가 움직여 위에서 끌어올리거나 자동으로 밀고 가는 등 그 방법이 일정하지 않았다. 모든 것이 일은 절반이고 공은 두 배가 되는 기술이므로 배워야 한다. 하지만 갈 길이 바빠 전부 보기도 어렵고 하루 종일 꼼꼼히 들여다봐도 잠시동안에 배울 수 있는 것이 아니므로 매우 안타깝다.

점심을 먹은 후 변계함, 정 진사와 먼저 출발했다. 강영태가 문 밖에까지 따라서 나와 읍을 하고 전송을 하는데 이별을 아쉬워하는 것 같았다. 돌아올 때는 겨울이 되니 책력 하나를 구해달라는 부탁을 하기에 나는 청심환 하나를 그에게 주었다.

한 가게를 지나는데 한 면에 황금색으로 당이라는 글씨가 쓰인 패가 걸려있고 그 곁에는 유군기불당(군대 물건만큼은 저당을 잡히지 않는다)이라고 쓰여 있다. 이곳은 전당포이다. 잘생긴 소년 두세 명이 가게 안에서 뛰어나와 말을 가로막으며 잠시 더위를 피하고 가라 말한다.

말에서 내려 따라 가니 건물과 가구 배치가 강영태의 집보다 더 대단했다. 마당 가운데 두 개의 큰 동이에 서너 줄기의 연대를 심어 놓았으며 오색 붕어를 키우고 있었다. 소년이 손바닥만한 비단 뜰채를 들고 작은 항아리로 가더니 몇 알의 붉은 벌레를 떠서 동이 안에 넣는다. 벌레의 크기가 게의 알 만한데 모두 움직인다. 소년이 다시 부채로 그 동이의 가장자리를 치며 소리를 내고 입으로 웅얼거리며 물고기를 부르자 물고기들이 모두 물 밖으로 머리를 내밀고 빼끔거려 거품을 냈다.

정오가 되자 내리쬐는 태양 때문에 숨이 막혀 오래 있을 수가 없었다. 그래서 정 진사와 나와서 서로 앞서거니 뒤서거니 하며 갔다.

내가 정 진사에게 "성을 쌓은 제도가 어떤가?"하고 물으니 정 진사는 벽돌이 돌보다는 못 하다 하기에 나는,

"자네가 모르고 있네. 우리나라 성 쌓는 제도는 벽돌을 쓰지 않고 돌을 쓰는 것인데 이것은 좋은 방법이 아닐세. 벽돌이란 하나의 틀에서 찍어냈으므로 만 개의 벽돌이라도 그 모양이 같으니 다시 힘들게 갈고 쪼는 노력을 들일 필요도 없고, 가마 하나를 구워놓으면 아주 많은 벽돌을 가만히 앉아서 얻을 수 있으니 다시 일꾼을 모집해 벽돌을 옮길 수고를 할 필요가 없네. 크기도 균일하고 반듯하니 드는 힘은 줄고 얻는 공이 배가 되니 가볍게 옮기고 쉽게 쌓을 수 있는 것이 벽돌이라네. 지금 저 돌을 산에서 쪼개내려면 몇 명의 석수장이들을 마땅히 써야할 것이고 수레로 옮기려면 또 몇 명의 인부를 써야하는가. 이미 옮긴 뒤에 또 몇 명의 장인바치들을 구해 쪼고 다듬을 것인가? 그런 공력은 또 며칠이나 낭비할 것이고 쌓을 때도 돌 하나를 놓는 공력에 또 몇의 인부를 써야하는가? 또 성을 쌓자고 하면 벼랑을 깎아서 돌을 입히게 되는데 이야말로 흙의 살에 돌의 옷을 입히는 모양새라네. 돌로 쌓은 성은 겉으로 보기에 준엄하고 또 단정해보이나 속으로는 사실 위험하네. 돌이 가지런하지 않으니 매번 작은 돌로 끝을 괴게 되고 벼랑과 성 사이의 틈새는 여남은 자갈돌을 채워 넣고 진흙을 섞게 되니 장마라도 한 번 내리면 속의 돌과 진흙이 쓸려나와 내장은 비고 성벽은 배가 볼록해질 것이라네. 돌 하나라도 빠지게 되면 모든 돌이 앞다투어 무너지게 될 것이니 이는 너무나도 쉽게 볼 수 있는 모양이라네. 게다가 석회의 성질은 벽돌에 잘 붙으나 돌에는 쉽게 붙을 수가 없다는 것이니. 내가 언제 차수 박제가와 성의 제도에 대해 논하고 있었는데 어떤 사람이,

'벽돌의 견고함과 굳건함이 어찌 돌을 감당할 수 있습니까?'하니 차수가 소리를 치며, '벽돌이 돌보다 낫다고 하는 말이 어찌 벽돌 하나와 돌 하나만을 비교해서 말하는 것이겠느냐?' 했고 이것이 바로 촌철살인의 논의였네.

석회는 돌에 잘 붙지를 않으니 석회를 많이 사용할수록 더욱 터지고 갈라지며 돌을 밀어내고 들뜨기 때문에 돌은 항상 혼자 떨어져있고 석회에는 흙만 붙고 굳어버릴 뿐이네. 벽돌을 회로 붙이면 마치 아교풀로 나무를 붙이고 접착제로 쇳덩이들을 이어놓은 것 같아서 만 개의 벽돌이 서로 얽혀 아교처럼 하나의 성을 이루게 된다네.

그러니 벽돌 한 개의 견고함은 정말로 돌과 같지 못 하나 돌 하나의 견

고함은 만 개의 벽돌이 아교처럼 붙은 것에는 견줄 수 없을세. 이것이 벽돌과 돌의 이로움과 해로움, 편리함을 쉽게 가릴 수 있는 까닭이네."하였다.

정 진사는 말 위에서 자세가 좋지 못 하게(구부정하게) 앉아 금세라도 고꾸라질 것 같은데 존 지 이미 오래 됐다. 내가 부채로 정 진사의 허리 옆을 찌르며,

"어른이 말씀하는데 어찌 듣지 않고 졸고 있는 게요."하며 큰소리로 야단을 치니 정 진사는 웃고,

"제가 이미 전부 들었습니다. 벽돌은 돌보다 못 하고, 돌은 잠자는 것보다 못합니다."라고 한다. 나는 화가 나서 때려주려 하다가 그냥 크게 웃고 말았다.

밤에 여러 사람들과 술 몇 잔을 나누고 시간이 으슥해져서야 취한 몸을 가누고 돌아와 누웠다. 정사와는 맞은 편 방인데 중간에 막을 쳐서 막았다. 정사는 이미 깊은 잠에 빠져 있었다. 막 담뱃대를 물고 정신이 몽롱해지는데 머리맡에서 갑자기 발자국 소리가 났다. 내가 놀라서,

"거기 누구냐?"하니,

"도이노음이오"라고 하는데 발음, 목소리가 우리와 다르고 수상했다. 다시 큰 소리로,

"네놈이 누구냐?" 하니 상대방도 큰 소리로,

"소인은 도이노음이요"하고 대답했다. 시대와 상방의 사람들이 일제히 놀라서 일어나 이어서 뺨을 때리는 소리가 나더니 등을 밀며 문밖으로 에워싸고 나가는 소리가 들렸다. 대개 청나라 갑군이 매일 밤 우리 일행의 숙소를 순검하면서 사신 이하의 사람이 몇인지 세어 가는데 야심한 시간에 우리가 자는 틈에 왔으므로 그동안 몰랐던 것이다.

갑군이 자기를 도이노음이라고 스스로 말한 것은 정말 크게 웃을 일이다. 우리나라에서는 오랑캐를 도이라고 하는데, 아마도 되라는 말은 도이(섬 오랑캐)의 와전된 말 같다. 노음이란 천한 사람을 부르는 놈이라는 뜻이고 이요라는 것은 높은 사람에게 쓰는 존댓말이다. 갑군은 여러 해 동안 사신을 맞이하고 보내고 하며 우리나라 사람들에게 말을 배웠으나 되라는 호칭을 익히 들었기 때문이다. 한바탕 소란을 떨었으니 잠에 들지 못 했고, 벼룩의 공격에 시달려 잠을 못 이뤘다. 그 덕분에 정사도 잠을 못 자고 새벽까지

촛불을 켠 채 날을 샜다.

　정사와 한 가마를 타고 삼류하를 건너 냉정에서 아침밥을 먹었다. 십여 리를 가다가 산기슭 하나를 돌아가니 태복이란 사람이 갑자기 국궁(존경의 의미로 몸을 굽힘)하고는 말 머리로 와서 땅에 엎드리고 크게 소리친다.

　"백탑이 보임을 아룁니다."한다. 태복은 정 진사의 마두다.

　산기슭이 막고 있어 백탑은 보이지 않았고 말을 급히 몰아 수십 보를 채 못 가니 산기슭을 벗어났다. 안광이 어질어질하더니 한 덩이 검은 물체가 오르락내리락한다. 이제야 깨달은 것이 사람이란 본디 의지하고 붙일 곳 없이 단지 하늘을 위에 두고 땅을 밟고 이곳저곳 돌아다니는 존재라는 것을.

　말을 세우고 사방을 둘러보다가 나도 모르게 손을 이마에 얹고,

　"한바탕 울만한 자리로구나."했더니 정 진사가,

　"천지간 이렇게 시야가 터진 곳을 보고 왜 통곡할 생각을 합니까?"하고 물었다. 나는,

　"그렇긴 하지만 천고의 영웅들이 잘 울고 미인들이 눈물이 많았다고 하지만 기껏 소리 없는 눈물이 옷깃에 떨어진 정도였지, 그 울음소리가 천지에 울려 퍼지고 가득 차서 악기 소리와 같다는 말은 듣지 못 했네. 사람들은 그저 인간의 칠정 중에서 오직 슬픔만이 울음을 유발한다고 생각하고 칠정 모두 울음을 이끄는 줄은 모르고 있네. 모든 감정이 극에 달하면 울음이 날 만하네. 막히고 억눌린 마음을 시원하게 털어내 버리는 것에는 소리를 지르는 것보다 더 빠른 것이 없네. 통곡 소리는 천지간에 우레 소리와 같으므로 지극한 감정에서 터져 나오는 것이고 이 소리는 이치에 맞을 것이니 웃음과 무엇이 다른가? 사람이 태어나서 사정이나 형편이 이런 지극한 일을 겪지 못 하고 칠정을 교묘히 두고 슬픔에서만 울음이 나온다고 말해놓았네. 그리하여 초상이 나면 그제서야 억지로 '아이고'하는 소리를 내지. 그러나 정말 칠정이 극에 달해 나오는 진실한 통곡 소리는 세상에 억누르거나 참아 아무 장소에서나 감히 나오지 못 하는 법이네. 한나라 때 가의는 적당한 통곡의 자리를 구하지 못 해서 울음을 참다가 견디지 못 하고 갑자기 선실을 향해 한바탕 길게 울부짖었으니 사람들이 놀라고 괴이하게 여길 만 하지 않은가" 하니 정 진사가,

"지금 울만한 자리가 이렇게 넓으니 나또한 따라서 한바탕 크게 울어야 마땅한데, 칠정 가운데 어느 정에 감동 받아 울음을 터뜨릴지 모르겠습니다."한다. 나는,

"그것은 갓난아이에게 물어보게. 갓난아이가 처음 태어나 칠정 중 어느 정에 감동하여 우는가? 그 아이는 처음으로 해와 달을 보고, 부모와 친척들을 보고 즐거워하네. 이런 기쁨과 즐거움은 평생 다시는 없을 터이니 슬퍼하거나 화를 낼 이유가 없을 것이므로 즐거워하고 웃어야하네. 그런데도 도리어 한없이 울고 분노와 한이 가슴에 꽉 들어찬 듯이 행동을 한단 말이지. 이를 두고 신성하게 태어나거나 어리석고 평범하게 태어나거나 간에 사람은 모두 죽고, 살아서는 허물과 걱정 근심을 백방으로 겪게 되니 갓난아이는 자신이 태어난 것을 후회하기 때문에 울어서 자신을 위로하는 것이라고 친다면, 이것은 그 아이의 본 마음을 이해하지 못 해서 하는 말일 뿐이네.

갓난아이가 어머니 뱃속에 있을 때 깜깜하고 좁은 곳에서 웅크리고 있다가 갑자기 넓은 곳으로 빠져나와 손과 발을 피며 기지개를 켜고 생각과 마음이 트이니 어찌 크게 울며 참던 정을 뱉어내지 않을 수 있는가. 그러므로 갓난아이의 참소리를 본받는다면 금강산 비로봉에 올라가 동해를 바라보는 것이 한바탕 울만한 자리가 될 것이고, 황해도 장연의 금모래사장에 가서도 그곳이 한바탕 울만한 자리가 될 것이네. 지금 이 요동 벌판에서 산해관까지 일천이백 리가 전부 아무 것도 없이, 하늘과 땅의 끝이 풀로 붙여놓은 듯이, 실로 꿰맨 듯이 붙어있고 고금의 비와 구름만이 가득하니 이곳이 바로 한바탕 울만한 자리가 아니겠는가?"했다.

(3) 〈일신수필(馹汛隨筆)〉

이제까지 길을 따라서 천 리를 오며 매일 많은 수레를 보았고 앞의 수레나 뒤의 수레가 같은 모습으로 하나의 바큇자국을 따라간다. 그러므로 애쓰지 않고도 같게 되는 것을 말해 한 수레바퀴의 자국이라는 뜻으로 일철이라 하고, 뒤에 오는 사람이 앞에 가는 사람의 행적을 보고 전철이라고 말하는 것이다. 성의 문턱에 바퀴가 닿는 곳에는 움푹 홈이 생기는데 이것을 성문의 수레바퀴 자국(맹자 진심장 하편에 나오는 말 城門之軌)라고 한다.

우리나라는 일찍부터 수레가 없었고 아직 바퀴는 완전히 둥근 모습이 아니며 바퀴의 자국이 하나의 궤에 들지 않으니 이것은 수레가 없으니 못하다. 그런데도 사람들은,

"우리나라는 길이 험하므로 수레를 사용할 수 없다."하니 이게 도대체 무슨 말인가? 나라에서 수레를 사용하지 않으므로 길이 닦이지 않았을 뿐이다. 수레가 다니게 된다면 길은 저절로 뚫리니 어찌하여 길거리가 좁다는 이유나 산길의 험준함을 걱정하는가? 『중용』에서 말한 '수레와 배가 닿는 곳, 서리와 이슬이 내리는 곳'이란 아무리 멀더라도 수레가 닿지 않는 곳이 없는 것을 말하는 것이다.

중국에서는 장안에서 촉 땅으로 들어가는 길목에 아홉 굽이의 험준한 길인 검각과 산서성 태행산의 모습처럼 위험하고 험준한 곳이 있으나 말에 채찍질하여 수레를 몰고 넘어간다. 이 이유로 섬서, 사천, 강소, 광동, 복건, 광서 지방 같은 먼 곳이라도 큰 장사꾼들과 가족을 이끌고 부임하는 관리들이 수레바퀴를 서로 부딪혀가기를 마치 그 모습이 자신의 마당을 밟고 가는 듯 하다. 수레가 내는 큰 소리가 마치 구름도 없는 대낮에 우레가 내리치는 소리 같다.

지금 우리가 지나온 마천령과 청석령의 고개, 장항과 마전의 비탈길이 어찌 우리나라보다 덜하다고 할 수 있는가? 그 바위의 험준함은 우리 모두가 봤는데 그렇다고해서 중국 사람들이 수레를 없애고 다니는가? 이러니 중국의 재화와 물건이 자유롭게 오고갈 수 있는 것이다. 지금 당장의 효과를 보더라도 우리 사신들이 모든 폐단을 없애고 우리가 만든 수레에 우리 물건을 담고 곧바로 북경까지 간다면 편리한데 왜 하지 않는가?

영남 지방 아이들은 새우젓을 모르고 관동 지방 사람들은 산사나무 열매를 절여 간장 대신해 먹고, 서북 지방 사람들은 감과 귤을 서로 분간하지 못하며 바닷가 사람들은 생선 창자를 밭의 거름으로 쓰고 있는 지경이다. 이것이 서울에 오면 비싼 값인데 왜 이렇게 귀한 값이 되는 것인가?

육진 지방의 마포, 관서 지방의 명주, 삼남 지방의 닥종이, 황해도 해서 지방의 솜과 쇠, 충남 내포 지방의 소금과 생선 등은 모두 사람이 살아가는 데 필요한 것이다. 충북 청산과 보은의 수많은 그루의 대추나무, 황해도 황주와 봉산의 수천 그루의 배나무, 전남 고흥과 남해의 수천 그루의 귤과 유

자나무, 충남 임천과 한산의 수천 그루의 모시, 관동 지방의 수천 통의 꿀은 모두 사람들이 매일 같이 필요한 것들인데 서로 바꾸어 써서 도움을 주고받으면 좋으니 누가 싫다 하겠는가?

그러나 이 지방에서는 별 볼 일 없는 것이 다른 지방에서는 값비싸고, 이름만 들었을 뿐 실제로 볼 수 없는 이유는 대체 무엇인가? 이는 곧 그 물건을 가지고 올 수단이 없기 때문이다. 사방 수천 리밖에 되지 않는 나라 땅 위에서 백성의 살림살이가 이처럼 가난한 이유는 한마디로 수레가 안 다니기 때문이다.

어떤 사람이 "그렇다면 왜 수레는 못 다닙니까?" 묻는다면 역시 한 마디로 "이는 선비와 벼슬아치의 죄이다."라고 한다.

(4) 〈산장잡기〉

우리나라 선비들은 생로병사동안 나라를 벗어나지 않는다. 근세의 선배로는 오직 노가재 김창업과 나의 친구 담헌 홍대용이 중원의 한 귀퉁이를 밟아 본 것이다.

전국시대 일곱 나라 중에서 연나라는 그 중 하나였고 『서경』 「우공」에 나오는 구주 중에 기(하북성)는 그 중의 하나였으니, 천하의 땅덩어리로 본다면 연경과 하북 지방은 그야말로 한 모퉁이에 지나지 않을 것이다. 원나라 명나라에서 지금 청나라에 이르기까지 천하를 통일한 천자는 이곳 북경을 도읍지로 삼아 마치 옛날 장안이나 낙양처럼 중국의 수도가 되었다.

소자유는 중국 선비지만 오히려 자기 시대의 수도 개봉에 이르러 천자의 궁궐의 웅장함과 국가의 창고, 곳간, 성곽, 연못, 정원, 동산의 크고 대단함을 본 뒤에 천하의 크고 아름다운 것을 알게 된 것을 스스로 행운이라 생각했다. 하물며 우리나라의 선비가 그 거대하고 화려한 볼거리를 한 번 접할 수 있다면 스스로 행운이라 생각하는 것이 마땅하지 않은가? 나의 이번 여행에서 더욱 스스로 행운이라 여기는 점은 장성 밖을 나가서 장성의 북쪽인 막북까지 이르게 된 것이니 이는 선배들에게도 일찍이 없었던 것이다.

그러나 깊은 밤에 여정을 따라 마치 장님이 꿈속을 걷듯 지나가다 보니 그 산천의 아름다운 경관과 요새와 관문의 웅장하고 기이한 모습을 두루 볼 수 없었다. 그때 달이 관문 안을 비껴서 비추고 있고, 양쪽 언덕은 벼랑으로 깎아 낭떠러지로 있는데, 길은 그 사이에 있었다.

  나는 어릴 때부터 담이 작고 겁이 많아서 더러 대낮에 빈방에 들어가거나 밤에 작은 등불을 만나더라도 머리카락이 곤두서고 가슴이 크게 뛰었다. 지금 나의 나이 마흔 넷이지만 그 무서움을 타는 성격이 그때와 같다. 이제 밤중에 홀로 만리장성 아래에 서있는데 달은 떨어져 깜깜하고 냇물은 소리를 내며 울며 바람은 처량하고 반딧불이들이 날아다니니 듣는 모든 상황이 겁이 나고 휘둥그레지며, 기이하고 야릇했다.

  그러나 홀연히 두려운 생각이 사라지고 특이한 흥취가 생겨났다. 헛것으로 보이던 숲과 바위에 마음이 놀라지 않으니 이것은 더욱 행운으로 여길 점이다.

  다만 한스러운 것은 붓은 가늘고 먹물이 말라서 글씨를 서까래만큼 크게 쓰지 못 하고, 또 시를 남겨 장성의 훌륭한 고사를 적지 못 하는 것이다. 우리나라로 돌아가는 날에 동리의 사람들이 앞다투어 술을 들고 와 위로하며, 열하의 행정을 물을 때는 이 기록을 내보여서 머리를 맞대고 읽으며 책상을 치고 '대단하네!'하고 소리를 질러 볼 것이다.

  물이 두 산 사이에서 흘러 내려와 바위와 부딪치며 사납게 싸운다. 놀란 파도와 화가 난 물결, 화가 난 물보라, 슬픈 여울, 흐느끼는 소용돌이가 달아나고 부딪치고 서로 굽이치고 곤두박질치면서 소리치며 울부짖고 언제나 만리장성을 꺾어서 무너뜨릴 기세다. 만 대의 전차, 만 마리의 전투 기병대, 만 틀의 전투 대포, 만 개의 전투 북들을 가지고도 깔아뭉갤 것 같은 저 큰 소리를 형용하기엔 힘들다.

  모래밭 위에 큰 바윗돌은 혼자 외롭게 서있고, 강 둔덕의 버드나무숲은 어두컴컴하여 마치 물귀신과 강 도깨비가 서로 튀어나와 사람을 놀리는 듯하다. 또 교룡과 이무기가 양쪽에서 서로 움켜쥐어 실랑이하는 듯하다. 혹자는 말하는데, 여기는 옛날의 전쟁터이므로 강물이 이렇게 크고 짐승 같은 소리를 낸다고 한다. 그러나 이는 그런 이유가 아니라 강물 소리라는 게 그것을 듣는 사람이 어떻게 듣는지에 따라 다를 뿐이다.

  내가 사는 연암협 산중에는 집 앞에 커다란 개울이 있다. 해마다 여름이 되고 수나기가 한 차례 지나가면 개울에 있는 물이 갑자기 크게 불어 언제나 수레 소리나 말 달리는 소리, 대포 소리나 북소리 같은 것들을 듣게 되어 결국엔 귀에 문제가 생길 지경이었다. 언젠가 문을 닫고 누워 소리의 종류를 다른 사물에 빗대어 생각하며 들어보았던 적이 있다.

　울창한 소나무 숲에서 퉁소 소리가 나는 것과 닮은 소리, 이것은 맑은 마음으로 들은 소리다. 산이 부서지고 절벽이 무너져 내리는 소리는 화를 크게 내는 마음으로 들은 소리다. 개구리들이 서로 크게 우는 것 같은 소리도 있었는데 이것은 건방지고 으스대는 마음으로 들은 소리다. 또 번개가 번쩍하고 천둥이 꽝 치는 것 같은 소리는 놀란 마음에서 비롯된 것이다. 물이 끓는 소리는 아취가 있는 마음에서 비롯된 소리이고, 거문고 소리처럼 뚱땅거리는 소리는 구슬픈 마음으로 들은 소리였다. 종이 창문에 문풍지가 부딪혀 파르르 떠는 소리는 내가 의심하는 마음으로 들은 소리다. 이처럼 바른 소리를 곧게 듣지 못 하는 이유로는 내 마음 속에 어떤 소리일 것이다 라고 정해놓으니 귀가 그에 따라 듣는 것이다.

　오늘 나는 한밤중에 한 줄기의 강물을 이리저리 아홉 번이나 건넜다. 강물은 장성 밖의 변방에서 흘러들어와 장성을 뚫고 유하, 조하, 황화, 진천 등 여러 길의 강물이 한 곳으로 모여 밀운성 아래를 지나 백하가 되었다. 나는 어제 배를 타고 그곳을 건넜다. 그곳은 바로 이 물의 하류였다.

　내가 아직 요동에 도착하지 못 했을 때는 한여름이었고 강렬히 내리는 햇빛 밑을 걷는데 큰 강이 내 앞길을 막았다. 흙탕물이 아주 넓게 있어서 끝이 보이지 않았는데 아마 폭우가 내린 이유였으리라.

　물을 건널 때 사람들은 모두 고개를 들고 하늘을 보았다. 나는 속으로 사람들이 기도를 하는가 하고 생각했다. 그 사람들은 이유로 빙글빙글 빨리 돌아가는 강물을 보고 건너면 현기증이 생겨 물에 빠지기 때문에 고개를 든다고 했다.

　이토록 위험하니 물소리를 듣지 못 하고 모두들 말하는데 요동의 벌판은 넓고 평평하기에 물소리가 요란하지 않다라고 한다. 이것은 과연 물을 몰라서 나오는 말일 것이다. 요동 땅의 강물이 소리를 안 내는 것이 아니고 단지 밤에 건너지 않기 때문이다. 낮에는 눈으로 물을 보니 눈은 오직 위험한 것만 보니 어떻게 귀로 소리가 들려오겠는가.

　오늘 나는 밤중에 물을 건너는지라 눈으로는 위험을 못 보니 귀로 신경이 쏠렸다.

　나는 오늘에서야 도라는 것이 무엇인지 깨달았다. 마음에 잡된 생각을 비운 사람, 선입견을 가지지 않는 사람은 몸의 귀와 눈이 탈이 안 되고 귀와 눈을 믿는 사람일수록 보고 듣고 하는 것을 더 집중하게 되어 그것이 병이 되는 사실을 알았다.

　오늘 마부인 창대가 말발굽에 발이 밟혀 뒤따라오는 수레에 탔다. 나는 하는 수 없이 말의 고삐를 늦추어 홀로 말을 타고 강물에 들어갔다. 무릎을 굽히고 안장 위에 앉으니 잘못하면 강으로 떨어질 것 같았다. 강바닥을 땅이라 생각하고 강물을 옷이라고 생각하고, 강물을 내 몸이라고 생각하고, 내 성품과 기질이라고 생각하며 한 번 떨어져 봐도 괜찮다고 생각하니 귓가에 도는 강물 소리가 사라졌다. 아홉 번이나 강을 건너는데도 무섭지 않았다.

　옛날 우임금이 강물을 건너는데 타고 있던 배가 황색 용의 등에 올라앉는 위험천만한 상황이 벌어졌다. 그러나 죽느냐 사느냐 하는 것이 이미 마음속에 나있으니 우임금은 이것이 용인지 도마뱀인지 신경 쓰이지 않았다.

　소리, 빛이란 내 마음 밖에서 생기는 바깥 사물이다. 이것이 항상 사람의 귀와 눈에 탈을 만들어 사람으로 하여금 제대로 분간 못 하게 한다. 또한 인생을 살면서 겪는 험한 것들은 강물보다 훨씬 심하니 보고 듣는 것이 병을 만들기 때문이다.

　내가 장차 연암협 산골짝으로 다시 돌아가 앞에 있는 시냇물 소리를 들으며 이를 시험해 보겠다. 또한 자신에게만 이롭게 하고 자신의 총명함만을 믿는 사람에 이를 들어 경고하겠다.

10. 여류 수필 몇 편

1) 작가 소개 : 김삼의당, 강정일당, 의령 남씨

　본 절에서는 한국 고수필문학사에서 큰 역할을 해 온 여류 작가가 남긴 수필 몇 편을 한번 살펴볼 것이다. 수필 문학사가 더욱더 풍성해지게 된 계기는 한문 사대부 남성 중심의 문학 일변도였던 상황에서, 한글 창제와 더불어 여성이 작자와 독자층을 형성하면서 문학사의 전면에 나서면서부터였다. 많은 여성들 중에서도 본 절에서는 김삼의당, 강정일당, 그리고 의령 남씨의 수필 몇 편을 한번 살펴볼 것인데, 본격적인 수필 감상에 앞서 이들에 대해 간략히 살펴보기로 하자.

① 김삼의당

김삼의당은 김일손(金馹孫: 1464~1498)의 후손인 김인혁의 딸이며 남편은 진양인(晉陽人) 담락당(湛樂堂) 하립으로, 조선 후기 진안에서 활동한 여류 문인이다. 당호 삼의당(三宜堂)은 『시경』도요시(桃夭詩) '宜室宜家在之子'에서 따온 것으로, 삼의당은 여자임에도 불구하고 '일찍이 한글로 된 『소학』을 읽고 문자를 배워 제자백가를 섭렵했다.'고 하며, 스스로 글공부에 노력하여 여자로서의 부덕뿐만 아니라 문학에도 상당한 실력을 갖추게 되었다고 전한다. 1786년(정조10) 18세가 되던 해에 같은 해, 같은 날, 같은 동네에서 출생한 담락당 하립과 결혼하였는데, 본가와 시가는 모두 몰락 양반 가문이어서, 김삼의당이 남편의 과거 급제를 평생소원으로 삼고 남편의 뒷바라지를 하게 되었다. 그러나 가세가 더욱 빈한해지자 생활고를 면하기 위해서 1801년(순조 1) 32세에 진안군 마령면 방화리로 이주하여 죽을 때까지 진안에 살게 되었다. 조선 후기의 몰락 양반 여성 문인으로, 비록 살림은 가난했지만, 정성껏 꾸리면서 남편에 대한 애정과 기대, 일상생활 속의 일과 전원의 풍치 등을 260여 편의 한시와 문장으로 남기기도 했다.

1930년에 장사(長沙) 김기현과 승평(昇平) 정형택이 원고를 모아 『삼의당고(三宜堂稿)』를 간행하였다. 2권 1책으로 되어 있는데 그 중 1권은 시이고, 2권은 산문이다. 1권에 실린 시는 총 111편 253수이고, 2권에는 편지글 6편, 서(序) 7편, 제문 3편, 잡지(雜識) 6편 등 총 26편의 산문이 실려 있어 조선조 여성으로서는 가장 많은 작품을 남긴 것으로 추정된다.

그의 작품에는 우선, 권면적 지우(知友)로서의 평등한 부부관계를 지향한 것을 볼 수 있고, 또 부군의 입신이 몰락한 가문의 부흥이며 부모에게 효도하는 차원이라 이해하고 관련한 내용을 시로 읊은 것에서 입신 양명을 통한 가문 선양 의식도 볼 수 있다. 이 외에도 그의 작품에는 자신의 인생 목표였던 남편의 과거 급제를 내려놓고, 안분지족하는 삶을 택한 지점도 발견되는데, 목가적·서민적 생활을 주된 소재로 삼으며, 현실적이고 실제적인 생활상을 사실적으로 묘사한 측면을 엿볼 수 있다.

② 강정일당

강정일당(姜靜一堂)은 정조~순조 대에 활동했던 여성 문인으로, 외가인 충북 제천 근우면 신촌에서 1772년(영조48)에 출생하였다. 그의 본관은 진주이며 세조 때 공신인 강희맹의 10대손이다. 명문 가문 출신이나, 조부인 강심환과 부친인 강재수가 모두 단명하여 가문이 영락하게 되었다. 정일당의 어머니는 안동 권씨로 성리학자 권상하의 동생인 권상명의 현손이다. 모친이 정일당을 임신했을 때, 특이한 태몽을 꾸었는데, 그것은 다름아닌 꿈에 돌아가신 어머니가 나타나 옆에 함께 온 사람을 가리키며 "여기에 덕을 갖춘 사람이 있으니 이제 너에게 부탁한다."는 말을 하고 사라지진 뒤 정일당이 태어났다고 한다. 모친은 정일당의 이름을 태몽에 따라 '지덕(至德)'이라 지었다.

강정일당의 일생을 기록한 〈행장〉에 따르면, 그는 매우 조용한 성품이고 자신의 감정을 잘 드러내지 않았다고 한다. 어릴 때부터 여러 아이들과 어울려 놀지 않고 조용하게 지냈으나, 부모님의 말씀을 실천하는 일에는 열성이 넘쳤다고 한다. 8세 때부터 부친으로부터 『시경』, 『예기』 등에 나오는 경전 구절을 배웠고, 1788년 16세에 부친이 사망하자 집안 형편이 어려워져 모친을 따라 바느질하고 베 짜는 일을 일과로 삼다가 1791년 20세에 충주에 살던 윤광연(14세)과 혼인하였다.

그러나 두 집안 모두 형편이 어려워 시집에 들어갈 수가 없었다. 일찍이 시아버지가 정일당을 보고 흡족하게 여겨 "우리 가문이 부흥하겠구나." 하였다고 전한다. 결혼한 지 3년이 흐른 뒤에야 비로소 시집으로 들어갔는데, 3년 만에 들어온 시댁 또한 형편이 말이 아니어서 남편 윤광연이 집안 생계를 책임지느라 공부에 손을 뗀 지 오래였다.

이에, 정일당은 본인이 생계를 책임지고 남편에게 과거시험 준비를 권유했는데, 이에 큰 감동을 받은 남편이 부지런히 공부하였으나 벼슬길에 나아가지는 못하였다. 윤광연은 마침내 정일당의 충고를 받아들여 과거시험을 단념하고 재야의 학자로서 학생들을 가르치고 부인과 학문을 토론하며 여

생을 보냈다. 이들 부부는 사실 경제적 형편 때문에 결혼 후, 경기도 과천에서 타향살이를 하며 남이 버리고 간 외딴집을 빌려 살기도 했고 계절마다 양식이 떨어져서 힘든 생활을 보내곤 했다. 그러나 알뜰하게 살림을 하여 만년에는 상당한 저축을 하였고 마침내 서울 남대문 밖 약현에 정원 딸린, '탄원'이라고 하는 작은 집을 하나 장만해 살 수 있게 되기도 했다. 이때 경기도 광주부 대왕면(청계산 동쪽)에 산을 사서 조상의 묘를 이장하기도 했다.

한편, 정일당은 어머니로서는 매우 불행한 삶을 살았다. 5남 4녀를 낳았으나 모두 1년이 되기 전에 죽어버렸기 때문이다. 먹을 것이 부족하고 의료시설을 갖추지 못한 시대에 자녀를 잃는 것이 드문 일은 아니었으나, 9명의 자녀 모두 사망한 것은 불행 중의 불행이었다. 5남 3녀를 잃고 난 직후, 1814년 마지막 딸 '계숙'이 탄생했는데, 젖동냥하러 오가던 중 아이는 바람을 쐬어 외려 병이 나고 말았고, 약간의 약을 썼지만 아기는 기어이 탈이 나 채 돌이 안 된 이듬해 정월 초사흘에 죽고 말았다. 형편 때문에 광주에 있는 자신의 땅에 묻지 못하다가 1815년 1월 4일 막내를 묻게 되는 아픔을 겪었는데, 그러한 슬픔이 그가 남긴 수필 속에 고스란히 반영되어 있다.

1822년 7월 50세가 되던 때, 병을 앓다가 사흘 동안 혼절했지만, 이 와중에도 평소 기록해 두었던 〈문답편〉과 〈언행록〉을 분실하자, 깨어난 후 평생 노력의 결과물들을 잃었다는 점에 크게 슬퍼했고, 1832년 가을, 9월 14일 마침내 세상과 하직하였다. 4년 후에는, 남편 윤광연이 스승과도 같았던 존재인 아내 정일당의 시문을 잘 보관하였다가 『정일당유고』를 간행해 주었다. 정일당의 시문에서 쉽게 볼 수 있는 내용은 권학에 관한 것들로, 이후에는 남편보다 학업 성취에 이룸이 더 커 남편의 학업을 직접 지도하기도 했던 정황들을 이 문집에서 엿볼 수 있다.

③ 의유당 남씨

의유당 의령 남씨(1727~1823)는 숙종 때 대사관을 지낸 남도규의 아들 남직관과 여필용의 딸 사이에 태어난 막내로, 함흥판관을 지낸 신대손과 혼인해서 97세의 수를 누린 양반 여성이다. 신대손이 함흥판관으로 부임할 때 함께 가 함흥 부근을 유람한 글인 『관북유람일기』가 유명하며 그 외에 『의유당유고』가 있다. 의유당 본인은 물론이고 그녀의 친언니 및 시댁 여성들도 일정한 식견과 한문 교양이 있었다. 시누이인 평산 신씨는 홍인한에게 시집갔는데 문식이 뛰어나 혜경궁 홍씨에게 언문을 가르친 인물로 알려져 있으며, 『역대총목』을 언문으로 번역하였다고 한다. 또 문식과 교양을 지녔던 의유당의 언니는 김시묵에게 시집갔는데, 아들 김기대가 열 살이 되기도 전에 죽고 말았다. 김시묵은 재취로 남양 홍씨를 맞는데 거기서 낳은 딸이 후에 정조 비(妃) 효의왕후(孝懿王后)가 된다.

의유당은 언니의 사후에도 여전히 형부인 김시묵 집안과 지속적으로 관계를 잘 유지하였고 남편 사후 노년의 나이에 효의왕후에게 후한 대접을 받곤 하였다. 『의유당유고』에 나타나는 왕실에 대한 감사는 모두 효의황후를 향한 것이다. 의유당의 문학성은 바로 이 같은 친정과 시댁의 여성 구성원들이 향유하던 문화적 환경과 무관하지 않다. 『의유당일기』로도 불리는 『의유당관북유람일기』의 창작연대는 1769년(영조45)~1772년(영조48년)으로 추정되며, 『의유당유고』는 의령 남씨의 사후인 1843년도에 필사되어 묶인 것으로 추정된다. 글의 내용으로 미루어 『의유당관북유람일기』가 46세 무렵 의령 남씨의 글이라면 〈의유당유고〉에 실린 글들은 50세 이후부터 거의 80세를 바라보는 노년의 글에 해당한다.

『의유당관북유람일기』에는 의령 남씨의 창작과 번역문이 같이 수록되어 있다. 〈낙민루〉, 〈북산루〉, 〈동명일기〉가 창작 한글 수필이며, 〈춘일소흥〉과 〈영명사득월루상량문〉이 번역문이다. 〈춘일소흥〉은 이희현의 〈운양만록〉 및 박량한의 〈매옹한록〉 중에서 선택적으로 10개의 작품을 골라 번역한 글이며, 〈영명사득월루상량문〉은 그녀의 인척인 홍상한에 의해 창건된 득월루의 상량문을 번역한 글이다. 또 『의유당유』에 수록된 글은 3편의 한문 산문과 한시 17수 그리고 한글 산문 3편으로, 모두 의유당의 글이며 음사와 한글번역문 병기 형태까지 포함하여 한글로 표기되어 있다.

의유당의 글은 자연 풍경을 묘사함에 있어서 지적이며 섬세하고 진지한 표현과 참신한 어휘구사력이 돋보인다는 평이 있다. 또 작품에서 자유분방한 의기가 돋보인다. 특히, 46세 되던 1772년(영조48)에 지은 대표작 〈동명일기〉에서의 일출과 월출 장면의 묘사는 절묘하며 사실적이어서, 국문 수필

문학의 높은 수준을 한껏 보여준다.

2) 작품 감상

본 절에서는 김삼의당, 강정일당의 수필 몇 편과 함께, 의령 남씨가 남긴 〈의유당관북유람일기〉, 그리고 작자미상이나 규방문학의 진수를 보여준 〈규중칠우쟁론기(閨中七友爭論記)〉를 감상해 볼 것이다.

김삼의당의 수필 중, 〈우귀일기화(于歸日記話):시집가던 날의 이야기〉에서는 결혼 첫 날밤, 부부의 도를 안과 밖으로 나누어 각자의 업에 전력하자고 제의한 데서 삼의당의 꼿꼿한 성격을 엿볼 수 있고, 〈예성야화기(禮成夜話記): 예성에서의 야화를 기록함〉에서는 남편의 물음에 당당한 반론을 펴고, 자신의 신념을 바탕으로 부인의 충(忠)의 중요성을 차근 설명해 나가는 데서 매우 합리적이면서도 진보적인 면을 읽을 수 있다. 즉 부인의 집 안의 일은 남편의 집 밖의 일의 연장이라는 생각을 보여주며, 따라서 남편에게 허물이 있어 부인의 충성이 남편의 충성으로 이어지지 못할 때는 남편을 무조건 좇을 수 없다는 생각을 전개하는 과정에서 여성적인 아기자기함, 화려함, 장황스러운 수식 대신에 매우 논리적이고 질박함을 엿볼 수 있다. 다른 여류 작가들과의 글과는 달리, 자신의 사상을 군더더기 없이 확고하고 간결하게 표현하는 것이 특색이며, 주로 부부지도(夫婦之道)에 관한 것이 많아서 유교적 관념에서 벗어난 것은 아닐지라도 남편과의 관계에서 수동적인 태도가 아닌, 능동적으로 이끌어나갔음을 볼 수 있다.

이렇게 합리적이고 현실적으로 대상을 바라보던 삼의당은 딸의 죽음 앞에서도 감정을 넘치도록 토로하는 것이 아니라 오히려 뼈를 깎는 슬픔을 합리적으로 극복해 내려는 태도를 보여준다. 〈셋째 딸을 곡하는 제문〉에서 어린 딸의 죽음을 오히려 다행으로 생각한다며 그 이유를 펼치는 역설적인 서술을 통해, 아픔을 마주하고 이를 극복하려는 삼의당 부인의 꿋꿋함을 읽을 수 있다.

같은 사대부가 여성이면서도, 강정일당의 수필은 김삼의당과는 또 다른 방향에서의 묘미를 보여준다. 정일당의 글은 사대부 여성의 단아하고 아정한 문체가 크게 느껴지는데, '멋', '풍류', '파격' 등과는 다소 거리가 먼, 철저히 도학자적인 기풍이 농후하다는 것이 특징이다. 주변 일에 대해 차분하게 관찰하고 사고한 글들로 중후함마저 느껴지는 글도 상당수 많다. 정일당은 남편을 대신해서 지은 글들도 많았는데(代夫子作), 그런 이유에서인지 그의 글에는 여성다운 섬세한 필치보다는 남성적인 면이 많이 느껴진다. 그가 남긴 수필 중 〈상녀예지(殤女瘱誌): 앓아 죽은 딸의 묘지명〉 또한 '대부자작(代夫子作)'으로 되어 있어 어린 딸을 잃은 데 대한 모정으로서의 심회, 여성적인 감정 처리는 보이지 않지만, 정일당 부인의 꼿꼿한 성격을 볼 수 있고 동시에 감정의 드러냄과 숨김을 적절히 섞어 죽음에 대하는 여성의 심화를 애잔하게 표현했음을 볼 수 있다.

앞의 두 여성의 글이 대체로 감정이 절제되어 있고 부인의 합리적인 사고나 태도가 극명하게 드러난 것과는 달리, 의령 남씨의 수필은 여성으로서의 섬세한 필치가 매우 잘 드러난다는 특징이 있다. 〈의유당관북유람일기〉는 영인본을 포함해, 텍스트의 서지사항도 남아 있지 않고 다만 현대활자화한 〈의유당관북유람일기〉만 전해지고 있는데, 1920년 이왕직에서 작성한 창덕궁 연경당(演慶堂) 소장 도서 목록에 "의유당관북유람일기(意幽堂關北遊覽日記)"가 기록되어 있어 알려지게 되었다. 연경당(演慶堂)은 순조 28년(1828)에 민가(民家)를 본떠 지은 건물로, 그 동쪽 선향재(善香齋)에 많은 왕실의 서적이 비장되어 있었고, 이곳에 비장된 서적을 이왕직에서 1920년에 그 목록을 작성했는데, 그것이 바로 연경당한문목록부언문목록(演慶堂漢文目錄附諺文目錄)이다. 이 목록에 의하면 제목은 "의유당관북유람일기(意幽堂關北遊覽日記)"이고, 부수는 1부이며, 책수는 1책, 그리고 장황은 백지(白紙)로 되어 있다. 연경당 소장 한글 서적들이 바로 낙선재 문고의 전신이 되는데, 순종의 계비윤씨가 순종 승하 후 낙선재로 이사하면서, 연경당 소장 한글본들을 수습하여 낙선재로 옮겼기 때문이었다. 그런데 현전 낙선재문고에 의유당관북유람일기는 존재하지 않아서, 아마 현재 우리가 보는, 가람 이병기가 소개한 〈의유당관북유람일기〉는 바로 당시 낙선재에 소장되어 있던 책일 가능성이 농후하다.

또한, 의유당 남씨의 또 다른 저작인 〈의유당유고〉의 필체와 낙선재본 필체와 동일할 뿐만 아니라 〈의유당유교〉의 필사자는 '석대(石臺)'이며, 〈의유당유고〉에는 몇 군데 붉은색으로 교정한 곳이 있는데, 이는 낙선재본 한글자료에서 주로 나타나는 것이어서, 〈의유당유고〉가 왕실소장자료일 가능성도 제기된다.

〈의유당관북유람일기〉는 의유당 남씨가 함흥판관으로 부임한 남편을 따라 함흥 근처를 유람한 내용을 주로 담고 있다. 〈의유당관북유람일기〉 중 〈동명일기〉는 매우 주목된다. 여기에는 우선, 의령 남씨의 '자연'에 대한 인식을 엿볼 수 있다. 많은 사대부들이 지은 작품에서 드러나는 '자연'이 재도정신(載道精神)에 의해 이끌린 자연, 곧 감군은의 표상이자 매개체로서, 관념적인 성격을 보여주었다면, 〈동명일기〉에서의 자연은 개인적인 체험, 심미적인 공감을 보여주며, 객관적인 성격의 '해'를 묘사한다는 특징이 있다. 또한 여성 특유의 섬세한 필치가 매우 돋보이고, 순수한 우리말로 사실적 묘사가 돋보일 뿐만 아니라 적절한 비유를 사용하여 양반 부인의 품위와 자세를 뚜렷이 보여줌으로써, 명실공히 우리나라 고전 수필 문학의 새로운 경지를 개척한 작품이라 해도 과언이 아니다.

주된 내용은, 동명의 해와 달뜨는 경관이 뛰어나다는 말을 듣고 1771년 8월 21일에 동명을 찾았으나 일기가 좋지 않아 일출 관람에 실패하고, 1772년 9월 17일 재차 출발하여 동명의 장엄한 일·월출 경관을 보게 된 감동을 쓴 것인데, 이 글은 함흥에서 동명까지의 두 번에 걸친 여행길과 내왕하며 보고 겪은 일들에 대해 자세히 적고 있다. 그 가운데 고기잡이와 풍물패를 거느린 선유, 태조의 유적지들을 관람한 일들이 그림을 그리듯 생생하게 묘사되어 있는 점이 특징적이다. 이 작품은, 등장인물들에 대한 개성 있는 심리묘사와 탁월한 심미적 관찰력, 사실적이며 섬세한 묘사수법, 세련된 문체 등에서 조선 후기 여류수필의 대표적 작품으로 평가된다.

한편, 작자미상이지만, 『망로각수기(忘老却愁記)』에 수록되어 있는 〈규중칠우쟁론기(閨中七友爭論記)〉 또한 여류 수필로서 주목된다. 작자·연대 미상의 가전체 작품이어서 여성이 지었다고 단정할 수는 없지만 작품 속 화자 및 여러 서술 정황을 볼 때 그렇게 추정이 가능하다. 이 작품은 국문필사본으로, '규중칠우쟁공기(閨中七友爭功記)'라고도 불리며, 〈조침문〉을 지은 이와 동일인이라고 추정하기도 하지만 확실치는 않다. 작품의 이본은 2, 3종이 있으나, 서울대학교 가람문고에 소장된 『망로각수기』에 실려 있는 작품이 가장 상세하고 정확하다.

이 작품은 짧은 분량에도 불구하고 밀도있는 구성을 갖추면서, 규방에서만 느낄 수 있는 섬세한 정서를 잘 표출하고 있다. 바느질 용구들의 생김새나 쓰임새에 따르는 명칭이나 거동을 적실하게 묘사하는 데 발휘된 탁월한 글솜씨도 주목할 만하다. 작가는 자기 공을 내세우느라고 남을 헐뜯는 것을 능사로 삼는 등장인물을 통해 인정세태를 풍자하고 있다. 이 작품은 여성 취향의 소재를 다루었다는 점에서 문방사우(文房四友)를 소재로 삼은 〈모영전보(毛穎傳補)〉나 〈사우열전(四友列傳)〉같은 남성 취향의 작품과는 반대의 위치에 놓인다. 자신의 처지를 망각하고 교만하거나 불평 말고 사리에 따라 순응하며 성실해야 함을 강조하는 데서, 직분에 따른 성실한 삶의 추구(주제)를 강조하는 만큼 인간들의 삶의 모습을 의인화된 사물들을 통해 익살스럽게 풍자하여 세상 사람들을 일깨우고 있음을 볼 수 있다.

'칠우들의 공치사-원망'이 뚜렷이 대조되는 구성으로 이루어진 이 작품은 수필이면서도 '나'의 심정을 토로하고 있는 것이 아니라 작가에 의해 관찰된 '그들'이 이야기를 이끌어 가는, 이른바 3인칭 관찰자 시점을 취하고 있음이 특징이다. 〈조침문〉과 함께 의인화로 된 내간체 고수필의 쌍벽을 이루는 본 작품을 통해 여류 수필의 묘미를 한껏 느낄 수 있을 것이다.

(1) 김삼의당의 수필
〈우귀일기화(于歸日記話): 시집가던 날 이야기〉

남편은 밖에 있으니 밖은 곧 군신(君臣)이 있는 곳이요 아내는 안에 있으니 안은 곧 고구(姑舅)께서 계시는 곳으로서, 밖의 도리를 다하려면 임금을 반드시 충으로 섬기고 안의 도리를 다하려면 어버이를 반드시 효로써 섬겨야 할 것이니, 당신은 밖에서 맡은 바 일에 부지런히 힘써 우리 요순과 같으신 임금을 돕고, 나는 마땅히 안에서 주로 우리 어버이를 봉양하면 아름답고 아름다우며 친근하고 화목해져서 세상 사람들의 부부와 같지 않을 것입니다. 세상의 남편은 사랑에만 빠져 의(義)를 돌보지 않고 아내 된 사람은 정에 지나쳐 분별을 모르니 이는 이른바 어리석은 남편에 어리석은 아내입니다.

〈예성야화기(禮成夜話記): 예성에서의 야화를 기록함〉

낭군이 말하기를 "종신토록 남편이 하는 일을 가히 어기지 못할 것인즉 남편이 비록 허물이 있더라도 또한 가히 좇을 것인가?" 하니, 내가 말하기를, "대명(大明)의 사씨정옥(謝氏貞玉)이 말하지 않았습니까? '부부의 도는 저 오륜을 겸한 것으로서 아버지를 일깨우는 아들이 있고, 임금을 일깨우는 신하가 있고, 형제는 바른 것으로써 서로 권장하고, 붕우는 서로 허물을 타 일러주며 충고한다면 부부에 이르러서만 예외일 수 있을 것인가'라고. 그렇다면 제가 낭군의 하는 일을 어기지 않는다는 것은 어찌 남편의 허물을 좇는다는 것을 두고 한 말이리까....(중략)...임금을 섬기고 나라를 사랑함이 어찌 남자만의 일이리까....(중략)... 부인의 충성의 힘 또는 크지 않습니까. 이로써 한 나라 부인들의 불충은 그 나라의 좀이요, 한 가정의 불충은 일가의 좀임을 알 수 있습니다. 그리하여 황차 부부는 인륜의 비롯이고 한 가정에서의 군신 관계인 것입니다." 하였다.

〈셋째 딸을 곡하는 제문〉

생(生)이든 죽음이든 사람이라면 다 한번은 겪는 것이다. 수명이나 천명은 사람이 반드시 제 마음대로 하지 못하는 바이다. 대저 어찌하여 살게 되면 기쁨이요, 어찌하여 죽음으로써 돌아가면 슬픔이 되는 것인가. 또 살아서 근심만 끼치는 것은 죽는 것만 못하고 장수는 하나 착하지 못하면 일찍 죽는 것만 못하다.

나는 너의 죽음을 애석해하지 않고 오히려 다행으로 생각하고 있다. 그것은 만일 네가 성장하여 스승의 가르침을 받아 태도를 부드럽고 의젓하게 가지며, 삼과 뽕을 다루고 고치실을 다듬으며 베를 짜서 옷을 만들고 수놓는 일이며, 여자의 할 일을 모두 배웠다가 하루아침에 내 곁을 하직하고 죽는다면 나의 슬픔은 어떠하였을 것이며, 또 결혼하기 직전 비녀를 꽂을 임시에 첫닭이 울면 세수하고 머리를 빗어내려 옷끈에 패물을 차고 객취(客臭:향료를 넣는 주머니)를 갖추고 문안을 다니다가 하루아침에 나를 버리고 죽었다면 나의 아프고 슬픈 마음은 더욱 어떠하였으리.

(2) 강정일당의 수필
〈정부자(呈夫子): 남편께 드리는 글〉

사람으로서 학(學)이 없으면 사람 노릇을 할 수 없고, 또 의(義)를 버리고 사는 것만을 위해서 일하는 것은 도(道)를 들으면서 빈곤에 안주하는 것만 같지 못하다. 내가 비록 재주는 없으나 바느질은 조금 할 줄 아니, 밤낮으로 부지런히 하여 조석(朝夕) 걱정은 시켜드리지 아니할 터이니, 부자(夫子)께서는 성현의 글에 전념하여 가사에는 관심을 갖지 말라.

〈상녀(喪女)에게: 죽은 딸에게 보내는 글〉

오호라, 이것은 파평(坡平) 윤광연(尹光演)의 어려서 죽은 딸이 묻혀 있는 곳이다. 그 이름은 계숙(季淑)이라 하고, 어머니는 강씨로서 갑술(甲戌) 8월 29일에 약현 탄원(坦園)에서 아이가 출생했다. 그 외모가 단정하고 속이 밝고 슬기로와 난 지 3, 4개월만에 능히 그 부모의 얼굴을 분간할 줄 알고 비록 울다가도 부모를 보면 문득 우는 소리를 그치고, 가까이 해주면 웃고 멀리 하면 눈을 흘기는 모양이 주부자(朱夫子)의 이른바 "천진한 아해는 아버지를 보면 웃는다."란 것인가...(중략)... 그러나 어머니란 사람이 본디 젖병을 앓게 되어 젖이 없어 겨우 난 지 한 이레에 포대기에 안고 다른 사람에게 가서 젖을 먹게 되어 한 방울의 넉넉지 못한 젖을 구걸해 가면서 연명토록 하였던 것인데...(중략)...죽은 날이 올해 정월 초나흘이고 나서 죽을 때까지의 달수를 헤아려 보아도 1년 미만이다. 광릉(廣陵)에 집 소유인 밭두둑 길이 있어 내 형편으로는 잘 묻어주지 못하고 얕게 마을 남쪽 언덕 기슭에 묻었다가 그달 19일에 다시 완전히 무덤을 이루어 주었다.

슬프다, 생물의 혈기 있는 자가 나면 끝이 있는 것이 명(命) 아님이 없거늘 혹 양육하다가 그 적당함을 잃는 다면 그 성(性)을 온전히 할 수 없는 것도 또한 가히 명(命)이라 할는지. 이 아이와 같이 일찍 죽는 것은 그 생 또한 천명으로 해서 어쩔 수 없는 일이겠지만, 그러나 인사(人事)의 잘못을 책하지 않을 것이냐. 슬프고 슬퍼서 능히 잊을 수 없어 글로써 기록함은 너무 정에 지나치는 것일까. 바라건대 뒷사람은 이 심정을 양해해 주기 바라며 행여나 농사짓는 일이나 오랑캐 물리치는 일에 비한다면 하찮은 부질없는 일이라 여기지는 말라.

〈만성재기(晩醒齋記): 만성재 현판에 쓴 글〉

우리 유교의 학이 경(敬)으로써 중심을 삼고 돈이성심(敦以醒心)으로써 요체를 삼아 항상 스스로 깨끗했다가 끌어 거두어들이고, 자는 것 같다가도 불러일으키고, 취한 것 같다가도 맑아지고, 물이 그치니 물결이 조용하고, 거울이 밝으매 먼지가 닦여진 것은, 삼가 홀로 경(敬)을 오로지 중심으로 한 공부를 하기 위한 것이 아닌가.

사람의 삶에 있어 기질에 본디 맑고 흐림과 말끔하고 섞임의 차이가 있는 것인 즉, 맑으며 말끔한 것은 선하기에 쉽고 흐리고 섞인 것은 성질을 돌이키기 어렵다. 고로 우주를 맑고 빛나게 하는 것은 곧 상지(上知)이며, 종신토록 어둡고 미혹한 것은 바로 하우(下愚)이다. 이로써 옛 성현들은 한 개 경(敬) 자를 끄집어내어 어진 가문의 열쇠로 삼은 것은 요컨대 스스로 깨어 다른 사람을 깨우치게 하는 데 있을 뿐이다. 지금 남양홍자(南陽洪子)는 그 성품이 염정(恬靜)하고 그 성(性)이 효우(孝友)에 두터워 학(學)에는 뚜렷한 업적이 있고, 스스로 수양함에 돈독히 하여 거처하는 서재에 액자를 걸었으니 가로되 만성(晚醒)이다.

나에게 글로 기문을 써줄 것을 청하기에 나 또한 어둡고 막혀서 어찌 할 바를 모르는 몸으로, 생각건대 어찌 감히 성심(醒心)의 뜻을 해석해서 기록할 수 있으랴.

대개 듣건대 여러 선생과 학자들은 경(敬) 자로 올바른 이념을 삼아 백가지 그릇됨을 물리치고 동정을 꿰뚫어 시종일관했으며, 나중에는 마음에 환히 비추어서 주인은 항상 깨우쳐(醒) 있다 하겠으나, 나는 명년이면 50세가 되어 다른 사람들이 백옥(伯玉)처럼 생각하나, 앎이 없으면서도 그것을 바로잡으려는 뜻을 못 내는데, 홍자(洪子)는 연륜이 높고 덕이 차서 가위 천민(天民)이며 선각자라 할 수 있는데 어찌 특히 만성(晚醒)이라 하는가. 간곡하신 청탁을 서운케 해드릴 수 없어 敬에 대한 이야기로 취하여 마치는 바이니 참고하소서.

(3) 〈의유당관북유람일기〉(동명일기)

기축년(己丑年) 8월에 낙(洛)을 떠나 9월에 초승에 함흥으로 오니, 다 이르기를 일월출이 보암직다 하되, 상거(相距)가 50리라 하니, 마음에 중란(中亂)하되 기생들이 못내 칭찬하여 거룩함을 일컬으니, 내 마음이 들썩여 원님께 청한대, 사군(使君)이 하시되,

"여자의 출입이 어찌 경(輕)히 하리요".

하여 뇌거(牢拒) 불허(不許)하니 하릴없이 그쳤더니, 신묘년에 마음이 다시 들썩여 하도 간절히 청하니 허락하고, 겸하여 사군이 동행하여, 8월 21일 동명(東溟)에서 나는 중로손(中路孫) 한명우의 집에 가 자고, 게서 달 보는 귀경대(龜景臺)가 시오리라 하기 그리 가려 할새,

그 때 추위 지리하여 길 떠나는 날까지 구름이 사면으로 운집하고 땅이 질어 말 발이 빠지되, 이미 정한 마음이라 동명으로 가니, 그 날이 종시(終始) 청명치 아니하니 새벽달도 못 보고 그저 환아(還衙)를 하려 하더니, 새벽에 종이 들어와 이미 날이 놓았으니 귀경대로 오르자 간청하기 죽을 먹고 길에 오르니, 이미 먼동이 트더라.

쌍교마(雙轎馬)와 종과 기생 탄 말을 바삐 채를 치니 네 굽을 모아 뛰어 달으니, 안접(安接)지 못하여 시오리를 경각에 행하여 귀경대에 오르니, 사면에 애운(靄雲)이 끼고 해 돋는 데 잠깐 터져 겨우 보는 듯 마는 듯하여, 인(因)하여 돌아올 새, 운전(雲田) 이르니 날이 쾌청하니, 그런 애달픈 일은 없더라.

조반 먹고 돌아올 새, 바닷가에 쌍교(雙轎)를 교부(轎夫)에 메어 세우고, 전모(氈帽)쓴 종과 군복(軍服)한 기생을 말 태워 좌우로 갈라 세우고 사공(沙工)을 시켜 후리질을 시키니, 후리 모양이 수십 척(尺) 장목(長木)을 마주 이어 나비 한간 배만한 그물을 노로 얽어 장목에 치고, 그물폿은 백토(白土)로 구워 탕기(湯器)만큼 한 것으로 달아 동아줄로 끈을 하여, 해심(海心)에 후리를 넣어 해변에서 사공 수십 명이 서서 아우성을 치고 당기어 내니, 물소리 광풍(狂風)이 이는 듯하고 옥 같은 물굽이 노하여 뛰는 것이 하늘에 닿았으니, 그 소리 산악이 움직이는 듯하더라.

일월출(日月出)을 변변히 못 보고 이런 장관을 한 줄 위로 하더라. 후리를 꺼내니 연어, 가자미 등속이 그물에 달리어 나왔더라. 보기를 다하고 가마를 돌이켜 돌아올 새, 교중(轎中)에서 생각하니 여자의 몸으로 만리창파를 보고 바닷고기를 잡는 모양을 보니, 세상이 헛되지 아님을 자기(自期)하여 10여 리를 오다가 태조 대왕 노시던 격구정(擊毬亭)을 바라보니,

높은 봉 위에 나는 듯한 정자 있으니, 가마를 돌이켜 오르니 단청이 약간 퇴락한 6, 7간(間) 정자 있으니, 정자 바닥은 박석(薄石)을 깔았더라.

정자는 그리 좋은 줄 모르되 안계(眼界) 기이하여 앞은 탄탄 휘휜한 벌이요, 뒤는 푸른 바다가 둘렀으니, 안목이 쾌창(快暢)하고 심신이 상연(爽然)한데, 바다 한 가운데 큰 병풍 같은 바위 올연(兀然)히 섰으니 거동이 기이하더라. 이르기를 '선바위'라 하더라.

봉하(峰下)에 공인(工人)을 숨겨 앉히고 풍류를 늘어지게 치이고 기생을 군복한 채 춤을 추이니, 또한 보암즉하더라. 원님은 먼저 내려서 원으로 가시고 종이 형제만 데리고 왔기 마음 놓아 놀더니, 촌녀(村女) 젊은 여자 둘과 늙은 노파가 와서 굿보려 하다가 종이라서,

"네 어디 있는 여인인가?"

하니, 상풍 향족(鄕族) 부녀(婦女)란가 하여 대로하여 달으니 일장(一場)을 웃다. 인하여 돌아 나올 새, 본궁(本宮)을 지나니 보고 싶으되 별차(別差)가 허락지 아니하기 못 보고 돌아오니, 일껏 별러 가서 일월출을 못보고 무미(無味) 막심(莫甚)히 다녀와 그 가엾기를 어찌 다 이르리요.

그 후 맺혀 다시 보기를 계교(計巧)하되 사군이 엄히 막자로니 감히 생의(生意)치 못하더니, 임진(壬辰) 상척(喪戚)을 당하여 종이를 서울 보내어 이미 달이 넘고, 고향을 떠나 4년이 되니, 죽은 이는 이의(已矣)거니와 생면(生面)이 그립고, 종이조차 조매어 심우(心憂)를 도우니, 회포가 자못 괴로운지라, 원님께 다시 동명(東溟) 보기를 청하니 허락지 아니하시거늘 내 하되,

"인생이 기하(幾何)오? 사람이 한번 돌아가매 다시 오는 일이 없고, 심우와 지통(至痛)을 쌓아 매양(每樣) 울울하니, 한번 놀아 심울(心鬱)을 푸는 것이 만금(萬金)엥 비겨 바꾸지 못하리니, 덕분에 가지라."

하고 비니, 원님이 역시 일출을 못 보신 고로 허락, 동행하자 하시니,

9월 17일로 가기를 정하니, 속기생 차섬이, 보배 쾌락(快諾) 대희하여 무한 치장(治裝)기구를 성비(盛備)할 새, 차섬이, 보배 한 쌍, 이랑이, 일섬이 한 쌍, 계월이하고 가는데, 17일 식후 떠나려 하니, 16일 밤을 당하여 기생과 비복이 다 잠을 아니 자고 뜰에 내려 사면을 관망(觀望)하여, 혹 하늘이 흐릴까 애를 쓰니, 나 역시 민망하여 한가지로 하늘을 우러러보니, 망일(望日)의 월식 끝이라 혹 흑색 구름이 층층하고 진애(塵埃) 기운이 사면을 둘렀으니, 모든 비복과 기생이 발을 굴러 혀를 차 거의 미칠 듯 애를 쓰니 대 또

한 초조하여 겨우 새워 17일 미명(未明)에 바삐 일어나 하늘을 보니, 오히려 천색(天色)이 쾌치 아니하여 동편의 붉은 기운이 일광을 가리오니, 흉중(胸中)이 흔들려 하늘을 무수히 보니, 날이 늦으며 홍운(紅雲)이 걷고 햇기운이 나니, 상하 즐겨 밥을 재촉하여 먹고 길을 떠나니, 앞에 군복한 기생 두 쌍과 아이 기생하나가 비룡(飛龍)같은 말을 타고 섰으니, 전립(戰笠) 위의 상모와 공작모(孔雀毛) 햇빛에 조요하고 상마(上馬)한 모양이 나는 듯한데, 군악을 교전(轎前)에서 늘어지게 주(奏)하니, 미세한 규중 여자로 거년(去年)에 비록 낭패하였으나 거년 호사를 금년(今年) 차일(此日)에 다시 하니, 어느 것이 사군의 은혜 아니리요. 짐짓 서문으로 나서 남문 밖을 둘아 가며 쌍교마(雙轎馬)를 천천히 놓아 좌우 저자를 살피니, 거리 여섯 저자 장안(長安) 낙중(洛中)으로 다름이 없고, 의전(衣廛), 백목전(白木廛), 채마전(茱麻廛) 각색 전이 반감희(半減喜)하여 고향 생각과 친척 그리움이 배하더라. 포전, 백목전이 더욱 장하여 필필(疋疋)이 건 것이 몇 천동을 내어 건 줄 모를러라.

각색 옷이며 비단 금침(衾枕)을 다 내어 걸었으니, 일색에 비추더라.

처음 갔던 한명우의 집으로 아니 가고 가치섬이란데 숙소하려 가니, 읍내 30리는 가니, 운전창(雲田艙)부터 바다가 뵈더니, 다시 가치섬이 표묘히 높았으니, 한편은 가이없는 창해(滄海)요, 한편은 첩첩한 뫼인데, 바닷가로 길이 겨우 무명 나비만은 하고 그 옆이 산이니, 쌍교를 인부에 메어 가만가만 가니, 물결이 굽이쳐 홍치며 창색(滄色)이 흉용(洶湧)하니 처음으로 보기 끔찍하더라.

길이 소삽(疏澁)하고 돌과 바위 깔렸으니 인부가 겨우 조심하여 1리는 가니, 길이 평탄하여 너른들인데, 가치섬이 우러러뵈니, 높이는 서울 백악산 같고 모양 대소는 백악만 못하고 산색이 붉고 탁하여 족히 백악만 못하더라. 바닷가로 돌아 섬 밑에 집 잡아드니, 춘매, 매화가 추후하여 왔더라. 점심을 하여 들이는데 생복회를 놓았으니 그 밑에서 건진 것이라 맛이 별하되 구치(驅馳)하여 가니, 잘 먹지 못하니, 낙중(洛中) 친척으로 더불어 맛을 나누지 못하니 지한(至恨)이러라. 날이 오히려 이르고 천기(天氣) 화명(和明)하며 풍일(風日)이 고요하니, 배를 꾸며 바다에 사군이 오르시고 숙시와 성이를 데리고 내 오르니, 풍류를 딴 배에 실어 우리 오른 배 머리에 달고 일시에 주(奏)하니, 해수 푸르고 푸르러 가이없고, 군복한 기생의 그림자는 하늘과 바다에 거꾸로 박힌 듯, 풍류 소리는 하늘과 바닷속에 사무쳐 들레는 듯, 날이 석양이니 쇠한 해 그림자가 해심에 비치니, 1만 필휘 비단을 물위에 편 듯 도니, 마음이 비스듬히 흔들려 상쾌하니, 만리창파에 일엽편주로 망망대해의 위태오움을 다 잊을러라. 기생 보배는 가치섬 봉(峰)위에 구경 갔다가 내려오니, 벌써 배를 띄워 대해에 중류(中流)하니 오르지 못하고 해변에 서서 손을 흔드니, 또한 기관(奇觀)이러라. 거년 격구정에서 선바위을 보고 기이하여 돌아왔더니, 금일 선유(船遊)가 선바위밑에 이르니 신기하더라. 해거의 가니 행여 월출 보기 늦을까 바삐 배를 대어 숙소에 돌아와 저녁을 바삐 먹고 일색이 다 진(盡)치 아녀 귀경대(龜景臺)에 오르니 5리는 하더라. 귀경대를 가마 속에서 보니 높이가 아득하여 어찌 오를꼬 하더니, 사람이 심히다녀 길이 반반하여 어렵지 아니하니 쌍교에 인부로 오르니, 올라간 후는 평안 하여 좋고, 귀경대 앞의 바닷속에 바위 있는데, 크기도 퍽 크고 형용 생긴 것이 거북이 꼬리를 끼고 엎던 듯하기, 천생으로 생긴 것이 공교로이 쪼아 만든 듯하니, 연고(然故)로 '귀경대'라 하는 듯싶더라. 대상에 오르니 물 형계(刑械) 더욱 장하여, 바다 넓이는 어떠하던고, 가이 측량없고 푸른 물결치는 소리, 광풍 이는 듯하고 산악이 울리는 듯하니, 천하의 끔찍한 장관이러라. 9월 기러기 어지러이 울고 한풍(寒風)이 끼치는데, 바다로 말도 같고 사슴도 같은 것이 물 위로 다니기를 말 달리듯 하니, 날 기운이 이미 침침하니 자세치 아니하되 또 기절(奇絶)이 보암즉하니, 일생 보던 기생들이 연성(連聲)하여 괴이함을 부를 제, 내 마음에 신기하기 어떠하리오. 혹 해구(海狗)라 하고 고래라 하니 모를러라. 해 완전히 다 지고 어두운 빛이 일어나니, 달 돋을 데를 바라본즉 진애(塵挨)사면으로 끼고 모운(暮雲)이 창창하여 아마도 달 보기 황당(荒唐)하니, 별러 별러 와서 내 마음 가이없기는 이르지 말고, 차섬이, 이랑, 보배 다 마누하님 월출을 못 보시게 하였다 하고 소리하여 한하니, 그 정이 또 고맙더라. 달 돋을 때 못 미치고 어둡기 심하니, 좌우로 초롱을 켜고 매화가 춘매더러 대상에서 〈관동별곡〉을 시키니, 소리 놓고 맑아 집에 앉아 듣는 것보다 더욱 신기롭더라. 물 치는 소리 장하매, 청풍이 슬슬이 일어나며, 다행히 사면(四面) 연운(煙雲)이 잠간 걷고, 물 밑이 일시에 통랑하며, 게 드린 도홍(桃紅)빛 같은 것이, 얼레 빗잔등

같은 것이 약간 비치더니 차차 내미는데, 둥근 빛 붉은 폐백반(幣帛盤) 만한 것이 길게 흥쳐 올라붙으며, 차차 붉은 기운이 없고 온 바다가 일시에 휘어지니, 바다 푸른빛이 희고 희어 은 같고 맑고 좋아 옥 같으니, 창파 만리에 달 비치는 장관을 어찌 능히 볼지리요마는, 사군이 세록지신(世祿之臣)으로 천은(天恩)이 망극하여 연하여 외방에 작재(作宰)하여 나랏것을 마음껏 먹고, 나는 또한 사군의 덕으로 이런 장관을 하니, 도무지 어느 것이 성주(聖主)의 은혜 아닌 것이 있으리요. 밤이 들어오니 바람이 차고 물 치는 소리 요란한데 한랭하니, 성이로 더욱 민망하여 숙소로 돌아오니, 기생들이 월출 관광이 쾌치 아닌 둘 애달파하더니, 나는 그도 장관으로 아는데 그리들 하니 심히 서운하더라. 행여 일출을 못 볼까 노심초사(勞心焦思)하여 새도록 자지 못하고 가끔 영재를 불러 사공다려 물으라 하니,

"내일은 일출을 쾌히 보시리라 한다."

하되, 마음에 미쁘지 아니하여 초초하더니, 먼데 닭이 울며 연하여 자초니, 기생과 비복을 혼동하여 어서 일어나라 하니, 밖에 급창(及唱) 이 와,

"관청감관이 다 아직 너모 일찍 하니 못 떠나시리라 한다."

하되 곧이 아니 듣고, 발발이 재촉하여, 떡국을 쑤었으되 아니 먹고, 바삐 귀경대에 오르니, 달빛이 사면에 조요(照耀)하니 바다이 어제 밤도곤 희기 더하고, 광풍이 대작하여 사람의 뼈를 사뭇고, 물결치는 소래 산악이 움직이며, 별빛이 말곳말곳하여 동편에 차례로 있어 새기는 멀었고, 자는 아해를 급히 깨와 왔기, 치위 날치며 기생과 비복이 다 이(齒)를 두르려 떠니, 급 사군(使君)이 소래하여 혼동 왈,

"상(常) 없이 일찍이 와 아해와 실내 다 큰 병이 나게 하였다."

하고 소래하여 걱정하니, 내 마음이 불안하여 한 소래를 못하고, 감히 치위하는 눈치를 못하고 죽은 듯이 앉았으되, 날이 샐 가망(可望)이 없으니 연하여 영재를 불러,

"동이 트느냐?"

물으니, 아직 멀기로 연하여 대답하고, 물치는 소래 천지 진동하여 한풍(寒風) 끼치기 더욱 심하고, 좌우 시인(侍人)이 고개를 기울여 입을 가슴에 박고 치위하더니, 마이 이윽한 후, 동편의 성쉬(星宿ㅣ) 드물며, 월색이 차차 열워지

며 홍색이 분명하니, 소래하여 시원함을 부르고, 가마밖에 나서니, 좌우비복과 기생들이 옹위(擁衛)하여 보기를 죄더니, 이윽고 날이 밝으며 붉은 기운이 동편 길게 뻗쳤으니, 진홍(眞紅) 대단(大緞) 여러 필을 물 우희 펼친 듯, 만경창패(萬頃蒼波ㅣ) 일시에 붉어 하늘에 자옥하고, 노하는 물결 소래 더욱 장(壯)하며, 홍전(紅氈) 같은 물빛아 황홀하여 수색이 조요하니, 차마 끔찍하더라. 붉은 빛이 더욱 붉으니, 마조 선 사람의 낯과 옷이 다 붉더라. 물이 굽이져 치치니, 밤에 물 치는 굽이는 옥같이 희더니, 즉금(卽今) 물굽이는 붉기 홍옥(紅玉) 같하야 하늘에 닿았으니, 장관을 이를 것이 없더라. 붉은 기운이 퍼져 하늘과 물이 다 조요하되 해 아니 나니, 기생들이 손을 두드려 소래하여 애달와 가로되,

"이제는 해 다 돋아 저 속에 들었으니, 저 붉은 기운이 다 푸르러 구름이 되리라."

혼공하니, 낙막(落寞)하여 그저 돌아가려 하니, 사군과 숙씨셔,

"그렇지 아냐, 이제 보리라."

하시되, 이랑이, 차섬이 냉소하여 이르되,

"소인 등이 이번뿐 아냐, 자로 보았사오니, 어찌 모르리이까. 마누하님, 큰 병환 나실 것이니 어서 가압사이다."

하거늘, 가마 속에 들어 앉으니, 봉의 어미 악써 가로되,

"하인들이 다 하되, 이제 해 일으려 하는데 어찌 가시리요. 기생 아해들은 철 모르고 즈레이렁 구는다."

이랑이 박장(拍掌) 왈,

"그것들은 바히 모르고 한 말이니 곧이 듣지 말라."

하거늘, 돌아 사공다려 물으라 하니,

"사공셔 오늘 일출이 유명하리란다."

하거늘, 내 도로 나서니, 차섬이, 보배는 내 가마에 드는 상 보고, 몬저 가고, 계집 종 셋이 몬저 갔더라. 홍색(紅色)이 거룩하여 붉은 기운이 하늘을 뛰놀더니, 이랑이 크게 소리를 질러 나를 불러,

"저기 물 밑을 보십시오."

외치거늘, 급히 눈을 들어 보니, 물 밑 홍운(紅雲)을 헤치고 큰 실오리 같은 줄이 붉기 더욱 기이하며, 기운이 진홍(眞紅)같은 것이 차차 나 손 바닥 너

비 같은 것이 그믐밤에 보는 숯불빛 같더라. 차차 나오더니, 그 위로 작은 회오리밤 같은 것이 붉기가 호박(琥珀) 구슬 같고, 맑고 통랑(通朗)하기는 호박도곤 더 곱더라. 그 붉은 우흐로 훌훌 움직여 도는데, 처음 났던 붉은 기운이 백지(白紙) 반 장 넓이만치 반듯이 비치며, 밤 같던 기운이 해 되어 차차 커 가며, 큰 쟁반만 하여 불긋불긋 번듯번듯 뛰놀며, 적색(赤色)이 온 바다에 끼치며, 몬저 붉은 기운이 차차 가새며, 해 흔들며 뛰놀기 더욱 자로 하며, 항 같고 독 같은 것이 좌우로 뛰놀며, 황홀(恍惚)히 번득여 양목(兩目)이 어즐하며, 붉은 기운이 명랑하여 첫 홍색을 헤앗고, 천중(天中)에 쟁반 같은 것이 수렛바퀴 같하야 물 속으로서 치밀어 받치듯이 올라붙으며, 항, 독 같은 기운이 스러지고, 처음 붉어 겉을 비추던 것은 모여 소 혁로 드리워 물 속에 풍덩 빠지는 듯 싶으더라. 일색(日色)이 조요(照耀)하며 물결에 붉은 기운이 차차 가새며, 일광(日光)이 청랑(淸朗)하니, 만고천하(萬古天下)에 그런 장관은 대두(對頭)할 데 없을 듯하더라. 짐작에 처음 백지 반 장만치 붉은 기운은 그 속에서 해 장차 나려고 우리어 그리 붉고, 그 회오리밤 같은 것은 진짓 일색을 빠혀 내니 우리온 기운이 차차 가새며, 독 같고 항 같은 것은 일색이 모딜이 고온고로, 보른 사람의 안력(眼力)이 황홀하여 도모지 헛기운인 듯싶은지라. 차섬이, 보배는 내 교중에 드니, 먼저 가는 듯하더니 도로 왔던 양하여, 묘시(卯時) 보심을 하례하고, 이랑이 손을 두드려,

"보시도다."

하여 즐겨하더라. 장관을 쯘더이 하고 오려 할 새, 촌녀들이 작별 운집(作別雲集)하여 와서 보며, 손을 비비어 무엇 달라 하니, 돈냥인지 주어 나누어 먹으라 하다. 숙소로 돌아오니, 쯘덥기 중보(重寶)를 얻은 듯하더라. 조반을 급히 먹고 돌아올 새, 본궁(本宮) 보기를 하여 허락을 받고 본궁에 들어가니, 궁전이 광활한데 분장(粉墻)을 두루 싸고 백토(白土)로 기와 마루를 칠하고, 팔작(八作) 위에 기와로 사람처럼 만들어, 화살 맨 것, 공속하고 선 것, 양마지속(羊馬之屬)을 다하여 앉혔으니, 또한 보암직하더라. 궁전에 들어가니, 집이 그리 높지 아니하되 너르고, 단청 채색(丹靑彩色)이 영롱하여 햇빛에 조요하더라. 전(殿) 툇마루 앞에 태조 대왕 빗갓은 다 삭아 겨우 보를 의지하고, 은으로 일월옥로(日月玉露) 입식(笠飾)이 다 빛이 새로워 있고 화살

은 빛이 절어도 다른 데 상하지 아니하고, 동개도 새로운 자가 있되, 요대(腰帶), 호수(虎鬚), 활시위하던 실이 다 삭았으니, 손 닿으면 묻어날 듯 무섭더라. 전문(殿門)을 여니, 감실 네 위(位)에 도홍 수화주(桃紅手禾紬)에 초록 허리를 달아 장(帳)을 하여 위마다 쳤으니, 마음에 으리으리하고 무섭더라. 다 보고 나오니, 뜰 앞에 반송(盤松)이 있되 키 작아 손으로 만지이고, 퍼지기 양산 같고 누른 잎이 있고, 노송이 있되 새로웠으니, 다 친히 심으신 것이 여러 백년 지났으되 이리 푸르니, 어찌 기이하지 아니하리요. 뒤로 돌아 들어가니 큰 소나무 마주 섰는데, 몸은 남자의 아름으로 두 아름은 되고, 가지마다 용이 틀어진 듯 틀려 얹혔는데, 높이는 다섯 길은 하고, 가지 쇠하고 잎이 누르러 퍽 떨어지더라. 옛날은 나무 몸에 구피로 쌌더라 하되 녹고, 보로 싸고 구리띠를 하여 띠었더라. 곧고 큰 남기로 사면으로 들어 받쳤더라. 다보 돌아 나오다가 동편으로 보니, 우물이 있되 그리 크지 아니하고 돌로 만들고 널러 짰더라. 보고 몇 걸음 나오니 장히 큰 밤남기 섰으니, 언제의 나무인 줄 모를러라. 제기(祭器) 놓은 데로 오니, 다은기라 하되 잠갔기 못 보다. 방아집에 오니, 방아를 정(淨)히 결고 집을 지었으되, 정하기 이상하더라. 제물(祭物)하옵는 것만 찧는다 하더라. 세세히 다 보고 환아(還衙)하니, 사군(使君)은 먼저 와 계시더라. 인생이 여러 가지로 괴로워 위로 두 분 모두 아니 계시고, 알뜰한 참경(慘景)을 여러 번 보고, 동생이 영락(零落)하여 회포가 또한 괴롭고 지통(至痛)이 몸을 누르니, 세상에 호흥(好興)이 전혀 없더니, 성주의 은덕이 망극하와 이런 대지에 와 호의이호식好衣而好食)을 하고, 동명 구경대와 운전(雲田) 바다와 격구정을 둘러보고, 필경에 본궁을 보옵고 창업 태평(創業太平) 성군의 옥택(玉宅)을 4백년 후에 이 무지한 여자로서 구경하니, 어찌 자연하리요.

9월 17일 가서 18일 돌아와, 21일 기록하노라. 24)

(4) 〈규중칠우쟁론기(閨中七友爭論記)〉

이른바 규중 칠우(閨中七友)는 부인내 방 가운데 일곱 벗이니 글하는 선배는 필묵(筆墨)과 조희 벼루로 문방 사우(文房四友)를 삼았나니 규중 녀잰

---

24) '의유당관북유람일기(意幽堂關北遊覽日記)', 영조 48년(1722년)

들 홀로 어찌 벗이 없으리오.

　이러므로 침선(針線) 돕는 유를 각각 명호를 정하여 벗을 삼을새, 바늘로 세요 각시(細腰閣氏)라 하고, 척을 척 부인(戚夫人)이라 하고, 가위로 교두 각시(交頭閣氏)라 하고 인도로 인화 부인(引火夫人)이라 하고, 달우리로 울 랑자(熨娘子)라 하고, 실로 청홍흑백 각시(靑紅黑白閣氏)라 하며, 골모로 감토 할미라 하여, 칠우를 삼아 규중 부인내 아츰 소세를 마치매 칠위 일제히 모혀 종시하기를 한가지로 의논하여 각각 소임을 일워 내는지라.

　일일(一日)은 칠위 모혀 침선의 공을 의논하더니 척 부인이 긴 허리를 자히며 이르되,

　"제우(諸友)는 들으라, 나는 세명지 굵은 명지 백저포(白紵布) 세승포(細升布)와, 청홍녹라(靑紅綠羅) 자라(紫羅) 홍단(紅緞)을 다 내여 펼처 놓고 남녀의(男女衣)를 마련할 새, 장단 광협(長短廣狹)이며 수품 제도(手品制度)를 나 곧 아니면 어찌 일으리오. 이러므로 의지공(衣之功)이 내 으뜸되리라."

　교두 각시 양각(兩脚)을 빨리 놀려 내다라 이르되,

　"척 부인아, 그대 아모리 마련을 잘 한들 버혀 내지 아니하면 모양 제되 되겠느냐. 내 공과 내 덕이니 네 공만 자랑마라."

　세요 각시 가는 허리 구붓기며 날랜 부리 두루혀 이르되,

　"양우(兩友)의 말이 불가하다. 진주(眞珠) 열 그릇이나 꼔 후에 구슬이라 할 것이니, 재단(裁斷)에 능소 능대(能小能大)하다 하나 나 곧 아니면 작의(作衣)를 어찌 하리오. 세누비 미누비 저른 솔 긴 옷을 이루미 나의 날내고 빠름이 아니면 잘게 뜨며 굵게 박아 마음대로 하리오. 척 부인의 자혀 내고 교두 각시 버혀 내다 하나 내 아니면 공이 없으려든 두 벗이 무삼 공이라 자랑하나뇨."

　청홍 각시 얼골이 붉으락 프르락 하야 노왈,

　"세요야. 네 공이 내 공이라. 자랑마라. 네 아모리 착한 체하나 한 솔 반 솔인들 내 아니면 네 어찌 성공하리오."

　감토 할미 웃고 이르되,

　"각시님네, 위연만 자랑 마소. 이 늙은이 수말 적기로 아가시내 손부리 아프지 아니하게 바느질 도와 드리나니 고어에 운(云), 닭의 입이 될지언정

소 뒤는 되지 말라 하였으니, 청홍 각시는 세요의 뒤를 따라 다니며 무삼 말 하시나뇨. 실로 얼골이 아까왜라. 나는 매양 세요의 귀에 질리었으되 낯가족이 두꺼워 견댈 만하고 아모 말도 아니 하노라."

인화 낭재 이르되,

"그대네는 다토지 말라. 나도 잠간 공을 말하리라. 미누비 세누비 눌로 하여 저가락 같이 고으며, 혼솔이 나 곧 아니면 어찌 풀로 붙인 듯이 고으리요. 침재(針才) 용속한 재 들락날락 바르지 못한 것도 내의 손바닥을 한번 씻으면 잘못한 흔적이 감초여 세요의 공이 날로 하여 광채 나나니라."

울 랑재 크나큰 입을 버리고 너털웃음으로 이르되,

"인화야, 너와 나는 소임 같다. 연이나 인화는 침선뿐이라. 나는 천만 가지 의복에 아니 참예하는 곳이 없고, 가증한 여자들은 하로 할 일도 열흘이나 구기여 살이 주역주역한 것을 내의 광둔(廣臀)으로 한번 쓰치면 굵은 살 낱낱이 펴이며 제도와 모양이 고하지고 더욱 하절을 만나면 소님이 다사하야 일일도 한가하지 못한지라. 의복이 나 곧 아니면 어찌 고오며 더욱 세답하는 년들이 게으러 풀먹여 널어 두고 잠만 자면 브듯쳐 말린 것을 나의 광둔 아니면 어찌 고으며, 세상 남녀 어찌 반반한 것을 입으리오. 이러므로 작의 공이 내 제일이 되나니라."

규중 부인이 이르되,

"칠우의 공으로 의복을 다스리나 그 공이 사람의 쓰기에 있나니 어찌 칠우의 공이라 하리오."

하고 언필에 칠우를 밀치고 베개를 돋오고 잠을 깊이 드니 척 부인이 탄식하고 이르되,

"매야할사 사람이오 공 모르는 것은 녀재로다. 의복 마를 제는 몬저 찾고 일워내면 자기 공이라 하고, 게으른 종 잠 깨오는 막대는 나 곧 아니면 못칠 줄로 알고 내 허리 부러짐도 모르니 어찌 야속하고 노흡지 아니리오."

교두 각시 이어 가로대,

"그대 말이 가하다. 옷 말라 버힐 때는 나 아니면 못하려마는 드나니 아니 드나니 하고 내어 던지며 양각을 각각 잡아 흔들제는 토심적고 노흡기 어찌 측량하리오. 세요 각시 잠간이나 쉬라 하고 다라나면 매양 내 탓만 녀

겨 내게 집탈하니 마치 내가 감촌 듯이 문고리에 거꾸로 달아놓고 좌우로 고면하며 전후로 수험하야 얻어 내기 몇 번인 동 알리오. 그 공을 모르니 어찌 애원하지 아니리오."

세요 각시 한숨 지고 이르되,

"너는 커니와 내 일즉 무삼 일 사람의 손에 보채이며 요악지성(妖惡之聲)을 듣는고. 각골 통한(刻骨痛恨)하며, 더욱 나의 약한 허리 휘드르며 날랜 부리 두루혀 힘껏 침선을 돕는 줄은 모르고 마음 맞지 아니면 나의 허리를 브르질러 화로에 넣으니 어찌 통원하지 아니리요. 사람과는 극한 원수라. 갚을 길 없어 이따감 손톱 밑을 질러 피를 내어 설한(雪恨)하면 조곰 시원하나, 간흉한 감토 할미 밀어 만류하니 더욱 애닯고 못 견디리로다."

인홰 눈물지어 이르되,

"그대는 데아라 아야라 하는도다. 나는 무삼 죄로 포락지형(炮烙之刑)을 입어 붉은 불 가온데 낯을 지지며 굳은 것 깨치기는 날을 다 시키니 섧고 괴롭기 칙량하지 못할레라."

울 랑재 척연 왈,

"그대와 소임(所任)이 같고 욕되기 한가지라. 제 옷을 문지르고 먹을 잡아 들까부르며, 우겨 누르니 황천(皇天)이 덮치는 듯 심신이 아득하야 내의 목이 따로 날 적이 몇 번이나 한 동 알리오."

칠우 이렇듯 담논하며 회포를 이르더니 자던 여재 믄득 깨쳐 칠우다려 왈,

"칠우는 내 허믈을 그대도록 하느냐."

감토 할미 고두사왈(叩頭謝曰),

"젊은 것들이 망녕도이 헴이 없는지라 족가지 못하리로다. 저희들이 재죄 있이나 공이 많음을 자랑하야 원언(怨言)을 지으니 마땅 결곤(決棍)하암즉 하되, 평일 깊은 정과 저희 조고만 공을 생각하야 용서하심이 옳을가 하나이다."

여재 답왈,

"할미 말을 좇아 물시(勿施)하리니, 내 손부리 성하미 할미 공이라. 께어 차고 다니며 은혜를 잊지 아니하리니 금낭(錦囊)을 지어 그 가온데 넣어 몸에 진혀 서로 떠나지 아니하리라."

하니 할미는 고두배사(叩頭拜謝)하고 제붕(諸朋)은 참안(慙顔)하야 물러나리라.

11. 한글 편지 몇 편

1) 작가 소개

본 절에서는 한글 편지(내간) 몇 편을 살펴볼 것인데, 그중에서도 추사 김정희의 글을 깊이 한번 살펴볼 것이다. 김정희(金正喜: 1786~1856)는 자(字)가 원춘(元春), 호(號)는 추사(秋思)·완당(阮堂)으로, 조선 후기 대표적인 실학자이자 추사체의 창시자이다. 또 부인인 예안 이씨에게 보낸 편지들로 인해 수필문학사에서도 큰 획을 그은 인물이다.

그는 정조 10년(1786) 6월 3일 충청도 예산에서 병조판서 김노경과 기계 유씨 사이에 장남으로 태어났으나 큰아버지 김노영이 아들을 낳지 못하자 그의 양자로 들어가 한양으로 옮겨가 살게 된다. 어려서부터 총명했던 그는 일찍이 북학파인 박제가의 눈에 띄어 그의 제자가 되고, 또 24세 때는 친부인 김노경이 동지부사로 청나라에 가자 그의 시중을 드는 자제군관으로 따라가기도 했다. 추사는 6개월 동안 그곳에서 머물면서 청나라 제일의 학자 옹방강, 완원 등으로부터 고증학과 금석학 등을 배웠는데, 당시 78세의 노대가인 옹방강과의 논전을 통하여 '경술문장 해동제일(經術文章 海東第一)'이란 평을 얻기도 했다.

귀국한 뒤에는 친구 김정연, 조인영 등과 함께 비문을 연구하러 조선 팔도를 답사하러 다니기도 했고, 예학 연구 및 금석 자료의 연구에도 크게 몰두하였다. 그 결과 함흥 황초령(黃草嶺)의 신라 진흥왕순수비에 관하여 고증을 했는가 하면, 1817년에는 북한산 진흥왕정계비를 검토하여 '진흥'이라는 칭호가 생시의 시호였다는 사실을 밝혀내고 비의 건립연대를 진흥왕 29년 남천주(南川州) 설치 이후로 단정하기도 했고, 이를 바탕으로 진흥이비고(眞興二碑考)를 저술하기도 했다.

순조 19년(1819), 34세가 되던 해에는 비교적 늦긴 했지만 과거에 급제하여, 암행어사, 예조참의, 병조참판, 성균관 대사성, 이조참판 등의 벼슬을 역임했는데, 헌종 6년(1840) 안동 김씨가 집권한 이후로는 사정이 달라지기 시작한 데다, 이른바 '윤상도 옥사사건'[25]에까지 연루되어 1840년부터 1848

---

25) 윤상도는 1830년 호조판서 박종훈(朴宗薰)과 전 유수 신위(申緯), 그리고 어영대장 유상량(柳相亮) 등을 탐관오리로 탄핵하다가 군신 사이를 이간시킨다는 이유로 순조의 미움을 사서 추자도(楸子島)에 유배되어 위리안치당했는데, 이때, 추사의 생부인 김노경이 윤상도의 옥사에 관

년까지 9년 동안 제주도로 유배를 가기도 했다. 그 후 철종 2년(1851)에도 친구 영의정 권돈인의 일에 연루되어 재차 함경도 북청으로 유배되었다가 2년 만에 풀려났다. 추사는 정계 복귀가 여의치 않게 되자, 봉은사에 머물며 선지식과 어울리기도 했다.

9년간 제주도에서, 2년간 북청에서 유배생활을 한 추사는, 서법(書法)과 선(禪)에 몰두했고, 이와 같은 개인사 때문에 추사의 전반기 서독(書牘)에는 학문에 대한 담론이 주류를 이루고, 후반기의 것에는 서법과 선에 대한 논의가 빈번함을 볼 수 있다. 이후 그는 부친의 묘소가 있는 과천에 은거하며 후학들을 가르치다가 철종 7년(1856)에 71세의 나이로 생을 마감하였다. 저서로는 『완당척독(阮堂尺牘)』(2권 2책, 1867년) · 『담연재시고(覃揅齋詩藁)』(7권 2책, 1867년) · 『완당선생집』(5권 5책, 1868년), 『완당선생전집』(10권 5책, 1934년, 종현손 김익환이 최종 보충하여 간행한 것)이 있다.

2) 작품 감상

> 본 절에서는 추사 김정희의 편지글을 비롯해 궁중, 사대부가에서 주고받은 '내간(內簡)'을 한번 살펴보고자 한다. '내간'은 주로 조선시대 때 부녀자들 사이에서 주고받은 순한글 편지를 말하는데, 학자에 따라서 내간·내찰(內札)·안편지·언간(諺簡)·언찰(諺札)·유무·글발 등 다양하게 불린다. 훈민정음이 창제 이후 궁중 여인들이 한문이 아닌 한글로 서찰을 쓰기 시작하였는데 점차 일반 서민의 부녀자들에게까지 확산되었다. 당시 부녀자들에게는 한문을 배울 기회가 제한되어 있었을 뿐만 아니라 외부와의 접촉도 어려웠다. 따라서 서찰을 통하여 교신할 수밖에 없었는데, 쓰기 쉬운 언문이 나오면서부터 내간의 일반화가 가속화되었다. 내간은 크게 다섯 가지로 나뉜다.
>
> ①문안지(問安紙): 이 문안지에는 두 가지가 있는데, 초례를 올린 뒤에 신부가 시집 식구들에게 처음으로 문안을 드리는 신부 문안지와 그 외 부녀자가 친지들에게 안부를 묻는 일반 문안지가 바로 그것이다. 다른 문안지의 경우는 특정한

련된 혐의로 고금도에 유배되었다가 풀려난 바 있었다. 이후 10년이 지난 1840년에 윤상도가 다시 의금부에 압송되어 국문을 받고 결국 능지처참 되었는데, 이 일에 추사가 연루되어 부친에 이어 제주도로 유배되었다가 1848년 풀려나오게 되었다.

형식 없이 자유롭게 쓰여지나 신부 문안지는 격식을 갖추고 일정한 문투에 맞춰 썼다는 특징이 있다.

②사돈지(査頓紙): 이는 안사돈끼리 주고받는 편지로, 안사돈지라고도 한다. 두 집안 간에 혼례 시, 신행 가는 인편에 신부 어머니가 신랑 어머니에게 딸을 보내는 심정을 진솔하게 적어서 보내면, 신랑 어머니 측에서 감사의 답장을 보냄으로써 사돈지 내왕이 시작된다.

③하장(賀狀): 사돈이나 친지의 가정에 득남이나 혼인, 환갑잔치, 기타 경사가 있을 때 하례를 드리는 의미로 보내는 것이다.

④조장(弔狀)과 위장(慰狀): 이것은 상례(喪禮)가 있을 때 조문하는 편지로, 시부모나 친정 부모의 경우에는 조장이라 하고 그 외의 경우에는 위장이라 한다.

⑤기타 편지글: 집안 행사 등으로 친척들을 초대하거나 그 외 감사의 마음을 전달하기 위하여 쓰는 편지가 있다.

당시 사대부 사이에서는 천대받던 한글이 이런 내간들을 통해 부녀자들 손에서 점점 세련미를 더해 가면서 내간체 문장이 생성되었고, 나아가 규방 문학의 획기적인 발전을 가져왔다. 사실, 훈민정음의 창제 이후에도 대부분의 글을 한문으로 썼는데, 조선 후기로 접어들면서 한글이 한문과 함께 쓰이고, 한문으로만 표기된 글의 한문본도 나타나게 되었다. 그러나 남성들의 문자 생활에서는 여전히 한문이 주가 되고 한글은 보조적인 구실을 했다.
이와는 달리, 여성들은 한글로 일상생활에 필요한 글을 썼다. 한글 창제 이후, 궁궐 안의 인물들은 한글을 적극적으로 받아들이며 일상에서 활용하였다. 궁궐 안의 여성은 물론이고 왕세자와 왕도 한글을 활용하여 한문 경서를 배우기도 하였고 한글 편지를 직접 쓰기도 하였다. 본 절에서는 혜경궁 홍씨의 편지, 정조의 편지글과 명온공주가 오빠 익종에게 보낸 편지와 익종의 답글 등을 살펴보고, 아울러 사대부가의 편지글들 중에서는, 이선이 누이에게 보낸 편지글, 일본 통신사 수행원으로 떠날 때 이봉환이 모친과 부인에게 쓴 편지, 추사 김정희의 편지글들 등을 두루 살펴볼 것이다.
우선, 혜경궁 홍씨의 편지글은, 혜경궁 홍씨가 당시 영의정인 채제공에게 보낸 글로, 아들인 정조가 억울하게 죽은 아버지 사도 세자의 무덤을 수원

화성으로 옮길 때의 일을 배경으로 하고 있다. 내용은 정조가 사도 세자의 묘를 옮기는 일에 심려하다가 병이 위중한 상태가 되었다는 것과 정조가 탄 수레가 대궐 밖에 나가기 전에 성빈(成殯: 무덤을 만듦)을 하고 알리기를 당부하는 것이다. 아들의 병을 염려한 혜경궁 홍씨가 채제공에게 정조가 화산으로 행차하기 전에 미리 사도 세자의 빈소를 만들어 놓으라는 명령을 하는 것인데 곡진한 어조로 부탁하듯 표현되어 있다. 아버지에 대해 지극히 애통해하여 병이 들 정도가 된 정조의 효성과 아들을 걱정하여 사도 세자의 무덤을 만들어 놓으라고 부탁하는 혜경궁 홍씨의 모성애가 잘 드러난다.

정조의 편지글은, 민치성에게 시집간 조카에게 보내는 내용으로, 조카를 향한 마음과 함께 선물 몇 개를 보내며 그 품목을 간단히 적어 보낸 데서 인간미를 느낄 수 있으며, 명온 공주와 익종 간에 주고 받은 내간에서는 남매간의 애틋한 정과 서로를 향한 진심어린 염려를 볼 수 읽을 수 있다.

한편, 사대부가의 내간에서는 현종 15년(1674), 이선(1632~1693)이 누이에게 보낸 편지를 볼 것인데, 이 편지글은 1674년, 송도에 부임한 매형 김석주에게 한문 편지와 동봉해서 보낸 것이다. 누이의 병환을 염려하는 아우의 간곡한 심정이 잘 드러나 있다. 또, 이봉환은 통신사로 가면서 모친과 부인에게 편지글을 남기기도 했는데, 먼 길 떠나는 아들과 남편을 염려하지 말라는 당부의 내용을 곡진하게 담고 있다.

사대부의 내간들 중, 추사 김정희의 글들은 단순한 편지글 이상으로, 수필과 평론의 기능마저 담겨 있다. 추사의 문집 대부분이 이와 같은 편지글이라고 할 만큼 그는 평생 동안 편지를 썼고 이들 편지를 통해서 자신의 내면세계를 자세히 묘사하기도 했다. 현재까지 발굴된 그의 친필 한글 편지가 40여 통에 이르는데, 이 중 38편은 부인인 예안이씨에게 보낸 것이며, 2편은 며느리인 풍천임씨에게 쓴 것이어서 아내에 대한 사랑이 얼마나 지극했던가를 알 수 있다.

추사의 편지글에는 추사 자신의 일상뿐만 아니라 당시의 풍속이나 사회상, 의식주와 풍토병도 나타난다. 가령, 제주도로 배를 타고 유배가는 상황을 쓴 편지나 까다로운 입맛 때문에 서울에서 제주까지 먹거리를 보내줄 것을 요청하는 글, 아내의 병을 걱정하기도 하고, 며느리의 출산을 염려하기도 하며, 집안의 제사나 대소사, 아내의 소식을 동동거리며 기다리는 조

급함, 의복문제, 노환과 질병으로 고통을 호소하는 대목도 등장해서 그야말로 그의 삶의 총체적인 면모를 볼 수 있다.

이처럼 내간은 한글 수필의 진면목을 볼 수 있는 것이면서 동시에 한글 사용이 궁중에서부터 사대부가에 이르기까지 어떤 측면에서 활용되고 있었던가를 잘 알 수 있다는 측면에서 의미가 깊다.

(1) 궁중의 내간

① 혜경궁 홍씨의 글26)

쥬샹이 지통즁 돌포 심녀로 디내옵시고 ᄌᆞ로 미령ᄒᆞ옵서 셩톄 손샹ᄒᆞ옵시기 니ᄅᆞ올거시 업ᄉᆞ온ᄃᆡ 츌현궁ᄒᆞ오시ᄂᆞ 일 ᄒᆞ옵고 지통을 겸ᄒᆞ와 병이 이러 위즁ᄒᆞ올 분 아니오라 셩궁 위ᄒᆞ옵ᄂᆞ 넘녀가 ᄀᆞ결ᄒᆞ와 붓더옵고 못가시게 ᄒᆞ오니 이제 즉시 가려 ᄒᆞ옵시니 지졍을 싱각ᄒᆞ셔 동가젼의 셩빙ᄒᆞ옵고 알외게 ᄒᆞ옵소서.

② 정조의 글: 민치성에게 시집간 조카에게 보내는 편지

녜도 잘 디내고 네 어미도 잘 디내ᄂᆞ냐 내 마음의ᄂᆞ 네 셔방 셔울 이시면 됴흘 듯ᄒᆞ니 네 어미다려 닐러 보와라.

됴히 잇ᄂᆞ냐 쇼믁 보낸다 네 셔방도 됴히 잇ᄂᆞ냐 색기도 됴히 잇ᄂᆞ냐 됴히 잇ᄂᆞ냐 이것 보내니 보와라 보다가 졈졈 오래니 섭섭하다.

향 하나

---

26) 이 글은 정조 13년(1798)에 사도세자의 무덤을 수원화산으로 옮길 때 혜경궁 홍씨가 영의정 채제공에게 내린 편지로서 정조의 효성이 간절하나 그 슬퍼함이 절통하여 몸을 상하게 할 염려가 있으니 사도 세자의 관을 안치한 후에 알리도록 당부하는 내용이다. 남편의 비극적 죽음을 겪은 후에 아들 정조가 즉위함으로써 남편 사도 세자의 권위가 회복될 수 있는 가능성을 실현하게 되고, 아들의 지극한 태도에 대해 어미로서의 감사와 아들이 된 임금의 처지로서의 강건한 심신을 유지하기 바라는 모성애와 극존칭의 어투와 전아한 문체가 잘 드러나는 내간이다. 이 편지글은 또 〈신한첩(宸翰帖)〉에 수록되어 있는데, '신한첩'은 효종의 둘째 공주인 숙명 공주와 셋째 공주인 숙휘 공주가 궁중으로부터 받은 내간을 그 후손들이 모은 것이다. 이 편지글의 현대어역을 제시해 보면 다음과 같다. "주상께서 몹시 애통한 가운데 한 달 남짓 근심으로 지내시고, 자주 병환이 나서 육체를 손상하심이 말할 수 없는데, 출현궁 하시는 일을 하시고 애통을 겸하여 병이 되어 위중할 뿐 아니라, 성궁을 위하옵는 염려가 간절하와 붙들고 못 가시게 하나 이제 즉시 가려 하시니, 지극한 정성을 생각하여 주상께서 거동하시기 전에 성빈(빈소를 만듦)하고 아룁게 하십시오."

바늘 한 봉
가외 하나

③ 명온 공주가 오빠 익종에게 보낸 편지

낫것 잡스오시고 안녕이 디내오시옵느니잇가? 이 글은 쇼인이 지어스오니, 감(鑑)ᄒ오시고 엇더ᄒ온ᄀ 보아 주오심 바라옵느이다.

규츄상야댱(九秋霜夜長 구추상야장)
독딕등화경(獨對燈火輕 독대등화경)
져두요상향(低頭遙想鄕 저두요상향)
격챵쳥안셩(隔窓聽雁聲 격창청안성)
구츄서리밤이 기러시니,
홀노 등잔꽃 가배아음을 대ᄒ엿도다.
져두ᄒ야 먼니 향을 싱각ᄒ고,
챵을 격ᄒ야 기러기 우는소래를 드럿더라.

④ 오빠 익종의 답신

글씨 보고 든든ᄒ며 이글 오절(五絶) 지엇기 두어 귀 곳쳐 보닌 보아라.
져두요상향(低頭遙想鄕)은 날 싱각ᄒ미인가 그윽기 감스하노라.
산챵낙목향(山窓落木響 산창낙목향)
긔쳡시인슈(幾疊詩人愁 기첩시인수)
슈월몽변고(瘦月夢邊苦 수월몽변고)
잔등위슈유(殘燈爲誰留 잔등위수유)
뫼챵의 나모 떨어지는 쇼래에
몃 쳡이나 시ᄒ는 사름의 근심인고
파려ᄒ 달이 슴가의 외로와시니
쇠잔ᄒ 등잔은 눌을 위ᄒ여 머므럿는고
이글이 또 녀사(女史)를 싱각ᄒ미로다.

(2) 사대부가의 내간들
① 이선이 누이에게 보낸 글

숑도(松都)ᄀ지 평안이 득달(得達)ᄒ고 병환도 ᄒ렷다 ᄒ니 깃ᄉ와 ᄒᄂ이다. 예 일은 진셔(眞書)의 ᄒ여시니 아니 드ᄅ시리잇가. 시방 의막(依幕)의 잇더니 손 들ᄒ고 요요(搖搖)ᄒ여 잠 적습.27)

② 이봉환의 내간 1: 일본 통신사 수행원으로 갈 때 모친에게 올린 글

아침 무닙 가올재 샹셔하여습더니 진시 드러갓습더니잇가.

오간 긔후 평안ᄒᆞ옵심 엇더ᄒ오니잇가 ᄌᄂᆞᆫ 너돌이 졈심ᄒ고 뇽인옵ᄂᆡ로 가오니 갈수록 졈졈 머러가오니 아모리 져어ᄒ여 견듸노라ᄒ여 어렵ᄉ오이다 차잠 훈 힘담 녀허 봉표ᄒ여 이찬이 가ᄂᆞᆫᄃᆡ 주어 보내옵ᄂᆞ이다 일본 가온후ᄂᆞᆫ 진셔 편지ᄂᆞᆫ 못주어 보낸다 ᄒ오니 미리 긔별ᄒ오니 혹 친고의 편지라도 드려보내지 마옵쇼셔 이복이ᄂᆞᆫ 양지참ᄀᆞ지 ᄃ려가옵ᄂᆞ이다 ᄯᅴ가 둘이 젹ᄉ오니 그 돈의 모단 ᄯᅴ 훈나만 쟝만ᄒ여 두엇다가 아무 신편의 부쳐 보내옵쇼셔 총총 이만 알외오며 내내 관희하여 부듸부듸 몸 됴셥ᄒ옵셔 병환 업시 겨옵쇼셔.

② 이봉환의 내간 1: 부인에게 보낸 편지

쳔니의 일망이 지내니 나ᄂᆞᆫ 무ᄉᆞ이 오거니와 가즁은 엇지들 잇ᄂᆞᆫ고 심희 불안ᄒ니 쇠년이라 쇼시와 다르니 아쇼들의 쇼식으로 ᄒ여 그러ᄒᆞ온가 설한이 셔로의ᄂᆞᆫ 무젼ᄒ다 ᄒ오니 경즁도 응당 ᄀᆞ틀거시니 남산졀정의 더 오즉ᄒ올가 ᄋᆞ비들 거늘이고 년ᄒ여 편안ᄒ오신가 념녀 경경ᄒ옵 나ᄂᆞᆫ 길희셔 병업시 오ᄂᆞᆯ이아 의쥬 드러오니 작동금츈 면목이 의구ᄒ니 광음이 홀홀ᄒ고 쟝부의 힝ᄉᆡᆨ이 도뢰혀 가쇼롭ᄉ외 귀긔ᄂᆞᆫ 아모쇠될 줄 모르니 년ᄒ여 거ᄂᆞ리시고 평안이 지내옵 배지편의 잠 젹습.

---

27) 현대어역은 다음과 같다. "송도까지 편안히 다다르고 병환도 나았다 하니 기쁩니다. 여기 일은 한문 편지에 썼으니 읽으셨습니까? 지금 임시 거처에 있으니 손님들이 들어오고 정신이 없어 잠깐 적었습니다."

③ 추사 김정희의 편지글들
③-1. 대구 감영에서 보낸 편지

그스이 년ᄒ야 편지 부쳐숩더니 다 보와 겨시ᅌᅳᆸ 념일간 녕으로 드르신다. 하더니 어니날 영문의 와 겨시ᅌᅳᆸ 즉금은 한 열흘이나 갓가와스오니 도독(途毒)이나 다플리시고 뫼와 일양ᄒ오시ᅌᅳᆸ 아버님 겨오셔는 환슌후 긔후 일양ᄒ신지 복념 브리ᅌᅳᆸ지 긋ᄒᄋ며 나는 아직 년고들은 업슴.

거셔는 엇지 ᄒ시ᅌᅳᆸ. 세간은 뉘가잡고 거긔 모양드를 보시니 엇더하ᅌᅳᆸ. 실노 념녀 노히지 아니ᄒ오며 츈복 경각의 문포 두엇 필을 어더스오니 엇지 ᄒ야 입스오면 죠흘고 계셔는 업고 도라 의논홀 길 업스오니 엇지면 죠흘지 답답ᄒ 일 만스오니 민망ᄒᄋᆷ 즉시 긔별ᄒᄋᆷ 이만 뎍숨.

무인 삼월 념칠 샹장 (1818.3.27.)

거번 인편의 뎍스오시니 보ᅌᅳᆸ고 든든ᄒ오며 그스이 인편 혹 잇스오디 셔역이 극난ᄒ야 못ᄒ야스오니 되(罪) 만숩. 오쟉 ᄭᅮ지져 겨오시실잇가. 날이 스월이라 업시 이리 칩스오니 뫼와 일양들 ᄒ오시ᅌᅳᆸ.

아버님 겨오셔 감후(感候)로 미령(未寧)ᄒ오시다 ᄒ오니 엇더ᄒ오신지, 즉시 편복(平復)ᄒ오시고 졔졀(諸節)이 일양이오신지 외오셔 초조 ᄀᆞ이 업슴. 녕듕(營中) 범졀 다 일향 편안ᄒᄋᆷ. 나는 아직 흔가지오니 다힝(多幸)이ᄋᆷ. 온양(溫陽) 편지도 보와겨오시ᅌᅳᆸ. 용구 올나오는 편의 와숩더니. 녕싱모 편지 자시 보와시나 보내(낸)것 아직 오지 아니 ᄒ야스오니 온 후 답셔(答書)ᄒ오리다. 호방(戶房)이 나려가기 총총 이만 그치오며 내내 평안ᄒ시기 브라ᅌᅳᆸ.

무인 스월 념뉵일 샹장 (1818.4.26.)

③-2. 고금도 유배지에서 부인에게 보낸 편지[28]

거번 인편의 글월 든든ᄒ오며 겨을날이 고이히 덥스오니 요스이 년ᄒ와

---
28) 생부 노경이 1830년 8월, 윤상도 옥사에 연루되어 고금도에 유배되자 완당 형제들이 번갈아가며 받들었는데, 자신이 유배된 것은 아니지만 완당이 유배지에서 쓴 편지로는 처음이다. 내용은 모두 안부와 喪事에 대한 염려로 이루어져 있다. 부친이 유배되고, 누이의 집 상사까지 겹친 상황에서 한 가장으로서의 면모를 극진한 정서와 함께 보여주는 글이다.

일양 지내오시옵 넘녀 ᄀ이 업ᄉ오며 호동 니참판 형님 샹소ᄂ 츰절츰절 ᄒ
오니 엇지 다 덕ᄉ오며 누의님 졍경 더욱 붓슬 드러 일컷ᄌ올 길 업ᄉ, 샹인
도 쳥약ᄒ 아히가 쳐음으로 기챵을 당하야 오쟉ᄒ랴 경경히 잇치일 길 업ᄉ.
초샹 ᄯ 씨것들은 ᄒ야보내였다 ᄒ오니 다힝이옵. 거ᄉᄂ 가셔 됴샹이나 ᄒ
야 겨시고 드르니 안산으로들 가신다 ᄒ니 나는 가도 못만나개ᄉ오니 더욱
심화 뎡ᄒ올 길이 업ᄉ. 샹하가ᄂ 다 무ᄉ이들 지내옵고 챵녕ᄃ은 드러와ᄉ.
아히도 잘 잇습ᄂ가 감긔로 돗젹이고 알ᄂ다 ᄒ더니 즉시 낫ᄌ온가 동동ᄒ
오며 나는 그ᄉ이 친후 감긔로 미령ᄒ시더니 요ᄉ이ᄂ 져기 낫ᄌ오시옵. 일
영(一領)이 무양ᄒ오며 교관(敎官)은 오늘 ᄯ나옵고, 나는 싱진이나 지내고
올나갈가 ᄒ더니 이십일일 하반미쳐 올나가랴ᄒ니, 일시의 뫼시고 잇ᄂ 이
업시 븨개 ᄉ오니 졍이의 뎡 어려오ᄃ 올나 가기로 뎡ᄒ야 십이일간 ᄯ나
십팔일간 드러가개ᄉ. 토주(吐紬) 교직(交織) ᄒ필 쓸궤(게) 보내오니 ᄌ시 밧
ᄌ오시옵. 슈이 가개ᄉ오니 총총 이만 뎍ᄉ. 십일월 초구일 샹장(1831.11.9.)

③-3. 제주도 유배지에서 보낸 편지[29]

어니듯 겨울 되오니 년ᄒ야 편안이들 지내오시옵. 경향의셔 다 일양무고
ᄒ옵. 천안셔 계셔 모양을 보오니 그러치 아니 홀 것 아니오나 계셔가 그리
ᄒ야 큰 병이 나시면 말이 되개ᄉ. 즉금으로 오니 니만ᄉ사 집샤ᄅᆞᆷ이 평안
들 ᄒ고 계셔도 더욱 몸을 도라보와 젼보다 더 보젼ᄒ야아 이쳔이 대히 밧
긔 잇ᄂ ᄆᆞ음을 위로을 홀 거시니 ᄆᆡ양 목젼의 일만 싱각 마오시고 널이 싱
각ᄒ고 크게 ᄆᆞ음을 먹어 아모됴록 평안이 지내ᄒ옵. 집안 일이 즉금은 더
고되여셔 다 달여시니 응당 그런 도리는 알ᄋ시려니와 동동ᄒ ᄆᆞ음은 별노
간졀ᄒ와 이리 말ᄉᆞᆷ을 구구히 ᄒ옵. 강동(江東)의 모양도 말이 되자 아니ᄒ

---

29) 안동 김씨와 풍양 조씨의 세도 싸움에 완당의 집안이 휘말려 들어가게 되었다. 완당의 족척에서 정
    순왕후 김씨가 영조의 계비가 되었고, 순조 초에 정순 왕후가 수렴 청정하다가 죽고 난 뒤 時派인
    안동 김씨(순조의 처가)에 의해 정순왕후의 친정 집안은 참화를 입게 되었다. 이 때 완당의 집안은
    시, 벽의 싸움에서 초연했던 덕에 화를 입지 않았지만, 익종 때 풍양 조씨와 가깝게 된 것이 빌미가
    되어 생부 노경이 윤상도 옥사에 연루되어 고금도에 유배되게 되었다. 그리고 헌종 대에 이르러 풍
    양 조씨에 대한 안동 김씨의 공격이 더욱 거세지고, 이 바람에 추사 일문은 10년 전의 윤상도옥의
    재론에 의해 또 타격을 입게 되었으니, 그 결과가 완당의 제주도 유배이다. 1940년~1848년까지의 9
    년에 걸친 완당의 제주도 유배 생활이 그의 마지막 유배는 아니었다. 철종 초에 다시 함경도 北靑
    에 유배되었고, 곧 풀여났으나 더 이상 관계에 나서진 못하고 과천에 은거하다 세상을 등지었다.

야스오니 이 동안 도라간 후의나 엇더ᄒᆞ지 심간(心肝)이 어이는 듯ᄒᆞᆸ. 먹음싀나 착실이ᄒᆞ야 쇼정(蘇醒)이 되개 ᄒᆞ기 경경ᄒᆞᆸ 나는 쳔니을 무ᄉᆞ이 오와 ᄯᅩ 쳔니 대회를 거월 이십칠일의 하로녁의 쉬이 건너 오니 무비 왕녕이오나 션둥 샤름 다 슈질ᄒᆞ야 정신을 일허 죵일을 굴머 지내온ᄃᆡ, 나 혼쟈 슈질도 아니 ᄒᆞ고 션상의 죵일 당풍ᄒᆞ야 안져 의젼이 밥도 잘 먹고 그젼의 년ᄒᆞ야 물마리을 먹고 오더니, 션샹의셔 된인 밥을 평시와 갓치 먹ᄉᆞ오니 그도 아니 ᄃᆡᄒᆞᆸ. 대져 나 혼ᄌᆞ 곤겨치 아니ᄒᆞ다 말슴ᄒᆞ올 거시 아니오라 아모려도 그 ᄃᆡ희는 샤름샤름마다 건내오리라 ᄒᆞ고 권ᄒᆞ야 올 길이 업습는디 오니, 항혀놈이 갓튼 아희들이 아모 쳘도 모르고 망샹을 대올 길이 업ᄉᆞ오니 미리 그리 아라챠로개 ᄒᆞᆸ. 초일일 대졍비쇼의 오오니 집은 넉넉히 용신ᄒᆞ올 만ᄒᆞᆫ ᄃᆡ을 어더, 흔간방의 마로 잇고 집이 졍ᄒᆞ야 별노 도빅도 홀 것 업시 드러사오니 오히려 과ᄒᆞ온 듯ᄒᆞᆸ. 먹음싀는 아직은 가지고 온 반찬이 잇ᄉᆞ오니 엇지 젼ᄃᆡ여 가올거시오, 싱복(生鰒)이 쇼산(所産)이오니 글노 ᄯᅩ 견ᄃᆡ듯ᄒᆞᆸ. 쇠고기는 절귀(絶貴)ᄒᆞ오나 혹 가다가 어더 먹을 도리도 잇습난가 보ᄋᆞᆸ. 아직은 두셔(頭緒)을 졍치 못ᄒᆞ오니 엇더ᄒᆞᆫ 줄 모르개습.
(1840년 10월초 제주도에서 예산의 용산에 있는 부인에게)

일것ᄒᆞ야 보낸 츤물은 마른 것 외의난 다 샹ᄒᆞ야 먹을 길이 업습. 약식 인절미가 앗갑습 슈이 와도 셩이 오기 어려온ᄃᆡ 잎곱달만의도 오고 쉬어야 두어 달만의 오옵난 거시 엇지 셩히 올가 보ᄋᆞᆸ. 서울셔 보낸 침채난 원악 염을 과히 한거시라 변미난 ᄒᆞ야시나 그려도 침채의 쥬린 입이라 견ᄃᆡ여 먹어습 시오졋만 변미 ᄒᆞ고 조긔졋과 쟝복기가 변미 그리 아니 ᄒᆞ오니 이샹ᄒᆞᆸ. 미어와 산표난 관겨치 아니ᄒᆞᆸ. 어란 갓튼 거시나 그 즈음셔 엇기 쉽거든 어더 보내ᄋᆞᆸ. 산채난 더러 잇나 보ᄃᆡ 여긔 샤름은 슌젼 먹지 아니 ᄒᆞ오니 고이ᄒᆞᆫ 풍속이ᄋᆞᆸ. 고스리 쇼로쟝이와 두룹은 잇기 혹 어더 먹습. 도모지 져쥭와 쟝이 업ᄉᆞ오니 범거셔 미미가 업ᄉᆞ오니 이셔도 모로고 어더 먹기 어렵습. (1841.4)

인졀미는 모도 셕어 버려습. 그는 홀 길이 업는 거시니 후의는 부질업는 것 슈고 드려 포진쳔믈을 어이 ᄒᆞ올가 보ᄋᆞᆸ. 쟝으로 만근 거슨 그리 과겨치 아니ᄒᆞ나 외 쟝과는 관겨치 아니ᄒᆞ고 무우 쟝과는 ᄯᅩ 변미ᄒᆞ야습. 졋무우는

죠곰 싀여시나 먹개습. 겨을의 버슨 옷슬 올녀 보내오니 진쟉 또 고쳐 보내
셔야 되개습. 여긔는 겨울 거슬 여름의 유의ᄒ여야 맛개습. 바지는 무명것
고쳐 보내고 명지 바지는 보내지 마읍. (1841.4.20.)

　의복은 셰초션의 보내신 거슨 다 기호거시니 도로혀 웃습. 도로 보내올 길
도 업습고 다 아직 두어ᄉ오며 양지완 편의 온 의복은 여름ᄉ리가지 와ᄉ오니
아직 대여 입ᄉ올라 ᄒ오며 즉금 입난 져고리가 마치 ᄒ나흘 가지고 입ᄉ오니
과히 더럽고 더러 히여져 입기 어려오나 다른 야로 것 밧고아 입기 어렵고...

　나는 요ᄉ이야 죠곰 낫게 지내옵고 음식 먹기도 져기 입맛시 부쳐 여상
이 먹고 쵼도범졀(竄島凡節)도 여름 보단 낫습고 혹 가다가 고기 맛도 보오
니 그만ᄒ면 쏘 아니 지내야 가올 듯ᄒ오며 이번의 보내오신 반찬은 다 무
ᄉ이 와 개위(開胃)를 쇄(快히) ᄒ오니 다힝이오나... (1841.10.1.)

　며느리난 산월이 되어실 듯ᄒ오니 그ᄉ이 무어슬 나아습. 첫히산은 아니
나 무ᄉ이 슌산ᄒ옵고 탈이나 업ᄉ난가 념이오며... (1841.10.1.)

　젼편 편지 부치온 것이 인편의 ᄒ 가지로 갈 듯ᄒ오며 그 ᄉ이 싀 본관
오는 편의 녕뉴의 편지 보오니 이ᄉ이 년ᄒ야 병환을 써지 못ᄒ오시고
일야진퇴ᄒ시나 보오니 발셔 여러 달을 미뉴ᄒ오며 근녁 범빅이 오쟉 ᄒ와
겨오시개습. 우록졍을 주시나 보오니 그 약의나 쇄히 동뎡이 겨시올지 원외
셔 심녀초졀ᄒ옵기 형용 못ᄒ개습. 나는 젼편 모냥이오며 그져 쇼양으로 못
견듸개습. 갑시을 아니 보뇌을 길 업셔 이리 보뇌오나 그 가는 모양 츰측ᄒ
오니 긱듕의 쏘 일층 심회를 뎡치 못ᄒ개습. 급히 써나 보내기 다른 사연 길
개 못ᄒ읍. 임인 지월 십팔일 샹쟝.30)

---

30) 이 편지는 부인 예안이씨가 세상을 떠나기 5일 전에 쓴 것이다. 추사는 천 리 밖에서 아내의
　　병세를 걱정하고 있을 뿐만 아니라, 자신도 가려움증으로 고생하고 있음을 기술하고 있다. 그
　　러나 추사의 이런 걱정에도 부인은 세상을 떠나고 말았다.

제 5장 현대 수필의 향기

- 나도향, 〈그믐달〉
- 민태원, 〈청춘예찬〉
- 김진섭, 〈생활인의 철학〉
- 김소운, 〈가난한 날의 행복〉
- 계용묵, 〈구두〉
- 이효석, 〈낙엽을 태우면서〉
- 노천명, 〈한여름 밤에〉
- 안병욱, 〈행복의 메타포〉
- 피천득, 〈은전 한 닢〉
- 법정, 〈무소유〉
- 박경리, 〈거리의 악사〉
- 박완서, 〈꼴찌에게 보내는 갈채〉
- 윤오영, 〈달밤〉
- 이양하, 〈나무〉
- 김태길, 〈멋없는 세상 멋있는 사람〉

본 장에서는 수많은 현대 수필 중, 제목은 익히 잘 알려져 있지만, 실제 많은 이들이 깊이 읽어보지 못한 작품들 중 15편 정도만을 선별하여 한번 감상해 볼 것이다. 또한 이 장에서는 작품 그 자체만을 순수하게 먼저 감상해 봄으로써 고수필과는 다른 현대 수필의 맛과 멋을 느낄 수 있도록, 작가 및 작품 감상은 따로 소개하지 않았음을 미리 밝혀둔다.

1. 나도향, 〈그믐달〉

나는 그믐날을 몹시 사랑한다.

그믐날은 요염하여 감히 손을 댈 수도 없고, 말을 붙일 수도 없이 깜찍하게 예쁜 계집 같은 달이 동시에 가슴이 저리도 쓰리도록 가련한 달이다.

서산 위에 잠깐 나타났다. 숨어버리는 초생달은 세상을 후려 삼키려는 독부(毒婦)가 아니면 철모르는 처녀 같은 달이지마는, 그믐달은 세상의 갖은 풍상을 다 겪고, 나중에는 그 무슨 원한을 품고서 애처롭게 쓰러지는 원부(怨婦)와 같이 애절하고 애절한 맛이 있다.

보름에 둥근 달은 모든 영화와 끝없는 숭배를 받는 여왕(女王)과 같은 달이지마는, 그믐달은 애인을 잃고 쫓겨남을 당한 공주와 같은 달이다. 초생달이나 보름달은 보는 이가 많지마는, 그믐달은 보는 이가 적어 그만큼 외로운 달이다.

객창한 등에 정든 임 그리워 잠못 들어 하는 분이나, 못 견디게 쓰린 가슴을 움켜 잡은 무슨 한(恨) 있는 사람이 아니면 그 달을 보아 주는 이가 별로 없을 것이다.

그는 고요한 꿈나라에서 평화롭게 잠들은 세상을 저주하며, 홀로이 머리를 풀어뜨리고 우는 청상(靑孀)과 같은 달이다. 내 눈에는 초생달 빛은 따뜻한 황금빛에 날카로운 쇳소리가 나는 듯하고, 보름달은 치어다 보면 하얀 얼굴이 언제든지 웃는 듯하지마는, 그믐달은 공중에서 번듯하는 날카로운 비수와 같이 푸른빛이 있어 보인다. 내가 한(恨) 있는 사람이 되어서 그러한지는 모르지마는, 내가 그 달을 많이 보고 또 보기를 원하지만, 그 달은 한 있는 사람만 보아 주는 것이 아니라 늦게 돌아가는 술주정꾼과 노름하다 오줌 누러 나온 사람도 보고, 어떤 때는 도둑놈도 보는 것이다.

어떻든지, 그믐달은 가장 정(情) 있는 사람이 보는 중에, 또는 가장 한 있는 사람이 보아 주고, 또 가장 무정한 사람이 보는 동시에 가장 무서운 사람들이 많이 보아준다. 내가 만일 여자로 태어날 수 있다 하면, 그믐달 같은 여자로 태어나고 싶다.

2. 민태원, 〈청춘 예찬〉

　청춘! 이는 듣기만 하여도 가슴이 설레는 말이다. 청춘! 너의 두 손을 가슴에 대고, 물방아 같은 심장의 고동을 들어 보라. 청춘의 피는 끓는다. 끓는 피에 뛰노는 심장은 거선(巨船)의 기관(汽罐)같이 힘있다. 이것이다. 인류의 역사를 꾸며 내려온 동력은 바로 이것이다. 이성(理性)은 투명하되 얼음과 같으며, 지혜는 날카로우나 갑 속에 든 칼이다. 청춘의 끓는 피가 아니더면, 인간이 얼마나 쓸쓸하랴? 얼음에 싸인 만물(萬物)은 죽음이 있을 뿐이다.
　그들에게 생명을 불어넣는 것은 따뜻한 봄바람이다. 풀밭에 속잎 나고, 가지에 싹이 트고, 꽃 피고 새 우는 봄날의 천지는 얼마나 기쁘며, 얼마나 아름다우냐? 이것을 얼음 속에서 불러내는 것이 따뜻한 봄바람이다. 인생에 따뜻한 봄바람을 불어 보내는 것은 청춘의 끓는 피다. 청춘의 피가 뜨거운지라, 인간의 동산에는 사랑의 풀이 돋고, 이상(理想)의 꽃이 피고, 희망(希望)의 놀고 뜨고, 열락(悅樂)의 새가 운다.
　사랑의 풀이 없으면 인간은 사막이다. 오아시스도 없는 사막이다. 보이는 끝까지 찾아다녀도, 목숨이 있는 때까지 방황하여도, 보이는 것은 거친 모래뿐일 것이다. 이상의 꽃이 없으면, 쓸쓸한 인간에 남는 것은 영락(零落)과 부패(腐敗) 뿐이다. 낙원을 장식하는 천자만홍(千紫萬紅)이 어디 있으며, 인생을 풍부하게 하는 온갖 과실이 어디 있으랴?
　이상! 우리의 청춘이 가장 많이 품고 있는 이상! 이것이야말로 무한한 가치를 가진 것이다. 사람은 크고 작고 간에 이상이 있음으로써 용감하고 굳세게 살 수 있는 것이다.
　석가(釋迦)는 무엇을 위하여 설산(雪山)에서 고행(苦行)을 하였으며, 예수는 무엇을 위하여 광야(曠野)에서 방황하였으며, 공자는 무엇을 위하여 천하를 철환(轍環)하였는가? 밥을 위하여서, 옷을 위하여서, 미인(美人)을 구하기 위하여서 그리하였는가? 아니다. 그들은 커다란 이상, 곧 만천하(萬天下)의 대중(大衆)을 품에 안고, 그들에게 밝은 길을 찾아 주며, 그들을 행복스럽고 평화스러운 곳으로 인도하겠다는, 커다란 이상을 품었기 때문이다. 그러므로 그들은 길지 아니한 목숨을 사는가 싶이 살았으며, 그들의 그림자는 천고에 사라지지 않는 것이다. 이것은 가장 현저하여 일월과 같은 예가 되려니와, 그와 같지 못하다 할지라도 창공에 반짝이는 뭇 별과 같이, 산야(山野)에 피어나는 군영(群英)과 같이, 이상은 실로 인간의 부패를 방지하는 소금이라 할지니, 인생에 가치를 주는 원질(原質)이 되는 것이다.

이상! 빛나는 귀중한 이상, 이것은 청춘의 누리는 바 특권이다. 그들은 순진한지라 감동하기 쉽고, 그들은 점염(點染)이 적은지라 죄악에 병들지 아니하였고, 그들은 앞이 긴지라 착목(着目)하는 곳이 원대하고, 그들은 피가 더운지라 실현에 대한 자신과 용기가 있다. 그러므로 그들은 이상의 보배를 능히 품으며, 그들의 이상은 아름답고 소담스러운 열매를 맺어, 우리 인생을 풍부하게 하는 것이다.

보라, 청춘을! 그들의 몸이 얼마나 튼튼하며, 그들의 피부가 얼마나 생생하며, 그들의 눈에 무엇이 타오르고 있는가? 우리 눈이 그것을 보는 때에, 우리의 귀는 생(生)의 찬미(讚美)를 듣는다. 뼈 끝에 스며들어 가는 열락의 소리다.

이것은 피어나기 전인 유소년(幼少年)에게서 구하지 못할 바이며, 시들어 가는 노년(老年)에게서 구하지 못할 바이며, 오직 우리 청춘에서만 구할 수 있는 것이다.

청춘은 인생의 황금 시대(黃金時代)다. 우리는 이 황금 시대의 가치를 충분히 발휘하기 위하여, 이 황금 시대를 영원히 붙잡아 두기 위하여, 힘차게 노래하며 힘차게 약동하자!

3. 김진섭, 〈생활인의 철학〉

　철학을 철학자의 전유물인 것처럼 생각하고 있는 사람들이 많이 있다. 그러나 그렇게 생각하는 것도 결코 무리한 일은 아니니, 왜냐 하면, 그만큼 철학은 오늘날 그 본래의 사명——사람에게 인생의 의의와 인생의 지식을 교시(敎示)하려 하는 의도를 거의 방기(放棄)하여 버렸고, 철학자는 속세와 절연(絕緣)하고, 관외(管外)에 은둔(隱遁)하여 고일(高逸)한 고독경(孤獨境)에서 오로지 자기의 담론(談論)에만 경청(傾聽)하고 있기 때문이다. 이와 같이, 철학과 철학자가 생활의 지각(知覺)을 온전히 상실하여 버렸다는 것은 참으로 슬픈 일이다. 그러므로 생활 속에서 부단히 인생의 예지(叡智)를 추구하는 현대 중국의 '양식(良識)의 철학자' 임어당(林語堂)이 일찍이 "내가 임마누엘 칸트를 읽지 않는 이유는 간단하다. 석 장 이 상 더 읽을 수 있은 적이 없기 때문이다."라고 말했는데, 이 말은 논리적 사고가 과도(過度)의 발달을 성수(成遂)하고, 전문적 어법이 극도로 분화한 필연의 결과로서, 철학이 정치·경제보다도 훨씬 후면에 퇴거(退去)되어, 평상인은 조금도 양심의 가책(呵責)을 느끼지 않고 철학의 측면을 통과하고 있는 현대 문명의 기묘한 현상을 지적한 것으로서, 사실상 오늘에 있어서는 교육이 있는 사람들도, 대개는 철학이 있으나 없으나 별로 상관이 없는 대표적 과제가 되어 있는 것을 부정하기는 어렵다.

　그러나 나는 물론 여기서 소위 사변적(思辨的), 논리적, 학문적 철학자의 철학을 비난, 공격하는 것이 목적이 아니다. 나는 오직 이러한 체계적인 철학에 대하여 인생의 지식이 되는 철학을 유지하여 주는 현철(賢哲)한 일군(一群)의 철학자가 있었던 것을 알고 있으며, 그러한 의미에서 철학자만이 철학을 가지고 있는 것이 아니요, 어느 정도로 인간적 통찰력과 사물에 대한 판단력을 가지고 있는 이상, 모든 생활인은 그 특유의 인생관, 세계관, 즉 통속적 의미에서의 철학을 가질 수 있다는 것을 다음에 말하고자 함에 불과하다.

　철학자에게 철학이 필요한 것과 같이 속인(俗人)에게도 철학은 필요하다. 왜 그러냐 하면, 한 가지 물건을 사는 데에 그 사람의 취미가 나타나는 것같이, 친구를 선택하는 데 있어서도 그 사람의 세계관, 즉 철학은 개재(介

在)되어야 할 것이요, 자기의 직업을 결정하는 경우에도, 그 근본적 계기가 되는 것은 물론, 그 사람의 인생관이 아니어서는 아니 되겠기 때문이다. 가령, 우리들이 결혼이라는 것을 한 번 생각해 볼 때, 한 남자로서 혹은 한 여자로서 상대자를 물색함에 제(際)하여 실로 철학은 우리들이 상상할 수 있는 것보다는 훨씬 많이 지배적이고도 결정적인 역할을 하게 됨을 알 수 있을 것이요, 우리들이 어떠한 방식으로 생활을 설계하느냐 하는 것도, 결국은 넓은 의미에서 우리들이 부지중(不知中)에 채택한 철학에 의거하여 실행하게 되는 것이다. 우리들이 생활권 내에서 추하게 되는 모든 행동의 근저(根底)에는 일반적으로 미학적 내지 윤리적 가치 의식이 횡재(橫在)하여 있는 것이니, 생활인의 모든 행동은 반드시 어느 종류의 의미와 목적에 대한 관념을 내포하고 있다. 모든 사람은 소위 이상이라는 것을 가지고 있고, 그러한 이상이 각인(各人)의 행동과 운명의 척도가 되고 목표가 되는 것은 물론이려니와, 이상이란 요컨대 그 사람의 철학적 관점을 말하는 것이며, 그 사람의 일반적 세계관과 인생관에서 온 규범(規範)의 한 파생체(派生體)를 말하는 것이다.

"내 마음이 선택의 주인공이 된 이래 그것이 그대를 천 사람 속에서 추려내었다."

고 햄릿은 그의 우인(友人) 호레이쇼에게 말하였다. 확실히 우인의 선택은 임의로운 의지적 행동이라고는 하나, 그러나 그것은 인생 철학에 기초를 두는 한, 이상의 지배를 받지 않을 수 없는 것이다. 햄릿은 그에 대하여 가치가 있는 인격체이며, '천지지간 만물(天地之間萬物)'에 대한 이해력을 가지고 있으며, 그리하여 이 인생 생활을 저 천재적이나 극히 불운한 정말(丁抹)의 공자(公子)보다도 그 근본에 있어서 보다 잘 통어(統御)할 줄 아는 까닭으로, 호레이쇼를 우인으로서 택한 것이다. 비단 이뿐이 아니요, 모든 종류의 심의 활동(心意活動)은 가치관의 지도를 받아 가며 부단히, 그리고 결정적으로 그 운명을 형성하여 가는 것이니, 적어도 동물적 생활의 우매성(愚昧性)을 초극(超克)한 모든 사람은 좋든 궂든 하나의 철학을 가지는 것이다. 사람은 대개 이 인생에 대하여 무엇을 요구해야 할까를 알며, 그의 염원이 어느 정도로 당위(當爲)와 일치하며, 혹은 배치(背馳)될지를 아는 것이니,

이것은 실로 사람이 인간 생활의 의의에 대하여 사유(思惟)하는 능력을 가지기 때문에 오직 가능할 수 있는 것이다.

두말 할 것 없이 생활 철학은 우주 철학의 일부분으로서, 통상적인 생활인과 전문적인 철학자와의 세계관 사이에는, 말하자면 소크라테스와 트라지엔의 목양자(牧羊者)의 사이에 볼 수 있는 것과 같은 현저한 구별과 거리가 있을 것은 물론이나, 많은 문제에 대하여 그 특유의 견해를 가지는 점에서는 동일한 철학자인 것이다.

나는 흔히 철학자에게서 생활에 대한 예지(叡智)의 부족을 인식하고 크게 놀라는 반면에는, 농산어촌(農山漁村)의 백성 또는 일개의 부녀자에게 철학적인 달관(達觀)을 발견하여 깊이 머리를 숙이는 일이 불소(不少)함을 알고 있다. 생활인으로서의 나에게는 필부필부(匹夫匹婦)의 생활 체험에서 우러난 소박, 진실한 안식(眼識)이 고명(高名)한 철학자의 난해한 칠봉인(七封印)의 서(書)보다는 훨씬 맛이 있다는 것을 고백하지 않을 수 없다. 원래 현실적 정세를 파악하고 투시(透視)하는 예민(銳敏)한 감각과 명확한 사고력은, 혹종(或種)의 여자에 있어서 보다 더 발견되어 있으므로, 나는 흔히 현실을 말하고 생활을 하소연하는 부녀자의 아름다운 음성에 경청하여, 그 가운데서 또한 많은 가지가지의 생활 철학을 발견하는 열락(悅樂)은 결코 적은 것이 아니다.

하나의 좋은 경구(警句)는 한 권의 담론서(談論書)보다 나은 것이다. 그리하여 언제나 인생의 지식인 철학의 진의(眞意)를 전승(傳承)하는 현철(賢哲)이 존재한다는 것은 고마운 일이다. 그래서 이러한 무명의 현철은 사실상 많은 생활인의 머릿속에 숨어 있는 것이다. 생활의 예지——이것이 곧 생활인의 귀중한 철학이다.

4. 김소운, 〈가난한 날의 행복〉

먹을 만큼 살게 되면 지난날의 가난을 잊어버리는 것이 인지상정(人之常情)인가 보다. 가난은 결코 환영(歡迎)할 것이 못 되니, 빨리 잊을수록 좋은 것일지도 모른다. 그러나, 가난하고 어려웠던 생활에도 아침 이슬같이 반짝이는 아름다운 회상(回想)이 있다. 여기에 적는 세 쌍의 가난한 부부(夫婦) 이야기는, 이미 지나간 옛날 이야기지만, 내게 언제나 새로운 감동(感動)을 안겨다 주는 실화(實話)들이다. 그들은 가난한 신혼 부부(新婚夫婦)였다. 보통(普通)의 경우(境遇)라면, 남편이 직장(職場)으로 나가고 아내는 집에서 살림을 하겠지만, 그들은 반대(反對)였다. 남편은 실직(失職)으로 집안에 있고, 아내는 집에서 가까운 어느 회사(會社)에 다니고 있었다.

어느 날 아침, 쌀이 떨어져서 아내는 아침을 굶고 출근(出勤)했다.

"어떻게든지 변통을 해서 점심을 지어 놓을 테니, 그때까지만 참으오."

출근하는 아내에게 남편은 이렇게 말했다. 마침내 점심 시간이 되어서 아내가 집에 돌아와 보니, 남편은 보이지 않고, 방안에는 신문지로 덮인 밥상이 놓여 있었다. 아내는 조용히 신문지를 걷었다. 따뜻한 밥 한 그릇과 간장 한 종지……쌀은 어떻게 구했지만, 찬까지는 마련할 수 없었던 모양이다. 아내는 수저를 들려고 하다가 문득 상위에 놓인 쪽지를 보았다.

"왕후(王侯)의 밥, 걸인(乞人)의 찬……. 이걸로 우선 시장기만 속여 두오."

낯익은 남편의 글씨였다. 순간(瞬間), 아내는 눈물이 핑 돌았다. 왕후가 된 것보다도 행복(幸福)했다. 만금(萬金)을 주고도 살 수 없는 행복감(幸福感)에 가슴이 부풀었다. 다음은 어느 시인(詩人) 내외의 젊은 시절(時節) 이야기다. 역시 가난한 부부였다.

어느 날 아침, 남편은 세수를 하고 들어와 아침상을 기다리고 있었다. 그 때, 시인의 아내가 쟁반에다 삶은 고구마 몇 개를 담아 들고 들어왔다.

"햇고구마가 하도 맛있다고 아랫집에서 그러기에 우리도 좀 사 왔어요. 맛이나 보셔요."

남편은 본래 고구마를 좋아하지도 않는데다가 식전(食前)에 그런 것을 먹는 게 부담(負擔)스럽게 느껴졌지만, 아내를 대접(待接)하는 뜻에서 그 중 제일 작은 놈을 하나 골라 먹었다. 그리고, 쟁반 위에 함께 놓인 홍차(紅茶)

를 들었다.
"하나면 정이 안 간대요. 한 개만 더 드셔요."
아내는 웃으면서 또 이렇게 권했다. 남편은 마지못해 또 한 개를 집었다. 어느 새 밖에 나갈 시간이 가까와졌다. 남편은
"인제 나가 봐야겠소. 밥상을 들여요."
하고 재촉했다.
"지금 잡숫고 있잖아요. 이 고구마가 오늘 우리 아침밥이어요."
"뭐요?"
남편은 비로소 집에 쌀이 떨어진 줄을 알고, 무안(無顔)하고 미안(未安)한 생각에 얼굴이 화끈했다.
"쌀이 없으면 없다고 왜 좀 미리 말을 못 하는 거요? 사내 봉변(逢變)을 시켜도 유분수(有分數)지."
뿌루퉁해서 한 마디 쏘아붙이자, 아내가 대답했다.
"저의 작은아버님이 장관(長官)이셔요. 어디를 가면 쌀 한 가마가 없겠어요? 하지만 긴긴 인생(人生)에 이런 일도 있어야 늙어서 애깃거리가 되잖아요."
잔잔한 미소(微笑)를 지으면서 이렇게 말하는 아내 앞에, 남편은 묵연(默然)할 수밖에 없었다. 그러면서도 가슴속에는 형언(形言) 못 할 행복감이 밀물처럼 밀려왔다.
다음은 어느 중로(中老)의 여인(女人)에게서 들은 이야기다. 여인이 젊었을 때였다. 남편이 거듭 사업(事業)에 실패(失敗)하자, 이들 내외는 갑자기 가난 속에 빠지고 말았다. 남편은 다시 일어나 사과 장사를 시작했다. 서울에서 사과를 싣고 춘천(春川)에 갔다 넘기면 다소의 이윤(利潤)이 생겼다. 그런데 한 번은, 춘천으로 떠난 남편이 이틀이 되고 사흘이 되어도 돌아오지를 않았다. 제 날로 돌아오기는 어렵지만, 이틀째에는 틀림없이 돌아오는 남편이었다. 아내는 기다리다 못해 닷새째 되는 날 남편을 찾아 춘천으로 떠났다.
"춘천에만 닿으면 만나려니 했지요. 춘천을 손바닥만하게 알았나 봐요. 정말 막막하더군요. 하는 수 없이 여관(旅館)을 뒤졌지요. 여관이란 여관은

모조리 다 뒤졌지만, 그이는 없었어요. 하룻밤을 여관에서 뜬눈으로 새웠지요. 이튿날 아침, 문득 그이의 친한 친구 한 분이 도청(道廳)에 계시다는 것이 생각나서, 그분을 찾아 나섰지요. 가는 길에 혹시나 하고 정거장(停車場)에 들러 봤더니……."

매표구(賣票口) 앞에 늘어선 줄 속에 남편이 서 있었다. 아내는 너무 반갑고 원망(怨望)스러워 말이 나오지 않았다. 트럭에다 사과를 싣고 춘천으로 떠난 남편은, 가는 길에 사람을 몇 태웠다고 했다. 그들이 사과 가마니를 깔고 앉는 바람에 사과가 상해서 제 값을 받을 수 없었다. 남편은 도저히 손해(損害)를 보아서는 안 될 처지(處地)였기에 친구의 집에 기숙(寄宿)을 하면서, 시장 옆에 자리를 구해 사과 소매(小賣)를 시작했다. 그래서, 어젯밤 늦게서야 겨우 다 팔 수 있었다는 것이다. 전보(電報)도 옳게 제 구실을 하지 못하던 8·15 직후였으니…….

함께 춘천을 떠나 서울로 향하는 차 속에서 남편은 아내의 손을 꼭 쥐었다. 그 때만 해도 세 시간 남아 걸리던 경춘선(京春線), 남편은 한 번도 그 손을 놓지 않았다. 아내는 한 손을 맡긴 채 너무도 행복해서 그저 황홀에 잠길 뿐이었다.

그 남편은 그러나 6·25 때 죽었다고 한다. 여인은 어린 자녀(子女)들을 이끌고 모진 세파(世波)와 싸우지 않으면 안 되었다.

"이제 아이들도 다 커서 대학엘 다니고 있으니, 그이에게 조금은 면목(面目)이 선 것도 같아요. 제가 지금까지 살아 올 수 있었던 것은, 춘천서 서울까지 제 손을 놓지 않았던 그이의 손길, 그것 때문일지도 모르지요."

여인은 조용히 웃으면서 이렇게 말을 맺었다.

지난날의 가난은 잊지 않는 게 좋겠다. 더구나 그 속에 빛나던 사랑만은 잊지 말아야겠다. 행복은 반드시 부(富)와 일치(一致)하진 않는다."는 말은 결코 진부(陳腐)한 일 편(一片)의 경구(警句)만은 아니다.

5. 계용묵, 〈구두〉

　구두 수선(修繕)을 주었더니, 뒤축에다가 어지간히도 큰 징을 한 개씩 박아 놓았다. 보기가 흉해서 빼어 버리라고 하였더니, 그런 징이래야 한동안 신게 되고, 무엇이 어쩌구 하며 수다를 피는 소리가 듣기 싫어 그대로 신기는 신었으나, 점잖지 못하게 저벅저벅, 그 징이 땅바닥에 부딪치는 금속성 소리가 심히 귓맛에 역(逆)했다. 더욱이, 시멘트 포도의 딴딴한 바닥에 부딪쳐 낼 때의 그 음향(音響)이란 정말 질색이었다. 또그닥 또그닥, 이건 흡사 사람이 아닌 말발굽 소리다.

　어느 날 초어스름이었다. 좀 바쁜 일이 있어 창경원(昌慶苑) 곁담을 끼고 걸어 내려오노라니까, 앞에서 걸어가던 이십 내외의 어떤 한 젊은 여자가 이 이상히 또그닥거리는 구두 소리에 안심이 되지 않는 모양으로, 슬쩍 고개를 돌려 또그닥 소리의 주인공을 물색하고 나더니, 별안간 걸음이 빨라진다.

　그러는 걸 나는 그저 그러는가 보다 하고, 내가 걸어야 할 길만 그대로 걷고 있었더니, 얼마쯤 가다가 이 여자는 또 뒤를 한 번 힐끗 돌아다본다. 그리고 자기와 나와의 거리가 불과 지척(咫尺)임을 알고는 빨라지는 걸음이 보통이 아니었다. 뛰다 싶은 걸음으로 치맛귀가 옹이하게 내닫는다. 나의 그 또그닥거리는 구두 소리는 분명 자기를 위협하느라고 일부러 그렇게 따악 딱 땅바닥을 박아 내며 걷는 줄로만 아는 모양이다.

　그러나 이 여자더러 내 구두 소리는 그건 자연(自然)이요, 인위(人爲)가 아니니 안심하라고 일러 드릴 수도 없는 일이고 해서, 나는 그 순간 좀 더 걸음을 빨리하여 이 여자를 뒤로 떨어뜨림으로 공포(恐怖)에의 안심을 주려고 한층 더 걸음에 박차를 가했더니, 그럴 게 아니었다. 도리어 이것이 이 여자로 하여금 위협이 되는 것이었다.

　내 구두 소리가 또그닥 또그닥, 좀 더 재어지자 이에 호응하여 또각또각, 굽 높은 뒤축이 어쩔 바를 모르고 걸음과 싸우며 유난히도 몸을 일어 내는 분주함이란, 있는 마력(馬力)은 다 내보는 동작에 틀림없다. 그리하여 한참 석양 놀이 내려비치기 시작하는 인적 드문 포도(鋪道) 위에서 또그닥또그닥, 또각또각 하는 이 두 음향의 속모르는 싸움은 자못 그 절정에 달하고 있었다.

나는 이 여자의 뒤를 거의 다 따랐던 것이다. 2, 3보(步)만 더 내어 디디면 앞으로 나서게 될 그럴 계제였다. 그러나 이 여자 역시 힘을 다하는 걸음이었다. 그 2,3보라는 것도 그리 용이히 따라지지 않았다. 한참 내 발뿌리에도 풍진(風塵)이 일었는데, 거기서 이 여자는 뚫어진 옆골목으로 살작 빠져 들어선다. 다행한 일이었다. 한숨이 나간다. 이 여자도 한숨이 나갔을 것이다. 기웃해 보니, 기다랗고 내뚫린 골목으로 이 여자는 횡하니 내닫는다. 이 골목 안이 저의 집인지, 혹은 나를 피하느라고 빠져 들어갔는지 그것을 알 바 없었으나, 나로선 이 여자가 나를 불량배로 영원히 알고 있을 것임이 서글픈 일이다.
　여자는 왜 그리 남자를 믿지 못하는 것일까. 여자를 대하자면 남자는 구두 소리에까지도 세심한 주의를 가져야 점잖다는 대우를 받게 되는 것이라면, 이건 이성(異性)에 한 모욕이 아닐까 생각을 하며, 나는 그 다음으로 그 구두징을 뽑아 버렸거니와 살아가노라면 별(別)한 데다가 다 신경을 써 가며 살아야 되는 것이 사람임을 알았다.

6. 이효석, 〈낙엽을 태우면서〉

　가을이 깊어지면 나는 거의 매일 같이 뜰의 낙엽을 긁어모으지 않으면 안 된다. 날마다 하는 일이건만, 낙엽은 어느덧 날고 떨어져서 또 다시 쌓이는 것이다. 낙엽이란 참으로 이 세상 사람의 수효보다도 많은가 보다. 삼십여 평에 차지 못하는 뜰이언만, 날마다 시중이 조런치 않다. 벚나무 능금나무…. 제일 귀찮은 것이 벽의 담쟁이다. 담쟁이란 여름 한철 벽을 온통 둘러싸고 지붕과 연돌(煙突)의 붉은 빛난 남기고 집 안을 통째로 초록의 세상으로 변해 줄 때가 아름다운 것이지, 잎을 다 떨어뜨리고 앙상하게 드러난 벽에 메마른 줄기를 그물같이 둘러칠 때쯤에는 벌써 다시 지릅떠볼 값조차 없는 것이다. 귀찮은 것이 그 낙엽이다. 가령 벚나무 잎같이 신선하게 단풍이 드는 것도 아니요, 처음부터 칙칙한 색으로 물들어 재치 없는 그 넓은 잎이 지름길 위에 떨어져 비라도 맞고 나면 지저분하게 흙 속에 묻히는 까닭에 아무래도 날아 떨어지는 쪽쪽 그 뒷시중을 해야 된다.
　벚나무 아래에 긁어모은 낙엽의 산더미를 모으고 불을 붙이면 속의 것부터 푸슥푸슥 타기 시작해서 가는 연기가 피어오르고 바람이나 없는 날이면 그 연기가 낮게 드리워서 어느덧 뜰 안에 가득히 담겨진다. 낙엽 타는 냄새 같이 좋은 것이 있을까. 가제 볶아낸 커피의 냄새가 난다. 잘 익은 개암 냄새가 난다. 갈퀴를 손에 들고는 어느 때까지든지 연기 속에 우뚝 서서 타서 흩어지는 낙엽의 산더미를 바라보며 향기로운 냄새를 맡고 있노라면 별안간 맹렬한 생활의 의욕을 느끼게 된다. 연기는 몸에 배서 어느 결엔지 옷자락과 손등에서도 냄새가 나게 된다.
　나는 그 냄새를 한없이 사랑하면서 즐거운 생활감에 잠겨서는 새삼스럽게 생활의 제목을 진귀한 것으로 머릿속에 떠올린다. 음영(陰影)과 윤택(潤澤)과 색채(色彩)가 빈곤해지고 초록이 전혀 그 자취를 감추어 버린 꿈을 잃은 헐훗한 뜰 복판에 서서 꿈의 껍질인 낙엽을 태우면서 오로지 생활의 상념에 잠기는 것이다. 가난한 벌거숭이의 뜰은 벌써 꿈을 매이기에는 적당하지 않은 탓일까. 화려한 초록의 기억은 참으로 멀리 까마득하게 사라져 버렸다. 벌써 추억에 잠기고 감상에 젖어서는 안 된다. 가을이다. 가을은 생활의 시절이다. 나는 화단의 뒷바라지를 깊게 파고 다 타버린 낙엽의 재를 ~

죽어버린 꿈의 시체를 ~ 땅 속 깊이 파묻고 엄연한 생활의 자세로 돌아서지 않으면 안 된다.

이야기 속의 소년같이 용감해지지 않으면 안 된다. 전에 없이 손수 목욕물을 긷고 혼자 불을 지피게 되는 것도 물론 이런 감격에서부터이다. 호스로 목욕통에 물을 대는 것도 즐겁거니와 고생스럽게 눈물을 흘리면서 조그만 아궁이로 나무를 태우는 것도 기쁘다. 어두컴컴한 부엌에 웅크리고 앉아서 새빨갛게 피어오르는 불꽃을 어린 아이의 감동을 가지고 바라본다. 어둠을 배경으로 하고 새빨갛게 타오르는 불은 그 무슨 신성하고 신령스런 물건 같다.

얼굴을 붉게 데우면서 긴장된 자세로 웅크리고 있는 내 꼴은 흡사 그 귀중한 선물을 프로메테우스에게서 막 받았을 때의 그 태고적 원시의 그것과 같을는지 모른다. 새삼스럽게 마음속으로 불의 덕을 찬미하면서 신화 속 영웅에게 감사의 마음을 비친다. 좀 있으면 목욕실에는 자욱하게 김이 오른다. 안개 깊은 바다의 복판에 잠겼다는 듯이 동화(童話)의 감정으로 마음을 장식하면서 목욕물 속에 전신을 깊숙이 잠글 때 바로 천국에 있는 듯한 느낌이 난다. 지상 천국은 별다른 곳이 아니다. 늘 들어가는 집안의 목욕실이 바로 그것인 것이다. 사람은 물에서 나서 결국 물속에서 천국을 구경하는 것이 아닐까.

물과 불과 ~ 이 두 가지 속에 생활은 요약된다. 시절의 의욕이 가장 강렬하게 나타나는 것은 두 가지에 있어서다. 어느 시절이나 다 같은 것이기는 하나, 가을부터의 절기가 가장 생활적인 까닭은 무엇보다도 이 두 가지의 원소의 즐거운 인상 위에 서기 때문이다. 난로는 새빨갛게 타야하고, 화로의 숯불은 이글이글 되어야 하고, 주전자의 물은 펄펄 끓어야 된다.

백화점 아래층에서 커피의 낟을 찧어 가지고는 그대로 가방 속에 넣어 가지고 전차 속에서 진한 향기를 맡으면서 집으로 돌아온다. 그러는 내 모양을 어린애답다고 생각하면서 그 생각을 또 즐기면서 이것이 생활이라고 느끼는 것이다.

싸늘한 넓은 방에서 차를 마시면서 그제까지 생각하는 것이 생활의 생각이다. 벌써 쓸모 적어진 침대에는 더운 물통을 여러 개 넣을 궁리를 하고 방구석에는 올겨울에도 또 크리스마스트리를 세우고 색전기도 장식할 것을 생각하고, 눈이 오면 스키를 시작해 볼까 하고 계획도 해 보곤 한다. 이런 공연한 생각을 할 때만은 근심과 걱정도 어디론지 사라져 버린다. 책과 씨름하고 원고지 앞에서 궁싯거리던 그 같은 서재에서 개운한 마음으로 이런 생각에 잠기는 것은 참으로 유쾌한 일이다.

책상 앞에 붙은 채 별일 없으면서도 쉴 새 없이 궁싯거리고 생각하고 괴로워하고 하면서, 생활의 일이라면 촌음을 아끼고 가령 뜰을 정리하는 것도 소비적이니 비생산적이니 하고 경시하던 것이 도리어 그런 생활적 사사(些事)에 창조적인 뜻을 발견하게 된 것은 대체 무슨 까닭일까. 시절의 탓일까. 깊어가는 가을, 이 벌거숭이의 뜰이 한층 산 보람을 느끼게 하는 탓일까.

7. 노천명, 〈한여름 밤에〉

앞벌 논가에서 개구리들이 소낙비 소리처럼 울어대고 삼밭에서 오이 냄새가 풍겨 오는 저녁 마당 한 귀퉁이에 범상넝쿨, 엉겅퀴, 다북쑥, 이런 것들이 생짜로 들어가 한데 섞여 타는 냄새란 제법 독기가 있는 것이다. 또한 거기 다만 모깃불로만 쓰이는 이외의 값진 여름밤의 운치를 지니고 있는 것이다. 달 아래 호박꽃이 화안한 저녁이면 군색스럽지 않아도 좋은 넓은 마당에는 이 모깃불이 피워지고 그 옆에는 멍석이 깔려지고 여기선 여름살이 다림질이 한창 벌어지는 것이다. 멍석 자리에 이렇게 앉아 보면 시누이와 올케도 정다울 수 있고, 큰애기에게 다림질을 붙잡히며, 지긋한 나이를 한 어머니는 별처럼 먼언 얘기를 들려 주기도 한다. 함지박에는 자주 쪄서 김이 모락모락 나는 노오란 강냉이가 먹음직스럽게 담겨 나오는 법이겠다. 쑥댓불의 알싸한 내를 싫찮게 맡으며 불부채로 종아리에 덤비는 모기를 날리면서 강냉이를 뜯어먹고 누웠으면 여인네들의 이야기가 핀다. 이런 저녁, 멍석으로 나오는 별식은 강냉이뿐이 아니다. 연자간에서 가주 빻아 온 햇밀에다 굵직굵직하고 얼숭덜숭한 상낭콩을 두고 한 밀범벅이 또 있겠다. 그 구수한 맛은 이런 대처의 식당 음식쯤으로는 감당할 수 없는 것이다. 온 집안에 매캐한 연기가 골고루 퍼질 때쯤 되면 쑥 냄새는 한층 짙어져서 가정으로 들어간다. 영악스럽던 모기들도 아리숭아리숭 하는가 하면 수풀 기슭으로 반딧불을 쫓아다니던 아이들도 하나 둘 잠자리로들 들어가고, 마을의 여름방학은 깊어지고 아낙네들은 멍석위에 누워서 생초 모기장도 불면증도 들어보지 못한 채 꿀 같은 단잠이 퍼붓는다. 쑥을 더 집어 넣는 사람도 없어 모깃불의 연기도 차츰 가늘어지고 보면, 여기는 바다 밑처럼 고요해진다. 굴속에서 베를 짜던 마귀할미라도 나와서 다닐 성부른 이런 밤엔, 헛간 지붕 위에 핀 박꽃의 하이얀 빛이 나는 무서워진다.

한잠을 자고 난 애기는 아닌 밤중 뒷산 포곡새 울음소리에 선뜻해서 엄마 가슴을 파고들고, 삽살개란 놈은 괜히 짖어대면 마침내 온 동리 개들이 달을 보고 싱겁게 짖어대겠다.

8. 안병욱, 〈행복의 메타포〉

1) 앉은뱅이꽃의 노래

괴테의 시(詩) 가운데 〈앉은뱅이꽃의 노래〉라는 시가 있다. 어느 날, 들에 핀 한 떨기의 조그만 앉은뱅이꽃이 양의 젖을 짜는 순진무구한 시골 처녀의 발에 짓밟혀서 시들어 버리고 만다. 그러나 앉은뱅이꽃은 조금도 그것을 서러워하지 않는다. 추잡하고 못된 사내의 손에 무참히 꺾이우지 않고 밝고 깨끗한 처녀에게 밟혔기 때문에 꽃으로 태어났던 보람이 있었다는 것이다.

나는 이 시의 상징을 좋아한다. 들에 핀 조그만 꽃 한 송이에도 꽃으로서의 보람, 생명으로 태어났던 보람이 있다는 것이다. 우리는 보람있는 생(生)을 원한다. 누구나 보람있는 사람이 되고 싶고, 보람 있는 일을 하고 싶다. 보람있는 일생을 마치고 싶어한다. 우리 인생의 희열(喜悅)과 행복(幸福)을 주는 것은 진실로 보람이다.

화가가 아름다운 그림을 그리려고 캔버스 앞에 설 때, 작곡가가 좋은 노래를 지으려고 전심 몰두할 때, 어머니가 자식의 성공과 장래를 위해서 밤낮으로 수고할 때, 아내가 남편을 위하여 큰 일 작은 일에 정성된 노력을 기울일 때, 우리는 삶의 보람을 느낀다. 생의 보람을 느끼기 때문에 고생이 고생으로 느껴지지 않고 기쁨으로 변한다. 인간의 생(生)에 빛과 기쁨을 주는 것은 곧 보람이다. 보람이 크면 클수록 우리의 기쁨도 크다.

자기의 생에 보람을 못 느낄 때, 허무(虛無)의 감정과 의식이 우리의 마음을 사로잡는다. 내가 하는 일이 보람있는 일이라고 생각할 때 우리는 절대로 인생의 허무주의자가 될 수 없다. 생활에 대해서 회의(懷疑)의 어두운 그림자가 생기지 않는다.

행복은 만인(萬人)의 원(願)이다. 행복에의 의지(意志)는 인간의 가장 근본적인 의지이다. 이것은 이론(理論)이 아니고 인생의 사실(事實)이다. 행복한 생을 원하거든 먼저 생의 보람을 찾아야 한다. 보람있는 생을 살 때 꽃의 향기가 짝하듯이 행복이 저절로 따른다.

나는 행복에 관해서 생각할 때마다 위대한 철학자 칸트의 말을 언제나 연상한다. 칸트에 의하면 행복한 것도 물론 중요하지만, 그보다 더 중요한 것은 행복을 누리기에 합당한 사람이 되는 것이다. 행복을 직접 목적으로 삼지 말고 행복을 누릴 만한 자격이 있는 행동을 하고, 또 그런 인간이 되라는 것이다. 우리는 착한 사람이 행복하고 악한 사람이 불행한 것을 볼 때 그것이 당연한 인생의 질서라고 생각한다. 그러나 그와 반대로 악한 사람이 행복하고 착한 사람이 불행한 것을 볼 때 그것은 인생의 부당한 질서라고 생각한다. 어딘지 못마땅하게 느껴진다.

이것이 인간의 자연스러운 양심(良心)의 요구다. 착한 사람이 행복을 누리는 것이 인생의 자연이요, 또 필연이라고 우리는 생각한다. 우리는 그것을 믿기 때문에 이 세상에 대해서 또 인생에 대해서 정(情)을 붙이고 살아가는 것이요, 또 살아갈 수 있는 것이다. 만일 악한 사람이 행복을 누리고 착한 사람이 불행해야 한다고 하면, 우리는 그런 세상에서 살기를 원하지 않는다. 그것이야말로 지옥의 질서다. 저주받은 사회다. 그것은 인간의 사회가 아니고 악마의 나라다. 우리는 의식하건 안 하건 인생과 세계의 도덕적 질서를 굳게 믿고 살아가는 것이다.

행복이란 단어는 인생의 사전에서 가장 큰 캐피털 레터로 쓰여진 말이다. 우리의 대화에 항상 오르내리고 우리의 생활에서 제일 중요한 위치와 무게와 의미를 차지하는 단어다. 행복은 인생의 알파요, 오메가이다.

서양 신화(神話)에 의하면 행복의 여신(女神)은 짓궂은 여신이다. 쫓아가면 도망한다. 냉정한 태도로 멀리하면 유혹하려고 든다. 단념하면 배후(背後)에서 사람을 조롱한다는 것이다. 행복의 여신은 이렇듯 다루기 어렵다는 것이다. 행복의 여신은 쫓기에도 안 되었고, 안 쫓기에도 안 되었다. 쫓으면 달아나고 안 쫓으면 유혹하고 단념하면 조롱한다.

너무 행복에 대해서 관심을 갖지 않는 편이 좋다. 행복에 개의치 않고 보람있는 인생을 살려고 애쓰고, 또 인생의 보람을 위해서 정성스럽게 일하노라면 뜻밖에도 행복의 여신이 아름다운 미소를 지으면서 우리를 찾아올 것이다. 행복의 길은 행복에 해당하는 행동을 하는 것이요, 행복을 누릴 자격이 있는 사람이 되려고 애쓰는 일이다. 인생의 보람을 위해서 살고, 보람있는 인생을 사는 것이다. 보람, 이것이 행복의 중요한 열쇠가 아닐까.

2) 세 사람의 석공(石工)

20여 년 전에 배운 중학교 영어 교과서 삽화(插話) 하나가 생각난다. 어떤 교회를 짓는데 세 사람의 석공이 와서 날마다 대리석을 조각한다. 무엇 때문에 이 일을 하느냐고 물은 즉, 세 사람의 대답이 각각 다르다.

첫째 사람은 험상궂은 얼굴에 불평 불만이 가득한 어조로,

"죽지 못해서 이놈의 일을 하오."

하고 대답한다.

둘째 사람은 담담한 어조로 이렇게 말한다.

"돈 벌려고 이 일을 하오."

그는 첫째 사람처럼 자기가 하는 일에 대해서 불평을 갖지 않는다. 그렇다고 별로 행복감과 보람을 느끼는 것도 아니다.

셋째 사람은 평화로운 표정으로 만족스러운 대답을 한다.

"신의 영광을 드러내기 위해서 이 대리석을 조각하오."

그는 자기가 하는 일에 보람과 행복을 느끼는 사람이다.

이 삽화의 상징적 의미는 설명할 필요조차 없다. 사람은 저마다 저다운 마음의 안경을 쓰고 인생을 바라본다. 그 안경의 빛깔이 검고 흐린 사람도 있고 맑고 깨끗한 사람도 있다. 검은 안경을 쓰고 인생을 바라보느냐? 푸른 안경을 통해서 인생을 내다보느냐? 그것은 마음에 달린 문제다. 불평(不平)의 안경을 쓰고 인생을 내다보면 보고 듣고 경험하는 것이 모두 불평투성이요, 감사(感謝)의 안경을 쓰고 세상을 바라보면 인생에서 축복하고 싶은 것이 한없이 많을 것이다.

똑같은 달을 바라보면서도 바라보는 사람의 마음에 따라서 혹은 슬프게 혹은 정답게 혹은 허무하게 느껴진다. 행복의 문제도 마찬가지다. 인간의 육체(肉體)를 쓰고 사는 정신(精神)인 이상, 또 남과 더불어 살아갈 수밖에 없는 사회적 존재인 이상, 누구든지 먹고 살기 위한 의식주(衣食住)와 처자(妻子)와 친구와 명성(名聲)과 사회적 지위가 필요함은 말할 것도 없다. 돈, 건강, 가정, 명성, 쾌락 등은 행복에 필요한 조건이다. 이런 조건을 떠나서 우리는 결코 행복할 수 없다. 그러나 행복의 조건을 갖추었다고 곧 행복해지는 것은 아니다. 행복하다는 것과 행복의 조건을 갖는다는 것과는 엄연히

구별해야 할 별개의 문제다. 집을 지으려면 돌과 나무와 흙이 필요하지만 그런 것을 갖추었다고 곧 집이 되는 것이 아님과 마찬가지의 논리다.

　행복에 있어서 제일 중요한 것은 스스로 행복하다고 느끼는 것이다. 행복감을 떠나서 행복이 달리 있을 수 없다. 아무리 돈이 많고 명성이 높고 좋은 가정을 갖고 재능이 뛰어나다고 하더라도, 그 사람이 스스로 행복하다고 느끼지 않는다면 어떻게 할 도리가 없는 것이다. 얼마든지 행복할 수 있는 조건을 가지면서도 불행한 사람, 또 그와 반대로 행복할 수 있는 조건은 별로 갖지 못하면서도 사실상 행복한 사람을 우리는 세상에서 가끔 본다. 전자(前者)의 불행은 어디서 유래하며 후자(後者)의 비밀은 어디에 있을까.

　"항산(恒産)이 없으면 항심(恒心)이 없다."
고 맹자는 말했다. 그러나 맹자는 다시, 선비는 항산(恒産)이 없어도 항심(恒心)이 있다고 단언(斷言)했다. 맹자의 '항산'이란 말을 '행복의 조건'이란 말로 바꾸고, '항심'이란 말을 행복이란 말로 옮겨 놓아도 별로 의미에 큰 차이는 없을 것이다. 행복의 조건을 갖추지 못하면 행복할 수 없다. 그러나 선비는 행복의 조건을 못 갖추어도 행복할 수 있다. 이것이 맹자의 행복의 논리다. 행복의 조건이 행복의 객관적 요소라고 한다면, 행복감은 행복의 주관적 요소다. 행복은 이 두 가지 요소의 종합에 있다.

　행복해질 수 있는 충분한 조건을 가지면서도 행복해지지 못하는 비극의 원인은 어디에 있으며, 또 행복해질 만한 조건은 별로 갖추지 못하면서도 행복을 누리는 비결은 무엇일까? 맹자의 표현을 빌려서 말한다면 항산이 없더라도 항심이 있을 수 있음을 어찌된 까닭일까? 그것은 요컨대 마음의 문제다.

　"사람은 자기의 결심하는 만큼 행복해질 수 있다."
고 링컨은 말했다. 행복이 마음의 문제라고 한다면 마음의 어떠한 문제일까?

3) 밀레의 만종(晩鐘)

　나는 어렸을 때부터 밀레의 그림을 좋아했다. 보리 이삭을 줍는 그림도 좋았고, 씨 뿌리는 그림도 마음에 들었다. 어린 아기를 문턱에 앉히고 엄마가 아가에게 밥술을 떠 넣어 주는데 두 언니가 앞에 앉아서 동생을 귀여운 표정으로 지켜보는 그림은 나의 어린 가슴에 행복의 이미지를 아로새겨 주었다. 어린아이가 팔 벌린 엄마를 향해서 아장아장 걸어가는 그림은 인생의 사랑과 평화를 그대로 표현한 그림 같았다. 양(洋) 치는 목자(牧者)가 들에서도 기도하는 그림은 우리에게 경건(敬虔)을 가르쳐 준다.

미국 보스턴 미술관에서 밀레의 그림을 직접 눈앞에 보았을 때 어린 시절의 아름다운 이미지가 가슴 속에 그대로 되살아나는 것 같았다. 파리의 루브르 미술관에서 밀레의 '만종(晚鐘)'의 그림 앞에 섰을 때, 나는 인생의 시(詩)와 진실(眞實)에 부딪히는 것 같았다. 밀레는 렘브란트나 고흐, 루벤스나 세잔느 같은 대가(大家)에 비하면 이류(二流)의 화가밖에 안 된다. 그러나 나는 밀레 그림을 좋아한다. 그 소박성이 좋고, 그 진실성이 마음에 든다. 밀레 그림의 테마가 더욱 나의 마음을 사로잡는다.

가난한 농부의 아들로 태어난 밀레는 일생 동안 일하는 농부들을 그의 화제(畵題)로 삼았다. 동리 사람들이 푼푼이 모아 준 노자(路資)로 파리에 가서 그림 공부를 하였고, 고향에 돌아와서는 농사를 지으면서 그림을 그렸다.

밀레는 위대한 화가는 결코 아니다. 그러나 밀레의 소박하고 정직한 그림은 우리에게 인생의 시와 진실의 세계를 가르쳐 준다.

반다이크는 밀레의 '만종'을 평하여,
"사랑과 노동(勞動)과 신앙(神仰)을 그린 인생의 성화(聖畵)"
라고 했다. 나는 '만종'에서 행복의 메타포를 발견한다.

인간은 밥만 먹고 사는 동물은 아니다. 사랑을 먹고 사는 동물이다. 나를 사랑해 주는 자가 필요한 동시에 내가 사랑할 생명이 필요하다. 사랑이 없는 생은 결코 행복한 생이 아니다. 사랑은 행복의 열쇠다. 사랑하는 기쁨과 사랑을 받는 보람을 가질 때 우리는 지상(地上)에 인간으로서 태어난 것을 감사하고 싶고 축복하고 싶어진다.

건강해서 일하는 기쁨은 행복에 없지 못할 요소다. 남자는 사업(事業)에 살고 여자는 애정(愛情)에 산다. 일은 우리에게 벗을 주고 건강을 주고 삶의 보람을 준다. 온 정열을 쏟을 수 있는 일을 인생에서 발견한 사람은 세상에 다시없는 행복자(幸福者)다.

행복한 인생을 살려면 하나의 굳건한 믿음이 필요하다. 종교(宗敎)의 신앙도 좋고 사상(思想)에 대한 신념도 좋다. 우리의 생을 의지할 든든한 기둥이 필요하다. 생에서 죽음에 이르는 인생의 긴 다리 위에서 우리는 뜻하지 않는 폭풍을 만나는 수도 있고, 불의(不意)의 비극을 당하는 경우도 있다. 모든 사람이 저마다 자기의 십자가(十字架)를 짊어지고 인생을 살아간다. 어떤 이는 가난의 십자가를 짊어지고, 어떤 이는 병(病)의 십자가를 짊어진다. 생(生)의 십자가를 굳건히 짊어지려면 마음의 단단한 준비가 필요하다.

나의 분(分)을 알고 나의 분을 지켜서 인생에 지나친 욕심을 갖지 않은 것이 슬기롭다. 지족(知足)은 행복에 이르는 지름길의 하나다. 자기의 분에 만족할 줄 모르는 사람은 행복에 담을 쌓는 사람이다.

행복은 감사의 문으로 들어오고 불평의 문으로 나간다. 행복을 원하거든 감사할 줄 아는 마음을 기르고 배워야 한다. 사랑과 노동과 신앙, 인생의 참된 행복은 그런 데 있지 아니할까.

9. 피천득, 〈은전 한 닢〉

내가 상해에서 본 일이다. 늙은 거지 하나가 전장(錢莊)에 가서 떨리는 손으로 일 원짜리 은전 한 닢을 내 놓으면서,
"황송하지만 이 돈이 못 쓰는 것이나 아닌지 좀 보아 주십시오."
하고 그는 마치 선고를 기다리는 죄인과 같이 전장 사람의 입을 쳐다본다. 전장 주인은 거지를 물끄러미 내려다보다가 돈을 두들겨 보고 '좋소'하고 내어 준다. 그는 '좋소'라는 말에 기쁜 얼굴로 돈을 받아서 가슴 깊이 집어 넣고 절을 몇 번이나 하며 간다. 그는 뒤를 자꾸 돌아다보며 얼마를 가더니, 또 다른 전장을 찾아 들어갔다. 품 속에 손을 넣고 한참을 꾸물거리다가 그 은전을 내어 놓으며,
"이것이 정말 은으로 만든 돈이오니까?"
하고 묻는다. 전장 주인도 호기심 있는 눈으로 바라다보더니,
"이 돈을 어디서 훔쳤어?"
거지는 떨리는 목소리로,
"아닙니다. 아니예요."
"그러면 길바닥에서 주웠다는 말이냐?"
"누가 그렇게 큰 돈을 빠뜨립니까? 떨어지면 소리는 안 나나요? 어서 도로 주십시오."
거지는 손을 내밀었다. 전장 사람은 웃으면서 '좋소'하고 던져 주었다. 은전 한 닢을 지니고 진가(眞價)를 확인하는 거지. 그는 얼른 집어서 가슴에 품고 황망히 달아난다. 뒤를 흘끔 흘끔 돌아다보며 얼마를 허덕이며 달아나더니 별안간 우뚝 선다. 서서 그 은전이 빠지지나 않았나 만져보는 것이다. 거치른 손바닥이 누더기 위로 그 돈을 쥘 때 그는 다시 웃는다. 그리고 또 얼마를 걸어가다가 어떤 골목 으슥한 곳으로 찾아 들어가더니, 벽돌담 밑에 쭈그리고 앉아서 돈을 손바닥에 들고 들여다보고 있었다. 그는 얼마나 열중해 있었는지 내가 가까이 간 줄도 모르는 모양이었다.
"누가 그렇게 많이 도와 줍니까?"
하고 나는 물었다. 그는 내 말소리에 움칠하면서 손을 가슴에 숨겼다. 그리고는 떨리는 다리로 일어서서 달아나려고 했다.

"염려 마십시오. 뺏아가지 않소."
하고 나는 그를 안심시키려고 하였다. 한참 머뭇거리다가 그는 나를 쳐다보고 이야기를 하였다.

"이것은 훔친 것이 아닙니다. 길에서 얻은 것도 아닙니다. 누가 저 같은 놈에게 일 원짜리를 줍니까? 각전(角錢) 한 닢을 받아 본 적이 없습니다. 동전 한 닢 주시는 분도 백에 한 분이 쉽지 않습니다. 나는 한 푼 한 푼 얻은 돈으로 몇 닢씩을 모았습니다. 이렇게 모은 돈 마흔 여덟 닢을 각전 닢과 바꾸었습니다. 이러기를 여섯 번을 하여 겨우 이 귀한 대양(大洋) 한 푼을 가지게 되었습니다. 이 돈을 얻느라고 여섯 달이 더 걸렸습니다.."

그의 뺨에는 눈물이 흘렀다. 나는,

"왜 그렇게까지 애를 써서 그 돈을 만들었단 말이오? 그 돈으로 무엇을 하려오? 그 돈으로 무엇을 하려오?"
하고 물었다. 그는 다시 머뭇거리다가 대답했다.

"이 돈, 한 개가 가지고 싶었습니다."

10. 법정, 〈무소유〉

"나는 가난한 탁발승이오. 내가 가진 거라고는 물레와 교도소에서 쓰던 밥그릇과 염소 젖 한 깡통, 허름한 요포 여섯장, 수건 그리고 대단치도 않은 평판 이것 뿐이오."

마하트마 간디가 1931년 9월 런던에서 열린 제2차 원탁회의에 참석하기 위해 가던 도중 마르세유 세관원에게 소지품을 펼쳐 보이면서 한 말이다. K. 크리팔라니가 엮은 〈간디어록〉을 읽다가 이 구절을 보고 나는 몹시 부끄러웠다. 내가 가진 것이 너무 많다고 생각되었기 때문이다. 적어도 지금의 내 분수로는.

사실, 이 세상에 처음 태어날 때 나는 아무것도 갖고 오지 않았었다. 살 만큼 살다가 이 지상의 적(籍)에서 사라져 갈 때에도 빈손으로 갈 것이다. 그런데 살다 보니 이것 저것 내 몫이 생기게 된 것이다. 물론 일상에 소용되는 물건들이라고 할 수도 있다. 그러나 없어서는 안될 정도로 꼭 요긴한 것들만일까? 살펴볼수록 없어도 좋을 만한 것들이 적지 않다.

우리들이 필요에 의해서 물건을 갖게 되지만, 때로는 그 물건 때문에 적잖이 마음이 쓰이게 된다. 그러니까 무엇인가를 갖는다는 것은 다른 한편 무엇인가에 얽매인다는 것이다. 필요에 따라 가졌던 것이 도리어 우리를 부자유하게 얽어맨다고 할 때 주객이 전도되어 우리는 가짐을 당하게 된다는 말이다. 그러므로 많이 가지고 있다는 것은 흔히 자랑거리로 되어 있지만, 그마만큼 많이 얽히어 있다는 측면도 동시에 지니고 있는 것이다.

나는 지난해 여름까지 난초 두 분(盆)을 정성스레, 정말 정성을 다해 길렀었다. 3년 전 거처를 지금의 다래헌(茶來軒)으로 옮겨왔을 때 어떤 스님이 우리 방으로 보내준 것이다. 혼자 사는 거처라 살아 있는 생물이라고는 나하고 그 애들뿐이었다. 그 애들을 위해 관계 서적을 구해다 읽었고, 그 애들의 건강을 위해 하이포넥슨가 하는 비료를 바다 건너가는 친지들에게 부탁하여 구해오기도 했었다. 여름철이면 서늘한 그늘을 찾아 자리를 옮겨 주어야 했고, 겨울에는 필요 이상으로 실내 온도를 높이곤 했다.

이런 정성을 일찍이 부모에게 바쳤더라면 아마 효자 소리를 듣고도 남았을 것이다. 이렇듯 애지중지 가꾼 보람으로 이른봄이면 은은한 향기와 함께 연둣빛 꽃을 피워 나를 설레게 했고, 잎은 초승달처럼 항시 청정했었다. 우리 다래헌을 찾아온 사람마다 싱싱한 난(蘭)을 보고 한결같이 좋아라 했다.

지난해 여름 장마가 갠 어느 날 봉선사로 운허노사를 뵈러 간 일이 있었다. 한낮이 되자 장마에 갇혔던 햇볕이 눈부시게 쏟아져 내리고 앞 개울물 소리에 어려 숲속에서는 매미들이 있는 대로 목청을 돋구었다.

아차! 이때에야 문득 생각이 난 것이다. 난초를 뜰에 내놓은 채 온 것이다. 모처럼 보인 찬란한 햇볕이 돌연 원망스러워졌다. 뜨거운 햇볕에 늘어져 있을 난초 잎이 눈에 아른거려 더 지체할 수가 없었다. 허둥지둥 그 길로 돌아왔다. 아니나다를까, 잎은 축 늘어져 있었다. 안타까워 안타까워 하며 샘물을 길어다 축여주고 했더니 겨우 고개를 들었다. 하지만 어딘지 생생한 기운이 빠져버린 것 같았다.

나는 이때 온몸으로 그리고 마음속으로 절절히 느끼게 되었다. 집착이 괴로움인 것을. 그렇다, 나는 난초에게 너무 집념해 버린 것이다. 이 집착에서 벗어나야겠다고 결심했다. 난을 가꾸면서는 산철(승가의 遊行期)에도 나그네길을 떠나지 못한 채 꼼짝 못하고 말았다. 밖에 볼일이 있어 잠시 방을 비울 때면 환기가 되도록 들창문을 조금 열어 놓아야 했고, 분을 내놓은 채 나가다가 뒤미처 생각하고는 되돌아와 들여놓고 나간 적도 한두 번이 아니었다. 그것은 정말 지독한 집착이었다.

며칠 후, 난초처럼 말이 없는 친구가 놀러 왔기에 선뜻 그의 품에 분을 안겨주었다. 비로소 나는 얽매임에서 벗어난 것이다. 날듯 홀가분한 해방감. 3년 가까이 함께 지낸 '유정(有情)'을 떠나 보냈는데도 서운하고 허전함보다 홀가분한 마음이 앞섰다. 이때부터 나는 하루 한 가지씩 버려야겠다고 스스로 다짐을 했다. 난을 통해 무소유의 의미같은 걸 터득하게 됐다고나 할까.

인간의 역사는 어떻게 보면 소유사(所有史)처럼 느껴진다. 보다 많은 자기네 몫을 위해 끊임없이 싸우고 있는 것 같다. 소유욕에는 한정도 없고 휴일도 없다. 그저 하나라도 더 많이 갖고자 하는 일념으로 출렁거리고 있는 것이다. 물건만으로는 성에 차질 않아 사람까지 소유하려 든다. 그 사람이 제 뜻대로 되지 않을 경우는 끔찍한 비극도 불사(不辭)하면서, 제 정신도 갖지 못한 처지에 남을 가지려 하는 것이다.

소유욕은 이해(利害)와 정비례한다. 그것은 개인뿐 아니라 국가간의 관계도 마찬가지. 어제의 맹방(盟邦)들이 오늘에는 맞서게 되는가 하면, 서로 으르렁대던 나라끼리 친선 사절을 교환하는 사례를 우리는 얼마든지 보고 있다. 그것은 오로지 소유에 바탕을 둔 이해관계 때문인 것이다. 만약 인간의 역사가 소유사에서 무소유사로 그 향(向)을 바꾼 다면 어떻게 될까. 아마 싸우는 일은 거의 없을 것이다. 주지 못해 싸운다는 말은 듣지 못했다.

간디는 또 이런 말도 하고 있다. "내게는 소유가 범죄처럼 생각된다……" 그는 무엇인가를 갖는다면 같은 물건을 갖고자 하는 사람들이 똑같이 가질 수 있을 때 한한다는 것. 그러나 그것은 거의 불가능한 일이므로 자기 소유에 대해서 범죄처럼 자책하지 않을 수 없다는 것이다. 우리들의 소유 관념이 때로는 우리들의 눈을 멀게 한다. 그래서 자기의 분수까지도 돌볼 새 없이 들뜨게 되는 것이다. 그러나 우리는 언젠가 한 번은 빈손으로 돌아갈 것이다. 내 이 육신마저 버리고 홀홀히 떠나갈 것이다. 하고많은 물량일지라도 우리를 어떻게 하지 못할 것이다.

크게 버리는 사람만이 크게 얻을 수 있다는 말이 있다. 물건으로 인해 마음을 상하고 있는 사람들에게는 한 번 쯤 생각해볼 말씀이다. 아무것도 갖지 않을 때 비로소 온 세상을 갖게 된다는 것은 무소유의 역리(逆理)이니까.

11. 박경리, 〈거리의 악사〉

작년과 금년, 여행할 기회가 있었는데, 그 때마다 제일 인상에 남는 것은 거리의 악사(樂士)다. 전주(全州)에 갔을 때, 아코디언을 켜고 북을 치면서 약(藥) 광고를 하고 다니는 풍경에 마음이 끌렸고, 작년 가을 대구(大邱)에 갔을 때, 잡화(雜貨)를 가득 실은 수레 위에 구식(舊式) 축음기(蓄音機)를 올려 놓고 묵은 유행가(流行歌) 판을 돌리며 길모퉁이로 지나가는 행상(行商)의 모습이 하도 시적(詩的)이어서 작품에서 써먹은 일이 있지만, 역시 작년 여름, 진주(晋州)에 갔을 때의 일이다. 그 때는 새로 착수한 작품을 위해 자료 수집과 초고(草稿)를 만들기 위해 여행을 떠났었다. 일 없이 갔었으면 참 재미나고 마음 편한 혼자 여행일 테지만 일을 잔뜩 안고 와서, 그것이 제대로 되지 못하고 하루하루 날만 잡아 먹는다고 초조히 생각하다가 답답하면 지갑 하나, 손수건 하나 들고 시장길을 헤매고 낯선 다방(茶房)에 가서 차(茶)를 마시곤 했었다. 그래도 늘 일이 생각 속에 맴돌아 뭣에 쫓기는 듯 휴식(休息)이 되지 않는다.

어느 날 아침, 조반(朝飯)도 하기 전에 나는 밀짚모자를 들고 여관 밖으로 나왔다. 서울서 내려간 듯 낡은 합승(合乘), 혼자 빌리면 택시가 되는— 주차장으로 가서 차 한 대를 빌려 가매못으로 가자고 했다. 운전사는 아침 안개도 걷히기 전에 밀짚모자 든 여자가 가매못으로 가자 하니 이상한 생각이 들었는지 좀 떨떠름해 하다가 차를 내몰았다. 옛날 학교 시절에 몇 번 가본 일이 있는 가매못 앞에서 두 시간 후에 나를 데리러 오라 알려 주고, 나는 천천히 가매못 옆에 있는 농가길을 따라 저만큼 보이는 언덕 위에 나란히 두 개 있는 무덤을 향해 걸어갔다. 어떻게 길을 잘못 들어 가파로운 벼랑을 기어 올라 무덤에 이르렀을 때, 아침 안개는 다 걷혀지고 가매못 너머 넓은 수전 지대(水田地帶)와 남강(南江) 너머 댓숲이 바라보였다. 그리고 아침 햇볕이 뿌옇게, 마치 비눗물처럼 번지고 있는 것을 볼 수 있었다.

나는 우두커니 혼자 앉아서 허겁지겁 달려 온 자기 자신의 변덕을 웃으며, 그러면서도 작품 생각을 하고 있었다. 얼마 동안을 그러고 앉았다가 뒤통수를 치는 듯한 고독감(孤獨感)에 나는 쫓기듯 산에서 내려오고 논둑길을 걸어오는데,

"장판 사려어—"
외치는 소리에 고개를 드니, 바로 앞에 장판지를 말아서 짊어진 할머니가 다시 '장판 사려' 하고 외친다. 나는 그의 뒤로 바싹 붙어서 따라가다가,
"할머니?" 하고 불렀다. 할머니는 돌아보지도 않고 대답을 했다.
"이러고 다니면 장판지가 더 팔려요?"
"사는 사람이 있으니께, 팔리니께 댕기지."
"많이 남아요?"
"물밥 사 묵고 댕기믄 남는 것 없지, 친척집에서 잠은 자고……"
노파는 다시 외친다. 집이래야 눈에 띄는 농가(農家)가, 박덩굴 올라간 초가 지붕이 몇 채도 안 되는데, 뒤따라 가는 내 생각으론 한 장도 팔릴 것 같지가 않다. 그래도 노파는 유유히 목청을 돋우어 장판 사라고 외치다가, 그것도 그만두고 노래를 부르기 시작한다. 연못 속의 금붕어가 어쨌다는 그런 노래였는데 너무 구슬프게 들려 나도 모르게 귀를 기울이다가, 여기도 또한 거리의 악사(樂士)가 있구나 하고, 어쩌면 이런 사람들이 진짜로 예술가(藝術家)인지 모르겠다는 묘한 생각을 하다가, 그 노파는 윗마을로 가고 나는 가매못 곁에 와서 우두커니 낚시질을 하고 있는 아이들 옆에 서서 구경을 한다. 부평초가 가득히 깔려 있는 호수(湖水)에 바람이 불어 그 부평초가 나부끼고 연꽃 비슷하기는 하나 아주 작고 노오란 빛깔의 꽃이 흔들린다.
"이게 무슨 꽃이죠?"
하고 물었더니 고기를 낚아 올리던 청년이,
"말꽃이라 하지요."
"말꽃……."
가련한 꽃이름이 말꽃, 어쩐지 잘못된 것 같아 꽃에 대하여 미안한 생각이 드는데, "저저, 선생님."
하고 누가 뒤에서 부른다. 여기서 나를 부를 사람은 없다. 이십 년 세월이 지나 이제 이 고장은 낯설고 남의 땅만 같고, 그래서 일 생각만 잊는다면, 나는 외로움이 행복스럽게 될 수 있는 기분인데,
"저, 선생님."
나는 하는 수 없이 돌아보았다. 여학생이,

"저, 박 선생님 아니어요?"

아무래도 이상한 일이다. 나를 알 사람이 있을 턱이 없다. 더욱이 이런 소녀는.

"그렇지만 어떻게 나를?"

"저 책에서 봤어요. 사진으로요."

나는 아차! 싶었다. 그리고 나를 알아 주어서 고마운 마음보다 나를 의식하게 하는 번거로움에 짜증스런 마음이 앞섰다. 얼마나 좋은 시간인가. 그 시간을 그 소녀는 찢어 버린 것이다. 나는 이 곳 여학교에 다니느냐고 소녀에게 물었다. 그리고 나도 이 곳 여학교를 옛날에 다녔노라고 했다.

"알고 있어요. 하지만 저는 중학을 나와서 고등 간호 학교에 다녀요."

하며 소녀는 수줍어서 말했다. 나는 다시 이 마을에 사느냐고 물었다. 소녀는 그렇다고 고개를 끄덕였다.

"그런데 이 호수에 사람이 빠져 죽니?"

"네, 가끔. 작년에 할머니가 한 분 자살을 했어요."

"그럼 저 둑에서 떨어져 죽겠구나."

"글쎄요……."

"여기서 물에 빠지려면 한참 걸어 들어가야잖니? 걸어 들어가는 동안 마음이 변할 텐데…… 그래도 죽는 사람이면 상당히 의지가 강할 거야."

나는 쓸데없는 소리를 하며 으시시 떨었다. 마침 부탁해 놓은 차가 왔기에 소녀와 작별하고 자동차에 올랐다. 가매못 옆을 지나가면서 나는 어릴 때 상두가(喪頭歌)를 구슬피 불러서 길켠에 선 사람들을 울리던 그 넉살 좋은 사나이와 농악(農樂)꾼에 유달리도 꽹과리를 잘 치고 춤 잘 추던 사람을 생각하며, 그들이야말로 예술가인지도 모른다고 생각했다. 거리의 악사(樂士)—멀리 맑은 공기를 흔들며 노파(老婆)가 부르던 노래 소리가 들려오는 듯했다.

12. 박완서, 〈꼴지에게 보내는 갈채〉

 신나는 일 좀 있었으면 가끔 별난 충동을 느낄 때가 있다. 목청껏 소리를 지르고 손뼉을 치고 싶은 충동 같은 것 말이다. 마음 속 깊숙이 잠재한 환호에의 갈망 같은 게 이런 충동을 느끼게 하는지도 모른다.
 그러나 요샌 좀처럼 이런 갈망을 풀 기회가 없다. 환호가 아니라도 좋으니 속이 후련하게 박장대소라도 할 기회나마 거의 없다. 으례적인 미소 아니면 조소. 냉소. 고소가 고작이다. 이러다가 얼굴 모양까지 얄궂게 일그러질 것 같아 겁이 난다. 환호하고픈 갈망을 가장 속시원히 풀 수 있는 기회는 뭐니뭐니 해도 잘 싸우는 운동경기를 볼 때가 아닌가 싶다. 특히 국제경기에서 우리편이 이기는 걸 TV를 통해서나마 볼 때면 그렇게 신이 날 수가 없다. 그러나 곰곰히 생각해 보니 그런 일로 신이 나서 마음껏 환성을 지를 수 있었던 기억도 아득하다. 아마 박신자 선수가 한창 스타 플레이어였을 적, 여자 농구를 볼 때면 그렇게 신이 났고, 그렇게 즐거웠고, 다 보고 나선 그렇게 속이 후련했던 것 같다. 요즈음은 내가 그 방면에 무관심해져서 모르고 있는지는 모르지만 그때처럼 우리를 흥분시키고 자랑스럽게 해 주는 국제경기도 없는 것 같다. 지는 것까지는 또 좋은데 지고 나서 구정물 같은 후문에 귀를 적셔야 하는 고역까지 겪다 보면 운동경기에 대한 순수한 애정마저 식게 된다. 이렇게 점점 파인 플레이가 귀해지는 건 비단 운동경기 분야일까. 사람이 살면서 부딪치는 타인과의 각종 경쟁, 심지어는 의견의 차이에서 오는 사소한 언쟁에까지 그 다툼의 당당함. 깨끗함. 아름다움이 점점 사라져 가는 느낌이다. 그래서 아무리 눈에 불을 밝히고 찾아도 내부에 가둔 환호와 갈채에의 충동을 발산할 고장을 못 찾았는지도 모르겠다.
 요전에 시내에 나갔다가 집으로 돌아올 때의 일이다. 집을 다 와서 버스가 정류장 못 미쳐 서서 도무지 움직이지를 않았다. 고장인가 했더니 그게 아닌 모양이었다. 앞에도 여러 대의 버스가 밀려 있었고 버스뿐 아니라 모든 차량이 땅에 붙어 버린 듯이 꼼짝을 못하고 있었다.
 나는 그날 아침부터 괜히 걷잡을 수 없이 우울해 있었다. 그래서 버스가 정거장도 아닌데 서 있다는 사실을 참을 수가 없었다.
 "언제까지 이러고 있을 거요?"

나는 부끄럽게도 안내양에게 짜증을 부렸다. 마치 이 보잘것없는 소녀의 심술에 의해서 이 거리의 온갖 차량이 땅에 붙어 버리기라도 했다는 듯이, 그러나 안내양은 탓하지 않고 시들하게 말했다.

"아마 마라톤이 끝날 때까진 못 가려나 봐요."

"뭐 마라톤?"

그러니까 저 앞 고대에서 신설동으로 나오는 삼거리쯤에서 교통이 차단된 모양이고 그 삼거리를 마라톤의 선두 주자가 달려오리라. 마라톤의 선두 주자! 생각만 해도 우울하게 죽어 있던 내 온몸의 세포가 진저리를 치면서 생생하게 살아나는 것 같았다. 나는 그 선두 주자를 꼭 보고 싶었다. 아니 꼭 봐야만 했다.

나는 차비를 내고 나서 내려달라고 했다. 안내양이 정류장이 아니기 때문에 안된다고 했다. 나는 마음이 급한 김에 어느 틈에 안내양에게 시비를 걸고 있었다.

"정류장이 아니기 때문에 못 내려 주겠다구? 그럼 정류장도 아닌데 왜 섰니 ? 응 왜 섰어?"

"이 아주머니가, 정말~."

안내양은 나를 험상궂게 째려보더니 휙 돌아서서 바깥을 내다보며 상대도 안했다. 그래도 나는 선두로 달려오는 마라토너를 보고 싶다는 갈망을 단념할 수가 없었다. 나는 짐짓 발을 동동 구르며 다시 안내양의 어깨를 쳤다.

"아가씨, 내가 화장실이 급해서 그러니 잠깐만 문을 열어 줘요, 응."

"아주머니도 진작 그러시지, 신경질 먼저 부리면 어떡해요."

안내양은 마음씨 좋은 여자였다. 문을 빠끔히 열고 먼저 자기 고개를 내밀어 이쪽 저쪽을 휘휘 살피더니 재빨리 내등을 길바닥으로 떠다밀어 주었.

나는 치마를 펄럭이며 삼거리 쪽으로 달렸다. 삼거리엔 인파가 겹겹이 진을 치고 있으리라. 그 인파는 저만치서 그 모습을 들어낸 선두 주자를 향해 목죽 같은 환호를 터뜨리리라.

아아, 니나라. 오늘 나는 얼마나 재수가 좋은 가. 오랫동안 가두었던 환호를 터뜨릴 수 있으니. 군중의 환호, 자기 개인적인 이해관계와 전혀 상관없는 환호, 그 자체의 파열인 군중의 환호에 귀청을 떨 수 있으니.

잘하면 나는 겹겹의 군중을 뚫고 그 맨 앞으로 나설 수도 있으리라. 그러면 제일 큰 환성을 지르고 제일 큰 박수를 쳐야지. 나는 삼거리 쪽으로 달음질치며 나의 내부에서 거대한 환호가 삼거리까지 갈 동안을 미처 못 참고 웅성웅성 아우성을 치고 있는 것처럼 느꼈다.

그러나 숨을 헐떡이며 당도한 삼거리에 군중은 없었다.

할 일이 없어 여기 이렇게 빈둥거리고 있을 뿐이라는 듯 곧 하품이라도 할 것 같은 남자가 여남은 명 그리고 장난꾸러기 아녀석들이 대여섯 명 몰려 있을 뿐이었고 아무 데서고 마라토너가 나타나기 직전의 흥분은 엿뵈지 않았다.

그러나 여전히 호루루기를 입에 문 순경은 차량의 통행을 금하고 있었다. 세 갈래 길에서 밀리고 밀린 채 기다리다 지친 차량들이 짜증스러운 듯이 부릉부릉 이상한 소리를 내며 바퀴를 조금씩 들먹이는 게 곧 삼거리의 중심을 향해 맹렬히 돌진할 것처럼 보이고 그럴 때마다 순경은 날카롭게 호루루기를 불어댔다. 그때 나는 내가 전혀 예기치 않던 방향에서 쏟아지는 환호소리를 들었다. 그것은 내 뒤쪽 조그만 라디오 방 스피커에서 나는 환호소리였다.

선두 주자가 드디어 결승점 전방 십 미터, 오 미터, 사 미터, 삼 미터, 골인! 하는 아나운서의 숨막히는 소리가 들리고 군중의 우뢰와 같은 환호성이 들렸다.

비로소 일등을 한 마라토너는 이미 이 삼거리를 지난 지가 오래라는 걸 알 수 있었다. 이 삼거리에서 골인 지점까지는 몇 킬로미터나 되는지 자세히는 몰라도 상당한 거리다. 그런데도 아직까지 통행이 금지된 걸 보면 후속 주자들이 남은 모양이다. 꼴찌에 가까운 주자들이.

그러자 나는 고만 맥이 빠졌다. 나는 영광의 승리자의 얼굴을 보고 싶었던 것이지 비참한 꼴찌의 얼굴을 보고 싶었던 건 아니었다.

또 차들이 부르릉대며 들먹이기 시작했다. 차들도 기다리기가 지루해서 짜증을 내고 있었다. 다시 날카로운 호루루기 소리가 들리고 저만치서 푸른 유니폼이 가까이 오는 것을 바라보면서 저 사람은 몇 등쯤일까, 이십 등? 삼십 등?~~저 사람이 세운 기록도 누가 자세히 기록이나 해 줄까? 대강 이런 생각을 했다. 그리고 그 이십 등, 아니면 삼십 등의 선수가 조금쯤 우습고, 조금쯤 불쌍하다고 생각했다.

푸른 마라토너는 점점 더 나와 가까워졌다. 드디어 나는 그의 표정을 볼 수 있었다.

꼴찌 주자의 위대성
 나는 그런 표정을 생전 처음 보는 것처럼 느꼈다. 여지껏 그렇게 정직하게 고통스러운 얼굴을, 그렇게 정직하게 고독한 얼굴을 본 적이 없다. 가슴이 뭉클하더니 심하게 두근거렸다. 그는 이십 등, 삼십 등을 초월해서 위대해 보였다. 지금 모든 환호와 영광은 우승자에게 있고 그는 환호 없이 달릴 수 있기에 위대해 보였다.
 나는 그를 위해 뭔가 하지 않으면 안 된다고 생각했다. 왜냐하면 내가 좀 전에 그의 이십 등, 삼십 등을 우습고 불쌍하다고 생각했던 것처럼 그도 자기의 이십 등, 삼십 등을 우습고 불쌍하다고 생각하면서 옛다 모르겠다 하고 그 자리에 주저앉아 버리면 어쩌나 그래서 내가 그걸 보게 되면 어쩌나 싶어서였다.
 어떡하든 그가 그의 이십 등, 삼십 등을 우습과 불쌍하다고 느끼지 말아야지. 느끼기만 하면 그는 당장 주저앉게 돼있었다. 그는 지금 괴롭고 고독하지만 위대하다는 걸 알아야 했다.
 나는 용감하게 인도에서 차도로 뛰어내리며 그를 향해 열렬한 박수를 보내며 환성을 질렀다. 나는 그가 주저앉는 걸 보면 안 되었다. 나는 그가 주저앉는 걸 봄으로써 내가 주저앉고 말 듯한 어떤 미신적인 연대감마저 느끼며 실로 열렬하고도 우렁찬 환영을 했다.
 내 고독한 환호에 딴 사람들도 합세를 해 주었다. 푸른 마라토너 뒤에도 또 그뒤에도 주자는 잇달았다. 꼴찌 주자까지를 그렇게 열렬하게 성원하고 나니 손바닥이 붉게 부풀어올라 있었다. 그러나 뜻밖의 장소에서 환호하고픈 오랜 갈망을 마음껏 풀수 있었던 내 몸은 날 듯이 가벼웠다.
 그 전까지만 해도 나는 마라톤이란 매력 없는 우직한 스포츠라고 밖에 생각 안 했었다. 그러나 앞으로는 그것을 좀더 좋아하게 될 것 같다. 그것이 조금도 속임수가 용납 안 되는 정직한 운동이기 때문에. 또 끝까지 달려서 골인한 꼴찌 주자도 좋아하게 될 것 같다. 그 무서운 고통과 고독을 이긴 의지력 때문에. 나는 아직 그 무서운 고통과 고독의 참뜻을 알고 있지 못하다.
 왜 그들이 그들의 체력으로 할 수 있는 허구 많은 일들 중에서 그 일을 택했을까 의아스럽기까지 하다.
 그러나 그날 내가 이십 등, 삼십 등에서 꼴찌 주자에게까지 보낸 열심스러운 박수갈채는 몇 년 전 박신자 선수한테 보낸 환호만큼이나 신나는 것이었고, 더 깊이 감동스러운 것이었고, 더 육친애적인 것이었고, 전혀 새로운 희열을 동반한 것이었다.

13. 윤오영, 〈달밤〉

성북동(城北洞)으로 이사 나와서 한 대엿새 되었을까, 그날 밤 나는 보던 신문을 머리맡에 밀어 던지고 누워 새삼스럽게, "여기도 정말 시골이로군!" 하였다. 무어 바깥이 컴컴한 걸 처음 보고 시냇물 소리와 쏴— 하는 솔바람 소리를 처음 들어서가 아니라 황수건이라는 사람을 이날 저녁에 처음 보았기 때문이다. 그는 말 몇 마디 사귀지 않아서 곧 못난이란 것이 드러났다. 이 못난이는 성북동의 산들보다 물들보다, 조그만 지름길들보다 더 나에게 성북동이 시골이란 느낌을 풍겨 주었다. 서울이라고 못난이가 없을 리야 없겠지만 대처에서는 못난이들이 거리에 나와 행세를 하지 못하고, 시골에선 아무리 못난이라도 마음놓고 나와 다니는 때문인지, 못난이는 시골에만 있는 것처럼 흔히 시골에서 잘 눈에 뜨인다. 그리고 또 흔히 그는 태고 때 사람처럼 그 우둔하면서도 천진스런 눈을 가지고, 자기 동리에 처음 들어서는 손에게 가장 순박한 시골의 정취를 돋워 주는 것이다. 그런데 그날 밤 황수건이는 열시나 되어서 우리집을 찾아왔다. 그는 어두운 마당에서 꽥 지르는 소리로, "아, 이 댁이 문안서……." 하면서 들어섰다. 잡담 제하고 큰일이나 난 사람처럼 건넌방문 앞으로 달려들더니, "저, 저 문안 서대문 거리라나요, 어디선가 나오신 댁입쇼?" 한다. 보니 합비는 안 입었으되 신문을 들고 온 것이 신문 배달부다. "그렇소, 신문이오?" "아, 그런 걸 사흘이나 저, 저 건너쪽에만 가 찾았습죠. 제기…….." 하더니 신문을 방에 들이뜨리며, "그런뎁쇼, 왜 이렇게 죄꼬만 집을 사구 와 곕쇼. 아, 내가 알았더면 이 아래 큰 개와집도 많은걸입쇼……." 한다. 하 말이 황당스러워 유심히 그의 생김을 내다보니 눈에 얼른 두드러지는 것이 빡빡 깎은 머리로되 보통 크다는 정도 이상으로 골이 크다. 그런데다 옆으로 보니 장구 대가리다. "그렇소? 아무튼 집 찾느라고 수고했소." 하니 그는 큰 눈과 큰 입이 일시에 히죽거리며, "뭘입쇼, 이게 제 업인뎁쇼." 하고 날래 물러서지 않고 목을 길게 빼어 방 안을 살핀다. 그러더니 묻지도 않는데, "저는입쇼, 이 동네 사는 황수건이라 합니다……." 하고 인사를 붙인다. 나도 깍듯이 내 성명을 대었다. 그는 또 싱글벙글하면서, "댁엔 개가 없구먼입쇼." 한다. "아직 없소." 하니, "개 그까짓 거 두지 마십쇼." 한다. "왜 그렇소? 물으니, 그는 얼른 대답하는 말이, "신문 보는 집엔입쇼, 개를 두지 말아야 합니다."

한다. 이것 재미있는 말이다 하고 나는, "왜 그렇소?" 하고 또 물었다. "아, 이 뒷동네 은행소에 댕기는 집엔입쇼, 망아지만한 개가 있는뎁쇼, 아, 신문을 배달할 수가 있어얍죠." "왜?" "막 깨물랴고 덤비는걸입쇼." 한다. 말 같지 않아서 나는 웃기만 하니 그는 더욱 신을 낸다. "그눔의 개 그저, 한번, 양떡을 멕여 대야 할 텐데……." 하면서 주먹을 부르대는데 보니, 손과 팔목은 머리에 비기어 반비례로 작고 가느다랗다. "어서 곤할 텐데 가 자시오." 하니 그는 마지못해 물러서며, "선생님, 참 이선생님 편안히 주뭅쇼. 저이 집은 여기서 얼마 안 되는 걸입쇼." 하더니 돌아갔다. 그는 이튿날 저녁, 집을 알고 오는데도 아홉시가 지나서야, "신문 배달해 왔습니다." 하고 소리를 치며 들어섰다. "오늘은 왜 늦었소?" 물으니, "자연 그럽죠." 하고 다른 이야기를 꺼냈다. 자기는 워낙 이 아래 있는 삼산학교에서 일을 보다 어떤 선생하고 뜻이 덜 맞아 나왔다는 것, 지금은 신문 배달을 하나 원배달이 아니라 보조배달이라는 것, 저희 집엔 양친과 형님 내외와 조카 하나와 저희 내외까지 식구가 일곱이라는 것, 저희 아버지와 저희 형님의 이름은 무엇무엇이며, 자기 이름은 황가인데다가 목숨수(壽)자하고 세울건(建)자로 황수건이기 때문에, 아이들이 노랑수건이라고 놀려서 성북동에서는 가가호호에서 노랑수건 하면, 다 자긴 줄 알리라고 자랑스럽게 이야기하다가 이날도, "어서 그만 다른 집에도 신문을 갖다 줘야 하지 않소?" 하니까 그때서야 마지못해 나갔다. 우리집에서는 그까짓 반편과 무얼 대꾸를 해가지고 그러느냐 하되, 나는 그와 지껄이기가 좋았다. 그는 아무것도 아닌 것을 가지고 열심스럽게 이야기하는 것이 좋았고, 그와는 아무리 오래 지껄이어도 힘이 들지 않고, 또 아무리 오래 지껄이고 나도 웃음밖에는 남는 것이 없어 기분이 거뜬해지는 것도 좋았다. 그래서 나는 무슨 일을 하는 중만 아니면 한참씩 그의 말을 받아 주었다. 어떤 날은 서로 말이 막히기도 했다. 대답이 막히는 것이 아니라 무슨 말을 해야 할까 하고 막히었다. 그러나 그는 늘 나보다 빠르게 이야깃거리를 잘 찾아냈다. 오뉴월인데도 '꿩고기를 잘 먹느냐?'고도 묻고, '양복은 저고리를 먼저 입느냐 바지를 먼저 입느냐?'고도 묻고 '소와 말과 싸움을 붙이면 어느 것이 이기겠느냐?'는 둥, 아무튼 그가 애깃거리를 취재하는 방면은 기상천외로 여간 범위가 넓지 않은 데는 도저히 당할 수가 없었다. 하루는 나는 '평생 소원이 무엇이냐?'고 그에게 물어 보았다. 그는 '그까짓 것쯤 얼른 대답하기는 누워서 떡먹기'라고 하면서 평생 소원은 자기도 원배달이 한번 되었으면 좋겠다는 것이었다. 남이 혼자 배달하기 힘들어서 한 이십 부 떼어 주는 것을 배달하고, 월급이라고 원배달에게서 한 삼 원 받는 터이라 월급을 이십여 원을 받고, 신문사 옷을 입고, 방울을 차고 다니는 원배달이 제일 부럽노라 하였다. 그리고 방울만 차면 자기도 뛰어다니며 빨리 돌 뿐 아니라 그 은행소에 다니는 집 개도 조금도 무서울 것이 없겠노라 하였다.

그래서 나는 '그럴 것 없이 아주 신문사 사장쯤 되었으면 원배달도 바랄 것 없고 그 은행소에 다니는 집 개도 상관할 바 없지 않겠느냐?' 한즉 그는 뚱그래지는 눈알을 한참 굴리며 생각하더니 '딴은 그렇겠다'고 하면서, 자기는 경난이 없어 거기까지는 바랄 생각도 못 하였다고 무릎을 치듯 가슴을 쳤다. 그러나 신문 사장은 이내 잊어버리고 원배달만 마음에 박혔던 듯, 하루는 바깥마당에서부터 무어라고 떠들어 대며 들어왔다. "이선생님? 이선생님 곕쇼? 아, 저도 내일부턴 원배달이올시다. 오늘 밤만 자면입쇼······." 한다. 자세히 물어 보니 성북동이 따로 한 구역이 되었는데, 자기가 맡게 되었으니까 내일은 배달복을 입고 방울을 막 떨렁거리면서 올 테니 보라고 한다. 그리고 '사람이란 게 그러게 무어든지 끝을 바라고 붙들어야 한다'고 나에게 일러주면서 신이 나서 돌아갔다. 우리도 그가 원배달이 된 것이 좋은 친구가 큰 출세나 하는 것처럼 마음속으로 진실로 즐거웠다. 어서 내일 저녁에 그가 배달복을 입고 방울을 차고 와서 쭐럭거리는 것을 보리라 하였다.

그러나 이튿날 그는 오지 않았다. 밤이 늦도록 신문도 그도 오지 않았다. 그 다음날도 신문도 그도 오지 않다가 사흘째 되는 날에야, 이날은 해도 지기 전인데 방울 소리가 요란스럽게 우리집으로 뛰어들었다. '어디 보자!' 하고 나는 방에서 뛰어나갔다. 그러나 웬일일까, 정말 배달복에 방울을 차고 신문을 들고 들어서는 사람은 황수건이가 아니라 처음 보는 사람이다. "왜 전엣사람은 어디 가고 당신이오?" 물으니 그는, "제가 성북동을 맡았습니다." 한다. "그럼, 전엣사람은 어디를 맡았소?" 하니 그는 픽 웃으며, "그까짓 반편을 어딜 맡깁니까? 배달부로 쓸랴다가 똑똑지가 못하니까 안 쓰고 말았나 봅니다." 한다. "그럼 보조배달도 떨어졌소?" 하니, "그럼요, 여기가 따루 한 구역이 된걸이오." 하면서 방울을 울리며 나갔다. 이렇게 되었으니 황수건이가 우리집에 올 길은 없어지고 말았다. 나도 가끔 문안엔 다니지만 그의 집은 내가 다니는 길 옆은 아닌 듯 길가에서도 잘 보이지 않았다. 나는 가까운 친구를 먼 곳에 보낸 것처럼, 아니 친구가 큰 사업에나 실패하는 것을 보는 것처럼, 못 만나는 섭섭뿐이 아니라 마음이 아프기도 하였다. 그 당자와 함께 세상의 야박함이 원망스럽기도 하였다.

한데 황수건은 그의 말대로 노랑수건이라면 온 동네에서 유명은 하였다. 노랑수건 하면 누구나 성북동에서 오래 산 사람이면 먼저 웃고 대답하는 것을 나는 차츰 알았다. 내가 잠깐씩 며칠 보기에도 그랬거니와 그에겐 우스운 일화도 한두 가지가 아니었다. 삼산학교에 급사로 있을 시대에 삼산학교에다 남겨 놓고 나온 일화도 여러 가지라는데, 그 중에 두어 가지를 동네 사람들의 말대로 옮겨 보면, 역시 그때부터도 이야기하기를 대단 즐기어 선생들이 교실에 들어간 새 손님이 오면 으레 손님을 앉히고는 자기도 걸상을 갖다 떡 마주 놓고 앉는 것은 무론, 마주 앉아서는 곧 자기류의 만담 삼매로 빠지는 것인데, 한번은 도 학무국에서 시학관이 나온 것을 이 따위로 대접하였다. 일본말을 못 하니까 만담은 할 수 없고 마주 앉아서 자꾸 일본말을 연습하였다.

"센세이 히, 오하요 고자이마스카(선생님, 안녕하세요)?…… 히히 아메가 후리마스(비가 옵니다). 유키가 후리마스카(눈이 옵니까)? 히히……."

시학관도 인정이라 처음엔 웃었다. 그러나 열 번 스무 번을 되풀이하는 데는 성이 나고 말았다. 선생들은 아무리 기다려도 종소리가 나지 않으니까, 한 선생이 나와 보니 종 칠 것도 잊어버리고 손님과 마주 앉아서 '오하요 유키가 후리마스카……' 하는 판이다. 그날 수건이는 선생들에게 단단히 몰리고 다시는 안 그러겠노라고 했으나, 그 버릇을 고치지 못해서 그예 쫓겨 나오고 만 것이다. 그는, "너의 색시 달아난다." 하는 말을 제일 무서워했다 한다. 한번은 어느 선생이 장난엣말로, "요즘 같은 따뜻한 봄날엔 옛날부터 색시들이 달아나기를 좋아하는데 어제도 저 아랫말에서 둘이나 달아났다니까 오늘은 이 동리에서 꼭 달아나는 색시가 있을걸……." 했더니 수건이는 점심을 먹다 말고 눈이 휘둥그래졌다 한다. 그리고 그날 오후에는 어서 바삐 하학을 시키고 집으로 갈 양으로 오십 분 만에 치는 종을 이십 분 만에, 삼십 분 만에 함부로 다가서 쳤다는 이야기도 있다. 하루는 나는 거의 그를 잊어버리고 있을 때, "이선생님 곕쇼?" 하고 수건이가 찾아왔다. 반가웠다. "선생님, 요즘 신문이 걸르지 않고 잘 옵쇼?"하고 그는 배달 감독이나 되어 온 듯이 묻는다. "잘 오, 왜 그류?" 한즉 또, "늦지도 않굽쇼, 일쯕이 제때마다 꼭꼭 옵쇼?"한다. "당신이 돌을 때보다 세 시간은 일쯕이 오고 날마다 꼭꼭 잘 오." 하니 그는 머리를 벅적벅적 긁으면서, "하루라도 걸르기만 해라. 신문사에 가서 대뜸 일러바치지……." 하고 그 빈약한 주먹을 부르댄다. "그런뎁쇼, 선생님?" "왜 그류?" "삼산학교에 말씀예요, 그 제 대신 들어온 급사가 저보다 근력이 세게 생겼습죠?" "나는 그 사람을 보지 못해서 모르겠소." 하니 그는 은근한 말소리로 히죽거리며, "제가 거길 또 들어가 볼랴굽쇼, 운동을 합죠." 한다. "어떻게 운동을 하오?" "그까짓 거 날마당 사무실로 갑죠. 다시 써달라고 졸라 댑죠. 아, 그랬더니 새 급사란 녀석이 저보다 크기도 무척 큰뎁쇼, 이 녀석이 막 불근댑니다그려. 그래 한번 쌈을 해야 할 턴뎁쇼, 그 녀석이 근력이 얼마나 센지 알아야 뎀벼들 턴뎁쇼…… 허." "그렇지, 멋모르고 대들었다 매만 맞지." 하니 그는 한 걸음 다가서며 또 은근한 말을 한다. "그래섭쇼, 엊저녁엔 큰 돌멩이 하나를 굴려다 삼산학교 대문에다 놨습죠. 그리구 오늘 아침에 가보니깐 없어졌는뎁쇼. 이 녀석이 나처럼 억지루 굴려다 버렸는지, 뻔쩍 들어다 버렸는지 그만 못 봤거든입쇼, 제—길……." 하고 머리를 긁는다. 그러더니 갑자기 무얼 생각한 듯 손뼉을 탁 치더니, "그런뎁쇼, 제가 온 건입쇼, 댁에선 우두를 넣지 마시라구 왔습죠." 한다. "우두를 왜 넣지 말란 말이오?"한즉, 요즘 마마가 다닌다구 모두 우두들을 넣는뎁쇼, 우두를 넣으면 사람이 근력이 없어지는 법인뎁쇼." 하고 자기 팔을 걷어 올려 우두 자리를 보이면서, "이걸 뵙쇼 저두 우두를 이렇게 넣기 때문에 근력이 줄었습죠." 한다. "우두를 넣으면 근력이 준다고 누가 그럽디까?" 물으니 그는 싱글거리며, "아, 제가 생각해 냈습죠." 한다. "왜 그렇소?" 하고 캐니, "뭘…… 저 아래 윤금보라고 있는데 기운이 장산뎁쇼. 아 삼산학교 그 녀석두 우두만 넣었다면 그까짓 것 무서울 것 없는뎁쇼, 그걸 모르겠거든입쇼……." 한다. 나는, "그렇게 용한 생각을 하고 일러주러 왔으니 아주 고맙소." 하였다. 그는 좋아서 벙긋거리며 머리를 긁었다. "그래 삼산학교에 다시 들기만 기다리고 있소?" 물으니 그는, "돈만 있으면 그까짓 거 누가 고스카이(용인) 노릇을 합쇼. 밑천만 있으면 삼산학교 앞에 가서 뻐젓이 장사를 할 턴뎁쇼." 한다. "무슨 장사?" "아, 방학될 때까지 차미 장사도 하굽쇼, 가을부턴 군밤 장사, 왜떡 장사, 습자지, 도화지 장사 막 합죠. 삼산학교 학생들이 저를 어떻게 좋아하겝쇼. 저를 선생들보다 낫게 치는뎁쇼." 한다.

　나는 그날 그에게 돈 삼 원을 주었다. 그의 말대로 삼산학교 앞에 가서 뻐젓이 참외 장사라도 해보라고. 그리고 돈은 남지 못하면 돌려오지 않아도 좋다 하였다. 그는 삼 원 돈에 덩실덩실 춤을 추다시피 뛰어나갔다. 그리고 그 이튿날, "선생님 잡수시라굽쇼." 하고 나 없는 때 참외 세 개를 갖다 두고 갔다. 그리고는 온 여름 동안 그는 우리집에 얼른하지 않았다. 들으니 참외 장사를 해 보긴 했는데 이내 장마가 들어 밑천만 까먹었고, 또 그까짓 것보다 한 가지 놀라운 소식은 그의 아내가 달아났단 것이다. 저희끼리 금실은 괜찮았건만 동서가 못 견디게 굴어 달아난 것이라 한다. 남편만 남 같으면 따로 살림나는 날이나 기다리고 살 것이나 평생 동서 밑에 살아야 할 신세를 생각하고 달아난 것이라 한다. 그런데 요 며칠 전이었다. 밤인데 달포 만에 수건이가 우리집을 찾아왔다. 웬 포도를 큰 것으로 대여섯 송이를 종이에 싸지도 않고 맨손에 들고 들어왔다. 그는 벙긋거리며, "선생님 잡수라고 사왔습죠." 하는 때였다. 웬 사람 하나가 날쌔게 그의 뒤를 따라 들어오더니 다짜고짜로 수건이의 멱살을 움켜쥐고 끌고 나갔다. 수건이는 그 우둔한 얼굴이 새하얗게 질리며 꼼짝 못 하고 끌려 나갔다. 나는 수건이가 포도원에서 포도를 훔쳐 온 것을 직각하였다. 쫓아나가 매를 말리고 포돗값을 물어 주었다. 포돗값을 물어 주고 보니 수건이는 어느 틈에 사라지고 보이지 않았다. 나는 그 다섯 송이의 포도를 탁자 위에 얹어 놓고 오래 바라보며 아껴 먹었다. 그의 은근한 순정의 열매를 먹듯 한 알을 가지고도 오래 입 안에 굴려 보며 먹었다. 어제다. 문안에 들어갔다 늦어서 나오는데 불빛 없는 성북동 길 위에는 밝은 달빛이 깁을 깐 듯하였다. 그런데 포도원께를 올라오노라니 누가 맑지도 못한 목청으로, "사…… 케…… 와 나…… 미다카 다메이…… 키…… 카……."를 부르며 큰길이 좁다는 듯이 휘적거리며 내려왔다. 보니까 수건이 같았다. 나는, "수건인가?" 하고 아는 체하려다 그가 나를 보면 무안해할 일이 있는 것을 생각하고 휙 길 아래로 내려서 나무 그늘에 몸을 감추었다. 그는 길은 보지도 않고 달만 쳐다보며, 노래는 그 이상은 외우지도 못하는 듯 첫 줄 한 줄만 되풀이하면서 전에는 본 적이 없었는데 담배를 다 퍽퍽 빨면서 지나갔다. 달밤은 그에게도 유감한 듯하였다.

14. 이양하, 〈나무〉

　나무는 덕을 지녔다. 나무는 주어진 분수에 만족할 줄을 안다. 나무로 태어난 것을 탓하지 아니하고, 왜 여기 놓이고 저기 놓이지 않았는가를 탓하지 아니한다. 골짜기에 내려서면 물이 좋을까 하여, 새로운 자리를 엿보는 일도 없다. 물과 흙과 태양의 아들로, 물과 흙과 태양이 주는 대로 받고, 득박(得薄)과 불만족을 말하지 아니한다. 이웃 친구의 처지에 눈떠 보는 일도 없다. 소나무는 소나무대로 스스로 족하고, 진달래는 진달래대로 스스로 족하다.
　나무는 고독을 안다. 나무는 모든 고독을 안다. 안개에 잠긴 아침의 고독을 알고, 구름에 덮인 저녁의 고독을 안다. 부슬비 내리는 가을 저녁의 고독도 알고, 함박눈 펄펄 날리는 겨울 아침의 고독도 안다. 나무 파리 움쭉 않는 한여름 대낮의 고독도 알고, 별 얼고 돌 우는 동짓달 한밤의 고독도 안다. 그러면서도 나무는 어디까지든지 고독에 견디고, 고독을 이기도, 또 고독을 즐긴다.
　나무에 아주 친구가 없는 것은 아니다. 달이 있고, 바람이 있고, 새로 있다. 달은 때를 어기지 아니하기 찾고, 고독한 여름 밤을 같이 지내고 가는, 의리 있고 다정한 친구다. 웃을 뿐 말이 없으나, 이심전심 의사(意思)가 잘 소통되고 아주 비위에 맞는 친구다. 바람은 달과 달라 아주 변덕이 많고 수다스럽고 믿지 못할 친구다. 그야말로 바람장이 친구다. 자기 마음 내키는 때 찾아올 뿐 아니라, 어떤 때에는 쏘삭쏘삭 알랑거리고, 어떤 때에는 난데없이 휘갈기고, 또 어떤 때에는 공연히 뒤틀려 우악스럽게 남의 팔다리에 생채기를 내놓고 달아난다.
　새 역시 바람같이 믿지 못할 친구다. 자기 마음 내키는 때 찾아오고, 자기 마음 내키는 때 달아난다. 그러나, 가다 믿고 와 둥지를 틀고, 지쳤을 때 찾아와 쉬며 푸념하는 것이 귀엽다. 그리고, 좋은 친구라 하여 달 만을 반기고, 믿지 못할 친구라 하여 새와 바람을 물리치는 일이 없다. 그리고, 달을 유달리 후대(厚待)하고 새와 바람을 박대(薄待)하는 일도 없다. 달은 달대로, 새는 새대로, 바람은 바람대로 다 같이 친구로 대한다. 그리고, 친구가 오면 다행(多幸)하게 생각하고, 오지 않는다고 하여 불행(不幸)해 아는 법이 없다. 같은 나무, 이웃 나무가 가장 좋은 친구가 되는 것은 두말 할 것도 없다. 나무는 서로 속속들이 이해하고 진심으로 동정하고 공감한다. 서로 마주 보기만 해도 기쁘고, 일생을 이웃하고 살아도 싫증나지 않는 참다운 친구다.

그러나 나무는 친구끼리 서로 즐긴다느니보다는, 제각기 하늘이 준 힘을 다하여 널리 가지를 펴고, 아름다운 꽃을 피우고, 열매를 맺는 데 더 힘을 쓴다. 그리고, 하늘을 우러러 항상 감사라고 찬송하고 묵도하는 것으로 일삼는다. 그러기에, 나무는 언제나 하늘을 향하여, 손을 쳐 들고 있다. 온갖 나뭇잎이 우거진 숲을 찾는 사람이, 거룩 전당에 들어선 것처럼, 엄숙하고 경건한 마음으로 절로 옷깃을 여미고, 우렁찬 찬가에 귀를 기울이게 되는 이유도 여기에 있다.

나무에 하나 더 원하는 것이 있다면, 그것은 천명(天命)을 다한 뒤에 하늘 뜻대로 다시 흙과 물로 돌아가는 것이다. 그러나, 사람은 가다 장난삼아 칼로 제 이름을 새겨 보고, 흔히 자기 소용이 닿는 대로 가지를 쳐 가고 송두리째 베어가곤 한다. 나무는 그래도 원망하지 않는다.

새긴 이름은 도로 그들의 원대로 키워지고, 베어간 재목이 혹 자기를 해칠 도끼 자루가 되고, 톱 손잡이가 된다 하더라도, 이렇다 하는 법이 없다. 나무는 훌륭한 견인주의자(堅忍主義者)요, 고독의 철인(哲人)이요, 안분지족(安分知足)의 현인이다. 불교의 소위 윤회설(輪廻說)이 참말이라면, 나는 죽어서 나무가 되고 싶다.

"무슨 나무가 될까?" 이미 나무를 뜻하였으니, 진달래가 될까 소나무가 될까는 가리지 않으련다.

15. 김태길, 〈멋없는 세상 멋있는 사람〉

　버스 안은 붐비지 않았다. 손님들은 모두 앉을 자리를 얻었고, 안내양만이 홀로 서서 반은 졸고 있었다. 차는 빠르지도 느리지도 않은 속도로 달리고 있었는데, 갑자기 남자 어린이 하나가 그 앞으로 확 달려들었다. 버스는 급정거를 했고, 제복에 싸인 안내양의 몸뚱이가 던져진 물건처럼 앞으로 쏠렸다. 찰나에 운전기사의 굵직한 바른팔이 번개처럼 수평으로 쭉 뻗었고, 안내양의 가는 허리가 그 팔에 걸려 상체만 앞으로 크게 기울었다. 그녀의 안면이 버스 앞면 유리에 살짝 부딪치며, 입술 모양 그대로 분홍색 연지가 유리 위에 예쁜 자국을 남겼다. 마치 입술로 도장을 찍은 듯이 선명한 자국.
　아무 일도 없었던 것처럼 운전기사는 묵묵히 앞만 보고 계속 차를 몰고 있었다. 그의 듬직한 뒷모습을 바라보며 나는 그가 멋있는 사람이라고 느꼈다. 예술과도 같은 그의 솜씨도 멋이 있었고, 필요 없는 말을 한마디도 하지 않는 그이 대범한 태도도 멋이 있었다.
　멋있는 사람들의 멋있는 광경을 바라볼 때는 마음의 창이 환히 밝아지며 세상 살 맛이 있음을 깨닫는다. 그러나 요즈음은 멋있는 사람을 만나기가 꿈에 떡맛 보듯 어려워서, 공연히 옛날 이야기에 향수와 사모를 느끼곤 한다.
　선조(宣祖) 때의 선비 조 헌(趙 憲)도 멋있게 생애를 보낸 옛사람의 하나이다. 그가 교서정자(校書正字)라는 정9품의 낮은 벼슬자리에 있었을 때, 하루는 궁중의 향실(香室)을 지키는 숙직을 맡게 되었다. 마침 중전이 불공을 들이는 데 사용할 것이니 향을 봉하여 올리라는 분부를 내렸다.
　그러나 조 헌은, "이 방의 향은 종묘와 사직 그리고 사전(祀典)에 실려있는 제례 때만 사용하는 것입니다. 불공드리는 데 쓰시기 위한 향으로는, 비록 만 번 죽는 한이 있더라도 신은 감히 봉해 드리지 못하겠습니다." 하고 거절했다. 중간의 사람들이 몇 번 오고갔으나 끝까지 굽히지 않았으며, 중전도 결국 그 향을 쓰지 않았다.
　말단의 자리에 있으면서도, 나라의 법도를 지키기 위하여 목숨을 걸고 중전의 분부에 거역한 그의 용기는 말할 것도 없거니와, 그러한 강직이 용납될 수 있었던 당시의 궁중 기풍이 멋있어 보인다.

젊은 시절을 풍류로 소일한 이지천(李志賤)은 어느 날 그가 사귀던 기생을 찾아갔으나, 여자는 없고 그의 거문고만 있었다. 쓸쓸히 앉자 기다렸으나, 사람은 오지 않았다. 마침내 절구(絶句)로 사랑의 시 한 수를 지어 벽에 써 놓고 돌아가 버렸다.

그 뒤 10년이 지났을 때, 이 지천은 호남 어느 여관에서 그 기생의 옛친구인 또 하나의 기생을 만났다. 이 여인은 10년 전 친구의 방벽에 쓰였던 한시(漢詩)를 감명 깊게 읽었다고 말했을 뿐 아니라, 그 시를 한 자도 틀리지 않고 암송하였다.

암송을 마친 노기(老妓)는 자기에게도 한 편의 시를 지어 달라고 부탁하며, 곧 적삼을 펼쳐 놓았다. 이공(李公)은 그 위에 또 한 수의 칠언 절구를 썼거니와, 조촐하게 늙어 가는 한 여자의 모습을 우아하게 그렸다.

한갓 기방(妓房)을 배경으로 한 남녀의 이야기이지만 그 경지가 높고 풍류에 가득 차 있다. 우리 조상들이 즐겼던 풍류, 그것은 바로 멋중의 멋이었다.

어찌 옛날 사람들이라고 모두 멋과 풍류로만 살았으랴. 아마 그 시절에도 속되고 추악한 사람들이 있었을 것이다. 그러나 어쩐지 옛날에는 많은 사람들이 여유를 가지고 오늘의 우리보다는 훨씬 멋있는 삶을 살았을 것 같은 생각이 든다.

요즈음도 보기에 따라서는 멋있는 사람들이 적지 않다. 어쩌다 일류 호텔의 로비나 번화한 거리를 지나면서 눈여겨보면, 눈이 부시도록 멋있는 여자와 주눅이 들리도록 잘 생긴 남자들을 흔히 볼 수 있다.

얼굴이나 체격이 뛰어나게 잘생긴 것도 멋있는 일이요, 유행과 체격에 맞추어 옷을 보기 좋게 입는 것도 멋있는 일이다. 그리고 임기응변하여 재치 있는 말을 잘하는 것도 역시 멋있는 일이다.

그러나 겉모양의 멋이나 말솜씨의 멋을 대했을 때, 우리는 가볍고 순간적인 기쁨을 맛볼 뿐 가슴 깊은 감동을 느끼지는 않는다. 세상을 사는 보람을 느낄 정도로 깊은 감동을 주는 것은 역시 마음 깊숙한 곳에서 우러나오는 무형의 멋, 인격 전체에서 풍기는 멋이 아닌가 한다. 바로 그 무형의 멋 또는 인격의 멋을 만나기가 오늘 우리 주변에서는 몹시 어려운 것이다.

멋있는 사람의 소유자를 만나 보고자 밖으로만 시선을 돌릴 것이 아니라 내 스스로 멋있는 삶을 갖도록 노력하는 편이 더욱 긴요한 일이 아니겠느냐고 뉘우쳐 보기도 한다. 멋있는 사람과 만나는 것도 삶의 맛을 더하는 길이겠지만, 내 자신의 생활 속에 멋이 담겼음을 발견할 수 있다면, 그보다 더 큰 보람이 없을 것이다.

그러나 주위가 온통 멋없는 세상인데 내가 무슨 재주로 내 마음 속에 멋을 가꿀 수 있을까 하는 생각이 앞은 가린다. 그런 생각부터 앞서는 것 자체가 아마 내 사람됨의 멋없음을 말해 주는 증거인지도 모른다.

현실을 암흑에 비유하고 세상을 부정의 눈으로 바라보면서도 결국은, "네 운명을 사랑하라"고 가르친 니체는 멋있는 철학자였다. 어느 시대인들 세상 전체가 멋있게 돌아가기야 했으랴. 사람들이 모여 사는 곳이면 어디를 가나 으레 속물과 俗氣가 판을 치게 마련이다. 세상이 온통 속기로 가득차 있기에 간혹 나타나는 멋있는 사람들이 더욱 돋보일 것이다.

힘도 없는 주제에 굳이 거창한 목표를 세울 필요는 없을 것이다. 주어진 현실을 주어진 그대로 조용히 바라보며 욕심 없이 살아가는 가운데 때때로 작은 웃음을 즐길 수 있다면, 그것만으로도 삶의 멋이라면 멋이요, 맛이라면 맛이 아닐까.

제 6장 결론: 진정한 수필 문학을 위하여...

지금까지 수필문학의 흐름을 개략적으로 살펴보았다. 논란이 있지만 현전하는 최초의 고수필 〈왕오천축국전〉(신라, 혜초)에서부터 시작해, 최치원의 〈토황소격문〉, 〈초조장서〉, 〈여객장서〉 등 명문들을 통해 신라 시대 수필 문학의 일면을 살펴보았고, 이후 역사를 서술하겠다는 쪽과 민간 설화를 활용하여 민심을 얻겠다는 쪽이 개경파와 서경파로 크게 대립하던 고려 전기에는, 당시 문형을 주도하던 전자의 입장에 선 김부식이 남긴 〈진삼국사표〉와 〈하팔관표〉 등을 통해 표문의 특징들을 또한 살펴보았다. 무신란 이후에는, 무인 집권자들에 의해 문신들이 대거 산야로 도피하는 상황이 발생하면서 그야말로 당대 문인들이 암흑기를 맞이하게 되었지만 동시에, 이러한 시련 속에서 문학은 더욱 크게 성장하는 계기를 마련하기도 했다. 죽림고회 문인들이 남긴 여러 가지 문학들을 비롯해, 시조, 가사, 경기체가 등과 같은 다양한 시가 갈래 양식이 등장했는가 하면, 현실 인식으로 무장한 새로운 문학담당층인 신흥 사대부가 문학사의 전면에 등장하기도 했고, 몽고의 침입으로 인해 원 복속기에 접어들면서 그간 크게 생각하지 않았던 민족사에 대한 인식도 재고하기 시작했다. 당연히, 이러한 내우외환의 위기 속에서, 가장 핍박받으며 고통에 허덕이던 계층인 하층민에 대한 관심을 표명하려는 노력도 익재 이제현이나 급암 민사평과 같은 문인들에 의해 소악부 제작으로 나타나기 시작했다.

이러한 혼란한 시대적 분위기 속에서, 당대를 살아가던 문인들은 지식인으로서 무엇을 해야 할 것인가에 대한 심각한 고민을 하기 시작했고, 그것이 수필문학사에서는 비평문학의 성장이라는 놀라운 결과를 가져오기도 했다. 고려 전기의 전통을 이어 문학의 형식미와 아름다움을 강조하는 것이 문학이 나아가야 할 바람직한 방향이라고 주장하는 일군의 문인들과 이전 시기의 문학적 경향을 탈피하여, 새롭게 대두된 현실 인식을 바탕으로 문학의 내용적인 측면을 보다 강조해야 한다는 문인들이 대립각을 형성하면서, 다양한 시화, 비평집이 산출되기도 했고, 이 와중에 이들을 중재하려는 문인들에 의해서도 또 새로운 문학관이 제시되면서 인멸되어가는 우리의 시문, 일화 등이 수집되는 등 주목할 만한 문학적 성과가 이룩되기도 했다. 이러한 경향을 보여준 고려 후기 문단의 중심에 있었던 인물들이 바로, 이규보와 이인로, 최자, 이제현 등이다. 본 서에서는 이규보가 남긴 다양한 글들 중, 〈경설〉, 〈주뢰설〉, 〈슬견설〉, 〈몽설〉 등 날카로운 필치로 논리를 명쾌하게 설명하는 설(說) 양식을 한번 살펴보았는데, 여타 문인들의 설(說)과는 달리 가볍게 시작하면서도 의미 있는 끝맺음으로 독자들에게 강한 인상과 여운을 주는 그의 독특한 글쓰기 방법을 볼 수 있었고, 이 외에도 지극히 현실주의적 사상과 태도를 지닌 신흥사대부였건만, 〈몽험기〉 등에서는 '꿈'의 징험함을 믿는 부분도 아울러 볼 수 있었다. 또한 이인로의 『파한집』, 최자의 『보한집』, 이제현의 『역옹패설』 등을 통해서는 다양한 일화들, 시문(詩文)에 대한 당대 문인들의 생각들을 볼 수 있었고, 이러한 비평집의 전통을 이어, 조선 전기에 이르면 관각문학의 정점을 보여준 서거정과 그의 수필들, 웃음 문학의 전통 곧 소화(笑話) 모음집으로 나타난 성현의 『용재총화』 등 의미 깊은 수필들을 만날 수 있었다.

또한, 조선시대에는 이전에는 보이지 않던 바다 표류 이야기(표해록)가 전함으로써 해양 문학의 전통을 마련할 실마리를 보여주었고, 사대부들이 심성 수양의 한 방법으로 유산(遊山)의 경험을 주로 했던 소중한 기록이 〈속두류록〉과 같은 기행문으로 오롯이 전하면서 독자들에게 깊은 감동과 깨달음을 주고 있음도 아울러 살펴보았다. 이후 임, 병 양란이 발발하면서부터는, 이전에는 겪어보지 못한 새로운 문학관 및 패러다임의 변화가 수반되었고, 전란에서 오는 충격은 다양한 형태의 문학 갈래로 나타나기도 했다. 수필 문학사에서는 이러한 전란 체험이, 성찰과 반성의 기록인 일기류 중 〈난중일기〉에서 고스란히 발견되었는데, 이 글은, 전쟁 당시의 처참함은 물론, 전란 속에서 한 장수가 지녔던 리더십과 그 이면에 고스란히 숨어 있는 인간적인 고뇌를 함께 살펴볼 수 있는 보배같은 글이다.

전쟁은 또한 많은 이들의 목숨을 앗아가기도 했고, 그로 인한 슬픔과 아픔은, 일기 외에도 행장과 제문의 형식으로 나타나기도 했다. 사실 '죽음'은 비단 전쟁으로 인한 것만이 아니라 동서고금을 막론하고 인간이라면 피할 수 없는 것이기도 하다. 그런 만큼, 이에 대한 관심은 오래 전부터 발견되지만, 본 서에서는 특히, 조선조 가문을 중시하던 사회의식에서 비롯되어 마침내 한 가문의 전통으로 자리잡게 된 〈윤씨행장〉을 살펴보았고, 관련하여 김도희의 제문, 숙종의 제문 등도 함께 살펴보았다. 아울러, 다소 특이한 형태이지만, 〈조침문〉을 통해서 제문 형식이 어떻게 재미있게 변용되어 문학적 형상화를 이룩하는가를 살펴보기도 했다.

또, 조선시대는 그 전체를 통틀어 보았을 때, 왕권과 신권이 서로를 통제하면서 보완해 가던 시대라고 해도 과언이 아닐 만큼, 군신(君臣) 관계는 국정을 운영하는 데 중추적인 역할을 했다. 그 과정에서 왕의 실정에 반박하기도 하고, 목숨을 내놓고 백성을 위해 건의를 하는 경우도 있었는데, 그것이 바로 참여와 고발의 문학, 상소문으로 나타나기도 했다. 본 서에서는 많고 많은 상소문들 중에서도 조선조 성리학을 대표하는 두 학자, 이이와 이황의 〈만언봉사〉, 〈무진육조소〉 두 상소문의 일부를 살펴봄으로써 당대 신하들의 나라 사랑이 어느 정도였던가를 짐작해 보는 시간도 가졌다.

성찰과 반성의 기록인 일기류와 참여와 고발의 문학인 상소문과 더불어, 우리 수필문학사에서 또 빼놓을 수 없는 것은 바로 여류 수필이다. 본 서에서는, 여성 특유의 섬세한 필치로 수필 문학의 수준을 한층 더 넓혔다고 평가받는 〈의유당관북유람일기〉를 비롯해, 여성이지만 사대부 못지 않은 감성과 학식으로 의미있는 글을 남긴, 김삼의당, 강정일당의 글들을 살펴보았고, 규방 여성들이 지닌 여성 의식의 단면을 읽어낼 수 있었던 〈규중칠우쟁론기〉도 아울러 살펴보았다.

급변하던 조선 후기는, 이러한 여성 의식의 성장과 더불어, 전란으로 인해 청(중국)과 왜(일본)에 대한 관심도 이전과는 다른 모습을 보여주었다. 험난한 사행 체험의 기록을 긴 장편 가사로 남긴 김인겸의 〈일동장유가〉에서 드러나는 '일본'에 대한 상반된 인식, 북벌-북학의 대립 속 북학에 경도된 연암이, '열하'를 탐방하고 그 특유의 필치와 문체로 자신의 실용적이고도 합리적인 사고를 멋들어지게 표현한 『열하일기』 등이 바로 그러한 사유의 결과물들이다.

어디 그뿐이랴. 15세기에 창제되고 반포된 우리의 우수한 한글이, 오랫동안 천시되고 멸시되다가, 이후에는 궁중 및 사대부가에서 이를 활용해 속마음을 주고받는 내간(內簡)들이 성행하게 된 상황은 수필문학사에서 결코 간과할 수 없는 지점이다. 본 서에서는 이러한 의미를 갖는 내간들을 원문 그대로 감상하면서, 당대 한글 편지에 대한 인식이 어떠했던가를 한번 살펴보고자 하였다. 특히나, 아내가 죽은 줄 모르고 보낸 추사 김정희의 편지글 속에서는 애잔한 슬픔이 가슴 속까지 파고드는 그 무엇마저 느낄 수 있었다. 우리의 옛 수필의 맛과 멋은 바로 그러한 데 있는 것이다.

 이어 살펴본 현대 수필에서도 모든 작품들을 상세하게 다루지는 못했지만, 작품 그대로, 날 것대로의 것을, 비록 단편적이나마 제시함으로써 독자들이 고수필-현대수필의 감성적 흐름을 한번 느껴보았기를 기대하였다.

 지금까지 수필문학의 사(史)와 론(論)을 거칠게나마 갈무리하고 나니, 그래도 아쉬운 지점이 있음은 지적하지 않을 수 없다. 그 첫째는, 최대한 많이 주요 작품을 다루려고 했지만, 익히 잘 알려진 몇몇 작품에만 한정되었고, 그것도 깊이 있는 작품론을 제시하지 못한 것이 바로 그것이다. 수필은 사실 한문학과 국문문학을 모두 포함한다면, 한국문학의 그 어느 영역보다 방대하고 자료가 많다고 할 수 있는데, 분량상, 또 시간상 극히 빙산의 일각만을 살핀 것은 참으로 아쉽다. 계속해서 공부하는 이들이 관련 자료를 지속적으로 찾아보고 작가론, 작품론을 탄탄하게 보완해 나가주었으면 싶다.

 또 다른 한 가지는, 고전수필과 현대수필 간의 간극을 줄이고 하나의 통시적인 흐름 속에서 수필문학의 사(史)와 론(論)이 이어질 수 있는 방법론적 모색이 필요하다는 점이다. 이는 비단, 수필이라는 문학 갈래에만 해당되는 것은 아닐 것이다. 그러나 수필은 다른 어떤 영역보다도 작자의 삶과 가치관이 고스란히 반영되어 있고, 독자들 또한 그러한 수필들을 읽으면서 작가의 가치관을 되새기고 스스로 그 배움을 내면화하는 과정을 통해 내적 성숙을 이룩해 내곤 한다. 그런 만큼, 고전과 현대의 간극을 넘어서, 옛 문인들의 수필을 통해 현재의 나의 삶을 되돌아보고, 또 현대 작가들의 수필을 통해서도 현재의 나를 들여다보며 미래의 나를 설계할 수 있다면 그보다 좋은 것이 없을 것이다. 이것이 두 가지 다른 방법과 원리를 통해서가 아닌, 하나로 꿰뚫는 방법론 속에서 진행이 된다면 더할 나위 없이 좋을 것이다. 과거부터 오늘날까지 여기저기 파편적으로 흩어져 있는 주옥같은 글들을, 물론 있는 그대로 감상하고 느껴보는 것도 의미가 있겠지만, 이들을 하나로 꿰어 멋진 목걸이를 만들 수 있다면, 공부하는 이들이 한결 더 편하지 않을까.

마지막으로, 수필은 예전에도 지어졌지만, 오늘날, 지금도 꾸준히 창작되고 있고, 앞으로도 꾸준히 지어질 문학 갈래이다. 그렇기에 기존에 있던 많은 수필 작품들을 계속해서 발굴하고 의미를 되새기는 작업이 필요하다. 뿐만아니라, 끊임없이 '현재성'을 지닌 갈래인 만큼, 오늘날 지속적으로 창작되고 있는 작품들도 계속해서 잘 짜여진 프레임 속에 축적하여 하나의 거대한 수필 문학사가 나올 수 있는 기반을 거시적으로 마련할 필요가 있다. 이러한 작업이 토대가 되어야, 비로소 학교 현장에서도 수필 교육'론'이 체계적으로 자리매김할 수 있을 것이기 때문이다. 실제, 시가나 소설과는 달리 '수필'을 학교 현장에서 가르칠 때, 다른 갈래와는 달리, 어떤 교육방법론을 적용해서 효과적이고도 성공적인 수업을 이끌어낼 것인가 하는 데 대해, 학생들이 깊이 고민하는 경우를 심심찮게 본다.

　어느 문학 갈래든 그렇겠지만, 특히나 수필은, 허구성을 토대로 한 소설이나 압축과 비유적 표현을 통해 사상과 감정을 표현한 시와는 달리, 말 그대로 작가의 인생관, 가치관이 여과 없이 솔직담백하게 드러난 갈래이다. 그렇기에 작가와의 대화, 곧 작자-독자 간의 내면화 과정의 일치 등이 제대로 이루어지지 않으면, 작자의 사상과 감정, 가치관을 이해하지 않으면 그 감동의 깊이가 얕을 수 밖에 없다. 설사 작자의 의도나 가치관을 이해했다고 하더라도, 독자가 지니는 가치관과 배치될 때, 그 간극을 어떻게 또 줄여서 내면화 과정을 거칠 것인지에 대한 의문은 늘 남아 있기 마련이다.

　그런 점에서 진정한 수필 문학은, 새로운 방법론적 모색을 끊임없이 시도하고 아직 의미가 되새겨지지 않은 새로운 작품들을 발굴하면서, 고전과 현대의 간극을 줄여 나가려고 노력할 때, 그 방향성과 의미를 획득할 수 있을 것이다. 다시 말해, '수필'이라고 하는 문학 갈래 안에서 작자-독자가 하나 된 마음으로 만날 수 있을 때, 진정한 대화의 장(場)이 열리면서 우리의 수필 문학사가 지금보다 더 풍성해질 수 있을 것이다. 관련하여 이 방면에 깊은 관심을 지닌 많은 이들의 학적 관심을 기대해 본다.

■ 참고문헌

1. 기본 자료: 文集 및 史書

『桂苑筆耕集』, 『高麗史』, 『高麗史節要』, 『亂中日記』, 『大正新修大藏經』, 『東國李相國集』, 『東文選』, 『東文選』, 『東人詩話』, 『櫟翁稗說』, 『栗谷全書』, 〈戊辰封事〉, 『文選』, 『文心雕龍』, 『補閑集』, 『四佳集』, 『三國史記』, 『三國遺事』, 『三國志』, 『三峰集』, 『西浦集』, 『燕巖集』, 『熱河日記』, 〈日東壯遊歌〉, 『佔畢齋集』, 『朝鮮王朝實錄』, 『증보판 CD-ROM 국역 조선왕조실록』, 서울시스템(주), 한국학데이타베이스연구소, 1997, 『灌纓集』, 『太平閑話滑稽傳』, 『破閑集』, 『表制集』

2. 학술지 논문

강정화, 「경남학: 탁영 김일손의 지리산유람과 〈속두류록〉」, 『경남문화연구』31집, 경상대 경남문화연구소, 2010.

김경순, 「추사 김정희의 한글 편지 해독과 의미」, 『어문연구』75집, 어문연구학회, 2013.

김경옥, 「18세기 장한철의 『표해록』을 통해 본 해외체험」, 『역사학연구』48집, 호남사학회 2012.

김미선, 「〈표해록〉으로 본 18세기 제주도 선비 장한철과 섬사람들」, 『동양학』78호, 단국대동양학연구원, 2020.

김태안, 「성현의 문학론과 시세계」, 성균관대 석사논문, 1982.

노의찬, 「頭流紀行錄」에 나타난 김일손의 排佛의 認識」, 『열상고전연구』54집, 열상고전학회, 2016.

류종렬, 「웃음거리: 웃음의 미학」, 『시대와 철학』17집, 한국철학사상연구회, 2006.

류준경, 「『의유당관북유람일기』의 텍스트 성격과 여성문학사적 가치」, 『한국문학논총』45집, 한국문학회, 2007.

류탁일, 「의유당 유고(未發表)와 그 作者」, 『국어국문학』76호, 국어국문학회, 1977.

문범두, 「탁영 김일손의 〈속두류록〉고」, 『한민족어문학』51집, 한민족어문학회, 2007.

박상영, 「시조를 통해 본 한국시가의 웃음 유형과 그 미학」, 『시조학논총』32집, 한국시조학회, 2010.

박희병, 「조선후기 전의 소설적 성향 연구」, 성균관대 대동문화연구원, 1993.

서인석, 「장한철의 「표해록」과 수필의 서사적 성격」, 『국어교육』67호, 한국국어교육연구회, 1989.

성기옥,「傳의 장르적 검토」,『울산어문론집』1집, 울산대국문과, 1984.
신명숙,「『일동장유가』에 대한 비판적 성찰 - 18세기 서얼출신 향반의 사행체험」,『한민족어문학』59집, 한민족어문학회, 2011.
심경호,「추사 김정희의 서독에 담긴 사유양식과 정신세계에 대한 일 고찰」,『어문논집』58호, 민족어문학회, 2008.
심재완,「일동장유가」,『어문학』17집, 한국어문학회, 1967.
유춘동,「새 자료 서강대 소장, 최부의『금남표해록』한글본 연구」,『열상고전연구』53집, 열상고전연구회, 2016.
윤인현,「백운 이규보 문학에 있어서의 계양」,『한민족문화연구』49호, 한국한문학회, 2012.
윤치부,「최부〈탐라시〉의 번역 양상 고찰」,『겨레어문학』46집, 겨레어문학회, 2011.
이경혜,「서거정 연구: 필원잡기를 중심으로」,『인문과학연구』2집, 대신대 인문과학연구소, 1994.
이관성,「미수 이인로의 시세계 연구의 일단」,『한국교육연구』28집, 한국한문교육학회, 2007.
이구의,『최고운의 삶과 문학』, 국학자료원, 1995.
이어령,「해학의 미적 범주」,『사상계』, 1958, 11월호.
이영석,「베게트의 부조리극에 나타난 코믹 담론과 웃음의 미학」,『한국프랑스학논집』50, 한국프랑스학회, 2005.
이준서,「문학 텍스트 속의 웃음」,『독일학연구』10집, 서울대학교 독일학연구소, 2001.
이태형·박미숙,「이제현의 소식 호방사의 변용 考」,『한국시가문화연구』25호, 한국고시가문학회, 2010.
이황진,「최치원의 재당생애 재고찰」,『한국민족문화』42집, 부산대 한국민족문화연구소, 2012.
정성식,「수덕 최자의 학문관」,『동양고전연구』67호, 동양고전학회, 2017.
정환국,「18세기 제주문인 정체성의 일단: 장한철『표해록』의 경우」,『한국문학연구』65호, 동국대 한국문학연구소, 2021.
조태영,「傳 양식의 발전양상에 관한 연구-열녀전 유형과 일사전을 중심으로」, 서울대 석사논문, 1983.
최영성,「고운 최치원의 생애 재고찰」,『한국철학논집』51호, 한국철학사연구회, 2016.
하정승,「최자의 문학론-『보한집』을 중심으로-」,『동방한문학』29호, 동방한문학회, 2005.
양승민,「高麗朝 의론체 상문의 우언적 성격과 의미」,『어문논집』36집, 암안어문학회, 1997.
정환국,「18세기 제주문인 정체성의 일단」,『한국문학연구』65호, 동국대학교 한국문학연구소, 2021.
최승희,「집현전의 연구」상·하,『역사학보』32·33집, 역사학회, 1966·1967.
James, F. English, "The Laughing Reader ; A new Direction for Studies of the Comic", Genre19, Summer, GENRE-DEPT ENGLISH, 1986.

3. 국내·외 단행본

김광순 외, 『국문학개론』, 새문사, 2003.
김태준(김성언교주), 『조선한문학사』, 태학사, 1994.
김열규, 『고전문학을 찾아서』, 문학과 지성사, 1976.
김건곤, 「한문학에서 '수필'의 개념과 성격」, 『고전산문연구』Ⅰ, 태학사, 1998.
김인겸(최강현 역), 『일동장유가』, 보고사, 2007.
김일근, 『언간의 연구』, 건국대학교출판부, 1991.
김일렬, 『고전소설신론』, 새문사, 2003.
김지용, 『뇌천 김부식과 그의 시문』, 명문당, 2002.
김지원, 『해학과 풍자의 문학』, 문장사, 1983.
김찬흡, 『제주사인명사전』, 제주문화원, 2002.
류종영, 『웃음의 미학』, 유로, 2005.
문덕수 외 편저, 『세계문예대사전』상, 성문각, 1975.
문선규, 『한국한문학』, 이우출판사, 1986.
민병수, 『한국한문학개론』, 태학사, 1996.
민명수 편저, 『한국한시강해』, 태학사, 1995.
민족문화연구소 편, 『탁영 김일손의 문학과 사상』1, 영남대학교 민족문화연구소, 1998.
박상영, 『고전, 담론, 그리고 미학』, 아세아문화사, 2015.
박상영, 『사설시조 웃음 미학과 담론』, 아세아문화사, 2013.
박지원(민족문화추진회 편), 『(국역) 열하일기』1·2, 민족문화추진회, 1977.
박지원, 『연암집』, 돌베개, 2007.
서거정(박경신 편), 『(대교·역주)태평한화골계전』, 국학자료원, 1998.
서거정(이월영 편), 『동인시화』, 월인, 2000.
성 현(이대형 역), 『용재총화: 박학다식 조선 선비, 이야기로 세상을 담다』, 서해문집, 2012.
성균관대학교 편, 『이조명현집』2, 성균관대학교대동문화연구원, 1977.
송재소, 『이조후기 한문학의 재조명』, 창작과 비평사, 1983.
신상철, 『수필문학의 이론』, 삼영사, 1984.
신해진, 『한국고수필문학』, 월인, 2001.
신형식, 『삼국사기 연구』, 일조각, 1981.
심경호, 『한문산문의 미학』, 고려대학교출판부, 1998.
오창직, 『한국수필문학연구』, 교음사, 1986.
윤오영, 『수필문학입문』, 태학사, 2001.
윤치부, 「표해류 작품의 종합적 고찰」, 『고전산문연구』1, 태학사, 1998.
이난영 편, 〈윤언이묘지명〉, 『한국금석문추보』, 아세아문화사, 1976.
이병주 외, 『한국한문학사』, 반도출판사, 1991.

이병한 편저,『중국고전시학의 이해』, 문학과 지성사, 1993.
이상익 외 편저,『고전수필 어떻게 읽을 것인가』, 집문당, 1999.
이우성·임형택 편,『이조한문단편집 中』, 일조각, 1978.
이재선,『우리 문학은 어디에서 왔는가』, 소설문학사, 1986.
이종건·이복규,『한국한문학개론』, 보진재, 1991.
이종출 외,『국문학개론』, 교학연구사, 1986.
임명걸,『용재총화 소재 소화 연구』, 역락, 2014.
장덕순,『한국수필문학사』, 새문사, 1984.
정구복,『한국중세사학사』, 집문당, 1999.
정수일,『실크로드학』, 창비, 2001.
정수일,『혜초의 왕오천축국전』, 학고재, 2004.
조동일,『한국문학이해의 길잡이』, 집문당, 1996.
조항범,『주해 순천김씨 묘출토간찰』, 태학사, 1998.
차용주,『한국한문학작가연구』1, 아세아문화사, 2009.
차용주,『한국한문학사』, 경인문화사, 1995.
최강현,『한국수필문학신강』, 박이정, 1994.
최부(허경진 옮김),『표해록』, 서해문집, 2019.
최승범,『한국수필문학연구』, 정음사, 1980.
이인로,『(역주) 파한집』(박성규 역주), 보고사, 2012.
의령 남씨,『의유당일기』(이병기 교주본), 백양당, 1947.
설성경,『윤씨부인의 삶과 그 정신』, 지식과교양, 2011.
송백헌,『서포가문행장』, 형설출판사, 1977.
장덕순,『한국고전문학의 이해』, 일지사, 1973.
피천득 외(손광성 엮음),『한국의 명수필 1, 우리 수필의 길을 열다』, 을유문화사, 2006.
정명숙,「규방수필의 풍자성과 해학성」,『수필문학연구』, 정음사, 1980.
구인환,『한국 현대수필을 찾아서』, 한샘출판, 1993.
한상렬,『(통시적으로 본)한국수필문학사』, 수필과비평사, 2014.
Henri Bergson(이희영 옮김),『웃음/창조적진화/도덕과 종교의 두 원천』, 동서문화사, 2008.
N.하르트만(전원배 옮김),『미학』, 을유문화사, 1995.
Paul Hernadi(김준오 옮김),『장르론』, 문장사, 1983.